海商法

马炎秋　著

中国海洋大学出版社
·青岛·

图书在版编目（CIP）数据

海商法 / 马炎秋编．-- 青岛：中国海洋大学出版社，2020. 8

ISBN 978-7-5670-2553-0

Ⅰ. ①海… Ⅱ. ①马… Ⅲ. ①海商法－教材 Ⅳ. ① D996. 19

中国版本图书馆 CIP 数据核字（2020）第 152342 号

出版发行 中国海洋大学出版社
社　　址 青岛市香港东路 23 号 邮政编码 266071
出 版 人 杨立敏
网　　址 http://pub.ouc.edu.cn
电子信箱 44066014@qq.com
责任编辑 潘克菊 电　　话 0532-85902533
印　　制 日照报业印刷有限公司
版　　次 2020 年 8 月第 1 版
印　　次 2020 年 8 月第 1 次印刷
成品尺寸 185 mm × 260 mm
印　　张 25. 25
字　　数 610 千
印　　数 1～1 000 册
定　　价 58. 00 元

CONTENTS | 目　录

前 言

本教材《海商法》系专为“双语”课程教学的需要而撰写并出版的学术性教科书。本教材立足于法学教学的基本要求，正确阐述海商法的基本概念、基本知识和基本理论，确保海商法知识的系统性、完整性和统一性。同时，为突出“双语”教学的特点，通过多种形式提供英文的概念解释、理论分析以及相关案例和学术论文资料等。此外，本教材适时地导入最高人民法院发布的指导性案例和近年来海事法院的典型案例，注重理论和实践的结合。

具体而言，本教材主要有以下特点。

（1）体例的新颖性。本教材每章除正文外，设置“释义”“实例研究”“重要术语中英文对照”“思考题”或“案例练习题”“推荐阅读文献”和“扩展阅读资料”等，提供关键概念的英语解释，适当穿插中英文案例，提供进一步深入阅读的文献清单和阅读资料。这些具有可读性的资料有助于学生对概念和理论以及海商法发展动态的了解，在巩固所学知识的同时，通过阅读英文资料逐渐提升专业英语水平。

（2）双语性。双语教学目标是双重性的，侧重度把握不好就会本末倒置。本教材虽为“双语”课程教学而撰写，但基于学生获取海商法学科知识的大前提，根据不同情况在各章适时、适量地增加英文资料，培养和提高学生运用外语的能力：对于海商法课程中基础的和重要的专业术语导入了英语的定义或释义；对海商法的基本理论和原理导入了英语解说；对海商法的重要案例导入了事实陈述与法院判决意见等。

（3）英文资料的权威性。本教材的英文资料均取材于原汁原味的英语权威词典、国际公约或外国法院判例、学术期刊中的重要学术论文和评论以及官方网站，资料的出处和来源具有极强的权威性。

（4）实用性。本教材注重理论与实践相结合，导入的案例多是近年来最高人民法院发布的指导性案例和海事法院典型案例。这些案例除了体现我国海事审判的前沿性和权威性外，每一案例与引用法规直接连接，且辅以评注，有助于学生正确理解相关理论并与实践相结合。

本教材面向法学专业本科生并兼顾法学专业研究生。在编写体例方面，结合当前教学实际与培养方案，将系统、全面的理论知识讲授与灵活、丰富的法律实践和能力训练以及专业英语能力训练相结合，以适应对法律综合性人才的培养要求，能够满足“双语”教学的双重目标要求。

马炎秋

2020 年 5 月 9 日

第一章　绪　论

学习目标

海商法是一个古老的法律规范体系。它是为适应航海通商贸易活动的发展需要而产生和成长起来的，经历了从国际法到国内法，再趋向于国际统一化的历史演变过程。海商法以海上运输中发生的特定社会关系和基于海上风险而发生的社会关系作为调整对象，相应地形成了诸多独特的法律制度，同时，海商法的法律渊源和适用效力也具有自身的特殊性。这些均是学习海商法的具体法律制度之前需要先行把握的问题。

通过本章学习，了解海商法的历史沿革，掌握海商法的概念及其调整对象、海商法的性质和特点、海商法的表现形式以及海商法的适用范围。

第一节　海商法的概念

一、海商法的概念

海商法有广义和狭义之分。广义海商法（maritime law）所调整的范围，既有私法内容，也有公法内容，甚至包括一定范围的国际法内容（如船舶航行权、国有船舶豁免等）。狭义海商法是调整平等主体间海上运输关系和船舶关系的法律规范的总称。

在我国，有学者认为，海事法（admiralty law）是海商法的同名词，并认为在当代，海事法称谓比海商法更确切。这是因为，“海商法”一词形成于航运发展早期“商航一体”的年代，即船舶所有人从事的是商业活动。而自18世纪末至19世纪初，“商航一体”逐渐解体，出现了“商航分家”，船舶所有人不再从事商品流通领域的货物买卖，其船舶运输他人的货物，赚取的是运费而非商品买卖的商业利润。因此，如果不再把海上运输看作一种商业性活动，海商法的名称也应正名为“海事法”。这里的“海事”是广义的海事，即包括了海上运输中发生的和与船舶有关的各种特定民事关系，而非仅限于海上事故、海损事故、海难事故、海上交通事故或船舶交通事故的狭义的“海事”。①

① 参见司玉琢主编：《海商法》，法律出版社，2007年版，第2页。

我国海事法院中的“海事”是广义上的“海事”，而海事法院中设置的海事庭和海商庭的“海事”和“海商”均在狭义上使用。考虑到我国《海商法》并未易名，故本教材仍沿用“海商法”称谓，以保持一致。

释义

Maritime Law vs. Admiralty Law

No clear distinction can be drawn between maritime and admiralty law today. This is because they have evolved separately in various countries of the world at various times，so that today，neither is truly a term of art，distinct from the other.

It is true that the term “admiralty law” is best known for its place at the head of the English maritime law tradition，which spread throughout the British Empire and then the Commonwealth. Nevertheless，English admiralty law，itself，has very civilian origins.

“Maritime law”，for its part，is more continental，but many “English” jurisdictions used both terms early on. Thus，for example，some of the early American courts were known as “Admiralty and Maritime Courtship” even before the American Revolution.

Today，maritime law and admiralty law have been fused together into a virtually single body of law，by the passage of time，and particularly because so many shipping conventions are international.

二、海商法的调整对象

调整对象是指某一法律部门所调整的特定的社会关系，它是划分法律部门的基本依据和出发点。每一个法律部门的调整方法和所调整的社会关系各具特殊性。《中华人民共和国海商法》（以下简称《海商法》）第 1 条规定：“为了调整海上运输关系、船舶关系，维护当事人各方的合法权益，促进海上运输和经济贸易的发展，制定本法”。根据这一规定，海商法的调整对象大致可以分为以下几个方面的社会关系。

（一）海上运输关系

在海上运输中，可能会发生各种各样的社会关系，但并非所有的关系都归海商法调整。海商法所调整的海上运输关系只能限于几种特定的社会关系，即海上运输合同关系、海上侵权关系和海上特殊风险产生的社会关系。

1. 海上运输合同关系

海上运输合同关系是指海上运输合同当事人在海上客货运输过程中形成的权利义务关系，是整个海商法中最为核心的内容。由于海上运输的经营方式不同，其合同方式也不同。在班轮运输情况下，当事人之间以提单作为运输合同的证明；在旅客运输情况下，则以客票作为运输合同的证明；在租船情况下，又根据租船形式的不同，分为航次租船合同和定期租船合同。而在海上拖带运输方式下，则要订立海上拖航合同。但是，不论采取何种合同形式，都要对合同当事人各方的权利义务作出具体的约定，这些都属于海商法调整的重要内容。

2. 海上侵权关系

海上侵权是指参与海上事业的行为人不法侵害他人的海上财产或人身权利的行为。海上运输中最典型的侵权行为主要有船舶碰撞、海洋污染和海上人身伤亡。因海上侵权行为造成财产上的损失和人身伤亡时，在不法行为人和遭受侵害的人之间发生的债的关系应归海商法调整。

3. 基于海上风险而发生的社会关系

海上运输自古以来就被视为一种高风险的事业，因此，参与航海事业的人就要采取措施来消除、分散和化解危险，由此产生一定的社会关系，比如共同海损中有关各方分摊与补偿的关系，海事赔偿责任限制中的船舶所有人、救助人与限制性债权人之间的关系，救助人与被救助人之间的关系等。

（二）与船舶有关的特定关系

国际海上运输以船舶为载体，港航各部门的经营活动围绕船舶而展开，海上融资行为也以船舶为担保物，所以，围绕船舶而发生的社会关系是海商法要调整的重要内容之一。与船舶有关的特定的社会关系包括有关船舶法律地位和船舶物权关系等。前者包括涉及船舶国籍、船舶航行权、沿海运输权等引起的船舶所有人与船旗国、沿海国之间的关系，后者则指因船舶所有权、船舶抵押权、船舶优先权、船舶留置权而产生的船舶所有人与各债权人或与法院、仲裁机构之间的法律关系。

从上述属于我国海商法调整对象的海上运输关系和与船舶有关的特定关系的本质来看，均为平等主体之间的权利义务关系，属于民商法法律关系的范畴。因此，海商法或者我国参加的国际公约没有规定的，也无相关国际惯例可遵循的，则适用民法或者相关法律规定。

三、海商法的法律性质

关于海商法的法律属性，与海商法的调整对象直接相关。狭义海商法仅仅或者主要是调整平等主体之间的横向民事关系，不调整或者主要不是调整纵向的行政及刑事关系。因此，在民商分立的国家，将其归属于商法的特别法，而在民商合一的国家，将其归属于民法的特别法，我国《海商法》即属于后者。但对于广义海商法的法律属性则不然，它既调整平等主体之间的横向民事关系，又调整非平等主体之间的纵向关系（海事行政、刑事关系），是一个独立的、综合的、自成一体的法律部门。有学者认为，随着我国海洋强国战略和“一带一路”建设的实施，适当扩大海商法的调整范围，按照广义海商法的架构修改现行《海商法》的时机已经成熟。因此，从立法上把海商法作为一个独立的法律部门，在学理上作为一个独立的法学学科，比简单地将其划归为某个法律部门的分支或属于某个法律部门的特别法更为适宜。[①]

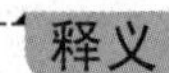

Maritime and Admiralty Law Is a Complete System of Law

Maritime and admiralty law is a complete system of law and as such permits a study of all law - contract (carriage of goods and passengers, charter parties, insurance); tort (collision, personal injury to crew, passengers and third parties); quasi-contract/restitution (general average, salvage); public law (the law of the sea, marine pollution, sovereign immunity and crime on the oceans), etc. Maritime and admiralty law also permits the study of rights of security on property (maritime liens and ship mortgages) and related enforcement procedures (arrest *in rem*, maritime attachment, and detention of ships). Limitation of shipowners' liability, although peculiar to seafaring, is the inseparable companion of maritime tort law. It also affects contract law governing the carriage of goods and passengers by water, as well as the public law of marine pollution and the law of the sea.

Maritime and admiralty law, being both civilian and common law, lends itself to comparative law, and being both national law and international law, lends itself to the study of private international law.

One may conclude that maritime and admiralty law is in effect a complete system of law in all its aspects and for that reason alone is of importance to the generalist, let alone the specialist admiralty judge, lawyer, professor or student.

第二节　海商法的法律渊源

从法理上讲，法律渊源所指的是法律规范的表现形式。概括各国立法实践，成文法典、判例法、习惯法、国际公约和权威学者的学说是海商法的五大渊源。就我国的海商法而言，按照中国的社会制度、法律传统和民族文化传统，中国海商法的法律渊源仅表现为国内立法、国际公约和国际惯例。

一、国内法规

法律是指拥有立法权的国家机关依照立法程序制定的规范性文件。根据我国《宪法》的规定，立法权属于全国人大及其常委会。在我国，法律是指由全国人大及其常委会通过的规范性文件。国内法规是我国海商法最重要的渊源，其中包括：《海商法》《民法通则》《民法总则》《海洋环境保护法》《海上交通安全法》等。法律作为法的表现形式，始终处于主导地位，具有特殊的效力，是我国海商法的主要渊源。

国家行政机关为执行法律而颁布的具有普遍约束力的行为规则，也是法的重要渊

① 参见司玉琢主编：《海商法》（第四版），法律出版社，2018年版，第3页。

源。国务院发布的与海运有关的条例、规定等，如《船舶登记条例》《防治船舶污染海洋环境管理条例》，是我国海商法的重要渊源。交通部作为国家交通主管部门发布的一系列规定，如《关于不满300总吨船舶及沿海运输、沿海作业船舶海事赔偿限额的规定》《水路旅客运输规则》，也是我国海商法的渊源之一。当然，行政法规和部门规章不得与国家法律相左。

二、国际条约

国家签订和加入的有关海商法方面的国际条约是海商法的重要渊源。属于海商法方面的国际条约很多，但并不是一切国际条约都对任何一个国家发生法律效力，成为任何一个国家的海商法渊源。一个国际条约只有经过一国政府签字批准、接受、加入或承认，才能对该国生效，成为该国的海商法渊源。

为了解决国际条约与国内法规定不一致的矛盾，有些国家接受条约后，直接将条约转化为国内法。有些国家在接受国际条约后，根据条约规定制定国内法。我国采取国际条约优先于国内法律的适用办法来解决两者的矛盾或冲突。我国《海商法》第268条第1款规定："中华人民共和国缔结或者参加的国际条约同本法有不同规定的，适用国际条约的规定；但是，中华人民共和国声明保留的条款除外。"据此，我国缔结或参加的相关国际条约，无须转变为国内法，而是当然纳入国内法，可以直接适用。因此，在处理具有涉外因素的海事纠纷时，我国参加的海事国际条约也是我国海商法的重要表现形式。但是，除非法律或法规另有规定，没有涉外因素的争议均适用国内法。

上世纪80年代以来，我国加快了加入国际条约的步伐，先后批准了一系列重要的国际条约，如《1910年船舶碰撞公约》《1974年国际海上人命安全公约》《1972年国际海上避碰规则》《1978年国际海员培训、发证和值班标准公约》《1992年国际油污损害民事责任公约》《1974年海上旅客及其行李运输雅典公约》《1989年国际救助公约》等。由此可见，国际公约已经成为我国海商法的主要渊源之一。

三、国际惯例

国际惯例是指国际交往中逐渐形成的不成文原则、准则和规则。作为海商法渊源之一的国际惯例，主要是指国际海运惯例。一般认为，国际惯例在行业范围内众所周知，且为人们广泛接受，如《约克－安特卫普规则》在共同海损理算方面为业内人士所周知，是被各界广泛接受的一个民间规则。《海商法》第268条第2款规定："中华人民共和国法律或中华人民共和国缔结或参加的国际条约没有规定的，可以适用国际惯例。"我国《民法通则》第142条第3款也作了同样的规定。这就明确了国际惯例在我国的法律地位，即国际惯例可以作为法律、国际公约的补充。当然，所适用的国际惯例不得违背我国的社会公共利益。

四、海商法的其他表现形式

（一）判例

判例是否是海商法的渊源，颇多争论。但在普通法系的国家中，判例是法律的主要渊源。根据“遵循先例”原则，某一判决中的法律规则不仅适用于本案，还适用于以后该法院或下级法院所判决的相同的或者相似的案件。当然，并不是任何法院的判决都可以成为“先例”得到遵循，而是根据法院的权威等级来划分，即下级法院必须服从上级法院的判决，上诉法院原则上也要受自己的判例约束。在英国，上议院作为最高上诉审法院，长期以来一直强调必须遵循该院的先例。直至1966年，上议院发表声明，在认为正当时，可不遵循自己以前作出的判决。在我国，判例只是一种司法文书，而不是立法文书，对其他案件不具有当然的约束力，不能认为是海商法的渊源。但是，我们也不能忽视判例对法院审理同类案件所起的借鉴作用。

（二）海商法学说及法理主张

在国际上，有人认为权威学者的学说及法理主张也是法的表现形式。我国学者普遍认为，任何一种学说及法理主张，无论它具有多么大的权威性，也仅仅是一种学说和理论，当它还没有依照立法程序上升为法律之前，不具有法律的拘束力。因此，在我国，权威学者的学说观点及法理主张不应看作是海商法的形式。当然，我们不应忽视权威学者的学说和法理主张对立法的影响和对审判的指导作用。

第三节　海商法的特点

从海商法的自身特性出发，由于“海商法规范相互间具有密切的关联性特征，使得海商法成为统一的整体”，因此具有明显的“自体性”特征。从比较法的角度来分析，海商法与其他法律部门相比，其特点还突出表现在以下几个方面。

一、涉外性

海商法是具有较强涉外性的国内法。其涉外性主要表现在：① 海商法调整的关系大多数是涉外关系或者具有涉外因素的关系，同一法律事实可能涉及不同国家或地区的法人或自然人；② 海商法的表现形式除了国内法之外，还涉及大量的国际条约和国际航运惯例。而且，伴随着国际海事法律统一趋势，海商法的涉外性将进一步增强。自20世纪以来，在国际海事组织、联合国贸易发展委员会和联合国贸易法律委员会、国际海事委员会等国际组织的努力下，制定了几十个国际海事公约，有力地推动了海商法的国际统一进程。在制定我国《海商法》的过程中，充分考虑了海商法的这一特点，吸收了目前国际上通行的国际海事公约的有关规定和航运惯例，并适当考虑到国际海运立法的发展趋势，对海上运输关系和船舶关系作了比较全面、具体的规定。

二、专业性

海商法具有较强的专业性。其法律规范涉及船舶、船员、航海、货物运输等专业和技术。例如，在船舶方面，涉及船舶的结构、性能、船舶的设备和安全条件等；在船员方面，涉及船员的资格、培训、值班和发证等；在航海方面，涉及船舶驾驶、航线制定、雷达观测、航海图书资料的使用、气象报告和轮机操作等；在货物运输方面，涉及货物的特性、积载、装卸、保管和照料等。海商法是与航海技术和航运业务紧密联系的法律，这是海商法区别于其他许多法律部门的特点。

三、特殊性

海商法的特殊性表现在两个方面：① 规范内容的特殊性——特殊的法律制度。海上运输及其他海上业务活动具有明显的特殊风险。从事海上运输，特别是在航运初期，具有很大的冒险性；其次是需要巨额投资。为了鼓励航运业的发展，针对海上特殊风险，逐步形成了一系列的特殊的法律制度，如海难救助、共同海损、海事赔偿责任限制、船舶抵押、海事请求保全、船舶优先权等特殊的法律制度。② 规范形式的特殊性——自体性特征。所谓自体性是指海商法自主生成、自行发展、自成体系。由于海商法的独立起源性、规范特殊性、规范之间的密切关联性，使海商法既调整海上运输中的民事关系，也调整行政、刑事关系，成为独立于其他任何法律部门、自成一体的特殊法律部门。这一特征在中世纪以前的海商法体现得尤为突出。

第四节 海商法的适用范围

所谓海商法的适用范围，是指海商法调整对象的具体化。各国海商法出于本国利益的考虑，对于海商法的适用范围有不同的规定。海商法的适用范围主要包括适用的船舶、适用的水域和适用的事项。

一、海商法适用的船舶范围

海商法适用的船舶，是指某一国家海商法对哪些船舶具有约束力。各国海商法都对其所适用的船舶的范围加以规定。一般而言，海商法适用于在海上航行的商务船舶，而排除了军舰以及用于军事目的、政府公务的船舶。例如，1936 年《美国海上货物运输法》规定适用于从事海上货物运输的任何船舶。《日本商法典》第684条和《韩国商法典》第 740 条则规定适用于以商业行为为目的的供航海使用的船舶。我国《海商法》对适用的船舶也作了较为明确的规定，该法第 3 条规定：“本法所称船舶，是指海船和其他海上移动式装置，但是用于军事的、政府公务的船舶和 20 总吨以下的小型船艇除外。”由此可见，大多数国家海商法均规定适用于以商业行为为目的的船舶，对于诸如军事舰艇、政府公务船舶、内河船舶以及其他虽然航行于海上但不以商业为目的的船舶均不适用。

二、海商法适用的水域范围

海商法适用的水域范围，是指一国海商法所适用的水上空间。各国根据其所处地理条件和航运政策的不同，在各自的海商法中对其适用的水域范围作出规定。北欧各个国家的海商法均规定适用于一切水域的运输活动；日本海商法则规定适用于沿海、近海和远洋运输。我国《海商法》借鉴了各国海商法的立法体例，结合现代海上运输业发展的情况和我国海上运输市场的实际需要，将海商法适用的水域的范围界定为海上或与海相通的可航水域。所谓海上应包括领海和内海，而与海相通的可航水域则是指一端或两端连接海洋并且可用于船舶航行的江河水域。

三、海商法适用的事项范围

海商法的适用事项，是指一国海商法中所适用的具体事件和行为。就海商法的适用事项而言，主要包括船员、船舶物权、运输合同、船舶租用合同、海上侵权、海上保险和各类相关的海事之债。就海上运输来讲，世界各国对远洋、沿海和内河的规定是不尽相同的，概括起来，有两种类型。一种是规定海商法既适用于国际海上运输，也适用于国内海上运输。例如，斯堪的纳维亚国家的海商法不但适用于国际海上货物运输，也适用于斯堪的纳维亚各国间的海上运输和各国国内的海上运输。另一种是规定海商法适用于国际海上运输和沿海运输，但不适用于内河运输。还有的国家规定，海商法只适用于国际海上运输，而对沿海和内河运输均不适用，我国即属此种类型。我国《海商法》第 2 条第 1 款明确规定："本法所称海上运输，是指海上货物运输和海上旅客运输，包括海江之间、江海之间的直达运输。"同时在第 2 款里又规定："本法第四章海上货物运输合同的规定，不适用于中华人民共和国港口之间的海上货物运输。"由此可见，我国《海商法》中关于运输合同的规定，仅仅适用于国际海上客、货运输和沿海旅客运输，而对于沿海和内河货物运输则不适用。

第五节　海商法的历史发展

海商法是随着航海贸易的兴起而产生和发展起来的。就其历史发展而言，它起源于古代，形成于中世纪，系统的海商法典则诞生于近代，而现代海商法则趋于国际统一化。

一、古代海商法

古代，已经有了航海贸易活动。为了适应航海贸易的需要，产生了某些海商法规则。据史料记载，公元前 9 世纪，罗得人（Rhodians）和腓尼基人（Phoenicians）从事航海贸易，足迹遍及欧、亚、非三洲。罗得岛是地中海最东部的一个小岛，面积为 1 398 平方千米，当时是航海贸易的中心。许多海事案件在此解决，渐成习惯，经过几个世纪的汇集，形成了一部航海习惯法"罗得海法"（*Lex Rhodia*）。可惜的是，这部法典并没有保存下来，仅散见于后来罗马法学者的著作中，如《查士丁尼学汇编》（*Justinians Digest*）记载了《罗得海法》中有关抛货的共同海损的规定。罗得海法在海商法的发展历史上处于萌芽阶段。后来形成的《巴西利亚法典》（*Basilica*）已有关于海上救助、船舶碰撞、海上借贷等内容。

二、中世纪海商法

进入中世纪，随着航海贸易的发展，以地中海、大西洋和北海诸港为中心，海事法得到了迅速的发展。在中世纪海法中，最有影响的是《奥列隆惯例集》（*Lex Oleron*）、《海事裁判例》（*Lex Consolato*）和《维斯比海法》（*Law of Visby*）三大海法。这些海法被称为是中世纪海商法的三大基石。

《奥列隆惯例集》收集了 12 世纪法国西海岸奥列隆市国际海事法庭的判决书和所适用的习惯法。该惯例集对大西洋沿岸的航海贸易具有较大影响。

《海事裁判例》是 14 世纪在西班牙的巴塞罗纳编纂的。它汇集了西班牙、地中海和大西洋的海事判例。在当时曾被认为是最完备的海法，对后来欧洲航运界的影响很大。

《维斯比海法》是15世纪在瑞典的果特兰岛维斯比市编纂的。它继承了《奥列隆惯例集》的传统，在波罗的海和北海沿岸广为流行。

中世纪海商法是海商法发展史上的形成时期。这一时期的海法具有两个特点：其一是地区性，与当时欧洲城市经济相适应，海商法仅适用于沿岸国某地区的某些城市，尚未形成统一的法律。其二是不成文性，当时流行的海事法集只是对航海贸易习惯和海事判例的编纂，属于不成文法，但这些海法为近代海商法典的诞生奠定了基础。

三、近代海商法

进入近代，欧洲的海商法有了重大发展，主要表现在世界海运发达国家为了适应航海贸易的需要，根据较为通行的习惯法，相继制定了本国的海商法。其中，最典型的是1681年法国路易十四颁布的《海事条例》(*Ordonnance de la Marine*)。这个条例不仅内容广泛，而且自成体系，成为欧洲第一部综合性海商法典。美国在1893年制定了《哈特法》(*Harter Act*)。英国在1894年制定了《商船航运法》(*Merchant Shipping Act*)。随着航海贸易的迅速发展，特别是在19世纪后半叶，由于机动船舶的普遍使用，使得海上运输越来越国际化，而随着各国航运制度的建立与完善，海事立法却越来越国内化，从而导致了各国海商法在形式上和内容上的不统一，并形成了不同的海商法体系，主要有法国法系(法国、希腊、罗马尼亚、土耳其、埃及、意大利、西班牙、葡萄牙、墨西哥、阿根廷和乌拉圭等)、德国法系(日本、德国、斯堪的纳维亚和芬兰等)、英美法系(英国、英联邦各国和美国等)和新法系(比利时、荷兰、摩洛哥和苏联等)。各国海商法的不统一，给国际航运带来诸多不便。因此，从19世纪末以来，各国航运界要求采取措施，消除各国海商法的差异。

四、现代海商法

随着海商法成为独立的法律部门，促使国际海商法从国际法中分立出来。鉴于海商法的特殊性和国际统一的要求，1897年在国际法学会中成立了国际海事委员会。该会创始人路易·法兰克爵士(Sir Louis Franck)说："该委员会的宗旨，在于促使国与国之间天然联系的海洋，能获得统一法律的利益。这些法律在观念上应合理周密而公平，实际内容也切实可行。"该委员会成立后，为海商法在国际上的统一先后制定了《1910年碰撞公约》《1910年救助公约》《1924年海牙规则》《1924年约克-安特卫普规则》《1968年维斯比规则》等。1948年联合国国际海运会议上决定成立政府间海事协商组织，现称国际海事组织(IMO)。该组织下设法律委员会，负责研究有关海上安全和防止船舶污染海洋方面的法律问题，并制定相应的国际公约以及其他海事法律。由该组织制定并保存的国际海事公约、修正案或议定书已近百个。上述组织做了大量卓有成效的工作，对促进国际海商法的统一作出了重要的贡献。当然，我们要看到，目前为各国普遍承认和接受的公约、规则，不少是技术性较强的法规，如避碰规则、载重线公约、海上人命安全公约、船员培训、发证和值班标准公约及防止船舶油污公约等。第二次世界大战后，民族解放运动的高涨，许多发展中国家从殖民主义的桎梏下挣脱出来成为独立的国家，它们为维护自身的经济利益，反对航运发达国家垄断国际航运立法，谋求国际立法话语权，积极投入国际航运立法活动中，开始发挥重要作用。

五、我国海商法立法进程

（一）晚清海商法立法

我国海商立法始于近代。1840 年以来，华洋贸易的频繁、民族航运业的发展产生了对海商法的需求。1866 年《华商买用洋商火轮夹板等项船只章程》，是近代第一部含有海商法内容的法规，其中涉及船舶抵押、船舶所有权、海员等相关制度，不过该章程制定于晚清航运业方兴之时，其目的是规制乃至限制华商购买外国轮船。1883 年《船货预立保险证据章程》间接引入海上保险制度，还涉及船舶担保义务、载货与卸货期限、清洁载货凭证。1908 年，清末商事立法时，修订法律馆聘请日本商法学家志田钾太郎起草商法典草案即《大清商律草案》，1909 年起商法各编草案陆续完成，其中第五编《海船法草案》系我国近代第一部专门的完整的海商法草案。该草案虽在清末未经审议和实行，但在我国海商法史上具有开创性意义，这种价值在民国海商立法中得以延续。《海船法草案》最突出的特点是全面移植外国法，以移植 1899 年日本海商法为主，也移植了 1897 年德国海商法，以补 1899 年日本海商法之不足。

（二）民国时期海商法立法

南京国民政府建立之初暂时采用《海船法草案》，经过争论后决定民商法典的编纂上采用民商合一的体例，国民党政治会议决定属于商法综合的部分编入民法债权编，将《公司法》《票据法》《保险法》《海商法》等不能编入者，另行制定单行法。1929 年 11 月，南京国民政府立法院商法起草委员会具体起草海商法，于同年讨论通过。1930 公布《海商法施行法》，两者均于 1931 年 1 月 1 日起施行。南京国民政府《海商法》的体例分别是：第一章总则；第二章船舶；第三章海员；第四章运送契约；第五章船舶碰撞；第六章救助及捞救；第七章共同海损；第八章海上保险。一定程度上可以说，1929 年海商法是对《海船法草案》的进一步发展，是我国近代海商法的不同发展阶段。

（三）新中国海商法立法

1949 年 2 月，中共中央发布“关于废除国民党的六法全书”的指示，南京国民政府建立的法律体系在大陆被废止，1929 年制定的海商法也概莫能外。随着新中国航运事业的发展，制定新的海商法成为当务之急。1951 年，正式成立了中华人民共和国海商法起草委员会，从 1952 年到 1963 年，海商法草案九易其稿。但由于“文化大革命”的冲击，起草工作一度被迫中断。1981 年重新恢复起草工作，经广泛征求意见，反复论证，多次修改草案。1992 年 11 月 7 日由第七届全国人民代表大会常务委员会第 28 次会议通过并公布，1993 年 7 月 1 日起施行。《海商法》共 15 章 278 条，主要内容是对船舶所有权、船舶抵押权、船舶优先权、海上货物运输合同、海上旅客运输合同、船舶租用合同、海上拖航合同、船舶碰撞、海难救助、共同海损、海事赔偿责任限制、海上保险合同等做了明确的规定。这是新中国诞生以来，经过了几代人的努力，吸收"众法之长"而形成的第一部《海商法》，这部法典无论在法律属性、立法形式或法律内容上，都有其独特的风格和特点。

为了更好地配合《海商法》的实施，第九届全国人大常委会第13次会议于1999年12月25日通过了《中华人民共和国海事诉讼特别程序法》，并于2000年7月1日实行。它的制定和实施标志着我国的海事法制又向前迈进了一步，初步形成了比较完备、具有中国特色的海事诉讼制度，进一步推动我国的海事法律制度的健全和发展。

《海商法》自1993年7月1日施行以来，在调整海上运输关系、船舶关系，维护各方当事人权益，促进海上运输和经济贸易发展，进一步深化改革，扩大开放等方面发挥了积极作用。但是，随着海商法的实施，海商法存在的一些不足之处也日益显露，有待未来时机成熟时予以完善。

六、当代海商法的发展趋势

第二次世界大战之后，特别是进入20世纪60年代，随着科学技术的发展，国际贸易和国际航运亦有了迅速的发展，与此相适应，海商法的发展也进入了一个新的阶段。

（1）海事法律冲突的范围逐渐缩小，海商法进一步出现国际统一的趋势。为了解决海商法冲突问题，各国除了在海商法中建立冲突规范以确定准据法外，主要是通过制定国际海事公约来促进海商法的国际统一。上述国际公约经过各缔约国或者参加国的接受而生效后，可以统一规范各国的海商活动，达到统一海商法律规范的目的。

（2）船方责任加重，海商法朝着公平、合理的方向发展。第二次世界大战以前，少数航运发达国家垄断国际航运业，同时控制和操纵国际海事立法，订立的某些国际海事公约，明显偏袒船方利益，损害货方利益。第二次世界大战后，随着航运科学技术的发展，船货双方利益需要重新调整，加之发展中国家走上国际海事立法舞台，国际海事立法正朝着更加公平、合理的方向发展。以海上货物运输法为例，2008年12月联合国通过的《鹿特丹规则》，废除了航海过失和火灾过失免责，使得船货双方在新的形势下，达到权利和义务的新平衡。

（3）海商法中保护性立法在加强，出现公法扩大化的趋势。各国为了保护本国的航运业，保护海洋环境，近年来各国政府都加强了对海运业的行政干预，制定了一系列保护性的海事法规。当公法的规定与私法的规定指向同一标的或同一事实时，多数国家都遵循"公法优于私法原则"。

（4）海事立法由以货物为中心向以船舶为中心转化。在帆船时代，货价通常大于船价，货物运输合同中承托双方权利义务都是围绕货物而确定的。进入20世纪60年代，货物集装化由于货物周转加快、货损明显减少、运输程序简化给海上运输带来了一场革命，与此同时，由于船舶的现代化和大型化，不仅技术密集，而且资金密集，加之各国对船舶污染环境的关注，围绕船舶的立法逐年增多，而属于货物立法则相对比较稳定。比如，国际海事组织近20年制定的近百个国际海事公约、修正案或议定书中，有4/5是属于对船舶的立法。

（5）船员立法由福利型向资格型转变。传统海商法建立在航海技术比较落后的基础之上。航运业是一种劳动密集型的行业，传统航海主要靠技能和经验，与之适应的船员立法是从保护船员的最低权益出发制定法律或国际公约，属于福利型的立法。随着现代科学技术在航海上的应用，船舶向着智能化、集装化、自动化和大型化的方向发展，航运企业向着管理科学化方向发展，这种形势要求船员任职资格必须由单纯的技术型向着知识复合型转变，航海教育由单纯的技术教育向素质教育转化。

【重要术语中英文对照】

中文术语	英文术语
海商法	maritime law
海事法	admiralty law
国际海事委员会	Comité Maritime International
国际海事组织	International Maritime Organization, IMO
国际劳工组织	International Labour Organization, ILO

【思考题】

1. 简述海商法的调整对象。
2. 海商法的法律渊源有哪些？
3. 简述海商法的历史演变过程及发展趋势。
4. 如何理解海商法适用的水域范围和船舶范围？

【推荐阅读文献】

1. 司玉琢：《中国海商法注释》，北京大学出版社 2019 年版

2. 胡正良：《海事法》，北京大学出版社 2009 年版

3. 傅廷中：《海商法论》，法律出版社 2007 年版

4. ［加］威廉·台特雷著，张永坚等译：《国际海商法》，法律出版社 2005 年版

5. Christopher Hill, *Maritime Law*, Lloyd's London Press Ltd., 1998

6. Thomas J. Schoenbaum, *Admiralty and Maritime Law*, Thomson West Pub. Co., 2004

7. Johanna Hjalmarsson, Jingbo Zhang, *Maritime law in China emerging issues and future developments*, London: New York Routledge, 2017

8. 袁发强、南迪：论海上运输习惯在海商法中的法律渊源定位——兼谈《海商法》第 268 条的修改，载《中国海商法研究》2020 年第 1 期，第 83-93 页

9. 初北平、方阁：北欧海商事法律的流变与对我国《海商法》修改的启示，载《法学杂志》2019 年第 12 期，第 71-83 页

10. 关正义、李婉：海商法和海事法的联系与区别——兼论海商法学的建立与发展，载《法学杂志》2012 年第 6 期，第 35-39 页

11. 顾荣欣：清末《海船法草案》述评，载《中国海商法研究》2017 年第 1 期

12. 高晓力：关于国际条约在我国涉外民商事审判中适用的调研报告，载《涉外商事海事审判指导》（第1辑），人民法院出版社2008年版

13. 司玉琢：沿海运输船舶油污损害赔偿法适用问题研究，载《大连海事大学学报》2002年第1期

14. 司玉琢：保障海洋发展战略改革完善中国特色的海事司法管辖制度，载《中国海商法研究》2015年第2期

扩展阅读资料

保持《海商法》延续性和稳定性

经过20多年的发展，通过判例以及司法解释，《海商法》的起草特点在很大范围内取得共识。从当下来看，关于国际贸易问题，《海商法》的起草特点也符合多边贸易、全球贸易的精神。虽然在实践中发现《海商法》有可以商榷的地方，但瑕不掩瑜，只需适当修订，不需大的变动，更没有必要推倒重来，以保持《海商法》的延续性和稳定性。希望修订后的《海商法》基本保持原有的篇章布局，保持原有《海商法》的中国特色，以保障航运业延续稳定发展，保持与国际海运公约的接轨。

是否纳入沿海运输

《海商法》第四章——海上货物运输，是指远洋运输，能否把沿海运输纳入其中与如何布局，这是值得思考和谨慎处理的问题。《海商法》是特别法，为保护航运业的发展，其立法有明显的倾向性，这与国际公约相一致。而沿海运输是平等主体之间的民事活动，适用《民法》和《合同法》，没有保护承运人的倾向。在这点上，两个不同的法律体系，合在一起容易产生混淆。其一，责任制不同，《海商法》采用不完全过失责任制；沿海运输则采用过失责任制，归责原则不同。其二，海上货物运输使用的是提单，而沿海内河运输使用的是运单，这是两种完全不同的单证，体现的功能权属也完全不同，放在一起容易引起单证性质上的混乱。因此，建议沿海运输的立法不列入《海商法》第四章而另列一章，或者另外立法。

是否引入"履约方"概念

我认为目前不宜引入。首先，"履约方"概念是在《鹿特丹规则》中提出的，而目前世界上主要航运国家都没有参加《鹿特丹规则》，中国也没有承认和参加，因此《海商法》修订要与国家立法相一致。其次，《鹿特丹规则》的"履约方"概念扩大了承运人概念的内涵和外延。从实务上来说，港口经营人从事的港口业务是受托运人或收货人的委托，不能成为"履约方"，只有部分受承运人委托的才成为"履约方"。引进"履约方"概念会使港口经营人的法律地位常处于不确定状态。目前，业内对《鹿特丹规则》的"履约方"概念在理论和实务上都还没有一个完整清晰的理解，因此，在还未完全理解之前，不宜轻易引入"履约方"概念。

增加船员内容立法

截至目前，中国船员数量约占全球船员数量的1/3。然而，由于保护船员的立法没有跟上，船员弃船登陆现象日趋严峻，直接影响中国航运业的发展。中国没有船员法，但

从2016年11月12日起《2016年国际海事劳工公约》(《公约》)正式在中国生效,对中国海员的劳动保护和社会保障作出了相应的规定。《海商法》第三章应该遵循《公约》对海员上船工作的相关规定,做好相关的修订和补充,成为国内立法的一部分,从而保障船员体面的工作和安定的生活。

完善或加强污染赔偿责任制度立法

改革开放40年来,中国成为全球制造、贸易和航运大国,长三角、港珠澳大湾区、渤海湾区的发展令人瞩目。中国南海、东海海域是日韩超级油轮和化工品船进出的必由之路,由此,中国成为船舶污染重灾区。在中国海域(包括200海里专属经济区)污染事故赔偿率较低,油污染得不到应有合理赔偿,影响了中国海洋的环境保护。因此,完善或加强污染赔偿责任制度的立法,也是《海商法》修订的必修之处。

当代海商法制度体系的域外考察

在英美法系国家,虽然没有法律部门的概念,但对海商法的商人法传统以及现代商法的属性却有广泛的共识。在此共识下,英美法系国家对海商法的认识并不局限于平等民事主体间的财产和人身关系,而是包含与海上商事运输密切相关的多种制度。例如在英国,有学者将海商法的组成分为海上运输法、海上保险法和海事法,其研究范围除相关私法制度外,通常涵盖船舶登记以及船舶安全管理等涉及公法性质的内容。类似的,美国学者对海商法的认识也不局限于民法的范畴,如美国学者 Robert Force 编纂的《海商法》教材和 Thomas J. Schoenbaum 所著的《海商法》都涉及了海事管辖权、海上人身伤亡、主权豁免及海事诉讼程序这些通常我们认为不属于民法范畴的内容。澳大利亚学者 Michael White 所著的《澳大利亚海商法》一书更是认为澳大利亚的海商法制度包括海事管辖权、海事诉讼程序、租船合同、海上货物运输、旅客运输、海上保险及共同海损、船舶所有权及登记和安全、航行安全、海事劳动法、船舶碰撞及调查、海难救助及海底文化遗产、拖航、引航、海事赔偿责任限制、船舶和离岸平台造成的海洋环境污染、刑事管辖权和海盗及捕获这17个部分。

而在大陆法系国家,海商法的情形相对复杂。一些国家,如德国、日本,虽然在立法体例上将海商法的内容分别归属于《商法典》《船舶法》《船员法》等立法中,但在概念上将它们统合理解为实质意义上的海商法,并认为其属性可理解为:将使用船舶从事的海上活动(航运)作为调整对象的法律规范,以同商事相关的内容为中心,基于沿革上的理由在一定程度上带有一体性的私法及与此密切相关的公法,具有商法与航运法的双重性质。而在另一些国家,海商立法的内容更呈现复合化的趋势。例如,2010年的《法国运输法》第5编"海商法"共分船舶、海上航行、海港、海上运输、海员、国际船舶登记以及海外岛屿7章罗列了法国的海商法制度,涵盖与海上运输相关的民事、行政,甚至是刑事制度。俄罗斯的海商立法同样如此,虽然其没有以海商法命名的法典,但《俄罗斯联邦商船航运法典》共分27章将与海上运输这一商事活动有关的各项制度进行了涵盖,内容同样兼具实体法与程序法、公法与私法,体现了海商(航运)法律调整的综合性。从法国和俄罗斯的立法来看,显然海商法的制度体系并未被限定于民法的范畴。此外,值得特别关注的是荷兰有关海商法的立法安排。在"民商合一"立法模式的影响下，1992年的《荷兰民法典》将海商法作为第八编"运输法及运输方式"的第二章纳入其中。显然，在此立法安排下，海商法被视为民法的一部分。但实际从其涵盖的内容来看，却又不限于平等民事主体间的法律关系，如第8章第194条至第196条关于船舶登记条件、注销登记之情形以及重复登记的规定，第260、261条关于船长权力的规定，第645条至第653条有关《2001年国际燃油污染损害民事责任公约》下强制保险或其他财务担保的要求、证书的签发、撤销等事项的规定等属于传统行政法的范畴。

第二章 船 舶

学习目标

在海事活动中，船舶是不可或缺的一大生产要素。船舶的使用是海上运输市场的基础，因此，船舶在海商法律体系中处于重要的地位，所有的海事法律关系都与船舶密切相关。因此，船舶以及与船舶有关的船舶优先权、船舶抵押权和船舶留置权制度成为海商法的必要组成部分。

通过本章的学习，了解船舶的概念、种类和法律性质；知晓船舶国籍及其登记的制度内容；掌握船舶优先权、船舶抵押权和船舶留置权的法律特征和适用范围以及法律效力等具体内容，为系统学习海商法中的其他各项制度奠定必要的基础。

第一节 船舶概述

船舶是海上运输工具，同时又是海事法律关系中一个重要的、具有特殊意义的客体。与船舶有关的特定关系是海商法调整对象的重要组成部分。

一、船舶的概念、种类和法律性质

（一）船舶的概念

船舶作为一种物，是海事法律关系的客体，海商法的调整对象之一就是与船舶有关的某些特定社会关系。与船舶有关的社会关系并非完全归于海商法的调整范围，只有平等的民事主体之间基于船舶的活动而产生的权利义务关系才属于海商法的调整对象。有鉴于此，世界各国的海商法往往对船舶问题列出专章予以规定。

船舶有广义和狭义之分。广义上的船舶泛指水上运载工具，是指用人力、风力或机器推进的各类水上交通工具，具体地说，包括航行于江、河、湖、海的一切船舶。狭义的船舶则是指海商法意义上的船舶。由于各国法律制度的差别，海商法所适用的船舶种类也不同。如美国《1936年海上货物运输法》第1条将船舶定义为“用于海上货物运输的任何船舶”。《日本商法典》第684条规定：“本法所称船舶，是以商业行为为目的，供航海使用的船舶。”《韩国商法典》第740条所指的船舶其含义比较广泛，该法所指的船舶不仅是指从事商行为的船舶，而且也包括为其他利益而用于航海的船舶，但快艇或摇橹船则不适用海商法的规定。苏联《1968年海商法典》把船舶的范围界定得很宽，该法第9条规定：“本法所称船舶，是指机动或非机动的浮动装置”，包括了除军事舰艇及悬挂海军军旗的船舶以外的各种船舶。从各国海商法对船舶的规定来看，海商法意义上的船舶主要在以下方面作出了限制：（1）在航行的水域上作出限制，如限于海上航行或与海相通的水面或水中航行的船舶；（2）对船舶的吨位予以限制，如把小于一定吨位的船舶排除在海商法调整的范围之外；（3）在用途上对船舶作出排除规定，如把用于军事目的、政府公务的船舶排除在外。

我国《海商法》第3条规定，“本法所称船舶，是指海船和其他海上移动式装置，但是用于军事的、政府公务的船舶和20总吨以下的小型船艇除外。前款所称船舶，包括船舶属具”。一般来说，海船是指具有海上航行能力的机动或非机动船舶；海上移动式装置则指具有自航能力的可在海上移动的装置，如海上钻井平台等。根据本条规定，我国《海商法》中的“船舶”不包括用于非商业性目的的军用船、政府公务船及20总吨以下的小型船艇。

对于水上飞机是否为船舶，否定说认为，水陆两用飞机，虽具有水上航行能力，但仍不能视其为船舶。肯定说认为，水上飞机当其在水面航行时视同船舶，应适用海商法的规定。但当其飞离水面时，其所有活动即应适用航空法的有关规定，不再适用海商法。

（二）船舶的种类

划分船舶的种类，其意义在于确定不同的船舶所应具有的法律地位以及确定法律适用问题。从不同的角度划分，可将船舶划分成不同的种类。

（1）按船舶的登记形式划分，可将船舶分为海船和非海船。海船是指具有海上航行能力并登记为海船的船舶；非海船是指不具有海上航行能力或虽具有海上航行能力，但不是以海船名义登记的航行于江河、湖泊的船舶。《海商法》对海船和非海船的适用程度是不同的。例如，关于海上货物运输合同的规定，只适用于国际海上货物运输的船舶，而船舶碰撞、海难救助和共同海损等项制度，对非海船也同样适用。

（2）按船舶的动力装置划分，船舶可分为机动船和非机动船。机动船是指依靠自身动力航行的船舶，包括蒸汽机船、内燃机船和核动力船；非机动船是指依靠风力和人力操作航行的船舶，主要是指帆船和摇橹船。在确定船舶碰撞责任时，机动船和非机动船的地位有很大的区别。例如，分析船舶在海上的避让关系时，对机动船和非机动船的要求是不同的；又如，《1972年国际海上避碰规则》在船舶互见中的行动规则中即规定，除规则另有规定外，机动船在航时，应给帆船让路。

（3）按船舶用途划分，可将船舶分为用于商业目的的船舶，用于政府公务的船舶，用于军事目的的船舶和其他专用船舶（包括体育运动船、文化旅游船、教学实习船和科学考察船等）。我国《海商法》第3条所规定的船舶中，仅仅排除了用于军事的、政府公务的船舶和20总吨以下的小型船艇，这就说明，《海商法》对其他种类的船舶也同样适用，不过，这种适用是有一定范围的。例如，旅游船和其他船舶在海上发生碰撞事故，就应按

《海商法》中关于船舶碰撞的规定来确定赔偿责任，但由于该船从事海上旅游活动而引起的其他争议，就不是《海商法》所要调整的范围。

（4）按船舶所有制的形式划分，船舶可分为国有船舶和非国有船舶。国有船舶是指以国家为所有人的船舶；非国有船舶是指以自然人或法人为所有人的船舶。在市场经济条件下，国有船舶并不是由国家直接经营的，而是授权给具有法人资格的全民所有制企业经营和管理。所以，国有船舶所有权的行使具有特殊性。根据我国《海商法》第8条的规定，如果有关法人被国家授权经营国有船舶，则《海商法》中有关船舶所有人的规定，适用于该法人。换言之，该法人可享有法律所规定的船舶所有人的权利并承担相应的义务。

（5）按船舶国籍划分，船舶可分为中国籍船舶和外国籍船舶。中国籍船舶是指在中华人民共和国登记并悬挂中国国旗的船舶；外国籍船舶则是指在国外登记并取得该外国国籍的船舶。世界上有许多国家对本国籍的船舶规定了一些航运保护政策，最常见的就是规定本国船舶的沿海运输专营权。例如，我国《海商法》第4条即规定，中华人民共和国港口之间的海上运输和拖航，由悬挂中华人民共和国国旗的船舶经营。但是，法律、行政法规另有规定的除外。对外籍船舶而言，未经我国国务院交通主管部门的批准，不得经营我国沿海港口之间的海上运输和拖航。

（三）船舶的法律性质

依各国立法，从海商法学和民法学的角度看，海商法之船舶具有如下法律特性。

（1）船舶为合成物。船舶由船体、船机、甲板和船舱等构成，每一部分不能脱离船舶的整体而独立存在，否则即失去其存在的意义，对于这些部件，当所有权转移时，必须一并移转给受让人。也就是说，除非另有约定，船舶所有权移转及于船舶各部分。此外，船舶在航行时还必须装备罗经、海图、探测仪、船舶锚链等船舶属具，对于船舶属具的性质，各国的法律规定不尽一致。我国《海商法》认为船舶和属具不可分。

（2）船舶是按不动产处理的动产。船舶的功能就是在海上移动，并且不会因为移动而损害其经济价值，这就决定了它属于动产的范围。从古罗马开始，船舶就被规定为动产，现今很多国家也明确把船舶定性为动产。然而，由于船舶价值高、体积大，并且因其主要体现运输工具的功能，故其所有权的转移不像作为流通对象的一般商品那样频繁。所以，各国海商法趋向于将船舶视为不动产加以处理。诸如对于船舶的所有权、抵押权实行登记制度等。

（3）船舶之人格性。船舶本为财产，是法律关系的客体，但与一般财产不同，随着近代科学技术和航海的巨大变革，船舶已具有法律关系主体的一些特征，极其类似自然人或法人。船舶在法律上的人格化，主要表现在：船舶有特定的名称；船舶有固定的国籍；船舶有特定的住所；此外，船舶还有年龄、生存期间、失踪、注销登记等规定和事项。

在一些英美法系国家，存在着将船舶视为法律关系主体的情况，这集中体现为英美等国海上诉讼中的“对物诉讼”（Action *in rem*）制度。在这种制度下，船舶可以被视为当事人一方（被告）参加诉讼，如果船舶所有人或其他人不就被扣押的船舶提供担保或出庭抗辩，原告可以申请法院判决船舶承担责任，拍卖该船舶以清偿相应的债务。

释义

Nature of Action *in rem*

An action *in rem* is separate from an action *in personam*. It has for many years been the view that the action *in rem* under English jurisdiction is entirely independent of an action *in personam*: It is not ancillary to it. The action is against the ship, or in appropriate circumstances other properties such as cargo, freight and not its owner. Judgment may eventually be given against the ship, the owner perhaps having never appeared to answer the writ. Although the owner's personal liability is, under English legal thinking, irrelevant, an action *in rem* can be concluded (though in practice seldom is) by judgment *in rem* which is 'good as against all the world'. An owner may take part in an action *in rem* if he considers it to be appropriate to defend his property, but it is essentially an action against his property (*in rem*), not against him.

二、船舶的国籍和登记

(一)船舶的国籍

1. 船舶国籍的重要性

无论在国际法还是在国内法上,船舶的国籍均具有非常重要的意义。从国际法角度看,根据《1958年公海公约》的规定,凡悬挂本国国旗的船舶均有权在公海上自由航行,受船旗国的保护和监督。船旗国的法律及船旗国所缔结的国际公约适用于该船舶。凡是非法悬挂两国以上国旗和不悬挂国旗航行的船舶,不受国际法保护,有被视为海盗和国际公害船舶之嫌疑,任何国家的军舰可以对其搜查和捕获。在战争时期,船舶的国籍和其悬挂的国旗是判定该船是敌国船、盟国船和中立国船舶的标志,从而决定对其是保护还是捕获。从国内法角度看,悬挂本国国旗,可以在船旗国的领海和内海享有完全的自由航行权。如系捕鱼船、海洋钻井平台,可以在船旗国的领海、内水、大陆架和专属经济区进行捕鱼、海底勘探和开发。此外,船舶可以在海运政策、税收和造船补贴等方面享受船旗国的优惠待遇。对于船舶在公海上发生的刑事案件,一般由船旗国适用本国法律解决,对于船舶在公海上或外国领海、港口发生的民事案件一般也适用船旗国法。

2. 船舶国籍的取得

《联合国海洋法公约》第91条规定,各国基于主权自主原则,有权确定船舶取得本国国籍的条件。根据1995年施行的《中华人民共和国船舶登记条例》第2条的规定,在我国申请船舶登记的人,如果是公民,就应该在我国境内有住所或主要营业所;如果是法人,就必须在我国境内设立主要营业所。如果在法人的注册资本中有外商出资的,中方投资人的出资额不得低于50%。同时,该条例第7条还规定,中国籍船舶的船员应当由中国公民担任;确需雇用外国籍船员的,应当报国务院交通主管部门批准。我国的这种规定兼采了船舶所有人国籍主义和船员国籍主义,有利于保护我国船舶和船员的利益。

（二）船舶登记

1. 船舶登记的意义

船舶登记（Ship Registry）是船舶所有人向船舶登记机关提出登记申请，并提交相应的法律文件，在船舶登记机关审查核实后依法予以登记的法律行为。船舶登记是船舶取得国籍和航行权，确定船籍港，建立港航行政机关、司法机关对船舶的监督管辖关系，确认和公示船舶所有权及其他权利，使船舶在法律上能享有权利和承担义务的必经程序。船舶进行船舶国籍登记的意义有以下几点。

（1）便于国家对船舶的监督管理以保障海上安全。尽管各国对船舶登记的条件有不同的规定，但对船舶的构造、设备、适航等都有一定的限制，即只有达到一定技术要求的船舶才准予登记，这对海上人命及财产的安全起到一定的保障作用。同时，通过登记，使船舶的国籍及所有人便于识别，为监督管理创造了便利的条件。

（2）保护当事人的合法权利。以船舶为标的的权利（包括所有权、抵押权等）的效力在很大程度上取决于船舶登记。以船舶抵押权为例，不仅其对抗第三者的效力取决于登记，而且，其优先受偿顺序也由登记时间决定。所以，船舶登记对保护当事人的合法权益有着重要的意义。

（3）享受登记国提供的各种优惠。这主要表现为，一方面，由于航运保护主义，各国对外轮从事本国沿海运输都作了一定的限制，原则上只允许国轮从事本国沿海运输（cabotage）；另一方面，登记国可能与其他海运国家缔结了双边或多边的通商航海条约，船舶一经登记，即可享受登记国及其缔约国提供的各种优惠。

（4）决定某些法律关系的准据法。从国际私法的角度来讲，船舶的国籍是一个重要的连结点。

释义

The Vital Significance of Registration

The most important advantage of registration is the obtaining of priority. The ranking of one mortgagee against another mortgagee is governed simply and solely by the date of registration of the mortgage.

Registration, which may be aptly described as "notice to all the world", protects the mortgagee against all later secured creditors of the shipowner and against all non-registered mortgages. Failure to register does not invalidate the mortgage but it must give precedence to later registered encumbrances. One very good reason for the devising of the mortgage registry system was the common requirement of a vessel owner to seek further advances on the security of the same property.

In view of the existence of the registry system, persons intending to lend money to shipowners are best advised to search the register carefully.

2. 船舶登记的类型

根据各国现行的法律规定,可以把世界各国的船舶所有权登记制度划分成3种类型。

(1) 严格登记制度。实行这类制度的国家,对船舶登记规定了严格的标准,具体表现在以下三个方面。首先,要求本国船员在船员总数中必须占多数(50%～100%)。其次,要求船公司或其主要办事处应设在本国境内,公司大多数管理人员也必须是本国公民。此外,还要求在船公司的资本中,本国资本要占50%以上(50%～100%)。实行严格登记制度的国家多半为发展中国家,这些国家所实行的严格登记条件,实际上也是国家航运保护政策的一个组成部分。从我国《船舶登记条例》第2条和第7条对船舶登记的规定看,我国属于实行严格登记制度的国家。

(2) 开放登记制度。开放登记制度,又称方便旗船制度。实行这类制度的国家对船舶登记没有任何条件限制,并且还颁布一些具有优惠条件的立法,吸引外国船舶前往登记。为此,船舶所有人只需交纳一定的登记费用,即可在该国登记,使船舶取得该国国籍,并悬挂该国国旗航行。巴拿马、巴哈马、洪都拉斯、利比里亚、塞浦路斯等国家都属于方便旗船制度国家。

(3) 半开放登记制度。所谓半开放登记制度,是一种介于严格登记制度和开放登记制度中间的登记制度。实行半开放登记制度的国家,对船舶登记的条件虽有规定,但通常都比较宽松。例如,英国的船舶登记制度仅规定,在登记国需要设立主要营业所以及主要高级船员应为英国公民,而对本国资本参与的比例则没有任何限制。半开放登记制度既可以避免在登记条件方面限制过严的问题,也可有效地防止方便旗船所产生的各种问题。

分析世界各国的情况,实行严格登记制度的国家多为发展中国家,因为这种制度可以保护和发展本国的商船队;而实行开放登记制度的国家也是发展中国家,他们的目的在于通过吸引国外船舶前往登记,从而开辟创汇途径;至于半开放制度,则多为经济比较发达的国家所采取,在这些国家没有必要通过开放登记而吸引国外船舶来实现创汇的目的,同时,由于这些国家船员资源匮乏,需要吸引大量国外船员到本国的船上工作,因而没有必要对船舶登记规定过于严格的条件。

3. 船舶登记的效力

船舶登记作为国家对船舶实行管理的必要措施,适用于参与海上营运的每一艘船舶。而船舶登记的法律效力主要表现在,从船舶登记机关获取了相应的登记证书,证明其享有的船舶权利,可以对抗第三人。同时,经过船舶登记,该船舶的船名被依法确认,而且取得了登记国的国籍,有权悬挂该国国旗在海上航行。

释义

Flags of Convenience

“Flag of Convenience” is a phrase which has fallen into disrepute politically. A ship is said to be flying a flag of convenience if it is registered in a foreign country “for purposes of reducing operating costs or avoiding government regulations”. The term has been used to describe the registering of ships under the flag of certain States when they are in fact beneficially owned and controlled by nationals of other countries, manned by foreign crews and seldom, if ever, enter the jurisdiction or ports of their country of registry. However, for the sake of "convenience" the phrase will continue to be used throughout the section which follows. The registries of those countries who offer such facilities are known as "open registries". Shipping registration laws of such "convenience" countries ignore the requirement of national ownership.

Flags of convenience emerged when American oil companies became worried by political instability in Europe in the years leading up to the Second World War. The Panamanian flag enabled American oil companies to supply Britain despite American neutrality in the early years of the war. It also let them use Britain seamen instead of Americans on ships under the Panamanian flag.

In the highly competitive world, after the Second World War, because of high operating costs unsubsidized US shipowners transferred their ships to flags of convenience for reasons of tax immunity to gain economic advantages over European competitors. The Greeks similarly transferred ships to avoid heavy taxation, but also to avoid inconvenient governmental regulations.

There are no requirements for a genuine link to exist between the State and the ship which looks for registration under its flag. The rationale was originally one purely and simply of tax immunity. The problem is at present one of economic competition between developing maritime States, the flag of convenience States and the traditional maritime States.

Today, more than half of the world's merchant ships (measured by tonnage) are registered under so-called flags of convenience, formally referred to as "open registries". Currently the three largest ship registries are open registers, namely Panama, Liberia and the Bahamas. All of these are judged by international safety organizations as "white-listed" flags indicating above-average safety performance, even though the worst oil spills such as the Prestige and the Amoco Cadiz involved tankers registered in Bahamas and Liberia.

A conflict is bound to arise when a ship is linked with several States, viz. the nationality of the crew, the place of building, the beneficial ownership, etc. It is a matter of public policy that, if possible, any State which grants its nationality and flag to a ship should be able to have effective jurisdiction over and to control in technical and social matters. The "genuine link" policy is difficult to apply and enforce amongst sovereign States, however, because there is no system of effective sanctions.

第二节 船舶所有权

一、船舶所有权的概念、特点和种类

(一)船舶所有权的概念

船舶所有权,是以船舶为客体的所有权。作为财产权的一种,船舶所有权是船舶所有人对船舶的法定、全面与整体的支配权。船舶所有权制度是海商法制度的基础,海商法之船舶关系和运输关系是建立在船舶所有权的基础上。我国《海商法》第7条规定:"船舶所有权,是指船舶所有人依法对其船舶享有占有、使用、收益和处分的权利。"

船舶所有权的范围是船舶所有人所能支配的船舶所有权客体的范围,它因英美法系国家和大陆法系国家对船舶的规定不同而稍有差异。英美法系国家认为,船舶船体和属具不可分离、合为一体,构成海商法意义的船舶,船舶所有权理所当然及于船舶的船体、设施和属具;大陆法系则认为,船舶的船体和属具是主物和从物的关系,虽然所有权及于船舶的船体和属具,在所有权转移时,两者一并转移,但是法律允许当事人对此有特别约定。

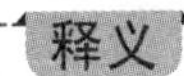

Concept of Ownership of Ships

Long before the introduction of the concept of nationality states always considered some ships as their own and treated others as alien. States wanted to be able to enact regulations applicable to "their" ships whenever and wherever it was possible. In treaties and state practice and in legal literature the word "ship" is employed in three connotations. First, it serves as a generic name for a moveable property which is suited for navigation. Secondly, it is frequently employed as a collective noun for designating particular persons who have an interest in that moveable property. This constitutes the ownership. Thirdly, ship is the word often used when reference is made to the ship's flag state. In this context the definition of a ship becomes quite important in order to have the clearest possible understanding of the objects to which international shipping law applies.

Ships may be owned individually, by bodies corporate or by governments of states. Their ownership will be established according to the municipal law of the state whose flag they fly. In such cases the ownership will be individual. Apart from national and individual ownership merchant ships are also known to be operated by international organizations such as the United Nations. The responsibility of the state linked to the flag of the ship gives rise to the concept of national ownership. Obviously state responsibility will arise to protect the interests of nationals who own the ship and the flag. But there is also state responsibility for the enforcement of international conventions to which the flag state is a party.

In maritime law, the ownership of a ship means the shipowner's rights to lawfully possess, utilize, profit from and dispose of the vessel in his ownerships.

（二）船舶所有权的特点

由于《海商法》中的船舶只是《民法通则》中的财产的一种或《物权法》中的物的一种，而船舶所有权也就是以船舶为客体的所有权，因此，船舶所有权也应被理解为是一种对船舶的全面的、概括的支配权。另外，正是因为船舶所有权是作为民法特别法的海商法所规定的以船舶为客体的所有权，因此船舶所有权必然具有其自身的一些特点。概括起来主要表现在。

（1）以船舶为客体。船舶所有权的客体原则上仅限于船舶，而不包括任何其他财产或物。并且，作为海商法规定的船舶所有权客体的船舶还不是一般意义上的船舶，而须是《海商法》定义或规定的船舶。对于不符合《海商法》定义或规定的船舶，原则上不能成立船舶所有权，而只能成立民法规定的一般财产所有权。

（2）以登记为产生对抗第三人效力的公示方法。按民法对物的分类原则，船舶应属动产。动产物权的变动一般应以交付或占有为公示方法，不动产物权的变动才以登记为公示方法。但鉴于船舶的特殊性质，各国海商法大都将登记规定为船舶所有权变动产生对抗第三人效力 的公示方法。我国《海商法》第 9 条第 1 款规定："船舶所有权的取得、转让和消灭，应当向船舶登记机关登记；未经登记的，不得对抗第三人"。可见，相对于民法一般动产的公示方法而言，船舶所有权的公示方法具有特殊性。

（3）船舶所有权人具有特殊的法律地位。船舶是海上运输的工具，为了确保海上人命和财产的安全，法律、法规对船舶所有人规定了许多必须履行的义务。如妥善地装备船舶、配备船员，使船舶处在适航的状态，等等。另外，建立与保有一支商船队，对一个国家来说具有极其重要的战略意义。各国海商法几乎均规定了所谓船舶所有人责任限制（或海事赔偿责任限制）制度，赋予船舶所有人一定的特权，船舶所有人据此可以将自己对于某些海事索赔的赔偿责任限制在一定范围之内。可见，一方面船舶所有人负有许多特殊的法定义务，另一方面又享有一些法定特权。较之民法一般财产所有人而言，船舶所有人具有较特殊的法律地位。

此外，船舶所有权属于特别法物权。这意味着在有关船舶所有权的问题，应当优先适用作为特别法的海商法的规定；在海商法没有规定时，则应适用民法的一般规定。再者，作为船舶所有权客体的船舶，主要以海洋及各国港口为其活动场所，这决定了有关船舶所有权的关系常常具有涉外因素。

（三）船舶所有权的种类

根据不同的标准，船舶所有权可被划分为不同的种类。但就我国《海商法》的规定而言，其中较为重要的一种分类是：船舶的共有与单独所有。我国《海商法》第 10 条规定："船舶由两个以上的法人或者个人共有的，应当向船舶登记机关登记；未经登记的，不得对抗第三人。"另外，《海商法》对于船舶共有没有再作任何其他规定。因此，我国民法关于共有的一般规定，均应适用于船舶的共有。详言之，船舶的共有，也可以分为按份共有和共同共有。按份共有人按照各自的份额，对共有船舶分享权利、分担义务。共同共有人对共有船舶享有权利，承担义务。按份共有船舶的每个共有人有权要求将自己的份额分出或者转让。但在出售时，其他共有人在同等条件下有优先购买的权利。但值得强调的是，船舶的共有与民法一般财产的共有之间最主要的差别在于，船舶共有对抗第三人的效力以登记为条件，未经登记的不具有对抗第三人的效力。这意味着，未经登记的船舶共有对第三人不产生共有的效力。另外，船舶共有的登记与否，并不影响共有人之间的内部关系。如船舶未登记为共有，则对第三人不产生共有的效力，但如船舶存在共有，则共有人之间的共有协议在共有人之间是有效的。此外，就船舶共有而言，船舶是一个整体，原则上应认定为是不可分割之物。共有人要求分割时，只能折价，并且其他共有人在同等条件下有优先购买权。

释义

Classification of Ownership

Ships can be owned in mainly two ways: sole ownership and co-ownership. Co-owners are of two classes. (1) Joint owners, in whom are vested the property in a ship or a share therein jointly with unity of title and no distinction of interest. (2) Part owners or co-owners properly so-called, in whom is vested severally distinct shares in the ship, but with an undivided interest in the whole. The former are joint tenants of the property held, the latter are tenants in common with each other of their respective shares. According to article 10 of the Maritime Code of PRC, where a ship is jointly owned by two or more legal persons or individuals, the joint ownership thereof shall be registered at the ship registration authorities. The joint ownership of the ship shall not act against a third party unless registered.

二、船舶所有权的内容

（一）船舶占有权

船舶占有权，是指船舶所有人对其船舶的实际控制权。在多数情况下，国家不可能对船舶实行直接的经营和管理，而往往是授权给那些具有法人资格的全民所有制企业去经营，这就是我们所说的所有权与经营权的分离。既然如此，国家的船舶既可以由船舶所有人占有，也可由非所有人占有。所谓的船舶所有人占有，是指所有人在事实上控制属于自己所有的船舶，直接行使占有的权利。例如，私营船公司对其所有的船舶实施的控制，即属此种情况。非所有人占有则是指非独立的或从属于他人所有权的占有。例如，国家所有的船舶由国家授予具有法人资格的全民所有制企业经营管理（如将船舶下放给各公司经营），或船舶所有人将自己的船舶承包给某个具有法人资格的企业经营，即属此种情况。不论是所有人占有还是非所有人占有，只要符合法定程序和条件，都应受到法律的保护。《海商法》中为船舶所有人所设定的权利和义务，也同样适用于这样的企业法人。

（二）船舶使用权

船舶使用权，是指船舶所有人按照船舶的性能和用途对船舶加以利用的权利。船舶所有人可以根据自身的需要决定采取什么样的船舶营运方式或经营什么样的航线（当然，如果要开辟新的班轮航线，必须要经过国家交通主管机关的批准)。但是，这种使用权只要没有违背法律的强制性规定，任何机关都不得加以干预。

(三)船舶收益权

船舶收益权，是指船舶所有人获取因船舶营运所带来的物质利益的权利。在通常情况下，收益权由船舶所有人独享，但在一定情况下，也可由船舶所有人和合法使用人分享。例如，船舶承包人按承包协议与船舶所有人进行利润分成，即属此种情况。船舶收益权与其他合法的收益权一样受法律保护，任何组织和个人不得非法侵害。

(四)船舶处分权

船舶处分权，是指船舶所有人在法律允许的范围内决定船舶命运的权利，即通过某种法律行为对财产进行处置的权利，如抵押、转让、赠予等。应该指出的是，由于我国国有船舶的所有人是国家，虽然船舶被交与一些企业去经营，但全民所有制财产的性质并没有改变。对经营国家船舶的企业来讲，虽然法律确认了他们可以享受船舶所有人的权利，但他们的权利并不是绝对的。一般来说，这些企业拥有对国有船舶的占有、使用、收益的权利，但却不能随意行使对船舶的处分权。例如，在未经上级主管机关批准的情况下，他们无权转让或拆解船舶。

上述四项权能构成了船舶所有权的全部内容，但在实践中，这四项内容是可以暂时分离的，例如，船舶所有人可以暂时将船舶以光船租赁的形式予以出租或进行抵押等，这也正是船舶所有人行使所有权的具体表现。

三、船舶所有权的取得、转让和消灭

(一)船舶所有权的取得

船舶所有权的取得，是指以船舶为客体而发生的所有权。按民法物权取得方式的分类，船舶所有权的取得也可以分为原始取得和继受取得。除公法上的没收、征用、捕获等原因外，船舶所有权的原始取得主要表现为建造。这类船舶所有权的取得是与船舶所有权的转让无关的取得。而船舶所有权的继受取得则主要表现为(二手船)购买、接受赠予、接受保险委付。这三种取得船舶所有权的方式均是基于合同或协议而发生，并且均是与船舶所有权的转让有关的取得方式。实践中最常发生的继受取得船舶的方式是购买船舶。由此可见，船舶的原始取得是一种与船舶的转让无关的取得方式；而船舶的继受取得则是一种以船舶的转让为基础的取得方式。并且从船舶所有权的主体来考察，船舶的继受取得实际上也就是船舶所有权的转让。

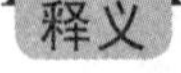

Acquisition of Ownership of Ships

The vessel ownership may be obtained by primary and secondary methods. The primary methods comprise the shipbuilding, appropriation, forfeiture and capture. The secondary methods include inheritance, present, subrogation and purchase. The acquisition, assignment or termination of such ownership is subject to registration with vessel registry office. In absence of such registration, no acquisition, assignment or extinction of the vessel ownership can act against the third party. If the owner fails to do so, he is responsible for the consequences flowing from such failure including loss of priority right to the third party or compensating the third party's loss.

（二）船舶所有权的转让

船舶所有权的转让，是指船舶所有权人将自己的船舶所有权让与他人的法律行为。如是有偿的转让，则为买卖；若是无偿的转让，则为赠予；如果是根据保险合同或海上保险法而发生的转让，则就构成保险委付。

我国《海商法》第9条第2款明确规定："船舶所有权的转让，应当签订书面合同。"可见，不论是买卖合同或是赠予合同或是保险委付协议，均须是书面的。否则，转让行为不成立或不受法律保护。

如上所述，船舶的原始取得是一种与船舶的转让无关的取得方式；而船舶的继受取得则是一种以船舶的转让为基础的取得方式。并且从船舶所有权的主体来考察，船舶的继受取得实际上也就是船舶所有权的转让。可见，我国《海商法》第9条将船舶所有权的取得与船舶所有权的转让相提并论或同时列出，这在概念上是有部分重叠的。

关于船舶所有权的转移时间问题，我国《海商法》未作任何（特别）规定。因此，应当适用我国民法的一般规定。我国《物权法》第23条规定，"动产物权的设立和转让，自交付时发生效力，但法律另有规定或者当事人另有约定的除外"。我国《合同法》第133条规定，标的物的所有权自标的物交付时起转移，但法律另有规定或者当事人另有约定的除外。就航运实践中最常发生的船舶所有权的变动形式（买卖）而言，据此，就以合同方式取得船舶所有权而言，当事人可以用书面的形式在合同或协议中约定船舶所有权的转移时间；但若没有约定，就转让的当事人之间而言，则船舶所有权应自船舶交付时起转移。作出这样的解释，完全符合航运实践的现实需要。

值得注意的是，根据我国《海商法》第9条第1款的规定，就第三人而言，无论当事双方如何约定，也不论船舶何时完成交付或占有的转移，只要船舶未完成船舶所有权的（变更）登记，船舶所有权的变动就不具有对抗第三人的效力。对受让人而言，在完成登记之前，船舶仍有可能被当作出让人的财产而被扣押，甚至拍卖；另外，对于出让人而言，在完成过户登记之前，如果船舶因发生碰撞或其他原因造成他人损害时，其仍有可能被认定为是船舶所有人须对此负赔偿责任。

（三）船舶所有权的消灭

船舶所有权的消灭，是指即存的船舶所有权的不复存在。从船舶所有权人的角度来说，也就是船舶所有权的丧失。船舶所有权的消灭分为绝对消灭与相对消灭。前者是指船舶所有权与原来的主体相分离之后，并没有被其他主体所取得；而后者则指船舶所有权与原来的主体相分离之后，又与其他主体相结合。通常所说的消灭，仅指绝对消灭，因为相对消灭也就是转让。我国《海商法》对船舶所有权的消灭原因，未作任何规定。因此，民法关于物权消灭原因的一般规定，应适用于船舶所有权。结合民法物权消灭的理论，除公法上的没收、征收、捕获等原因以及民法上的混同、抛弃等原因外，较常见的导致船舶所有权消灭的原因主要表现为：(1)船舶灭失，包括沉没、失踪、拆解等；(2)船舶被法院拍卖等。

四、船舶所有权的公示

船舶作为民法上的一种财产，按其属性应属动产的范畴，本应以交付(占有)为其物权变动的公示方法。但由于船舶的价值不仅往往超过许多不动产，而且作为海上运输工具的船舶，以其作为买卖对象的交易也不甚频繁。因此，几乎各国海商法均将登记规定为船舶所有权和船舶抵押权的公示方法。我国《海商法》也未能例外。我国《海商法》第 9 条第 1 款明确规定："船舶所有权的取得、转让和消灭，应当向船舶登记机关登记；未经登记的，不得对抗第三人。"显然，此条规定涉及的是船舶所有权的公示方法和公示效力的问题。

对于船舶所有权的公示效力问题，我国《海商法》没有采用"登记生效要件主义"，而是采用了"登记对抗要件主义"。这里的"未经登记，不得对抗第三人"的含义是：在发生船舶所有权的取得、转让和消灭时，如果没有完成相应的登记，则仅在当事人双方之间发生船舶所有权变动的法律效果；而对于第三人，则不发生船舶所有权变动的法律效果。关于"第三人"的范围或含义问题，由于特定的船舶所有权的转让一定是发生在特定的出让人与受让人之间的，"第三人"指的应是该特定的出让人与受让人以外的其他人，且应仅指善意的第三人，即对船舶所有权的登记内容与其实际状况或真实情况不符而不知情的第三人。

需要注意的是，根据《物权法》的规定，物权变动被分为"依法律行为发生的物权变动"与"非依法律行为发生的物权变动"。对于前者，《物权法》第二章的第一节和第二节分别对不动产登记和动产交付等公示方法及其物权变动效力做出了规定；而对于后者，该章第三节第 28 条至第 30 条则对依据法律的规定直接发生物权变动效力的情况做出了规定。《海商法》第 9 条规定的船舶所有权变动属依法律行为发生的物权变动。对于非依法律行为发生的船舶物权的变动，《海商法》未作特别规定，因此应适用《物权法》第二章第三节的规定。例如，因合法建造船舶的事实行为而取得船舶所有权的，自事实行为成就时发生效力，而且无须登记即发生对抗第三人的效力。

五、"建造中船舶"所有权

从字面上理解，所谓"建造中船舶"是指正在建造之中的或尚未完成建造的看似船舶的物。因此，"建造中船舶"不是船舶，但在建造完成之后则会成为船舶。在完成建造之前，其不具有特定性和完整性。依法理，本不能作为一个整体或特定的独立之物而成为物权的客体。但由于这些暂时处在分离或半分离状态的动产将被用于建造另一个特定的动产，即一艘船舶，这又使这些动产具有一定的"整体性"。从而为将这些财产在法律上拟制成一项统一的财产创造了可能性。但是，为了将"建造中船舶"作为一个整体用作造船贷款的担保物，就须建立以"建造中船舶"设定船舶抵押权的制度，而要以"建造中船舶"设定船舶抵押权，又必须首先明确"建造中船舶"的所有权。

关于“建造中船舶”问题，虽然《1967年建造中船舶权利登记公约》的目的是要将船舶登记规则扩展到建造中船舶，但该公约未出现关于“建造中船舶”的明确定义。值得注意的是，该公约在第8条中规定，“国内法可以规定在建造中的船舶上登记的权利将附着于造船厂辖区内，并已用标记或其他方法清楚地标明将要安装在某一船上的材料、机器和设备”。从该公约对“建造中的船舶”的权利登记所设定的条件来看，缔约国有两个选择：一是缔约国可以在国内法中规定，将已安放龙骨或已完成类似的建造工程作为船舶权利登记的条件；二是缔约国如在国内法中不作此种规定，而是适用该公约的规定，即只要建造特定船舶的合同已经签署或者建造者声明其已决定用自己的资金建造一艘船舶时，就“建造中船舶”的权利登记就须予以准许。

我国《船舶登记条例》对于“建造中船舶”的登记问题已经作了规定。根据该条例，“建造中船舶”可以进行船舶所有权和船舶抵押权登记。关于“建造中船舶”船舶所有权的登记条件，该条例未将公约中述及的“签订合同”或“建造者做出声明”或“安放龙骨”规定为登记条件。2017年2月10日起施行的我国《船舶登记办法》第74条规定：“本办法所称建造中船舶是指船舶处于安放龙骨或者相似建造阶段，或者其后的建造阶段。”因此，“已安放龙骨或处于相似建造阶段”实际上是在我国进行“建造中船舶”权利登记的前提条件。

实例研究

甲公司将某船卖给乙公司，乙公司由于经费紧张只支付了一半船款，双方约定余款于3年内结清。乙公司接手该船后一直未向船舶登记机关办理所有权转移登记。后来乙公司在经营中同丙修船厂签订了修船合同，将该船交由丙修船厂修理，并因拖欠修船费而与丙修船厂发生了争议。丙修船厂诉至法院，申请扣押该船。甲、乙公司辩称：依我国《海商法》，由于该船所有权之转移未经登记，则甲、乙公司（即船舶所有权转移当事双方）就当然可以以该船所有权转移未经登记，因而未发生效力为由来对抗丙公司（即第三人）的权利主张。

此案中，甲、乙公司之抗辩不能成立。因为《海商法》第9条关于船舶所有权的转移应当登记，未登记则不得对抗第三人的规定绝对不能理解为如果船舶所有权转移未经登记，船舶所有权转移当事双方可以以船舶所有权转移未经登记，因而未发生效力为由来对抗第三人的权利主张。在船舶所有权转移当事双方与第三人的关系上，《海商法》第9条仅赋予第三人以主张船舶所有权转移未经登记因而不受其约束，并可以主张该所有权转移无效的权利，而从未赋予船舶所有权转移当事双方以任何意义的抗辩权。故甲、乙公司对丙公司之抗辩理由是不能成立的。

第三节 船舶抵押权

一、船舶抵押权的定义

船舶抵押权，是债权人通过与债务人签订船舶抵押合同，并进行登记，而取得的一种以债务人提供的作为借贷之债担保物的船舶为主要标的的担保物权。由于各国建立的财产抵押权制度存在较大的差异，这在一定程度上决定了各国有关船舶抵押权的法律规定也很不一致。为统一各国有关船舶抵押权法律规定，国际海事委员会（CMI）于1926年制定了第一个规定船舶抵押权的国际公约，此后又于1967年和1993年出现了两个类似的国际公约。但这三个公约均没有出现关于船舶抵押权的定义。我国《海商法》第11条对船舶抵押权下的定义为："船舶抵押权，是指抵押权人对于抵押人提供的作为债务担保的船舶，在抵押人不履行债务时，可以依法拍卖，从卖得的价款中优先受偿的权利。"其中，抵押权人是指提供贷款，并接受抵押船舶的债权人，如银行、造船厂等。抵押人是指提供船舶作为主债务担保的一方（即船舶所有人）。因此，抵押权的基本内容可归纳为：当债务人到期不履行债务时，抵押权人有权申请法院变卖抵押财产并就抵押财产的价金优先受偿。

船舶抵押权的设立有三种情况：其一，对于已投入营运的船舶，由船舶所有人或所有人授权的人设定抵押权；其二，对于建造中的船舶也可以设定抵押权；其三，对于共有船舶，船舶共有人若设定抵押权的，应当取得持有2/3以上份额的共有人同意。当然，共有人之间另有约定的除外。船舶抵押权的设定，必须签订书面合同。合同订立后，由抵押权人和抵押人共同向船舶登记机关办理抵押权登记。未经登记的，不得对抗第三人。

二、船舶抵押权的特点

船舶抵押权是一种以船舶为客体的抵押权，由于船舶是一种极为特殊的物，这决定了船舶抵押权不仅具有民法抵押权的一般特点，还具有一些其自身的特点。

（一）船舶抵押权仅以船舶作为客体

不过，在设定船舶抵押权时，根据抵押人和抵押权人的约定，可以是包括属具在内的整个船舶，或者仅以船体、设备或属具作为抵押物。此外，因船舶在海难事故中毁损而产生的损害赔偿请求权、共同海损分担请求权、救助报酬请求权、保险赔偿请求权、受损船舶的残价，均可经双方约定，作为船舶抵押权的客体。

（二）船舶抵押权所涉及的船舶不转移占有

根据我国《担保法》的规定，抵押是在不转移抵押物占有的情况下设立的担保方法，而船舶抵押作为抵押的具体形式，适用时当然不转移船舶的占有。因为，船舶是抵押人（船舶所有人）从事海上运输活动的主要工具。为了不影响其正常的营运活动，保障其债务履行能力，在设定船舶抵押后，仍由抵押人占有，继续从事海上营运。当然，船舶抵押虽不以转移占有为成立要件，但是，基于保护抵押权人合法利益的需要，抵押权人如果发现船舶有某种危险或其价值减少而影响债务清偿，或者债务人到履行期却不履行债务时，有权诉请法院扣押船舶来实现其债权。

（三）船舶抵押权是以登记作为必要条件的

如前所述，大多数国家的法律将船舶视为不动产予以处理。这表现在船舶抵押权制度中，就是要求抵押权人和抵押人在设定船舶抵押权时，应当向船舶登记机关办理抵押权登记。否则，未经登记的船舶抵押权，不得对抗第三人。

应当说，以船舶抵押权为代表的船舶担保权利制度是各国船舶管理领域的组成部分，但因各国海商法有关船舶担保物权的规定存在重大差异，导致适用过程中的法律冲突，给海事请求权人通过行使船舶担保来保护自己的债权带来了法律上的困难。为解决此问题，国际海运界自20世纪初便着手制定有关船舶担保物权的国际公约，用以统一船舶担保法律制度，其中较为重要的是《1926年关于统一船舶优先权和抵押权若干法律规定的国际公约》（以下简称《1926年公约》）、《1967年关于统一船舶优先权和抵押权若干法律规定的国际公约》（以下简称《1967年公约》）和《1993年船舶优先权和船舶抵押权国际公约》（以下简称《1993年公约》）。

释义

Rights of Mortgagor and Mortgagee

Perhaps the most significant right of the mortgagor is that he remains the owner of the vessel. The only limitation of this is that it may be necessary to make the ship or share available as security for the mortgage debt. As he remains the owner, the mortgagor is able to enter into contracts for the use of the vessel and these contracts will be valid and can be enforced. The manner in which the ship is used must not, however, prejudice the mortgagee's security. If a mortgagee attempts to interfere with a charterparty entered into by the owner and which is advantageous, he may be restrained by injunction. The mortgagee who actively obstructs the performance of a beneficial charterparty may find himself liable in damages plus costs to the mortgagor.

The mortgagee has the right to receive repayments of the principal sum together with interest, where applicable, at the time stipulated in the mortgage deed or the collateral deed as agreed.

Secondly, the mortgagee has the right to insure the security. Article 15 of the Maritime Code stipulates that: "The mortgaged ship shall be insured by the mortgagor unless the contract provides otherwise. In case the ship is not insured, the mortgagee has the right to place the ship under insurance coverage and the mortgagor shall pay for the premium thereof."

三、船舶抵押权的取得、转移及消灭

船舶抵押权的取得、转移及消灭，均属物权变动的范畴。三者虽有一定的联系，但又分别具有不同的含义。

（一）船舶抵押权的取得

船舶抵押权的取得，是指以船舶为客体的抵押权的发生。从主体的角度来考察，即船舶抵押权的被享有。船舶抵押权的取得，可以分为原始取得和继受取得。前者是指因设定而取得船舶抵押权；后者则是指通过受让、继承等原因而取得已经存在的船舶抵押权。从另一个角度来说，后者实际上也就是船舶抵押权的转移。

根据《海商法》第12条第1款的规定，可以设定船舶抵押权的人是船舶所有人或船船所有人授权的人。之所以如此，系由于设定船舶的抵押权，是对船舶行使的处分行为，所以此权的设定必须是对船舶具有处分权的人，除了船舶所有人或船舶所有人授权的人外，其他人均无权设定船舶抵押权。根据《海商法》第 12 条第 2 款和第 13 条第 1 款的规定，船舶抵押权的设定，应当签订书面合同。由抵押权人和抵押人共同向船舶登记机关办理抵押权登记；未经登记的，不得对抗第三人。可见，就我国《海商法》的规定而言，登记并不是设定或取得船舶抵押权的条件，而只是船舶抵押权产生对抗第三人效力的条件。一旦签订了书面合同，船舶抵押权也就被设定或被取得，在抵押人和抵押权人之间就开始产生法律效力。在我国，签订书面的合同是设定船舶抵押权的方式，办理船舶抵押权登记是使船舶抵押权产生对抗第三人效力的条件。因此，签订书面的船舶抵押合同和办理船舶抵押权登记，是取得具有对抗第三人效力的船舶抵押权的两个缺一不可的要件。

（二）船舶抵押权的转移

抵押权的转移，是指抵押权在不同主体间的流转。从权利主体的角度来考察，也就是抵押权的丧失与取得。关于船舶抵押权的转移，我国《海商法》仅规定："抵押权人将被抵押船舶所担保的债权全部或者部分转让他人的，抵押权随之转移。"此外，我国《物权法》还规定，"抵押权不得与债权分离而单独转让或者作为其他债权的担保。债权转让的，担保该债权的抵押权一并转让，但法律另有规定或者当事人另有约定的除外"。显然，这是对抵押权的转移所做的限制，此条规定当然适用于船舶抵押权。

船舶抵押权的转移，对于受让人而言，即是抵押权的取得。从理论上来讲，也应当进行公示，即办理登记。否则不产生对抗第三人的效力。但我国《海商法》只规定"设定船舶抵押权，由抵押权人和抵押人共同向船舶登记机关办理抵押权登记；未经登记的，不得对抗第三人"，而没有规定取得船舶抵押权也须办理登记。可见，这是我国《海商法》存在的一个疏漏。但是《物权法》出台后，《物权法》第 188 条的规定，即"抵押权自抵押合同生效时设立；未经登记，不得对抗善意第三人"已经弥补了这一疏漏。

（三）船舶抵押权的消灭

船舶抵押权的消灭，是指船舶抵押权的不复存在。从理论上讲，能够导致船舶抵押权消灭的原因，至少还应当包括以下三种。① 因担保的债权消灭而消灭。船舶抵押权的从属性，决定了船舶抵押权因其所担保的债权消灭而消灭。因此，导致债权消灭的一般原因，均应是导致船舶抵押权消灭的原因。如债的履行、抵消、免除等。② 因行使而消灭。船舶抵押权的行使，亦称船舶抵押权的实现。船舶抵押权实现后，不论其担保的债权是否得到全部受偿，担保该债权的船舶抵押权都随即消灭。③ 因抵押船舶被法院拍卖而消灭。船舶一经法院拍卖，买受者就该船可取得所谓"清洁物权"（clean title），亦即法院拍卖前成立于该船的一切物权均被消灭。

关于船舶抵押权的消灭，我国《海商法》第 20 条明确规定："被抵押船舶灭失，抵押权随之消灭。由于船舶灭失得到的保险赔偿，抵押权人有权优先于其他债权人受偿。"也就是说，原则上抵押权随着抵押物的灭失而消灭。但对于船舶灭失得到的保险赔偿，抵押权人有权优先于其他债权人受偿，即抵押权人取得物上代位权。

关于船舶抵押权的物上代位性，我国《物权法》第174条规定："担保期间，担保财产毁损、灭失或者被征收等，担保物权人可以就获得的保险金、赔偿金或者补偿金等优先受偿"。就物权法而言，抵押物的代位物，包括损害赔偿金、保险赔偿金以及征用补偿金等。一般来说，损害赔偿金，是指因第三者的过错而造成的抵押船舶全部灭失或部分损害，加害人应依法支付的赔偿金（如抵押船舶与他船发生碰撞而灭失或受损等）；而保险赔偿金，则是指在抵押船舶发生灭失或损害时，船舶保险人根据保险合同，应支付的保险赔偿金，虽然致损的原因也可能涉及第三者的过错，但同时也包括由于自然灾害而导致的抵押船舶灭失或损害（而此时并不涉及第三者的过错及其赔偿责任）；而征用补偿金，则主要是指抵押船舶被国家征收，国家应依法支付的补偿金。显然，我国《海商法》的规定不仅比《物权法》少了损害赔偿金和征收补偿金，而且还没有涵盖因抵押船舶受到（部分）损害可取得的保险赔偿金。

四、船舶抵押权的行使

船舶抵押权人行使其抵押权，一般是通过申请法院强制执行或进行诉讼来实现，即通过法院对船舶的扣押、拍卖而从所得价款中优先受偿。船舶抵押权的受偿顺序，必须依法律规定来确定。首先，按照我国《海商法》第25条第1款的规定，如果就同一船舶，同时存在船舶优先权、船舶留置权和船舶抵押权，船舶抵押权的受偿顺位，排在前两种权利之后；其次，我国《海商法》第19条规定，在同一船舶上设定了两个以上抵押权的，各个抵押权人接受清偿的顺序是按照抵押权登记的先后顺序来排列，以此为根据从船舶拍卖所得价款中依次受偿。对于在同一日登记的各个船舶抵押权，则按照同一顺序受偿；再次，船舶抵押权人基于该抵押权，较之无抵押的普通债权，处于优先受偿的地位。

释义

Ranking of Mortgages

Registration gives a mortgagee priority over: ① earlier unregistered mortgages, whether or not he has knowledge of them; ② later registered or unregistered mortgages; ③ unregistered debentures of earlier creation, even though he knew of them; and ④ additional advances subsequently made under a prior registered mortgage whereunder the agreement was that the mortgage should cover present and future advances by the mortgagee (this right does not arise under statute but at common law under such a mortgage the mortgagee obtained priority in respect of advances made under the mortgage deed only up to the time he had notice of a later mortgage; registration in this case is notice to the earlier mortgagee of the establishment of a later mortgage).

A mortgagee, even if the mortgage is registered, does not have priority over: ① mortgages registered earlier; ② any mortgages entered into under current certificates of mortgage where notice of the certificate of mortgage appeared on the register at the time when the mortgagee entered into his mortgage; ③ any claims in connection with which the vessel had already been arrested at the time when the mortgage was entered into; ④ any possessory lien of a ship repairer; and ⑤ maritime liens，whether earlier or later.

典型案例

大宇造船海洋株式会社诉西达克凌公司船舶抵押合同纠纷案

大宇造船与利比里亚JE公司签订《船舶建造合同》，JE公司为买方，大宇造船为建造方。履约过程中，买方变更为马绍尔群岛的西象公司，巴拿马的西达克凌公司作为船舶所有人，加入履行买方义务。大宇造船与西象公司、西达克凌公司签订《补充协议》，约定西象公司承担第一笔3 000万美元的付款义务，西达克凌公司承担第二笔1 800万美元的付款义务。三方随后在英国伦敦签订抵押合同，约定西达克凌公司以其所有的“金鹅”轮（M/V Glory Comfort）分别为付款义务及产生的相关费用提供第一、第二优先受偿抵押担保，并在巴拿马办理了船舶抵押登记。因西象公司、西达克凌公司未能如约付款，大宇造船在英国伦敦提起仲裁，仲裁庭裁决西象公司、西达克凌公司继续履行付款义务，该仲裁裁决已被青岛海事法院裁定予以承认。因“金鹅”轮另案被青岛海事法院扣押并拍卖，大宇造船进行了债权登记并提起确权诉讼，请求确认其对“金鹅”轮享有580万美元的第一优先受偿抵押权。

青岛海事法院经确权诉讼程序审理后认为，依照《海商法》第269条、第271条的规定，涉案船舶抵押合同以及船舶抵押权均应适用巴拿马法律。根据巴拿马法律的相关规定，双方当事人签订了抵押合同并办理了抵押登记，大宇造船享有船舶抵押权。相关主债权已被伦敦仲裁裁决予以确认，且该仲裁裁决已由青岛海事法院裁定予以承认。青岛海事法院终审判决大宇造船对西达克凌公司所有的“金鹅”轮享有580万美元的第一优先船舶抵押权，可自“金鹅”轮的拍卖价款中依法受偿。本案是《海事诉讼特别程序法》第116条规定的确权诉讼案件，由海事法院一审终审，当事人不得提起上诉。案件涉及来自韩国、利比里亚、巴拿马、马绍尔群岛等多个国家的当事人，抵押合同签订于英国伦敦，主债权涉及伦敦仲裁裁决的承认与执行。青岛海事法院根据我国海商法第14章有关涉外关系法律适用的相关规定，依照船旗国法律认定船舶抵押权的效力，确认了在国外设立的船舶抵押权的优先受偿效力。本案的成功处理，显示出中国法院依法查明适用外国法律的能力和水平，树立了我国海事司法公平公正的国际形象。

第四节　船舶优先权

一、船舶优先权的概念、性质和特点

（一）船舶优先权的概念

船舶优先权在国际上并无公认的定义，《1993年公约》对此也无明确规定。不仅如此，船舶优先权的名称也有多种。如德国称之为法定质权，日本称之为先取特权。我国台湾地区“海商法”称为海事优先权，乃基于船舶之特定债权，就该船舶、运费及其附属物有优先于其他债权受清偿之权利。英美称之为Maritime Lien，而海上优先权最本质的

特征和目的在于使受担保的债权优先受偿。我国《海商法》第 21 条规定:"船舶优先权，是指海事请求人依照本法第 22 条的规定，向船舶所有人、光船承租人、船舶经营人提出海事请求，对产生该海事请求的船舶具有优先受偿的权利。"

释义

What is a Maritime Lien?

There are two alternative definitions of a maritime lien: ① a right to a part of the property in the res; and ② a privileged claim upon a ship, aircraft or other maritime property in respect of services rendered to, or injury caused by, that property.

A maritime lien attaches to the property at the moment when the cause of action arises and remains attached (rather like a leech to human skin), travelling with it through changes of ownership. It is, however, inchoate or of little "positive" value unless and until enforced by action *in rem*. It is *not* dependent upon possession nor is it defeated or extinguished because the res may happen to be transferred to new ownership for value and without notice.

It is a right which springs from general maritime law and is based on the concept that the ship (personified) has *itself* caused harm, loss or damage to others or to their property and must *itself* make good that loss. The ship is, in other words, the wrongdoer, not its owners. This may make very little sense to the practical mind. How can a ship do wrong? It is, however, the instrumentality by which its owners or their legal servants do wrong. The most obvious and chronologically first original example of the arising of such a lien was the collision at sea - physical impact ship to ship or ship to fixed property. At the moment of impact and the causing thus consequentially of harm to others or to their property a maritime lien arises in favour of all those thus suffering, attaching to the ship. It is in this practical aspect of enforcement where the general maritime law, which incorporates this right of lien, assumes a similarity to the *statutory* right to arrest.

A maritime lien is a proprietary interest in the "*res*"; it detracts from the absolute title of the "*res*" owner. There has been a division of judicial opinion as to whether it is a right *in* the property (a jus in re) or a right *against* the property (a jus in *rem*) only. It is submitted that the lien is both, a right in the property perfected by action (*in rem*) against it.

根据《海商法》第 21 条的规定，船舶优先权的含义可以被概括为以下几点:① 船舶优先权是海事请求人所享有的一种权利。换言之，非海事请求人不享有船舶优先权。② 船舶优先权仅为几种法定的海事请求人所享有。具体为《海商法》第 22 条所列举的五类海事请求的请求人。其他海事请求人，不享有船舶优先权。③ 船舶优先权针对的是"产生该海事请求的船舶"，即是一种针对当事船舶的权利。换言之，船舶优先权的客体为当事船舶。④ 海事请求人的海事请求可以是针对(当事船舶的)船舶所有人的，也可以是针对(当事船舶的)光船承租人或者船舶经营人的。换言之，针对其他人的海事请求不产生以当事船为客体的船舶优先权。⑤ 船舶优先权是一种对当事船舶优先受偿的权利，亦即船舶优先权以优先受偿权为其主要内容。

船舶优先权作为一种权利，它是海商法赋予某些法定的海事债权人的一种特权。海商法之所以要规定这一制度，是因为船舶在营运中，可能会发生多种债务，而基于社会的、经济的以及人道的理由，应当给予一些特殊的海事债权以特殊的保护，如船员工资、救助报酬、船舶营运中造成的人身伤亡及财产损害等等。船舶优先权的存在，使这些受到特殊保护的海事债权人，得就产生海事请求的当事船舶主张优先受偿的权利，从而使这些特殊的海事债权人受到特殊的保护。但是，“只应当承认出于经济和社会的理由而必不可少的船舶优先权”，这已经是国际航运界达成的共识。

（二）船舶优先权的性质

关于船舶优先权的法律性质，不同的国家或地区对其有不同的规定，学者们也看法各异。有人认为船舶优先权为程序性权利，英国的某些案例即体现了该主张。有的认为它是一种实体性权利，加拿大的某些案例即体现该观点。在认为船舶优先权为实体性权利的国家中，有的认为船舶优先权系债权；有的认为船舶优先权在本质上为债权，但已被物权化；大多数大陆法系国家海商法和有关国际公约均将船舶优先权视为物权。我国法律受大陆法系影响较深，《海商法》采取大陆法系和国际条约通行的做法，将船舶优先权视为担保物权，并将船舶优先权与船舶所有权和船舶抵押权并列，规定在“船舶”一章之中。这可以反映出立法者通过立法技巧把船舶优先权视为担保物权的立法本意。

（三）船舶优先权的特征

（1）船舶优先权的法定性。船舶优先权是法律赋予某些海事请求人的一种特权。船舶优先权的项目、标的及受偿的位次均须依法律的规定。船舶优先权是根据法律发生的，而不是由当事人约定的。船舶优先权的行使也必须经过法定的程序。

（2）船舶优先权的追及性。船舶优先权的追及性表现为不论当事船舶航行于何地，船舶所有权有何变更，船舶优先权享有人均可追及并主张其权利。当然，船舶优先权的追及性也有一定的局限性，主要表现为它可能因时效或权利主体的“懈怠”而消灭。

（3）船舶优先权的秘密性。船舶优先权具有秘密性，它的产生和存在不以登记为条件。因此，对于船舶所有人和优先权人之外的第三人而言，船舶优先权具有不可知性。

（4）船舶优先权的优先性。船舶优先权较之船舶抵押权、船舶留置权以及“法定对物权利”有优先受偿的权利。

Maritime Liens vs. Statutory Rights *in rem*①

In the United Kingdom and British Commonwealth countries, it is essential to distinguish the traditional maritime lien from the statutory right *in rem* (sometimes also called a "statutory lien"). A statutory right *in rem*, unlike a traditional maritime lien, arises only from the time of arrest of the ship (or, in the United Kingdom, from the time of the issue of the writ of arrest), rather than from the time the services are rendered to the vessel or the damages are

① William Tetley, International Maritime and Admiralty Law, Édition Yvon Blais. 2002, p. 482.

done by it. The statutory right *in rem* does not travel with the ship, as does the traditional maritime lien, and is expunged by the sale of the vessel. Furthermore, the statutory right *in rem* ranks after the ship mortgage, whereas the traditional maritime lien ranks before the "mortgage lien". Rather than being a substantive property right in the ship emanating from the general maritime law, the statutory right *in rem* is a purely procedural remedy conferred by statute, allowing for arrest of the vessel in an action *in rem* as security for a maritime claim.

二、船舶优先权担保的海事请求

船舶优先权担保的海事请求，是指海商法规定的应当给予特殊保护的并能导致船舶优先权产生的海事请求。英美学者将这类海事请求称为"优先请求权(preferred claims)"。船舶优先权与船舶优先权担保的海事请求是两个完全不同的概念。就性质而言，船舶优先权是一种以船舶为客体的法定担保物权，属于物权的范畴；而船舶优先权担保的海事请求，尽管可以被称为特殊的海事请求或优先请求权，但它仍属债权的范畴。如果没有船舶优先权的担保，这些海事请求与其他一般债权一样，并不存在特殊或优先的问题。

哪些海事请求应当给予特殊的保护，可受船舶优先权的担保，则完全取决于海商法的规定。由于各国的政治、经济、文化等价值取向不同，各国海商法所规定的受船舶优先权担保的海事请求项目有很大的差别。

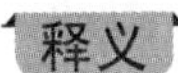

United States: Preferred Maritime Liens vs. Other Maritime Liens

American law, however, distinguishes between "preferred maritime liens" and other maritime liens. Preferred maritime liens include: contractual maritime liens (e. g. necessaries) arising before the filing of preferred mortgages; damage (tort) liens; liens for stevedores (longshoremen) hired directly; crew wage liens; liens for general average and salvage. Preferred maritime liens outrank preferred mortgages and ordinary maritime liens.

从各国海商法及国际公约的规定来看，一方面，并不是所有的海事请求都可受船舶优先权担保；另一方面，船舶优先权担保的海事请求既有合同之债也有侵权之债。尽管各国海商法规定的受船舶优先权担保的海事请求项目有很大差别，但各国之间仍存在许多相同之处。出现在各国海商法和国际公约中的受船舶优先权担保的海事请求项目主要有以下几种。

(1) 诉讼费(law costs due to the state)一般是指船舶优先权人向法院申请行使其船舶优先权时，法院根据诉讼法的规定核收的一定款项。为行使船舶优先权的诉讼费应当包括扣押和拍卖船舶及分配价款的一切费用，如申请费、执行费、公告费、拍卖场地租赁费等。从性质上讲，此种费用属于实现船舶优先权的费用。

(2) 为债权人共同利益而发生的费用(expenses incurred in the common interest of the creditors)一般是指当船舶被扣押之后，仍须对船舶进行必要的看护和维护，以防止其灭失或受损而发生的必要费用，如船舶的看护费、必要的维护保养费及扣押期间的保险费等。

(3) 港口规费(dock, harbour and cannel charges)一般是指船舶进入港口须缴纳的具有国家税收性质的规费，如吨税(tonnage dues)、灯塔税或码头税(light or harbour dues)、引航费(pilotage dues)、航道费(waterway dues)、运河费(cannel dues)等。但一般不包括添加燃油、淡水、船用物料及装卸费等不具有国家规费性质的费用。

(4) 船长、船员的劳动报酬(wages and other sums due to the meater, officers and other members of the vessel's complement)是指船长、船员等船上工作人员根据劳务合同应取得的款项。一般包括船长、船员等在船舶工作期间的工资、奖金、伙食费、医疗费、遣返费、人身伤亡赔偿及社会保险费等。

(5) 救助报酬(salvage)是指救助人对船舶实施救助之后，根据合同或法律规定应取得的报酬。

(6) 船方共同海损分摊(contribution of the vessel in general average)是指因发生共同海损由货方或他方首先支付或承担了共同海损费用或牺牲时，经理算确定的应由船方分摊并支付给货方或他方的共同海损分摊金额。

(7) 清除碍航物(wreck removal)是指因清除失去航行能力并有碍他船航行安全的船 舶所进行的作业。

(8) 与船舶营运直接有关的人身伤亡(loss of life and personal injury occurring in direct connection with the operation of the vessel)。该项范围较广，一般来说，不论事故发生在船舶航行中或是停泊中，也不论受害人是在水上或是陆上，而且受害人既可为船员、旅客、装卸工人，也可以为其他人。但在有些国家，此项仅限于船舶碰撞或其他航行事故造成的人身伤亡，从而将发生在船舶停泊中产生的人身伤亡排除在外。有的国家此项不包括船员旅客的人身伤亡。但无论范围大小，一般均不包括因油污、核物质或核物质与其他有毒有害物的混合物导致的人身伤亡。

(9) 与船舶营运直接有关的财产灭失与损坏(loss of or damage to property occurring in direct connection with the operation of the vessel)。此项一般仅限于与船舶作业直接有关的、因侵权行为造成的财产灭失或损坏，如因船舶碰撞造成的他船的船舶、货物及港口、码头航道设施等有体物的灭失或损坏。

(10) 船长垫支(master's disbursement)。在有些国家也被称为“船长合同”或“必需品供应”(necessities)等。一般是指船舶在船籍港以外时，为保全船舶或完成航次，船长在其职权范围内所签合同或所为的行为而发生的费用支出。

我国《海商法》第22条规定:“下列各项海事请求具有船舶优先权:① 船长、船员和在船上工作的其他在编人员根据劳动法律、行政法规或者劳动合同所产生的工资、其他劳动报酬、船员遣返费用和社会保险费用的给付请求;② 在船舶营运中发生的人身伤亡的赔偿请求;③ 船舶吨税、引航费、港务费和其他港口规费的缴付请求;④ 海难救助的救助款项的给付请求;⑤ 船舶在营运中因侵权行为产生的财产赔偿请求。载运2 000吨以上的散装货油的船舶，持有有效的证书，证明已经进行油污损害民事责任保险或者具有相应的财务保证的，对其造成的油污损害的赔偿请求，不属于前款第⑤项规定的范围。”

由上可见，我国《海商法》规定的受船舶优先权担保的海事请求项目并不是很多。这与国际公约反映出来的国际发展趋势是相吻合的。但值得注意的是，尽管我国《海商法》没有把前述“诉讼费”及“为债权人共同利益而发生的费用”规定为受船舶优先权的担保债权项目。但是，我国《海商法》第24条规定：“因行使船舶优先权产生的诉讼费用，保存、拍卖船舶和分配船舶价款产生的费用，以及为海事请求人的共同利益而支付的其他费用，应当从船舶拍卖所得价款中先行拨付。”从实际效果来看，这些项目虽然不属于船舶优先权担保海事请求项目，但在受偿时可排在船舶优先权之前。

三、船舶优先权的客体

船舶优先权的客体，即海商法允许成立船舶优先权的财产。从另一个角度来说，也就是船舶优先权人得主张其优先受偿权的财产范围。哪些财产可以成为船舶优先权的客体，则完全取决于海商法的规定。对此，不仅各国海商法的规定存在一定差异，而且三个有关的国际公约的规定也不尽一致。概括起来，这种不同之处主要反映在三个方面：一是作为船舶优先权客体的财产种类及其具体范围，二是作为船舶优先权客体的各种财产的孳息，三是作为船舶优先权客体的财产的代位物。

关于船舶优先权的客体，《1926年公约》明确地将船舶、运费及其附属利益规定为船舶优先权客体。从性质上讲，运费属于船舶的法定孳息的范畴。但根据该公约第2条的规定，作为船舶优先权客体的运费，仅限于发生船舶优先权担保的海事请求的当航次的运费。对于到付或预付运费则未加区分。再者，当货主或承租人根据运输合同或租船合同应支付的运费尚未支付给船方或船舶所有人时，作为船舶优先权的享有人可否直接向货方或承租人主张权利的问题，公约也未作出明确的规定。而所谓“附属利益”，不仅包括船舶的“附属利益”，而且还包括运费的“附属利益”，具体有以下四项内容：① 因他人损坏已成为船舶优先权客体的船舶，应支付的赔偿金；② 因共同海损，货方应支付给船方的共同海损分摊金额；③ 因船方在产生船舶优先权的航次终了前，向他人提供了海上救助，而应取得的救助报酬（但船长、船员应得部分应予扣除）；④ 他人因损坏船舶而支付给船方的运费损失赔偿金。上述前三项为船舶的“附属利益”，从性质上讲，应属船舶带来的意外收益，属于船舶的法定孳息的范畴；而第四项则为运费的“附属利益”只有在运费是船舶优先权的客体时才有可能成立。从性质上讲似乎是船舶的法定孳息的代位物。值得注意的是，该公约第4条第2款还明确规定，船舶保险赔偿金及因船舶受损而得到政府补贴等，均不能纳入附属利益的范畴。

尽管各国海商法对此规定并不完全一致，但仍存在一些共同之处。一般来说，船舶优先权的客体仅以船舶本身为限。但有的国家，如《1926年公约》的缔约国，则还将运费（freight）和所谓的“附属利益”（accessories）等也规定为船舶优先权的客体。但另一方面，对于船舶灭失后的保险赔偿金及各种政府补贴等，则一般均不作为船舶优先权的客体。

从各国早期的立法来看，船舶优先权的客体一般较广。这一点已清楚地反映在《1926年公约》之中。然而，国际立法的发展趋势是，船舶优先权客体的财产范围在减少，并仅限于船舶本身，而且不包括船舶的代位物。我国《海商法》第21条规定的船舶优先权的客体仅为船舶，这显然与国际立法的发展趋势是相一致的。但问题是，我国《物权法》第174条规定，“担保期间，担保财产毁损、灭失或者被征收等，担保物权人可以就获得的保险金、赔偿金或者补偿金等优先受偿”。要明确排除此项规定被适用于船舶优先权，《海商法》有必要作出明确的排除性规定。

四、船舶优先权的优先性

船舶优先权是一种担保物权，因此应当具有物权的优先性。船舶优先权的优先性决定着其所担保的海事请求的优先受偿位次。船舶优先权的优先性主要涉及以下四个层面的问题：一是船舶优先权相对无担保债权的优先性；二是船舶优先权与其他船舶担保物权之间的相对优先性；三是担保不同类海事请求的船舶优先权相互之间的优先性；四是担保同类的不同海事请求的船舶优先权的优先性。

（一）船舶优先权担保的债权与无担保的债权

有物权担保的债权可以优于无担保的债权，这是由物权的优先性所决定的。因而各国海商法一般都规定受船舶优先权担保的海事请求权可优先于无担保的债权而受偿。

（二）船舶优先权与其他船舶担保物权

法定物权优先于意定物权，这也是物权优先原则的内容之一。在船舶担保物权中，船舶优先权及船舶留置权属法定担保物权，而船舶抵押权则为意定担保物权。这决定了船舶优先权可优先于船舶抵押权，亦即船舶优先权担保的债权可优先于船舶抵押权担保的债权而受偿。对此，国际上的做法是比较一致的。但在有些国家，如美国，由于法律规定的受船舶优先权担保的海事请求项目很多（几乎所有海事请求都受船舶优先权担保），为了保障船舶抵押权的合理受偿地位，又将船舶优先权分为“优先船舶优先权”（first class maritime lien）和“一般船舶优先权”，将船舶抵押权也分为“优先抵押权”（preferred mortgage）和“一般抵押权”，并将相互之间的优先顺序排列为“优先船舶优先权”“优先抵押权”“一般船舶优先权”“一般抵押权”。

船舶优先权与船舶留置权同属法定担保物权，就国际上的普遍做法而言，一般都是将船舶优先权排在船舶留置权之前。

（三）船舶优先权担保的不同类的海事请求

根据“债权平等原则”，受同种物权担保的债权理应不分先后按比例受偿。然而，由于各种不同的海事请求基于社会或经济的理由所须给予保护的程度应当有所差别。因此，海商法需要对此作出特别规定。从各国海商法及国际公约的规定来看，在处理这一问题时，一般主要考虑以下原则。

1. 保证国家税收原则

在船舶优先权担保的海事请求中，有一部分具有国家税收的性质，如船舶吨税、灯塔税、港口或码头税、运河税等。各国为保证国家税收，一般均将这类海事请求排在其他债权之前受偿。但各国规定的优先程度仍有差别，有的排在第一位，有的排在第二位或第三位。

2. 保护船员利益原则

各国几乎无一例外地都将船员工资及其他基于船员劳动合同产生的海事请求规定为受船舶优先权担保的海事请求。其原因主要有二：一是为了保证社会的安定；二是船员的劳动具有保全船舶价值的作用。因此，一般都将这类海事请求排在较前的受偿位次，有的甚至排在国家税收之前。

3. 为其他债权受偿创造条件的债权优先原则

所谓“为其他债权受偿创造条件的债权”，主要包括为债权人共同利益而支付的费用、救助报酬、共同海损分摊等债权。以救助为例，当一艘作为船舶优先权客体的船舶遇到海难，如不进行救助就可能灭失。一旦船舶灭失，以该船为客体的船舶优先权也会因担保物的灭失消灭。而救助报酬的成立，则意味着船舶的获救，从而使在救助之前产生的船舶优先权得以保全。所以在受偿时，救助报酬应优先于在其以前已经产生的其他受船舶优先权担保的海事请求。

4. 侵权之债优先于合同之债原则

一般认为，侵权之债的债权人是无法选择债务人的，而合同之债的债权人却有这种可能。基于此，各国海商法都在不同程度上反映出“侵权之债优先于合同之债”这一原则。但船员劳务合同及救助合同属特例，不适用此原则。

5. 人身伤亡之债优先财产损害之债原则

出于人道主义的考虑，在人身伤亡和财产损害同时发生时，各国海商法一般都规定人身伤亡之债可优先于财产损害之债受偿。但在有些国家则未做区别。

此外，《1926 年公约》还存在所谓“航次原则”，即最后航次产生的船舶优先权可优先于先前航次产生的船舶优先权。但从国际公约的发展趋势来看，“航次原则”已不再受到重视。

（四）船舶优先权担保的同类海事请求

对于船舶优先权担保的同一类不同“个”的海事请求，一般原则是不分先后，按比例受偿。但对于救助报酬等其他具有对已存在的船舶优先权起着保全作用的海事请求，则采用以时间为准的“倒序原则”（inverse priority rule）或称“先发生，后受偿”原则（first in time，last in right）排列优先受偿顺序。仍以救助为例，当同时存在两个以上的救助报酬时，则最后发生的最先受偿。但若同时发生，则按比例受偿。

此外，关于船舶优先权优先顺序的规定方式问题，就各国现行法律及国际公约的规定来看，有的采用了“明列式”，即在法律中明确规定船舶优先权在各个层次上的优先顺序；有的则仅在法律中规定确定船舶优先权优先顺序应遵循的基本原则，在具体案件中由法官在公平对待各当事方的前提下，根据这些灵活的原则，来确定船舶优先权的优先顺序。一般来说，大陆法系国家均采用“明列式”，而英美法系国家则采用后者。国际公约及我国《海商法》均采用了“明列式”。

“明列式”具有明确、肯定的优点，但缺乏必要的灵活性，有时甚至会遇到无法解决的问题。如我国《海商法》将“海难救助的救助款项的给付请求”规定为船舶优先权担保的海事请求，并列为第四类；同时还规定，当救助报酬后于第一类至第三类海事请求发生时，则可排在第一类至第三类海事请求之前受偿。然而，假如某轮先后两次造成人身伤亡（属第二类），并在两次人身伤亡事故之间又被实施过救助，根据我国《海商法》的前述规定，该救助报酬应排在第一次人身伤亡索赔之前，但又须排在第二次人身伤亡索赔之后；另外，两次人身伤亡的索赔又须不分先后按比例受偿。显然，这就出现了矛盾，无法排序。实际上类似的问题也存在于《1967 年公约》和《1993 年公约》之中。

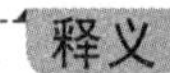

Ranking of Satisfaction

It will frequently be the case that the fund in the custody of the court will be the subject of several liens or claims. When the fund is sufficient to satisfy all, the plurality of their existence will offer no difficulty. In contrast, when the fund is insufficient, so that the various liens or claims stand in rivalry, the relative priority between the various liens and claims will assume a crucial importance since the success or failure of a particular lien or claim will turn upon its degree of elevation or postponement. In circumstances where the claims in total exceed the value of a res it is unlikely the res owner will enter an appearance. In such circumstances it is also likely that the *res* owner will be insolvent.

There is no conformity among the maritime nations of the world as to the ranking of rival maritime claims. As between the various national maritime jurisdictions the differences may be very pronounced. Viewed globally therefore the ranking of any particular lien or claim is a phenomenon capable of material fluctuation depending upon the jurisdiction in which the lien or claim is pursued. To this extent the choice of jurisdiction, where such a choice is open to the claimant, is an election of material importance and one which ought to be carefully considered.

五、船舶优先权的取得、转移和消灭

船舶优先权是一种法定担保物权，因一定的法律事实的出现而取得、转移和消灭。能够引起船舶优先权的取得、转移及消灭的法律事实是不同的。以下分别加以说明。

（一）船舶优先权的取得

船舶优先权的取得，是指船舶优先权为权利人所享有。从另一个角度来说，也就是船舶优先权的成立。船舶优先权作为一种担保物权，这决定了它具有从属性，即必须以一定的海事请求的存在为前提。从各国海商法及国际公约的规定来看，船舶优先权与其所担保的海事请求同时产生。换言之，只要海商法规定的哪几种特殊的海事请求一旦产生，担保这类海事请求的船舶优先权也就同时产生，海事请求人也就同时成为船舶优先权的权利主体，并且无须协议、登记或占有当事船舶就具有对抗第三人的效力。

（二）船舶优先权的转移

船舶优先权的转移，是指船舶优先权主体的变更。由于船舶优先权是一种从属于一定海事请求的担保物权，因此船舶优先权的转移实际上涉及两个方面的问题：一是船舶优先权担保的海事请求的转移问题；二是船舶优先权能否随其担保的海事请求的转移而转移的问题。而前者实际上是有关债权可否转移的问题，而后者才是海商法应当明确的船舶物权的转移问题。

关于船舶优先权的转移问题，《1926年公约》未作明确规定。而《1967年公约》第9条则明确规定，“船舶优先权与其所担保的请求同时转让或代位”。《1993年公约》第10条保留了《1967年公约》的这一规定，而且内容更加明确。据此，可以得出结论，船舶优先权可以与其所担保的海事请求一同转让和代位，这是国际立法的发展趋势。我国《海商法》第27条规定，船舶优先权担保的“海事请求权转移的，其船舶优先权随之转移”。可见，关于船舶优先权本身的转移问题，我国《海商法》的规定与国际公约确立的原则以及许多国家的做法是一致的。

关于船舶优先权担保的海事请求的转移问题，除海上保险所涉及的代位问题外，我国《海商法》未对海事请求的转移问题作出特别规定，因此应适用我国民法关于债权转移的一般规定。在我国民法学中，“债权人变更，即债权让与，是指不改变债的内容，债权人将其债权移转于第三人享有”。债权让与可由下列原因引起：① 法律规定；② 法律行为。其中法律规定的原因又可表现为：继承、合同上地位的概括承受、连带债务人之间的求偿、保证、保险等法律规定的原因。可见，我国民法中的债权让与具有极其丰富的内容。值得注意的是，我国《合同法》第五章对合同权利的转让作出了比较全面的规定。

（三）船舶优先权的消灭

船舶优先权的消灭，是指船舶优先权的不复存在，并可分为相对消灭与绝对消灭。前者是指船舶优先权相对于特定的权利主体而消灭，但担保物之上的船舶优先权仍然存在；后者是指特定的担保物之上的某一船舶优先权的不复存在。由于相对消灭仍表现为权利主体的更迭，因此属于转移的范畴。因此，通常所说的消灭，仅指绝对消灭。对于船舶优先权的消灭原因，我国《海商法》明确规定了四种情况，即时效届满、法院拍卖、船舶灭失以及法院公告期限届满。

1. 因催告期限届满不行使而消灭

根据我国《海商法》第26条的规定，船舶优先权不因船舶所有权的转让而消灭。但是，船舶转让时，船舶优先权自法院应受让人申请予以公告之日起满六十日不行使的除外。因为船舶优先权不需登记，并随船转移，具有隐蔽性和附着性，对船舶的受让人可能构成很大的威胁。我国《海事诉讼特别程序法》第92条规定，船舶转让合同中的受让人，在合同订立后船舶实际交付前，即可以向转让船舶交付地或者受让人住所地海事法院提出船舶优先权催告申请。催告期间为60日，期间内船舶优先权人主张权利的，应当在海事法院办理登记；不主张权利的，视为放弃船舶优先权。催告期间届满，无人主张船舶优先权的，海事法院应当根据当事人的申请作出判决，宣告该转让船舶不附有船舶优先权。

2. 因一年期限届满而消灭

根据我国《海商法》第29条的规定，具有船舶优先权的海事请求，自优先权产生之日起满一年不行使的，船舶优先权消灭。该一年期限，不得中止或者中断。

3. 因船舶被法院拍卖而消灭

法院拍卖的目的是要用出售船舶的价款清偿针对船东的债权，有时也可以是针对非船东的债权。法院拍卖船舶必须具有使购买者取得所谓“清洁物权”（clean title)的效力。为此，法律就必须规定，船舶一经法院拍卖，以该船舶为客体的包括船舶优先权在内的一切权利均随之消灭。

4. 因船舶灭失而消灭

船舶优先权是一种以船舶为客体的担保物权。当作为担保物权的船舶灭失时，权利主体也就失去了实现其权利的对象，因而，一旦当事船舶灭失，船舶优先权即被消灭。

除了上述四种原因外，能够导致船舶优先权消灭或不能行使的原因还有以下几种。① 因所担保的债权消灭而消灭。由于船舶优先权是一种担保物权，因而具有从属性。一旦船舶优先权担保的海事请求被消灭，船舶优先权也就失去了存在的前提。② 因接受其他形式的担保而不能行使。《海商法》第 28 条规定:“船舶优先权应当通过法院扣押产生优先权的船舶行使。”在当事船舶被扣押之后，被请求人通常会提供其他形式的担保以解除船舶的扣押并避免船舶被拍卖。一旦提供的担保被接受，扣船法院就应当解除对船舶的扣押。再者，在通常情况下，海事请求人不得因同一海事请求申请扣押已被扣押过的船舶。因而，船舶优先权会因接受其他形式的担保而不能再行扣押船舶。从另一方面来讲，由于船舶优先权所担保的海事请求已经获得了其他形式的担保，因而无须再用拍卖船舶的价款来清偿海事请求。但须指出，当出现所提供的担保落空或不充分等法律允许海事请求人再行扣船的情况，则不在此限。③ 因法院公告的权利登记期限届满而不能行使。当船舶被扣押并将导致拍卖时，法院将会依法发布公告，限令所有对该船享有权利的人，必须在公告规定的期限届满前向法院提出申请并进行权利登记。期限届满未申请的，法院不再受理，权利人将被视为放弃在本次拍卖船舶价款中受偿的权利。这意味着，尽管船舶尚未被拍卖或价款尚未被分配，但船舶优先权人因未在法院公告规定的期限届满前申请并登记其权利，从而无法再行使。④ 因责任人设置责任限制基金而不能行使。当海事请求的责任人依法向法院提出了“限制责任”的申请，并进而在法院设立了“责任限制基金”（limitation fund)时，如果船舶优先权担保的海事请求属限制性债权，如船舶营运中造成的人身伤亡索赔，船舶营运中造成的财产损害索赔等，则受船舶优先权担保的海事请求人不得再申请法院另行扣押船舶（或要求其他担保），而只能与其他限制性债权人一起参加“责任限制基金”的分配。而有关海事赔偿责任限制的法律，对“责任限制基金”的分配方式和顺序作了与船舶优先权优先受偿不同的明确规定。加之，根据《海商法》第 30 条的规定，当船舶优先权与海事赔偿责任限制的法律规定发生冲突时，应以海事赔偿责任限制的法律规定为准。在这种情况下，船舶优先权完全形同虚设。

船舶优先权因一定法律事实而消灭，但这并不意味着其所担保的海事请求也随之消灭。亦即船舶优先权消灭后，其所担保的海事请求仍有可能继续存在，而且在大多数情况下都是如此，只是不再受船舶优先权担保而已，但海事请求人仍可依法请求债务人履行其债务。

释义

Extinction of Maritime Liens-Six Modes of Extinction

Extinction of maritime liens takes place：（1）by payment or prescription of the debt for which the lien is security；（2）by destruction of the ship or cargo upon which the lien is placed；（3）by change of ownership of the ship（in the case of statutory rights in rem）；（4）by laches；（5）by judicial sale of the ship；and（6）by waiver.

A waiver of a lien is the intentional renunciation，express or implied，of the right to claim upon the liened security. Waiver of liens is generally permitted，except for seamen's wages and a seamen's share of salvage remuneration. The Liens and Mortgages Conventions 1926，1967 and 1993 contain provisions on the prescription of liens.

六、船舶优先权的行使

船舶优先权的行使，是指船舶优先权人为实现船舶优先权的效力按照法律规定的程序所实施的法律行为。可见，行使船舶优先权的目的是实现船舶优先权的效力。所谓实现船舶优先权的效力，是指实现船舶优先权所具有的追及效力、处分效力以及优先受偿的效力。要实现船舶优先权的这些效力，船舶优先权人就必须按照法律规定的程序，实施一系列的法律行为。否则船舶优先权就无法实现。

由于船舶优先权的成立和存在不以占有、登记或协议为要件，即具有所谓的“秘密性”，加之这种权利以船舶这种特殊的物为客体，因此，为避免权利人滥用权利而导致船舶所有人的合法利益受到侵害，法律确有必要对船舶优先权人行使其权利的方式作出某种限制。另外，以同一船舶为客体的担保物权可能同时存在若干个，为了避免在某一船舶优先权人实现其权利时导致其他船舶担保物权人的合法权益受到损害，法律也需建立某种制度。再者，由于船舶优先权追及效力的存在，决定了其自身具有的处分效力也须借助某种司法程序才能实现。由于上述原因，船舶优先权必须通过司法程序来行使，这也已经成为国际上的普遍做法。

尽管各国法律均规定船舶优先权必须通过一定的司法程序来行使，但在不同法系国家，其做法仍有一定差别。在英美法国家，船舶优先权须通过所谓“对物诉讼”程序来行使，请求人可以要求法院扣船，从而使它得以实现。而在大陆法系国家，一般则须通过法院扣押并拍卖船舶的程序来行使。我国《海商法》第 28 条明确规定:“船舶优先权应当通过法院扣押产生优先权的船舶行使。”

如前所述，船舶优先权是海事请求人依法对产生该海事请求的船舶所享有的一种优先受偿的权利。显然，要使这一权利实现，就必须将船舶从物的存在方式转化为货币的存在方式，这意味着需要对船舶进行拍卖。而要对船舶进行拍卖又必须首先对船舶施以有效的控制或占有，这又意味着必须对船舶进行扣押。显然，要实现船舶优先权就必须经过船舶扣押、船舶拍卖、权利登记和价款分配这四个主要环节。2000 年 7 月 1 日开始施行的我国《海事诉讼特别程序法》第三章规定的“船舶扣押与拍卖”以及第十章规定的“债权登记与受偿程序”则是在我国行使船舶优先权必须遵循的法律规定。

释义

Posting of a Bond

The immediate posting, by the defendant, of a bond, bank guarantee or letter of undertaking for a reasonable amount allows the question to be litigated whilst the ship with its cargo proceeds on its way earning income. The security posted must be in a sum sufficient to cover the plaintiff's reasonably arguable best case, together with interest and costs, but not exceeding the value of the property arrested. Where no sufficient security is posted, the ship is sold in a judicial sale, following the giving of notice, and the claims duly filed are paid out of the sale proceeds, according to the applicable ranking, any balance of proceeds being paid over to the shipowner. Claimants' recovery is subject to any limits set by applicable international conventions and national laws on limitation of liability.

第五节　船舶留置权

一、船舶留置权的概念

船舶留置权也是船舶担保物权的一种，它与民法上留置权的法律效果是相同的，只是适用范围有些差异。船舶留置权，在有关的国际公约中被称为“right of retention of vessel”，而在联合国亚太经济与社会委员会编制的海运立法指南中，则被称为“possessory lien on vessel”。国内曾有学者将其译为：“船舶滞留权”“船舶占有留置权”等。我国《海商法》使用船舶留置权来表述这一权利是准确而恰当的。

在《海商法》中，留置权可分为五种，即造船人、修船人的船舶留置权（《海商法》第25条第2款），承运人的货物留置权（《海商法》第87条），出租人因承租人未支付租金或约定的其他款项而对船上承租人的货物和财产等的留置权（《海商法》第141条），承拖人对被拖物的留置权（《海商法》第161条），救助人对获救船舶、货物及其他财产的留置权（《海商法》第190条）。此处仅涉及以船舶为标的的船舶留置权。我国《海商法》对作为担保物权的船舶留置权的规定在第25条第2款，即船舶留置权，是指造船人、修船人在合同另一方未履行合同时，可以留置所占有的船舶，以保证造船费用或者修船费用得以偿还的权利。

二、船舶留置权的特点

船舶留置权，作为我国民法特别法的《海商法》所规定的以船舶为客体的留置权，这意味着船舶留置权属特别法留置权的范畴，亦即船舶留置权是船舶担保物权的一种。这决定了船舶留置权不仅具备民法留置权的一般特征，而且还具有其自身的一些特点，概括起来主要表现在以下几个方面。

（1）以根据造船合同或修船合同而占有船舶的造船人和修船人为权利主体。就海商法调整的关系而言，能够根据合同占有他人船舶的债权人，主要表现为船舶建造人、船舶修理人、船舶拖带合同中的拖带人、船舶救助人以及沉船起浮或打捞人等。但我国《海商法》及有关的国际公约均没有把船舶留置权的权利主体扩大到造船人和修船人以外的人。这主要是为了尽量减少排在船舶抵押权之前优先受偿的船舶担保物权的数量，以提高船舶抵押权人（通常是为船舶提供融资服务的商业银行）的优先受偿机会，进而实现鼓励航运投资的目的。

（2）根据造船合同或修船合同而占有的船舶为客体。船舶留置权的客体，仅限于根据造船合同或修船合同所占有的船舶。在《物权法》出台之前，通常认为留置权人留置的财产应当与债权属于同一法律关系。但在《物权法》出台之后，企业之间的留置则可不受所谓"同一法律关系"的限制。换言之，如甲合同项下的款项被拖欠，则造船厂或修船厂不仅可以留置甲合同项下的船舶，而且还可以留置乙合同项下的船舶。

（3）为留置物的船舶不必须是债务人享有所有权的船舶。就我国《海商法》的规定来看，《海商法》没有使用诸如"债务人的船舶"或"债务人所有的船舶"等措辞，而是使用了（造船人或修船人）"可以留置所占有的船舶"的措辞。据此，应当认为作为船舶留置权客体的船舶，并不必须是"合同另一方"享有所有权的船舶。换言之，造船人或修船人对其根据造船合同或修船合同所占有的船舶得主张船舶留置权，而无须考虑该船舶是否是债务人的。

（4）一般须通过法院拍卖实现二次效力。留置权的二次效力，是指当债务人于履行期满超过一定期限后仍不履行债务时，留置权人得依法处分留置物，以其价款优先受偿的效力。根据民法的一般规定，对于留置物的处分，并不一定必须有法院的介入，并可采用"折价""拍卖"和"变卖"的方式。然而，对于以船舶为客体的留置权来说，虽然船舶属动产，但这种特殊的动产的价值常常超过许多不动产而且存在登记制度。再者，由于其他船舶担保物权的存在，特别是船舶优先权的存在，非经法院拍卖，船舶的变价很难实现。这决定了船舶留置权的二次效力常常需要通过法院拍卖船舶才能实现。

三、船舶留置权的取得与消灭

船舶留置权的取得，是指船舶留置权依据法律规定而成立或发生。而船舶留置权的消灭，则是指依法成立的船舶留置权因一定的法律事实出现而不再存在。

（一）船舶留置权的取得

民法留置权有所谓原始取得与继受取得之分。"留置权的继受取得，是指留置权具备一定条件而成立后为他人依权利让与而取得留置权。"然而，留置权能否被继受取得，又取决于留置权是否具有让与性。鉴于在法律没有规定留置权的让与的情形下，对于留置权人与他人约定让与留置权的，在解释上当以不承认其效力为宜。加之我国《物权法》和《海商法》均没有赋予留置权或船舶留置权可让与性，因此以下所讨论的船舶留置权的取得仅限于船舶留置权的原始取得。

船舶留置权的取得，是指船舶留置权依据法律规定而成立或发生。由于船舶留置权与民法留置权一样，系法定担保物权。因此，其只能依据法律的规定而发生，而不能依当事人的约定而发生。关于留置权的取得条件，理论上有所谓积极要件和消极要件之划分。

根据我国《物权法》对留置权所作的一般规定和《海商法》对船舶留置权所下的定

义，船舶留置权取得的积极要件可以归纳为：① 须是造船人或修船人占有一定的船舶；② 须是根据造船合同或修船合同而占有船舶；③ 造船费用或修船费用已届清偿期。关于留置权的所谓消极要件或留置权成立之限制的问题，民法学者就此提出了许多不同的观点，如动产不得因侵权行为而占有、动产之留置不得与债务人交付动产前或交付动产时的指示相抵触、动产之留置不得违反公共秩序或善良风俗、动产之留置不得与留置权人的义务相抵触等。就船舶留置权而言，我国《物权法》规定，“法律规定或者当事人约定不得留置的动产，不得留置”。换言之，如果造船合同或修船合同中含有造船人或修船人不得留置所造或所修船舶的约定，则造船人或修船人不得因造船费用或修船费用已届清偿期而留置所造或所修的船舶。因此，造船合同或修船合同中存在不得留置的约定是船舶留置权最可能发生的消极要件的表现形式。

（二）船舶留置权的消灭

船舶留置权的消灭，是指依法成立的船舶留置权因一定的法律事实出现而不再存在。导致船舶留置权消灭的法律事实也就是船舶留置权的消灭原因。我国《物权法》第240条规定：“留置权人对留置财产丧失占有或者留置权人接受债务人另行提供担保的，留置权消灭。”此外，我国《物权法》第177条还就担保物权的消灭情形作出了规定，包括：主债权消灭；担保物权实现；债权人放弃担保物权；法律规定担保物权消灭的其他情形。《海商法》第25条第2款规定，“船舶留置权在造船人、修船人不再占有所造或者所修的船舶时消灭”。

虽然我国《物权法》和《海商法》规定的上述原因均是导致船舶留置权消灭的原因，但从理论上分析，船舶留置权可因以下原因而消灭：① 船舶留置权因物权消灭的原因而消灭。② 船舶留置权因所担保的债权消灭而消灭。③ 船舶留置权因权利人接受另行提供的担保而消灭。④ 船舶留置权因丧失对船舶的占有而消灭。⑤ 船舶留置权因延展造船费用或修船费用的清偿期而消灭。

四、船舶留置权的效力

根据我国《物权法》以及《海商法》的有关规定，船舶留置权的效力，主要涉及以下几个方面的问题。

（一）船舶留置权担保的债权范围

我国《海商法》没有对船舶留置权担保的债权范围作任何特别规定。我国《物权法》也没有就留置权担保的债权范围作出规定，但《物权法》第173条规定，“担保物权的担保范围包括主债权及其利息、违约金、损害赔偿金、保管担保财产和实现担保物权的费用。当事人另有约定的，按照约定”。可见，除当事人另有约定外，留置权担保的债权范围应当包括主债权及利息、违约金、损害赔偿金、留置物保管费用和实现留置权的费用。

（二）船舶留置权效力所及的标的物的范围

船舶留置权的客体为船舶。而船舶在海商法中是有明确定义的。“船舶是由船体、船机及属具等组成。缺少任何一个部分都无法构成船舶。因此，这决定了船舶在法律上应属不可分物。”据此，船舶留置权的效力应当及于被留置的船舶的全部。另外，由于船舶的某些组成部分或备件在物理上是完全可以与船舶相分离的，对于那些已经与船舶分离而且没有处在造船人或修船人占有之下的船舶备件或属具等，则不应纳入船舶留置权的客体范围。

（三）船舶留置权对造船人或修船人的效力

根据我国《物权法》的规定，作为留置权人的造船人或修船人的权利主要可以概括为以下几项：① 占有船舶的权利；② 就船舶价款优先受偿的权利；③ 管理调动船舶的权利；④ 保管留置船舶的费用和实现留置权的费用的请求权。但是，造船人和修船人应妥善维护留置船舶，在留置权消灭时，应当返还被留置的船舶。

（四）船舶留置权对船舶所有人或"合同另一方"的效力

船舶留置权对船舶所有人或"合同另一方"的效力，主要表现为，一旦船舶留置权成立，将会对被留置船舶的所有人和造船或修船合同的另一方对船舶的权利产生影响。

1. 对船舶所有人的效力

在留置权成立之后到留置物被变价之前这段时间里，船舶留置权人只是享有（继续）占有船舶的权利或拒绝一切返还请求的权利，而并不享有使用、收益和处分被留置船舶的权利。而对被留置船舶的使用、收益和处分的权利仍然属于船舶所有人。在船舶留置权的二次效力实现以后（被留置的船舶被变价以后），被留置船舶的所有权，就不再归属原船舶所有人，其对船舶的所有权也就被永远地剥夺了。

2. 对合同另一方的效力

如果合同的另一方不是船舶所有人，其也就没有可能因船舶留置权的成立或实现而丧失船舶所有权。在被留置的船舶被变价之前，其对船舶的使用和收益的权利并没有被剥夺，而只是由于船舶留置权的成立而使其不能恢复对船舶的占有，从而无法实现对船舶使用并获得收益。但当具备法律规定的条件或合同约定的条件，船舶留置权的二次效力实现以后，被留置船舶的所有权将发生变化，"合同另一方"从原船舶所有人那里取得的对船舶的占有、使用和收益的权利，也将不复存在。

（五）船舶留置权的优先受偿效力

留置权担保的债权较之没有担保的债权具有优先受偿的效力。再者，我国《海商法》还规定，"船舶优先权先于船舶留置权受偿，船舶抵押权后于船舶留置权受偿"。可见，船舶留置权担保的债权不仅具有优先于没有物权担保的债权的效力，还具有优先于船舶抵押权的效力。关于船舶留置权与船舶抵押权优先顺序问题，学理上有所谓"法定物权优先于约定物权"之说。据此，船舶留置权理应被排在优先于船舶抵押权的位置上。但从有关船舶担保物权的国际公约的规定来看，仅有船舶建造人和船舶修理人的船舶留置权可优先于船舶抵押权，而其他船舶留置权，则须排在船舶抵押权之后。

五、船舶留置权的实现

船舶留置权的实现指的主要是船舶留置权的二次效力的实现。关于船舶留置权的实现条件，我国《海商法》并没有作出明确的规定。因此，船舶留置权的实现条件应适用我国《物权法》关于留置权的实现条件的规定。根据《物权法》第 236 条第 1 款的规定，留置权人与债务人应当约定留置财产后的债务履行期间;没有约定或者约定不明确的,留置权人应当给债务人两个月以上履行债务的期间。债务人逾期未履行的,留置权人可以与债务人协议以留置财产折价,也可以就拍卖、变卖留置财产所得的价款优先受偿。可见,按照我国现行法律的规定,船舶留置权的实现须具备以下条件:① 须给债务人一个履行债务的“宽限期”。② 须债务人于“宽限期”内仍不履行债务。只有在债务人在上述“宽限期届满时仍不履行债务”时,造船人或修船人才得实现以所留置船舶的价款优先清偿其债权的效力。

民法上留置权的实现方式,通常是指处分留置物、实现留置物变价的方法。就我国《担保法》的规定来看,主要有折价、变卖和拍卖三种方式。然而,由于船舶优先权等担保物权的存在,决定了用折价、变卖以及非法院拍卖(如商业拍卖)的方式来实现被留置的船舶的变价是非常困难的,甚至是不可能的。故常常需要法院以拍卖的方式介入,以实现被留置的船舶的变价。

Security Through Retention

1. Shipbuilders and ship repairers

A security right through retention is a procedural remedy whereby a claimant may refuse to release possession of the defendant's property until his claim is paid. This security right is also known as a possessory lien.

Under art. 6（1）of *the Liens and Mortgages Convention 1967*, contracting states may establish liens and rights of retention by national law, to secure claims not secured by maritime liens under art. 4. Shipbuilders and ship repairers, in particular, to secure claims for their work, may be granted such a lien or right of retention, ranking after maritime liens and before mortgages（*hypothèque*）, but which right is extinguished when the shipbuilder or repairer parts with possession of the vessel（art. 6（2））. *The Liens and Mortgages Convention 1993* contains similar provisions（art. 7）.

By national law, a claimant may refuse to release possession of the ship to which he has rendered services, as in the case of a ship repairer, shipbuilder and a salvor.

2. Freight and hire

The carrier has a possessory lien on the cargo for freight before delivery, until the claim is paid. These rights exist under both the common law and civilian maritime law regimes. The lien is enforceable only if the freight is payable upon delivery of the goods. It does not exist if the freight is payable "in advance" or after delivery or on the basis of "ship lost or not lost", unless the contract so specifies.

In the United States, in addition to the possessory lien for freight, there is a possessory lien for charter hire. Moreover, the lien for freight and hire also applies to demurrage and other charges, even if not mentioned in the contract, contrary to the position in the United Kingdom, where such liens must be provided for contractually. As in the United Kingdom, however, the possessory lien in the United States is lost by unconditional delivery of the cargo.

France, like the United States, provides a privilege for charter hire and its privilege for freight is a true privilege, which, however, lasts only fifteen days from delivery of the goods to the consignee, unless the goods have passed into the hands of a third party.

3. Judicial sale

The Liens and Mortgages Convention 1993 provides a right for the shipbuilder and repairman to claim against the proceeds of the judicial sale of the ship, after maritime lienholders（art. 12（4））. The possessory lien of the carrier against cargo for freight does not give a right of sale in the United Kingdom in the absence of statutory authority, so that the lien is lost with the loss of possession. However, in the United States, where contracts of affreightment fall within admiralty jurisdiction, the carrier may enforce his lien by *in rem* proceedings, prior to unconditional delivery. In France, a right of sale is expressly granted.

【重要术语中英文对照】

中文术语	英文术语	中文术语	英文术语
所有权	ownership	船舶所有人	shipowner
登记	registration	沿海运输权	cabotage
方便旗	flag of convenience	开放登记	open registry
建造中船舶	vessel under construction	真正联系	genuine link
船舶抵押权	ship mortgage	抵押权人	mortgagee
受偿顺序	ranking of satisfaction	抵押人	mortgagor
法院强制出售	judicial sale/forced sale	船舶优先权	maritime lien
倒序原则	inverse priority rule	转让	transfer
船舶留置权	right of retention of vessel/ Possessory lien on vessel	宽限期	grace period
对物诉讼	action *in rem*	对人诉讼	action *in personam*

【思考题】

1. 如何理解海商法上船舶的含义和范围？
2. 船舶所有权的特点是什么？
3. 船舶抵押权与一般财产抵押权有什么区别？
4. 如何理解船舶优先权的法律属性？
5. 简述船舶优先权的适用范围和受偿顺序。

【案例分析】

1998年5月1日，甲公司将V轮抵押给乙银行取得500万元贷款。5月20日，V轮投保一年定期船舶险600万元。6月30日，V轮从俄罗斯A港运一批钢材到中国B港。途中遭遇恶劣天气，主机损坏，货舱进水。H轮对V轮进行拖带救助，按救助合同约定将其拖带至某港。但是，一天后，V轮由于货舱进水过多，最终沉没。H轮沉没时，船舶所有人尚有H轮救助款项80万元和V轮50万元船员工资未付。事后，保险公司支付600万元给甲公司。分析以下哪一项是正确的，并说明理由。

（1）50万元工资应从600万元中优先受偿；

（2）80万元救助费用应从600万元中优先受偿；

（3）500万元贷款应先于工资受偿；

（4）所有债权就600万元按比例受偿。

【推荐阅读文献】

1. 张丽英：《海商法》（第三版），中国政法大学出版社2011年版

2. 梁宇贤：《海商法论》，三民书局1987年版

3. 史尚宽：《物权法论》，中国政法大学出版社2000年版

4. 李海：《船舶物权之研究》，法律出版社，2002年版

5. Christopher Hill，Maritime Law，fifth edition，LLP，1998

6. D. R. Thomas，Maritime Liens，London Stevens & Sons，1980

7. 李璐玲：《船舶物权相关法律问题研究》，中国政法大学出版社2014版

8. 吴勇奇：船舶所有人进行虚假登记不产生对抗第三人的效力——论物权法司法解释（一）第6条对船舶的限制适用，载《人民司法（应用）》，2018年第1期

9. 郑蕾：中国法下船舶所有权变动的交付生效要件与特约例外，载《上海海事大学学报》2014年第1期

10. 李海：论船舶优先权的识别，载《海商法论文集》，学术书刊出版社1989年版

11. 徐仲建：论船舶优先权与海事赔偿责任限制的冲突和协调，载《法学杂志》2012年第1期

12. 李璐玲：对《海商法》中船舶留置权界定的反思，载《法学》2009年第2期

13. 李小年、李攀：《物权法》第24条规定对船舶所有权变动的影响，载《法学》2009年第11期

14. 孙光：船舶扣押后的船舶留置权，载《中国海商法年刊》2009年第4期

扩展阅读资料

Ship Mortgages①

Briefly defined a mortgage could be said to be "any charge by way of lien on any property for securing money or money's worth". It is the creation of a charge or encumbrance in favour of the lender of money by the person wishing to borrow. Indeed, it is the essence of a

① Christopher Hill, Maritime Law, fifth edition, LLP, 1998, pp.27-28.

mortgage that it is something more than a mere personal covenant.

Many shipowners in this, and indeed in any, day and age are undercapitalized and mortgages on their vessels are a recognized method of raising finance. The word "mortgage", which is said to derive from the *Latin mortuum vadium* (a dead pledge), could be said to be a "three-in-one" word since it covers the triple idea of the mortgage loan or transaction, the mortgage deed or document and the rights generally conferred by the document upon the lender of the money.

Thus a shipowner who wishes to obtain money may do so by borrowing money on the security of his ship, giving the person who is prepared to lend him the money an interest in the ship as security for the loan. The shipowner (the borrower) is known as the "mortgagor" and the person lending the money is known as the "mortgagee". It is well to know at the outset that a mortgagee incurs no liabilities to third parties since the mortgagor remains the owner of the ship or the shares in it.

The mortgagor or owner is free to continue operating and trading the vessel as a profit-making possession provided that he does not act in such a way as to jeopardize or put at risk the ship as security for the mortgage loan and thus prejudice the mortgagee's position. The importance of the doctrine of the "ship as security" is emphasized by the custom and practice of every mortgage containing a personal covenant by the mortgagor to repay the loan and the equally obvious fact that such a covenant might be of little practical value to the mortgagee. However, even as security a vessel is not, as we shall see, an ideal form of security, one reason being that certain privileged claims can rank against the vessel in priority before those of a mortgagee. A second reason is that, being a floating object, it will disappear from and escape out of the jurisdiction of the courts whose aid the mortgagee may be entitled to seek. A third reason for the precarious nature of a ship as security is its permanent exposure to partial damage or even total destruction through the perils of the seas. Lastly, it is also worth noting that if a further advance is given on the same security and a second independent mortgage has been effected and registered in the intervening period the latter may rank ahead of any further advance on the first mortgage.

A mortgage may be created to secure a current account and upon which a further extension of credit is given to the mortgagee after the intervening registration of an independent mortgage on the same security. Some argue that the further advance/extension of credit should rank even before the subsequently created but prior registered other mortgage. Even this, however, would appear to be caught by the "notice" rule which is the whole essence of registration, and every mortgagee, whether he has actual notice or not, is deemed to have notice of a previously registered mortgage and, before extending credit even under the current account, would be prudent to examine the register closely.

第三章　船　员

学习目标

在海事活动中，船员是不可或缺的一大生产要素。海上运输的每一个环节的实现都离不开船员对船舶的操作和管理行为。因此，船员制度成为海商法必不可少的一部分，船员的资格条件、范围和法律地位，船员的权利义务，船长的法律地位和职责构成了该制度的基本内容。通过本章的学习，了解船员法的体系构成，知晓船员的基本职责，明确船长的法律地位和职能，掌握与船员劳动合同有关的法律规定。

第一节　船员概述

一、船员的概念

船员（crew，seamen）有广义和狭义之分，广义上的船员是指受船舶所有人聘用或雇佣的包括船长在内的船上一切任职人员；狭义的船员则是指受船舶所有人聘用或雇佣的，除船长之外的其他服务于船上的人员。我国《海商法》第31条采用广义的船员概念："船员，是指包括船长在内的船上一切任职人员。"我国《船员条例》第4条将"船员"具体定义为"依照本条例的规定经船员注册取得船员服务簿的人员，包括船长、高级船员、普通船员"。我国的船员，按照级别划分，可分为船长、高级船员和普通船员。船长，是指取得船长任职资格，负责管理和指挥船舶的人员；高级船员是指取得相应任职资格的大副、二副、三副；轮机长、大管轮、二管轮、三管轮；通信人员以及其他在船舶上任职的高级技术或者管理人员。普通船员则是指除船长、高级船员以外的其他船员。

Global Supply and Demand for Seafarers

The worldwide population of seafarers serving on internationally trading merchant ships is estimated at 1,647,500 seafarers，of which 774,000 are officers and 873,500 are ratings.

China，the Philippines，Indonesia，the Russian Federation and Ukraine are estimated to be the five largest supply countries for all seafarers (officers and ratings). The Philippines is the biggest supplier of ratings, followed by China, Indonesia, the Russian Federation and Ukraine. While China is the biggest supplier of officers, followed by the Philippines, India, Indonesia and the Russian Federation.

The global demand for seafarers is estimated at 1,545,000, with the industry requiring approximately 790,500 officers and 754,500 ratings. This indicates that the demand for officers has increased by around 24. 1%, while the demand for ratings has increased by around 1. 0%. The current supply-demand situation highlights a shortage of approximately 16,500 officers and a surplus of around 119,000 ratings.

While the global supply of officers is forecast to increase steadily, this trend is expected to be outpaced by increasing demand.

The forecast growth in the world merchant fleet over the next ten years, and its anticipated demand for seafarers, will likely continue the trend of an overall shortage in the supply of officers. This is despite improved recruitment and training levels and reductions in officer wastage rates over the past five years.

Future outlook indicates that the industry and relevant stakeholders should not expect there to be an abundant supply of qualified and competent seafarers without concerted efforts and measures to address key manpower issues, through promotion of careers at sea, enhancement of maritime education and training worldwide, addressing the retention of seafarers.

二、船员的条件

船员是一个独立的行业，具有不同于陆上工作的特殊性。根据我国法律规定，船员应该具备以下三个条件。

（1）取得船员资格。根据《船员条例》第 5 条的规定，欲取得船员资格须申请船员注册，而申请船员注册须具备三个条件：① 年满 18 周岁（在船实习、见习人员年满 16 周岁），但不超过 60 周岁；② 符合船员健康要求；③ 经过船员基本安全培训，并经海事管理机构考试合格。申请注册国际航行船舶船员的，还应当通过船员专业外语考试。

（2）受船舶所有人聘用或雇佣。由于各国社会制度的不同，对船员的使用有聘用或雇佣两种形式。采取聘任制的国家将船员视为船舶所有人的职员，而采取雇佣制的国家则将船员视为船舶所有人的雇员。但这只是称谓的不同，就船员的职责来讲，其内容都是相同的。有些人虽然具有船员适任证书，但并未被船舶所有人聘用或雇佣，并不是法律意义上的船员。

（3）服务于船上。船员必须是在船上服务的人员。船公司的管理人员中有的虽然也可能取得了船员资格证书，并且也为船舶服务，但其本人并不在船上任职，即不构成法律意义上的船员。法律之所以对船员的条件加以限定，目的在于明确船员的法律地位，凡不具有船员资格的人，便不能享受法律赋予船员的权利，也不承担法律为船员规定的义务和职责。

三、船员的资格

由于船员的工作性质要求他们具有高度的纪律性和相应的专业技术水平，故各国都通过专门立法以明确船员的法律地位、职责、资格、任免、工作条件和福利待遇等事项。为保证船舶的航行安全，各国除对船舶的技术条件加以严格的管理和控制外，还对船员的资格进行了严格的限定，其主要办法之一就是实行船员考试制度，对考试合格者颁发相应的适任证书。只有持有适任证书的船员，才准许在船上担任相应的职务。

Women in Shipping：Achieving Gender Equality

The attainment of equality between women and men，and the elimination of all forms of discrimination against women are fundamental human rights and United Nations values. While there may be various challenges and barriers in the maritime industry that hinder the ability of women to pursue careers in shipping，the gender gap in the industry also needs to be addressed. Gender equality should be further promoted through political and legal action at the international level，accompanied by corresponding action at the national level.

An important achievement of the International Labour Organization，which is also relevant to women seafarers who often face harassment at the workplace，is the Violence and Harassment Convention，2019，and its related recommendation，which among others，reminds member States that they have a responsibility to promote a “general environment of zero tolerance”.

As the shipping industry embraces digitalization and automation，new and higher skills will be required from seafarers，according to the new redefined roles they will need to assume，both on board and ashore，in order to ensure the safety of vessels and efficiency of operations. Women may enjoy increased opportunities to pursue a maritime career，given that less physically strenuous tasks，combined with the need for more information technology skills and knowledge，are being required in the maritime sector.

第二节　船长

船长（the Master，the Captain）是指依法取得船员资格，取得适任证书并受船舶所有人雇佣或聘用，主管船上的行政和技术事务的人。船长是一种特殊职务，其法律地位既不同于一般船员，又不同于船舶所有人的一般雇员。在一定程度上，船长兼具指挥、警察、公证、代理等多重身份。分析各国的法律规定可以看出，船长的职责和权利是相辅相成的。我国《海商法》第三章第二节专门规定了船长的权利和职能，概括起来包括以下几个方面。

一、管理职能

我国《海商法》第35条第1款规定:“船长负责船舶的管理和驾驶。”就行政管理的角度而言,船长作为船上的最高管理人员,对船上的行政事务行使权力。船长在其职权范围内所发布的命令,全体船员、旅客和其他在船人员都必须遵照执行。从技术管理方面来讲,船长应当按照法律、法规的要求,维护船舶安全,确保船上的安全生产。具体而言,船长有义务在船舶开航前检查船舶适航状态;在航行准备就绪后,船长应决定立即开航,非因不可抗力,不得自行更改预定航线;在船舶进出港口或经过狭水道或对船舶有危险的其他水域时,船长应在驾驶台直接指挥船舶航行;对于船舶和在船的人员、文件、邮件、货物以及其他财产,应当采取必要措施,防止遭受任何侵害或损害。

船长的管理职能是法律所赋予的,这种职能不因某些外来因素的出现而改变。例如在引航的情况下,船长驾驶船舶和管理船舶的责任不能因引航员的介入而解除,即使在强制引航的情况下亦然。

海难事故中船长表现的历史回顾

(一)“李俊锡”式的反面教材

纵观历史,与“岁月”号船长李俊锡行径类似的也不乏其人。1992年,希腊籍邮船“Oceanos”号,在从南非德班驶往开普敦的途中遭遇大风,主发动机爆炸破坏了船体,海水涌入船舱,最终吞没了整条船舶。船上载有571名旅客及船员,船长Yiannis Avranas是一名有30年航海经验的希腊人。幸运的是,船上571条人命全部生还。可是,人员获救主要归功于南非空军与海军的英勇施救,而非船长指挥。事实上,根据被救人员事后描述,船长在首架救生机到达时即弃船登机,全然不顾船上等待救援的160名旅客的安危。参与救援的南非海军亦证实,Avranas抢在一位年老的旅客前面,系上吊索被直升机救起。出人意料的是,船上一位名叫Robin Bolton的旅客在船长匆忙离船后协助了整个救援工作。这位旅客是一位魔术师,他首先用音乐及魔术安抚等待救援的旅客,并和其他演员一起引导旅客走上已经倾斜的甲板。当意识到船上的一处灯光干扰了直升机救援时,这位魔术师爬到高处切断灯光。在救援过程中,Bolton用船上广播配合了整个施救作业。直至最后,这名魔术师才离开了“Oceanos”号邮船。

当被问及弃船行为时,获救的Avranas船长早有防备,他辩解说:“当我宣布弃船指令时,弃船是针对船上的每个人的。如果一些人选择留在船上,就留在船上好了。”对此,许多航海界人士表示反对。海事历史学家Bill Fowler认为:“船长在危急时刻离开船舶是非常不可思议的,船长必须树立道德和信念的榜样。”美国商船博物馆馆长、多部航海著作的作者Frank Braynard说:“任何从事海事工作的人都知道,船长对船上旅客的人身安全负责。”显然,表现懦弱和恐惧的Avranas应被取消船长资格,并因违背船长职责而予以刑事指控。

(二)恪尽职守的正面典型

当然,船员的“行为准则”也被一些英雄船长表现得淋漓尽致,他们的共同点就是在灾难来临时全力保护船上旅客、船员、货物以及其他财产的安全。众所周知的“泰坦尼克”号船长 E. J. Smith，因在整个灾难处理过程中表现出的冷静及勇气而闻名于世。在“泰坦尼克”号撞上冰川之后，Smith 船长立刻命令设置浸水边界，随后他与船舶设计师一起对船舶损害程度进行评估。当发现船损不可挽回时，船长命令准备启用救生船，并发出 SOS 求救信号。Smith 安排船员协助妇女儿童先上救生船，当最后一只救生船驶离的时候，船长 Smith 呼吁那些还在正快速下沉的船上的人们“像个英国男人一样行动”。

同样有名的是客船“Andrea Doria”号的意大利籍船 Peiro Calamari。1956 年，该船与另一艘船相撞，即将沉没。Peiro Calamari 一直留守在船上指挥救援直到最后一名旅客获救。之后，船长命令其他船员离船，自己和几名志愿者留在船上等待正在赶来救助的拖船。当“Andrea Dorian”号倾斜达 40 度时，Peiro Calamari 船长命令留下的志愿者离船，自己却发誓留守在船上直至拖船赶到。可是，船上其他人拒绝撤离，除非船长一起走。无奈之下，Peiro Calamari 船长才最后撤离已在下沉的船舶。

另一个鲜为人知却激动人心的英雄船长事迹发生在 1952 年。货船“Flying Enterprise”号在英吉利海峡遭遇风暴，船身受损。拖船救走了船上的 10 名旅客及 40 个船员。然而，丹麦籍船长 Henrik Kurt Carlsen 却拒绝离船。在拖船对“Flying Enterprise”号施救的 7 天里，Carlsen 船长一直坚守在船上协助救援。直至船舶沉没前的最后一刻，Carlsen 才决定离船。纽约市民用海岸军礼及彩带游行欢迎这位归来的英雄船长，并授予他城市荣誉勋章。

二、警察职能

所谓警察职能是指打击犯罪、改造罪犯、保护人民、维护社会治安的职能。我国《海商法》第 36 条规定:“为保障在船人员和船舶的安全，船长有权对在船上进行违法犯罪活动的人采取禁闭或其他必要措施，并防止其隐匿、毁灭、伪造证据。”值得注意的是，船长所享有的警察权属于一种有限制的权利，船长无权对案件进行实质性的处理，他在有效地阻止了犯罪活动以后，应该在条件具备的时候，将人犯连同有关证据一起移交给有关当局处理。

三、公证职能

由于船舶在航行期间，也会发生自然人出生或死亡的事件，此类事件将产生一定的法律后果。为此，法律赋予船长以公证权。我国《海商法》第 37 条规定:“船长应当将船上发生的出生或者死亡事件记入航海日志，并在两名证人的参加下制作证明书。死亡证明书应当附有死者遗物清单。死者有遗嘱的，船长应当予以证明。死亡证明书和遗嘱由船长负责保管，并送交家属或有关方面。”

四、紧急处分职能

所谓紧急处分职能(function of meeting an emergency)，指船长在急迫情况下，为了维护船舶、船上人员及其所载货物的安全而采取非常措施以应付突然事变的权利。船长的处分职能包括三个方面：① 对人处分权。任何在船人员，当其行为对船上人员和财产安全构成严重威胁且不听制止时，船长可以将其拘禁，暂时限制其人身自由。② 对物处分权。当发现有人未经批准而将易燃、易爆、有毒物品或其他危险物品带上船舶，船长有强制保管和将其丢弃的权利。当船舶发生事故，危及在船人员和财产安全时，船长应组织船员和旅客尽力施救。当船舶的沉没、毁灭已不可避免时，船长可以作出弃船决定，但是，除紧急情况外，应当将弃船决定报经船舶所有人同意。弃船时，船长必须采取一切措施，首先组织旅客安全离船，然后安排船员离船，船长应当最后离船。③ 对事处分权。船舶发生海上交通事故或污染事故时，船长应当采取一切可能的措施，防止损害扩大，并做成事故报告书，附以事故发生时的两名以上在船船员或知情旅客的书面证明报送海事机关。

五、代理职能

船长的代理职能（function of agent），指船长在法律所规定的权限内以船舶所有人或承运人的名义向第三人为意思表示，并将产生的民事权利和民事义务直接归于船舶所有人或承运人承受的一种权能。我国《海商法》第 175 条第 2 款规定："遇险船舶的船长有权代表船舶所有人订立救助合同。遇险船舶的船长或者船舶所有人有权代表船上财产所有人订立救助合同。"当然，肯定船长的这一权利不等于剥夺船舶所有人签订救助合同的权利，也不妨碍在条件允许时应征求船舶所有人意见的义务。

船长的上述职能决定了船长处于十分重要的法律地位。若船长在航行中死亡或者因故不能执行职务时，应由驾驶员中职务最高的人代理船长职务，船舶在下一个港口开航前，船舶所有人应指派新的船长接任。

释义

The Master

The position of the master of the ship has already been implicitly described to a large extent. He has authority within the ship and is the superior officer. He is also an employee of the owner and, like all employees, his powers and authority derive from that agreement and may be altered and affected by its terms.

The master is also agent of the owner. In days gone by, before effective communication around the world, that authority was of high significance. The master would, on behalf of the owner, make contracts for the running of the ship, take cargoes, effect repairs and generally act as the only available representative of the owners. This function is today much narrower. The owners are able to make many of their own arrangements by telex or telephone and the master's agency is of much less commercial significance. In considering his authority as agent, it must always be remembered that this is subject to the overriding power of the owner, his principal.

Any agent may act within the express authority given by his principal. In addition, unless his principal takes proper action to warn those who might deal with the agent，an agent has the authority which it might reasonably be assumed he has，If a master normally has authority to make a certain contract，unless it has been made clear that this master has not such authority，then the contract he makes will be binding upon the owners. But if the contractors know，or should know，that the master's authority was limited，they have no rights，except possibly against the master if it can be said that he warranted his authority to them.

Subject to that，the master's usual authority as agent for the owner covers the trading of the ship. He signs bills of lading，he may carry goods aboard and deal with freight earned. Within the contracts that may already have been made，he may agree rates and decide whether to take cargo. In practice，this area of activity is today of little significance. Cargoes are rarely fixed by the master.

More important is his authority and responsibility with regard to the running and preservation of the ship. He has authority to make contracts for necessaries：all those matters which are needed by the ship as she travels on her voyage. This covers provisions，repairs and equipment，as well as towage and salvage. The standard applied is that of the prudent owner：if the expenditure would have been incurred by a prudent owner，the master is authorized to make it. He may also borrow money for necessaries.

The suppliers of necessaries have a maritime lien on the vessel and so does the master in respect of the repayment of his disbursements.

In circumstances of danger，the master has authority indeed，no other person has it - to incur general average expenditure or make a general average sacrifice. The master may also make the relevant decision in salvage.

Formerly，the master had the authority to raise money on ship and cargo by "bottomry bond" to pay for necessaries，but this is long obsolete. He does，however，still have the ultimate authority，in extreme circumstances，of selling ship and cargo to make the best of the maritime adventure. He must，of course，act in good faith and he must be in a condition of extreme necessity，which must imply being unable to communicate with the owners.

第三节　船员劳动合同

一、船员劳动合同的概念和特征

船员劳动合同(crewing agreement)是指船员与船舶所有人、船舶经营人之间为建立劳动关系而达成的书面协议。就全球范围而言，船员的任用有雇佣制和聘任制两种基本形式。在计划经济时期，我国的船员属于企业职工，船舶所有人要对船员的生老病死承担责任。进入市场经济以来，对船员的聘用普遍实行了合同制的做法，而且由于船员劳务出租业务的开展，签订劳务出租合同的做法也日见盛行。

船员劳动合同具有下列特征。

（1）签约方式的从属性。我国目前的船员劳动合同，很多是由船员向劳动服务机构提出申请，然后由劳动服务机构与船舶所有人或经营人签订。在很多情况下，船员并不直接与雇主见面，其对合同项下的权利和义务的了解受到一定的限制。为此，相关的国际公约和法律中均规定，雇佣船员的单位应该向船员提供了解合同内容的便利。

（2）权利的专属性。因为法律对船员的素质有特定的要求，船员在劳动合同中的权利，当事人自己不能任意处分。

（3）合同内容的规范性。船员劳动合同的订立虽然也要遵循当事人自愿的原则，但是合同中的许多内容是不能自由议定的，而是要遵循法律中的许多强制性规定，如劳动法、社会保险法、企业法等，用人单位不能随意更改这些内容。

二、《海员协议条款公约》

为了保障船员的合法权益，国际劳工组织在 1926 年通过了《海员协议条款公约》，该公约于 1928 年生效，我国已加入该公约。该公约涉及海员协议的内容主要有以下几个方面。

1. 海员协议的签订

海员协议条款应由船舶所有人或其代表与海员双方签订。在签字之前，应给予海员及其顾问以审查协议条款的便利条件。为使海员了解其权利及义务的性质和范围，国家法律应规定采取各种措施，将协议所列条件张贴在船员易见的处所，或采用其他适当的方法，使海员在船上对雇佣条件能够有清楚的了解。

2. 协议的内容

协议可以采取定期的形式或以航次为限，如为国家法律所许可，亦可订立无定期的协议。如属无定期的协议，可由任何一方当事人在船舶的任何一个装卸港口声明终止，但事先必须发出协议上所规定的预告。此项预告期不得少于 24 小时。协议中应载明双方的权利与义务，还必须载明下列各项内容：海员姓名、出生日期或年龄及其出生地；订立协议的地点及日期；海员从事服务的船舶名称；如法律有规定时，还应注明船员的人数；如在订约时能够确定，还应载明履行的航程；海员所担任的职务；如可能，海员须报告上船服务的地点及日期；如国家法律无相反规定，应载明海员给养的标准、工资数额、协议的终止及其条件；海员在同一轮船公司服务满 1 年后，如果为国家法律所规定，每年可享受带薪休假。

3. 协议的终止

无论是签订航程或者定期抑或是无定期的雇佣协议，如遇下列情况，应属自然终止：① 双方同意；② 海员死亡；③ 船舶灭失或者完全不适于航海；④ 法律或公约中规定的其他原因。

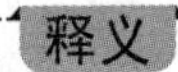

Rights and Duties of the Seaman

The word “seaman” is defined in some national legislation, as including every person employed or engaged in any capacity on board any ship except the Master and pilot. The Master is employed by written agreement and must appear in the crew list，but is not a seaman within the statutory definition. In some other national legislation，the Master is also included in the definition of seaman. *The Maritime Code of PRC*（art. 31）defines "crew" as the entire complement of the ship，including the Master.

Rights and duties imposed by any contract are either expressed or implied and the crew agreement is no exception to this general rule. It could be strongly argued that the traditional role of a seaman calls for a higher devotion to duty than the work of an employee in any other industry or occupation. Seamen and their ships are exposed to the perils of the sea for long periods of their working lives；the long history of maritime disasters is proof enough of this. Therefore one of the implied duties of a seaman is to endeavor at all times to save his ship in time of trouble or danger. It is expected of him as a duty and he can never，unless his employment contract has already been dissolved，claim reward for helping to save his own ship.

It is also inherent in his terms of employment that he must carry out the lawful orders of the Master providing such orders relate to the ship，or things pertaining to her，including the cargo she is carrying. A seaman must be able to perform his designated task with reasonable care and skill. Contracts of service or employment，being inextricably bound by codes of conduct，are essentially based on trust. What has been the custom and practice over the years，and has become a recognized and established method of performing employment contracts can give rise，by implication，to binding contractual obligations on either party to the contract.

【重要术语中英文对照】

中文术语	英文术语	中文术语	英文术语
船长	the Master	船员	seafarer/crew/seaman
引航员	pilot	适任证书	certificate of competency
安全配员	safe manning	《海员协议条款公约》	*Convention Concerning Seamen's Article of Agreement*
代理人	agent	船员外派机构	manning agency
受雇人	employee	船员劳动合同	employment contract

【思考题】

1. 如何理解船员的法律含义和法律地位？
2. 船员的任职条件有哪些？如何取得船员资格？
3. 船员有哪些权利和义务？
4. 船长的职责有哪些？

【推荐阅读文献】

1. Robert P. Grime，*Shipping Law*，London：Sweet & Maxwell，1980

2. 郑中义:《船舶与船员管理》,大连海事大学出版社，2019 年版

3. 孙光、闫婧茹:“应然”视角下船员劳务(劳动)合同项下人身伤亡赔偿纠纷案件之司法应对,载《中国海商法研究》2017 年第 3 期

4. 李群:由“岁月”号海难聚焦船长的法律责任,载《世界海运》2014 年第 5 期

5. 徐俊:从船员劳务合同角度思考《海商法》有关船员规定的修改,载《中国海商法研究》2013 年第 3 期

6. 韩立新、李大泽:我国船员劳动争议处理机制的现实困境与对策,载《大连理工大学学报(社会科学版)》2013 年第 2 期

7. 陈刚:船员外派法律关系辨析,载《大连海事大学学报(社会科学版)》2008 年第 6 期

扩展阅读资料

Seafarers' Issues

According to the International Chamber of Shipping，the worldwide population of seafarers serving on internationally trading merchant ships is estimated at 1,647,500. Most seafarers come from developing countries，with China，the Philippines，Indonesia，the Russian Federation and Ukraine estimated to be the five largest supply countries for all seafarers.

At its 106th session in March 2019，the IMO Legal Committee expressed concern about the growing number of cases of abandonment of seafarers and action needed to address this issue. An update on the latest cases was provided，including those which had been successfully resolved，following intervention by the IMO Secretariat，relevant flag States，port States，seafarers' States，the International Labour Organization and others. As at 31 December 2018，366 abandonment incidents were listed in the database since its establishment in 2004，affecting 4,866 seafarers. Of those incidents，175 cases had been resolved，77 cases had been disputed，and 52 cases were inactive. There are still 52 unresolved cases. From 2011 to 2016，the number of cases per year ranged from 12 to 19（IMO，2019b）. At times，shipowners who do not take their responsibilities seriously and find themselves in financial difficulty abandon seafarers in ports far from home，leaving them without fuel，food，water or medical care and without pay for months. The 2014 amendments to the International Labour Organization Maritime Labour Convention，2006，which entered into force in January 2017，require shipowners to put in place a financial security system to ensure compensation for seafarers and their families in the event of abandonment，as well as in respect of claims for death or long-term disability due to an occupational injury，illness or hazard. This requirement will help prevent the unfortunate situation of seafarers being stranded in port for long periods when shipowners abandon their crews without paying their wages or repatriating them to their home countries.

The IMO Legal Committee also addressed the fair treatment of seafarers on suspicion of committing maritime crimes. The inadequacy of the current guidelines on fair treatment of seafarers in the event of a maritime accident, adopted in 2006, was highlighted, as the guidelines are limited to the fair treatment of seafarers in the case of a maritime accident and do not adequately address the fair treatment of seafarers detained on suspicion of committing maritime crimes. The establishment of a joint working group consisting of representatives of IMO, the International Labour Organization and the International Transport Workers' Federation to look into the issue was suggested.

The attainment of equality between women and men, and the elimination of all forms of discrimination against women are fundamental human rights and United Nations values. While there may be various challenges and barriers in the maritime industry that hinder the ability of women to pursue careers in shipping, the gender gap in the industry also needs to be addressed. Gender equality should be further promoted through political and legal action at the international level, accompanied by corresponding action at the national level.

An important achievement of the International Labour Organization, which is also relevant to women seafarers who often face harassment at the workplace, is the Violence and Harassment Convention, 2019, and its related recommendation, which among others, reminds member States that they have a responsibility to promote a "general environment of zero tolerance".

The International Transport Workers Federation

The International Transport Workers Federation (ITF) has for many years been militant in its attitude towards flags of convenience. The affair of the Globtik Venus at Le Havre in 1976 was an example. With its Filipino crew and Bahamas flag it became the symbol for the ITF to challenge shipowners flying convenience flags to provide better pay and conditions for their seamen. The crew refused to sail her from Le Havre and her owner took drastic measures to evict them forcibly from the ship. Later a compromise was reached but threats to black-list flags of convenience generally remained.

The "phenomenon", as it used to be called, of flags of convenience has indeed become the subject of growing international concern and the ITF are in the forefront of the campaign. Although ITF agreements may only apply to possibly one-sixth of all ships flying convenience flags, they feel they have effectively exposed a problem which, if allowed to remain unremedied, will escalate to irremediable proportions.

That the flag of convenience system has greatly outgrown its defined origin and purpose, much in the same way as trade unions have become a Frankenstein creation far removed from their general purpose in the early years of their formation, is illustrated most aptly by a case of real significance which became a leading case in the contemplation of Britain's Prime Minister in pursuance of her avowed intention of reforming the UK industrial relation laws. Hong Kong is one place where "convenience companies" are formed (and indeed the list still steadily grows-the Cayman Islands is another example). This particular case concerned the vessel Nawala which used to trade under the Norwegian flag and ownership and was crewed by highly paid Norwegians. Owing to a freight market slump her owners were faced with financial ruin but a Swedish banking concern which had a small interest in the vessel acquired her by paying off the mortgage. Finding themselves with a "white elephant" in Sweden her new owners were advised that one practical way of trading her profitably would be to engage an Asian crew. The Swedish company immediately established a company in Hong Kong especially to own the vessel, all the shares in which were beneficially owned by the Swedish parent company. Thus the Hong Kong "veil", if swept aside, would reveal a Swedish "face". In view of Hong Kong registry the owners employed a Hong Kong Chinese crew and things went well until July 1978, when the ITF attempted to black the vessel at the British port of Redcar but were ironically thwarted by the refusal of the Transport and General Workers Union to assist the ITF by requesting its members to black the vessel. Nevertheless the incident became the subject of litigation because the Nawala's owners had, despite last-minute events, applied to the courts for an injunction to restrain the ITF from their intended action. The ITF who, on the face of it, were interfering ostensibly to protect the interests of allegedly exploited Asian seamen, were in fact reckoned to be pursuing their long-continuing campaign of forcing flag of convenience vessels from the high seas.

The House of Lords, to whom this matter was eventually taken on appeal, were forced to consider the application of the facts to the Trade Union and Labour Relations Act 1974, as amended in 1976. Section 13 of the Act grants immunity to anybody for acts done "in contemplation or furtherance of a trade dispute". A trade dispute is defined in section 29 (1) of the Act as being a dispute between employers and workers or between workers and workers connected with a stated list of defined situations, one of which is terms and conditions of employment. It was established as a fact that the crewmen on the Nawala were quite content with their terms and conditions of employment and it was entirely with the blessing of the Seaman's Union in Hong Kong that they had been originally engaged. Nevertheless, their Lordships considered that, applying the letter of the law strictly as they did, the ITF were entitled to immunity and that it was not their place to question the motives and possible underlying purposes of the ITF. Also, it was not their place to change the existing laws of the UK but merely to interpret and apply the law as it stood. Thus the owners of the Nawala lost their case. (The Nawala [1980] 1 Lloyd's Rep. 1, HL.) The effects of section 13 of the 1974 Act were, however, tempered by the coming into effect of the British Employment Act 1980 and particularly its section 17. The owners of the vessel Hoegh Apapa benefited from this in that they won (right up to and including the House of Lords: [1983] 2 Lloyd's Rep. 1) against the ITF when the latter had blacked their vessel at Liverpool in July 1982. Her crew was Filipino and she was loading under time (and sub) charter. The blacking had the effect of interfering with the performance of the charterparty and thus was contrary to section 17 of the 1980 Act which withdrew from certain kinds of secondary action the wide-ranging immunity from actions in tort afforded under section 13 of the 1974 Act. The ITF was liable in tort.

Another case involving the ITF is as follows:

The Uniform Star [1985] 1 Lloyd's Rep. 173

The ITF claimed outstanding wages of the crew of the vessel Uniform Star on her arrival at Tilbury. Owners declined to pay and the ITF issued a writ against the owners. The owners applied for an injunction contending that the ITF might go beyond what they might lawfully do and would engage in or procure unlawful industrial action.

Held: In order to leave Tilbury the vessel would need the co-operation and assistance from tug crews, linesmen, pilots and lock-gate keepers. The threatened action by the ITF to induce or procure these people to break their contracts would afford the owners a cause of action at common law. The conduct threatened by the ITF was within section 13 (1) of the Trades Union and Labour Relations Act 1974. The linesmen, tug-crews and lock-gate keepers had contracts of employment with employers who were not parties to the industrial dispute between the owners and the crew of the Uniform Star. It would be unlawful for the ITF to induce or procure linesmen, tug-crews and lock-gate keepers to refuse services to the Uniform Star in breach of their contracts of employment and the owners could rely on section 17 of the Employment Act 1980. The rules of the ITF prevented holding a ballot which complied with the Trades Union Act 1984. If the ITF could not and did not hold a ballot then the action was unlawful. If the owners gave a satisfactory bail bond in the Admiralty Court they should be entitled to an injunction.

海难事故中船长职责的比较法考察

(一)全力施救、最后离船是船长的基本法律义务

船舶发生海难事故,船长全力施救、最后离船并非只是职业道德和社会伦理的要求,更是各国立法普遍确立的法律义务。

中国《海商法》第38条规定:“船舶发生海上事故,危及在船人员和财产的安全时,船长应当组织船员和其他在船人员尽力施救。在船舶沉没、毁灭不可避免的情况下,船长可以作出弃船决定;但是,除紧急情况外,应当报经船舶所有人同意。《中华人民共和国船员条例》第22条规定:“船长管理和指挥船舶时,应当符合下列要求:⑦ 保障船舶上人员和临时上船人员的安全;⑧ 船舶发生事故,危及船舶上人员和财产安全时,应当组织船员和船舶上其他人员尽力施救;⑨ 弃船时,应当采取一切措施,首先组织旅客安全离船,然后安排船员离船,船长应当最后离船。在离船前,船长应当指挥船员尽力抢救航海日志、机舱日志、油类记录簿、无线电台日志、本航次使用过的航行图和文件以及贵重

物品、邮件和现金。”第23条规定:“船长、高级船员在航次中,不得擅自辞职、离职或者中止职务。”

韩国《船员法》第10条规定:“从装货或旅客开始上船时起,至货物全部卸毕或旅客全部下船时止,船长不得离船。”第11条规定:“船舶遇到危险时船长应谨慎救助人命、船舶及货物。”

日本《船员法》第11条规定:“船长除在不得已的情况下,如未把职务委托给应该代替自己指挥船舶的人,在货物装船后及旅客上船后至货物卸船及旅客下船完毕前的期间内,不得离开自己指挥的船舶。”第12条规定:“船长在自己指挥的船舶遇有紧急危险时,必须用尽一切手段救助人命和船舶及货物。”

俄罗斯《商船航运法典》第66条规定:“如船长认为船舶遭受不可避免的毁灭威胁时,船长应采取一切措施救助旅客,然后允许船员离船。船长应当最后离船,并尽力采取措施抢救航海日志、机舱日志和无线电报日志、该航次的海图、航海仪器的磁带、文件和贵重物品。”

挪威《海商法典》第135条规定:“如果船舶遇难,船长有义务在其职权范围内为救助在船人员和为保护船货做每一件事情。如果必要他应确保将航海日志和船舶文件带到安全地点,并尽可能安排船货救助。除非他自己的生命遭到严重的危险,他必须在船上坚持到失去合理获救的希望。在对船舶或船上人员没有严重危险的范围内,船长有义务给予在海难中或在严重的海上风险中处于危险的人一切可能或必要的帮助。”

意大利《航海法典》第303条规定“只有通过良好船艺,尽一切努力采取各种措施后仍然没有效果,并且在听取甲板部高级船员的意见,或者在不能听取其意见,但至少听取两名有经验的船员的意见后,船长才能命令弃船。船长必须最后离船,并尽可能地拯救船舶记录和航海日志,以及由他保管的有价值的资料。”

《美国法典》第46卷关于海难事故中救助与通知义务的第2303条第1款规定:“涉及海难事故的船长或掌管船舶的人应当:① 在不严重危及本船和船上人员安全的情况下,对于因海事而造成的受害人员进行必要的救助;② 尽可能将本船船长或掌管船舶的人的姓名、住址及船舶资料通知与海难事故有关的其他船舶的船长及船员、受伤人员以及受损财产的所有人。”此外,美国《商船船员手册》也对海难事故中船长的责任作了规定,依其规定,船长的职责包括:① 最后一个离开船舶;② 采取一切必要的措施对货物及船舶进行救助;③ 负责其他船员的安全;④ 在第一时间与船主及保险商联系;⑤ 负责一切事物直至责任依法解除。如果船长不能胜任以上职责,将被降职或吊销执照或解雇。

(二)违反施救与最后离船义务,船长可能要承担刑事责任

各国立法除规定船长在发生海难事故时的应急与救助义务外,为确保其落实和履行,有的国家立法对船长违反此类义务还课予了行政甚至刑事责任。

如韩国《船员法》第135条规定,船长违反该法第10条规定(指擅自离船),处500万韩元罚款。第132条规定:“船长违反第11条(指遇险时救助义务)规定,判5年以下有期徒刑。”

日本《船员法》第126条规定,船长违反该法第11条规定(指在船义务)的,处30万日元以下罚金。第 125 条规定,船长遗弃船舶的,处 2 年以下有期徒刑或 50 万日元以下罚金。第 123 条规定:“船长违反第 12 条规定(指遇险时救助义务)时,处 5 年以下有期徒刑。”

根据意大利法律,在发生海难时,船长逃离船舶构成刑事犯罪。2012 年 1 月 13 日,豪华邮轮“Costa Concordia”号在意大利吉廖岛外触礁倾覆,造成 17 人丧生及超过 16 人失踪。船长 Francesco Schettino 被控在旅客和船员尚未全数撤离前就擅自离船。尽管在 2012 年 1 月 17 日举行的长达三个小时的听证会中,Schettino 表示他提早离开是一个意外,他无法继续指挥撤离是因为在协助旅客撤离时不小心滑倒,以至于跌落在一艘救生艇上,但是,意大利检方还是按杀人罪以及在旅客还未全数获救前弃船等罪名将 Schettino 收押。

《美国法典》第 46 卷第 2303 条第 2 款也规定:“违反本条规定或根据本条制定的规则者应承担不超过 1000 美元的罚金或不超过两年的监禁。同时,当事船舶也应向联邦政府承担对物的责任。”

第四章　海上货物运输合同

学习目标

海上货物运输法律制度是海商法的核心部分，其在国际经济交往中，是居于首位的国际货物运输方式。船舶使用和船员作用的实现主要就体现于海上货物运输过程中。因此，海上货物运输法律制度成为各国海商法的基本法律制度，在海商法中所占比重最大，但内容较为复杂。

通过本章学习，了解海上货物运输合同的概念和种类，熟悉合同当事人主要权利和义务、我国《海商法》第四章和国际海上货物运输公约的内容，重点掌握《海商法》第四章中承运人的主要义务、免责事项和赔偿责任限制、托运人的主要义务和提单的规定，熟悉航次租船合同1994年“金康”格式的主要条款以及多式联运经营人与区段承运人责任问题。

第一节　海上货物运输合同概述

一、海上货物运输合同的概念和特性

我国《海商法》第41条规定：“海上货物运输合同，是指承运人收取运费，负责将托运人托运的货物经海路由一港运至另一港的合同。”根据《海商法》第2条，海江之间、江海之间的直达货物运输，属于海上货物运输。因此，海上货物运输合同约定的船舶装货港和（或）卸货港可以是内河港口，但运输必须途经海路。直达运输是指货物在装货港装上船舶后，途中不转换船舶而运至卸货港。

承运人（carrier）是海上货物运输合同的一方当事人，常被称为船方，《海商法》第42条将承运人定义为“本人或者委托他人以本人名义与托运人订立海上货物运输合同的人。”承运人通常是船舶所有人，但也可能是船舶经营人或者船舶承租人。船舶所有人（shipowner）是对船舶具有所有权的人。船舶所有人通常根据船舶登记加以识别，即船舶所有人是指依法登记为船舶所有人的人。船舶经营人（ship operator）是指根据与船舶所有人或者船舶光船承租人之间的船舶经营协议而经营船舶的人。船舶承租人，即以航

次租船、定期租船或者光船租赁的形式承租他人船舶的人。船舶经营人或者船舶承租人与第三者托运人订立海上货物运输合同时，相对于托运人而言，成为承运人，俗称“二船东”(disponent owner)。

实际承运人(actual carrier)是指接受承运人委托，从事货物运输或者部分运输的人，包括接受转委托从事此项运输的其他人。在海上货物运输中，出现实际承运人的情况主要有：① 货运公司或者船公司作为承运人与托运人订立海上货物运输后转而委托其他船公司承运，接受委托的其他船公司，以自己行为完成实际运输，即成为实际承运人。② 在租船运输情况下，承租人与托运人订立海上货物运输合同，货物运输是通过租用船舶所有人的船舶进行的。在这种情况下，承租人是承运人，船舶所有人则为实际承运人。③ 在多式联运或海上联运情况下，多式联运(或海上联运)经营人与托运人订立多式联运(或海上联运)合同后，各运输区段的承运人即为实际承运人。④ 在直达运输情况下，由于某种意外情况的发生，货物在途中不得不进行转运，接受转运的船舶所有人即为实际承运人。

托运人(shipper)是海上货物运输合同的另一方当事人。《海商法》第42条将托运人定义为“本人或者委托他人以本人名义或者委托他人为本人与承运人订立海上货物运输合同的人，”以及“本人或者委托他人以本人名义或者委托他人为本人将货物交给乌海上货物运输合同有关的承运人的人。”在CIF或CFR价格条件下，与承运人签订运输合同的人是卖方，将货物交给承运人的人也是卖方，习惯上提单记载的托运人也是卖方。因此，在CIF或CFR价格条件下，卖方是《海商法》所定义的唯一的托运人。但在FOB价格条件之下，与承运人订立运输合同的是买方，将货物交给承运人的是卖方，提单中记载的托运人习惯上都是卖方。因此，在FOB价格条件下，根据我国《海商法》，就同时出现了两个托运人：买方和卖方。其中的买方既是托运人又是收货人，具有双重身份，且《海商法》对两种托运人的权利、义务并未分别予以规定。

实例研究

FOB贸易下“实际托运人”的认定

2010年2月，原告A公司与注册在香港的B公司签订“采购合同”，约定由原告供应一批储物方凳，出货方式为“FOB SHANGHAI”，指定货代为“客人提供”，目的地为“LA(美国洛杉矶)”，付款方式为“提供单据复印件T/T15天”。B公司将涉案货物转手出售给美国的C公司。承运人接受了名义为C公司的订舱委托，并直接与B公司直接就订舱、提单缮制等涉案货物出运事宜进行业务联系。B公司指示承运人向原告开具装港费用发票并确定原告为提单接收人。

2010年4月21日，涉案6 480件货物装箱。同年4月28日，涉案提单签发。原告支付了订舱费等装港费用后从承运人处取得了涉案全套正本提单。涉案提单系记名提单，载明托运人为B公司，收货人为C公司。原告确认其同意在涉案提单中将B公司记载为托运人。涉案货物到港后被交付给记名收货人C公司。涉案货物价值为38 880美元。收货人C公司已向B公司清偿了涉案货款，原告确认收到B公司支付的部分定金，但尚有82.46%的涉案货款没有收到。为此，原告诉请承运人及其代理人连带赔偿无单放货对其造成的损失。

经审理,法院认为,虽持有记名提单但在正本提单上未载明其托运人身份的原告不应被认定为“实际托运人”,原告据此向涉案承运人提起无单放货损害赔偿之诉于法无据,且原告损失与涉案承运人的无单放货行为之间没有直接的因果关系,因此判决对原告的诉讼请求不予支持。

原告不服判决,提起上诉。二审判决驳回上诉,维持原判。

我国海商法对“实际托运人”身份的规定是出于试图解决FOB贸易条件下卖方在结汇前实现控制货物物权的良好愿望,近期实施的货代司法解释进一步明确了保护实际托运人的司法态度,但司法实践中如何认定“实际托运人”身份成为一个前置的难题。在提单中载明的托运人并非交货人,而交货人在接受该提单时又没有提出异议的情况下,问题尤为突出。

结合上述案件看,认定原告“交货托运人”身份的依据不足。本案存在两个独立的价格术语FOB的贸易合同关系,原告向B公司的交付,同时也是B公司在另一合同中向C公司交付的过程。对承运人而言,其接受了C公司的订舱委托,与B公司直接联系确定包括提单确认、装港费用收取、寄单地址等事宜,其向原告收取装港费用以及交付涉案提单均是根据B公司指示进行,原告只是代B公司将涉案货物交付承运人,亦是代B公司领取提单。由于涉案提单系记名提单而原告并非提单记载的任何一方当事人,依据记名提单不能转让的属性,涉案提单在原告手中不具有任何提单功能,原告不能据此行使任何提单权利。综上,原告不能被认定为我国海商法下的“交货托运人”,亦不具有我国海商法项下的“提单持有人”身份,原告据此向涉案承运人提起无单放货损害赔偿之诉于法无据。

二、海上货物运输合同的种类

(一)国内海上货物运输合同与国际海上货物运输合同

国内海上货物运输合同或者沿海货物运输合同,在我国又称水路货物运输合同,是指承运人收取运费,负责将托运人托运的货物经海路由国内一港运至国内另一港的合同。

作为一项传统的航运保护政策,大多数航运国家规定,只有悬挂本国国旗的船舶才能从事本国港口间的货物运输,即沿海运输权(cabotage),以保护本国的航运业。对此,《海商法》第4条规定:“中华人民共和国港口之间的海上运输和拖航,由悬挂中华人民共和国国旗的船舶经营。但是,法律、行政法规另有规定的除外。非经国务院交通主管部门批准,外国籍船舶不得经营中华人民共和国港口之间的海上运输和拖航。”

国际海上货物运输合同,是指承运人负责将托运人托运的货物经海路由一国的某一港口运至另一国的某一港口,而由托运人或者收货人支付运费的合同。我国大陆至港澳台的海上货物运输,是国内海上货物运输,但在现阶段,基本上比照国际海上货物运输处理。

（二）件杂货运输合同与航次租船合同

件杂货运输合同，又称零担运输合同，是指承运人负责将件杂货由一港运至另一港，而由托运人或者收货人支付运费的合同。件杂货运输合同，通常为班轮运输（Liner Shipping，又称定期船运输）所采用，即承运人接受众多托运人的托运，将属于不同托运人的多批货物装于同一船舶，按规定的船期，在一定的航线上，以规定的港口顺序运输货物。国际件杂货运输合同多以提单（Bill of Lading，B/L）为表现形式，故国际件杂货运输又称为提单运输。

释义

Bulk Cargo and General Cargo

Merchant ships are designed to carry cargo. This cargo may be divided into two basic types：bulk cargo and general cargo.

Bulk cargo consists of a single commodity. This commodity is usually carried loose. Bulk cargo is carried in specially designed vessels，therefore stowage presents few problems. Bulk cargo can be divided into liquid or dry bulk cargo. Liquid bulk cargo is carried in tankers. Most tankers are designed to carry crude oil or its refined products，such as fuel oils. Dry cargo is carried in bulk carriers. The cargo is carried in self-trimming holds. Dry bulk cargo includes grain，iron-ore，coal and sugar.

General cargo consists of a variety of goods. These goods are packed separately. General cargo can be divided into containerized，non-containerized and refrigerated cargo. Non-containerized cargo，such as cargo in bags，bales，cases or steel drums，presents most stowage problems，because each commodity has its own type of packaging and characteristics. To help with the problem of stowage many types of general cargo are now being put into containers of standard dimensions. They are carried in specially designed container ships and loaded and unloaded by special cranes from the quayside. Perishable cargoes such as meat，fruit and dairy produce are carried in ships with refrigerated holds. These holds are designed to keep food at the correct temperature.

航次租船合同（voyage charterparty），又称航程租船合同或者程租合同，系租船合同的一种形式，用于不定期船运输（tramp shipping）。《海商法》第四章“海上货物运输合同”第七节是“航次租船合同的特别规定”，即将航次租船合同作为海上货物运输合同的一种特别形式。《海商法》第 92 条规定：“航次租船合同，是指船舶出租人向承租人提供船舶或者船舶的部分舱位，装运约定的货物，从一港运至另一港，由承租人支付约定运费的合同。”航次租船合同，具体又分单航次租船合同（single trip，C/P），往返航次租船合同（return trip C/P），连续单航次租船合同（consecutive single trip，C/P）以及连续往返航次租船合同（consecutive return trip，C/P）等多种形式。

释义

Liners and Voyage Charterparties

Liners offer shipping space on ships plying along fixed routes on regular schedule, principally engaged in carrying general cargo in relative small shipments and limited volumes. Such shipments are entrusted to the carriers as issued by the carriers against payment of freight according to tariff rates either in advance or on delivery of the shipments at destination.

A voyage charterparty is a charter party under which the shipowner charters out and the charterer charters in the whole or part of the ship's space for the carriage by sea of the intended goods from one port to another and the charterer pays the agreed amount of freight. The voyage charter party may be divided into single trip charter party, return trip charter party, consecutive single charter party, consecutive return charter party and etc.

（三）海上货物联运合同与货物多式联运合同

海上货物联运合同，是指承运人负责将货物自一港经两段或者两段以上的海路运至另一港，而由托运人或者收货人支付运费的合同。在这种合同下，货物由不属于同一船舶所有人的两艘或者多艘船舶从起运港运至目的港。除作为合同当事一方的承运人外，参加货物运输的还有与承运人具有另外合同关系的其他海上承运人，称为区段承运人。实际承运人或者执行承运人。国际海上货物联运合同通常以海上联运提单（Ocean Through B/L）为表现形式。

属于海商法调整的货物多式联运合同，是指多式联运经营人负责将货物以包括海上运输在内的两种或者多种运输方式，从一地运至另一地，而由托运人或者收货人支付运费的合同。这种合同一般以多式联运单证为表现形式。

（四）海上货物运输总合同

海上货物运输总合同（contract of affreightment），又称包运合同或者货运数量合同，是指承运人负责将一定数量的货物，在约定时期内，分批经海路由一港运至另一港，而由托运人或者收货人支付运费的合同。在这种合同中，通常订明一定时期内托运人交运的货物数量或者批量。承运人提供的船舶吨位数、装货和卸货的港口或者地区、装卸期限、运价及其他运输条件。每一批货物装船后，承运人签发提单，或者双方就每一批货物的运输签订具体的航次租船合同。这种合同一般适用于大批量货物的运输，承运人能在一定时期内获得可靠的货源，而对托运人而言，具有舱位确定和运价优惠的益处。

释义

Contract of Affreightment

A contract of affreightment mentioned here, also known as quantity contract or tonnage contract, is a contract under which the carrier, against payment of freight, undertakes to carry by sea a fixed quantity of goods contracted for shipment by the shipper from one port to another in batches within the agreed period. This kind of contract is generally used for providing for a defined quantity of goods to be carried in several voyages，but not necessarily consecutively，during a stipulated period. Such a contract generally takes the form either of a charter party or of a bill of lading.

三、海上货物运输合同的法律适用

（一）国内海上货物运输合同的法律适用

根据《海商法》第 2 条第 2 款的规定，该法第四章“海上货物运输合同”的规定不适用我国港口之间的海上货物运输。国内海上货物运输合同主要适用《合同法》第十七章“运输合同”第一节“一般规定”和第三节“货运合同”。长期以来，国内水路货物运输合同适用原交通部制定的《水路货物运输规则》。该规则于 2016 年 5 月 30 日被交通运输部废止。由于《合同法》的规定比较原则，对于国内水路货物运输合同的适用存在不适用性，水路货物运输合同法律处于有待完善的状态。但是，在长期的国内水路货物运输实践中，《货规》的主要内容被广泛遵循而成为习惯做法，因而这些内容在不违反《合同法》《民法总则》等法律的前提下，依据《民法总则》第 10 条的规定，可以作为习惯而适用。

实例研究

《水路货物运输规则》的适用

2017 年 5 月 27 日，广州市海大饲料有限公司（以下简称海大公司）向案外人订购东北产玉米，拟运到湖南省进行销售。同年 7 月 26 日，海大公司委托江苏华隆海运有限公司（以下简称华隆公司）负责将案涉玉米由靖江码头分别运往湖南长沙、岳阳和汨罗。7 月 28 日，华隆公司与宋某某所属“远东 98”轮代表宋某（宋某某的女儿）约定由该轮将货物从靖江运至岳阳。8 月 3 日，华隆公司与宋某共同签名签发相关货票（运单），载明托运人和收货人均为海大公司。该货票注明：本运单经承托双方签认后，具有合同效力，承运人与托运人、收货人之间的权利、义务关系和责任界限均按《水路货物运输规则》（以下简称《货规》）及运杂费用的有关规定办理。货物在起运港装船后准备盖帆布时突降暴雨，导致船头和货舱两侧玉米发霉。中国人民财产保险股份有限公司上海市分公司（以下简称人保上海分公司）作为货物保险人向海大公司赔付后取得代位追偿权，要求华隆公司与宋某某承担连带责任。

武汉海事法院一审认为，运单是托运人与承运人形成运输合同关系的表现形式。本案运单载明的托运人为海大公司，承运船舶为宋某某所属和经营的“远东 98”轮，华隆公司与宋某某均在运单上盖章或者代表人签名。涉案运单上注明了关于托运人、承运人的权利、义务适用《货规》的相关规定，故《货规》的相关内容可视为华隆公司、宋某某与海大公司之间的运输合同关系的权利义务条款。华隆公司是合同承运人。宋某某答辩时对承担涉案货物运输事实并无异议，故宋某某实际承担了涉案货物运输义务，是本案实际承运人。一审判决华隆公司与宋某某对人保上海分公司承担连带赔偿责任。当事人不服一审判决提起上诉，湖北省高级人民法院维持一审判决。

2016年交通运输部宣布废止《货规》后，能否继续适用实际承运人制度，承运人与实际承运人是否承担连带责任，存在较大争议，导致司法裁判尺度不统一。本案中，法院根据各方当事人约定，适用《货规》中承运人与实际承运人连带责任制度，有利于维护当事人的合法权益，有利于保持法律适用的稳定性，对于弥补现行法律漏洞具有积极意义。

（二）国际海上货物运输合同的法律适用

在我国，国际海上货物运输合同主要适用《海商法》第四章“海上货物运输合同”的规定和《合同法》。根据特别法与一般法关系的一般原则，当《海商法》第四章的规定与《合同法》相抵触时，适用前者的规定；前者没有规定时，适用后者的规定。我国没有参加有关海上货物运输的国际公约。

《海商法》第十四章“涉外关系的法律适用”第269条规定，合同当事人可以选择合同适用的法律，法律另有规定的除外；合同当事人没有选择的，适用与合同有最密切联系的国家的法律。据此，在我国，国际海上货物运输合同的当事人可以选择合同适用的法律，合同当事人没有选择时，依据最密切联系原则确定所适用的法律。但是，根据《海商法》第276条的规定，依据该法第269条的规定适用外国法律时，不得违背我国的社会公共利益。

四、海上货物运输合同的订立和解除

（一）海上货物运输合同的订立

海上货物运输合同可以是书面的，也可以是口头的。但航次租船合同应当采用书面形式。提单运输以口头订立的，承运人或托运人可以要求书面确认合同的成立。电报、电传和传真均具有书面的效力。海上货物运输合同的内容必须合法，尽管法律对合同关系的规定多为任意性的，以当事人的约定为主，但由于班轮运输中承运人实力的强大，往往在提单中加入许多免责条款。为了保护货方的合法利益，法律规定了一些有关承运人最低限度义务的条款，这类条款是强制性的，当事人不得以协议变更，违反强制性条款的约定无效。我国海商法第41条至第49条规定即为强制性规定，承运人不能以合同条款减轻其责任，但依第45条的规定，可以在合同中增加承运人的责任。

班轮件杂货运输合同一般通过订舱的方式成立。班轮公司为了揽货，通常在报纸、航运交易公报等媒体上刊登所经营的班轮航线和船期表。这是一种要约邀请。货物托运人或者其代理人（通常为货运代理人）向班轮公司（承运人）或者其代理人办理货物托运手续，称为订舱。托运人或者其代理人通常填写订舱单（Booking Note）或者发送相应的数据电文，载明货物的品类、数量、装船期限。装卸港等内容。承运人或者其代理人根据订舱的内容，并结合船舶的航线、停靠港、船期和舱位等情况，决定是否接受托运。如接受托运，双方的意思表示达成一致，合同即告成立。

与调整提单运输的法律不同，航次租船业务充分体现了“合同自由”原则，出租人和承租人可以在不违背法律和公共利益的情况下订立任何合同条款。为了简化签订租船合同的手续，加速签约的进程，节省费用，同时为了能够在合同中列入对自己有利的条款，一些航运组织、船公司、货主组织和大货主，事先根据不同航线或者货种的需要，拟订租船合同格式（Forms），用租约代号（Code Name，Code Word）表示，大多数租船合同，是双方当事人以协议选用的某一格式为基础，订立附加条款（Rider C1auses），并对格式中的印刷条款，按双方意图进行修改、删减和补充而达成。如附加条款与格式上的印刷条款内容相抵触，一般解释为附加条款的效力高于印刷条款。当租船合同格式构成《合同法》第 39 条第 2 款规定的格式条款时，其效力受《合同法》第 39 条至第 41 条规定的制约。

对于海上货物运输合同的订立方式，《海商法》第 43 条规定："承运人或者托运人可以要求书面确认海上货物运输合同的成立。但是，航次租船合同应当书面订立。电报、电传和传真具有书面效力。"根据《合同法》第 11 条，书面形式包括各种数据电文，即电报、电传、传真、电子数据交换（E1ectronic Data Interchange，EDI）和电子邮件等可以有形地表现所载内容的形式。随着现代通讯技术的发展，在国际上，各种数据电文作为书面形式，不断得到法律的承认。

（二）海上货物运输合同的解除

合同解除应具备一定的条件，如当事人协商同意，不可抗力或法律规定等。我国《海商法》第 4 章第 6 节对海上货物运输合同的解除作了具体规定。

1. 当事人协商一致而解除

海上货物运输合同的效力仅发生于当事人之间，因而当事人不仅有订立合同的自由，也有变更或解除合同的自由。根据我国《合同法》第 92 条的规定，只要当事人对变更或解除合同达成一致，合同的变更或解除即可成立。但合同的变更或解除不应损害国家利益或社会公共利益，否则变更或解除协议无效。

2. 任意解除

海上货物运输合同的任意解除，是在海上货物运输合同发生效力后，在既非法定解除亦非约定解除的情形下，依一方当事人的解除意思而使海上货物运输合同的效力终止。我国《海商法》第 89 条规定，船舶在装货港开航前，托运人可以要求解除合同。但是，除合同另有约定外，托运人应当向承运人支付约定运费的一半；货物已装船的，并应负担装货、卸货和与此有关的费用。如果船舶开航后，托运人要求解除合同，承租人需支付运费及其他费用，并负担共同海损、海上救助费用，以及应由其负责的损害，或提供足够的担保，方可解除合同。

3. 法定解除

海上货物运输合同的法定解除，是指船舶在开航前和开航后因不可抗力或者其他不能归责于承运人或托运人的原因致使合同不能履行。

我国《海商法》第 90 条和第 91 条规定，船舶在装货港开航前，因不可抗力或其他不能归责于承运人或托运人的原因，致使合同不能履行时，双方均可以解除合同，并相互不负赔偿责任。除合同另有约定外，运费已经支付的，承运人应当将运费退还给托运人；货物已经装船的，托运人应当承担装卸费用；已签发提单的，托运人应将提单退还承运人。

船舶开航后，因不可抗力或其他不能归责于承运人或托运人的原因致使船舶不能在合同约定的目的港卸货的，除合同另有约定外，船长有权将货物在目的港邻近的安全港口或者地点卸货，视为已履行合同。但是，船长决定卸货时，应及时通知托运人或收货人，并应考虑他们的利益。

五、国际海上货物运输合同当事人的主要权利和义务

（一）承运人的主要义务

1. 谨慎处理使船舶适航

《海商法》第47条规定："承运人在船舶开航前和开航当时，应当谨慎处理，使船舶处于适航状态，妥善配备船员、装备船舶和配备供应品，并使货舱、冷藏舱、冷气舱和其他载货处所适于并能安全收受、载运和保管货物。"

（1）船舶适航的含义。船舶适航（Seaworthy）是指船舶的一种状态，意味着船舶抵御风险的能力，有狭义和广义之分。

狭义的船舶适航，即我国《海商法》第47条规定中所指的适航，是指船舶的船体、船机在设计、结构、性能和状态等方面能够抵御合同约定的航次中通常出现的或者能合理预见的风险。如果合同约定的航次中能合理预见的风险超过通常的风险，则船舶必须具有抵御预见风险的能力。但是，它不要求船舶具有抵御航次中出现的异常的或者不能合理预见风险的能力。所以，适航的含义是具体的、相对的，而不是抽象的、绝对的。

构成船舶狭义上不适航的情况通常有：船体强度不足，如旧船由于船体的正常耗损，不能经受航行中的风浪；船舶吨位过小，不适合于远航区航行；船舶设计有缺陷，如一船在航行中机舱起火，因灭火设备都按设计集中安放在机舱，船员无法救火，等等。

广义的船舶适航除了狭义的船舶适航外，船舶还应满足下述其他两项要求。

第一，妥善配备船员、装备船舶和配备供应品。

配备船员妥善与否，应从船员数量和质量两方面要求。在数量上，应满足船舶正常航行值班或者作业的需要；在质量上，船员应能胜任本职工作，表现为具有满足相应的职能和责任级别所要求的知识和技能，经过培训或者评估而持有国家海事主管机关颁发的相应证书，尤其是船长等高级船员应持有相应的适任证书，满足国家规定的健康标准，尤其是视力和听力标准。妥善装备船舶，是指船舶在各方面得到完善的装备。它要求雷达、罗经等助航仪器，锚、缆绳等系泊设备，海图、航路指南等航行资料，以及安全管理证书等船舶证书和文件，均应齐全、有效或者可靠。妥善配备供应品，包括船舶带有充足的燃料、物料、淡水和食品，供在下一停靠港添加之前使用。在配备燃料上，除应正确计算航程与船舶耗油量外，需考虑燃料的质量、航次中风浪、洋流等情况，确定一个安全系数。

使货舱、冷藏舱、冷气舱和其他载货处所适于并能安全收受、载运和保管货物，即通常所说的船舶适货，指货舱及其设备完善，满足所运货物的要求，通常包括货舱清洁、干燥、无味，污水沟和通风筒畅通，舱盖水密，吊杆或者吊车、起货机和吊货索具等货物装卸设备齐全，并处于有效状态。货物的性质、状态不同，船舶适货的具体要求通常也不同。例如，装运冷藏货物时，应配备适当的冷藏设备，通过船级社检验并取得合格的检验证书。

释义

Definition of Seaworthiness

The word "seaworthiness" here means that the ship shall，when the voyage begins，be seaworthy for that particular voyage and for the cargo carried. Thus，the standard varies with every adventure. The shipowner undertakes not merely that he has taken every precaution，but that，in fact，the ship is seaworthy. It is no defence that he did not know of the existence of a defect. But his undertaking relates merely to the ordinary perils likely to be encountered on such a voyage with the cargo agreed on. He does not guarantee that the ship will withstand any weather，however stormy.

Article 3（1）of the Hague Rules and Article 47 of the Code make the same provision that the carrier is obliged to exercise "due diligence" before and at the commencement of the voyage to：make the ship seaworthy；properly man，equip and supply the ship；and make the holds，refrigerating and cool chambers，and all other parts of the ship in which goods are carried，fit and safe for their reception，carriage and preservation.

（2）船舶适航的标准。《海商法》第 47 条规定，承运人应当谨慎处理使船舶适航。它要求承运人作为具有法律规定的或者通常要求的知识，并谨慎行事的船舶所有人，采取各种为特定情况所合理要求的措施。如果船舶存在通过采取这种措施仍不能发现的潜在缺陷，虽然这种缺陷使得船舶不适航，但不视为承运人违反谨慎处理使船舶适航的义务。因此，承运人使船舶适航的义务是相对的，即承运人只需做到谨慎处理，而不负有使船舶绝对适航的义务。

释义

Standard of Seaworthiness － Due Deligence

The exercise of due diligence in respect of seaworthiness requires a genuine，competent and reasonable effort on the part of the carrier. Where such an effort is not made before and at the commencement of the voyage，and where that default causes the loss or damage to the goods，the carrier is liable not only for its own failure of diligence and that of its employees，servants and agents，but even for that of independent contractors to whom it has delegated duties，no matter how competent those delegates were reputed to be or how diligently the carrier acted in selecting them.

Under the Hamburg Rules，there is no specific provision on due diligence in respect of seaworthiness，but the subject is effectively covered by art. 5（1）. That provision makes the carrier liable for loss or damage to the goods，as well as for delay in their delivery，unless the carrier proves that all measures that could reasonably be required to prevent the occurrence and its consequences were taken by it，as well as by its servants and agents. The burden of proof therefore continues to fall upon the carrier，but the due diligence obligation of Hamburg would seem to apply, not just before and at the commencement of the voyage, but at all times and stages of the journey.

（3）船舶适航的时间。《海商法》第47条规定，承运人谨慎处理使船舶适航的时间为“船舶开航前和开航当时”，即航次开始之前和开始当时。

所谓航次，包括我国在内，各国普遍认为，是指合同航次或者提单航次，即从装货港至卸货港的整个航程。据此，只要承运人在船舶从装货港开航之前和开航当时已谨慎处理使船舶适航，即使船舶在航行期间或者中途港停靠期间丧失适航性，承运人又没有采取措施予以恢复，亦不视为承运人违反谨慎处理使船舶适航的义务。在这种情况下，承运人是否对船舶不适航造成的货物损坏负责，往往视其船长、船员具有管船过失还是管货过失而定。因此，船舶在某一港口装货期间，由于同一原因，例如轮机人员操纵机器不当而发生火灾，使在该港装船的货物和在前一港口装船的相同货物受损，其法律结果却不同。对于前者，承运人违反谨慎处理使船舶适航的义务，对货物损害负有赔偿责任；对于后者，系船员在中途港管理船舶过失所致，承运人可以免责。

（4）船舶适航的举证。当货方以承运人违反谨慎处理使船舶适航义务为由提出货物灭失或者损坏索赔时，通常应证明船舶不适航，并因此造成货物灭失或者损坏。承运人欲行免责，应证明其在船舶开航之前和开航当时已尽谨慎处理之责，以及货物的灭失或者损坏系《海商法》第51条第十一项规定的经谨慎处理仍未发现的船舶潜在缺陷所致。国内外海事司法实践表明，承运人仅提供船舶检验机构签发的有效船舶适航证书或者其他能表明船舶适航状态的技术证书，并不构成承运人已尽谨慎处理之责的充分证据。

实例研究

有缺陷的航行计划可能导致船舶不适航

涉案船舶从厦门港离港，由西北往东南方向航行。根据船舶航行计划(passage plan)，该航线全部位于水道(fairway)内。但是在实际执行航次过程中，由于船长担心东面水深不足等各种原因，船舶的实际航线偏西，完全偏出了水道。最终导致船舶在水道外浅滩上搁浅。船长选择在水道外航行，是因为根据标准海图，水道外的水深有30米左右，足够船舶吃水。但是，先前有诸多航行公告提示厦门港水道外海图水深非常不准确，不能完全依赖海图水深；在另一份航行公告中甚至提及在海图上30米等深线上实际分别已测出了4.8米和1.2米的水深。而在船长做的航行计划以及海图上，根本没有提及这些航行公告，这导致船长在决定偏出水道航行时，相信海图上面水深超过30米的事实，忽略了航行公告的提示并最终造成船舶搁浅。货方拒绝分摊由于搁浅导致的共同海损，争议的焦点是：航行计划有没有缺陷，航行计划的缺陷会不会使船舶不适航，船东是否已谨慎处理。

对于航行计划是否有缺陷，法院认为，随着海事法律规定的发展，航行计划已经是确定需要的文件。航行计划的目的是让船舶能够安全航行，因此这里的问题就是航行公告的内容究竟需要以哪种方式呈现到航行计划上来。货方认为，船东有义务将所有危险的地方在海图上作出标注，但是这种做法被法院认为是会使海图过于烦琐(busy)，因此没有被法院接受。还有观点认为，航行通告只要以附件的形式附在海图后面即可，但是法院认为，本案的航行通告涉及的内容太多，以附件的形式达不到提示船长的作用，因此也没有获得支持。法院最终的结论是，危险需要在航行计划和海图上面进行标注(writing a note on the chart)。而本案的航行计划和海图没有进行标注，也没有以附件形式附上航行通告，因此航行计划和海图是有缺陷的。

对于航行计划缺陷是否构成船舶不适航，船东认为，尽管航行计划发生在航次开始之前，但是其实际上是航行的一部分，不关系到适航的问题。法院认为，的确，航行计划是为航行做准备的，但这不代表航行计划就与适航无关。仅仅是为了安全航行做准备不代表其就与适航无关。比如，在开航前准备好机舱的物料也是为航次中船舶安全管理做准备，但是这并不代表准备充足的物料就与适航无关。适航包括船上有适当的文件，包括海图。如果当局通知需要修改海图，则船东必须相应地修改，否则船舶就是不适航的。现在公认的是，船舶的航行计划或者海图已经构成了船舶的本质，正如一个正确的海图，正确的航行计划也是船舶在开航前所必需的。船东还认为，"一次性有缺陷航行计划"并不使船舶不适航。承运人的责任仅仅局限于提供给船长和二副足够的资料并且有适当的体系保证船长和二副在开航前能够制作完整的航行计划即可。法院不支持这个观点，认为：如果船长在开航前没有制作完整的航行计划，则其"一次性的过错"就足以使船舶不适航。船东的观点混淆了适航与谨慎处理的关系，船东认为适航的义务仅仅局限于船东本身而排除了船东的雇佣人员或者代理人是错误的，谨慎处理使船舶适航的义务是不能委托转移的。船东进一步认为，以前从来没有案例认为航行计划有缺陷会导致船舶不适航。法院认为，情况可能确实是这样。但是随着对船舶安全航行所需文件的认知的提高，适航的标准也在提高。法官确信，一个勤勉的船东会坚持在开航前准备好完整的航行计划。

对于船东是否已尽到谨慎处理，法院认为，船长和制作航行计划的二副没有做到谨慎处理，因为所提及的航行通告已经发到船上，其在制作航行计划的时候应该考虑到这一点。船东的抗辩是，船东谨慎处理的义务仅仅涉及承运人责任范围内的事情，而不涉及船员在航行方面的事情。但是法院认为，制作航行计划的目的是承运人确保船舶能够安全航行。船东还提出抗辩，声称其自己已经符合ISM规则并且有良好的SMS体系，因此自己尽到了合理谨慎。但是法院认为，谨慎处理的义务是不能委托转移的，船东不能说自己尽到了合理谨慎就算达到了标准，其还必须证明船东的受雇人、代理人(即本案的船长和二副)也尽到了合理谨慎的义务才行。综上，由于航行计划和海图没有经过谨慎处理而有缺陷，船舶在开航前和开航当时是不适航的，货主可以拒摊共同海损。

2. 妥善和谨慎地管理货物

《海商法》第48条规定："承运人应当妥善地、谨慎地装载，搬移，积载，运输，保管，照料和卸载所运货物。"

货物的装载、搬移、积载、保管、照料和卸载这七个承运人管理货物的环节，包括货物从装船至卸船的整个过程。对每一环节的具体含义，很难下定义。确定承运人管理货物义务的关键是“妥善”与“谨慎”两词。

所谓“妥善”，通常指技术上的要求，即承运人、船员或者其他受雇人员在管理货物的各个环节中，应发挥通常要求的或者为所运货物特殊要求的知识与技能。所谓“谨慎”，通常指责任心上的要求，即承运人、船员或者其他受雇人员在管理货物的各个环节中，发挥作为一名能胜任货物装卸作业或者海上货物运输工作的人可预期表现出来的谨慎程度，实践中，货物的装载、搬移、积载以及卸载工作，绝大多数由承运人委托的码头装卸工人完成。承运人应对码头装卸工人的过错造成的货物灭失或者损坏负责。如果按照承运人与托运人或者收货人之间的协议，货物的装载、搬移、积载或者卸载作业由托运人或者收货人负责，码头装卸工人由托运人或者收货人委托，则承运人只需对码头装卸工人的工作进行合理的监督指导，对码头装卸工人的过错造成的货物灭失或者损坏，承运人不负赔偿责任。但就货物的积载而言，如因积载不当，影响船舶的稳性或者操纵性，因而构成船舶不适航，承运人仍应承担未尽谨慎处理的法律后果，因为承运人谨慎处理使船舶适航的义务，并不因码头装卸工人由托运人委托而免除。

释义

Care of Cargo

The carrier shall properly and carefully load, handle, stow, carry, keep, care for and discharge the cargo. But he is free to determine by the contract with the shipper which part each has to play in the loading. If, however, the carrier does the loading, then he must do it properly.

There is some doubt as to the meaning of the word “properly”. One view is that “properly” means “in accordance with a sound system”. The obligation on the carrier is to adopt a system which is sound in the light of all knowledge which the carrier has or ought to have about the nature of the goods. Another view is that the word “properly” presumably adds something to the word “carefully”, and means “upon a sound system”. A sound system does not mean a system suited to all the weaknesses and idiosyncrasies of a particular cargo, but a sound system under all the circumstances in relation to the general practice of carriage of goods by sea. A further view is that the word “properly” means “in an appropriate manner”. The word properly adds something to “carefully”, if carefully has a narrow meaning of merely taking care. The element of skill or sound system is required in addition to taking care.

3. 船舶不进行不合理绕航

绕航是地理上的概念，指船舶在航行中驶离承运人和托运人事先约定的或者习惯的或者地理上的航线。

《海商法》第 49 条第 1 款规定：“承运人应当按照约定的或者习惯的或者地理上的航线将货物运往卸货港。”如果承运人与托运人事先对航线有约定，船舶应走该约定的航线；没有这种约定时，船舶应走装卸两港之间的习惯航线；如果既无这种约定，又无习惯航线，船舶应走地理上的航线，即在保证船舶及货物运输安全前提下，装卸两港之间最近的航线。

法律并非禁止任何船舶绕航，而只是禁止船舶进行不合理绕航。为了在海上为救助或者企图救助人命或者财产，或者有其他合理需要，船舶可以驶离航线。对此，《海商法》第 49 条第 2 款规定："船舶在海上救助或者企图救助人命或者财产而发生的绕航或者其他合理绕航，不属于违反前款规定的行为。"其他合理绕航，是指船舶为了船货双方共同利益，或者存在其他合理需要，如在海上躲避台风或者战争风险、送病危船员上岸治疗等，而驶离航线的行为。

4. 在约定的时间内和在卸货港交付货物

《海商法》第 50 条第 1 款规定："货物未能在明确约定的时间内，在约定的卸货港交付的，为迟延交付。"据此，承运人有义务在与托运人明确约定的时间内，在约定的卸货港交付货物。但是，如果承运人与托运人没有明确约定货物交付的时间，即使承运人未能在合理时间内交付货物，亦不构成迟延交付，从而不承担因货物未能在合理时间内交付，使托运人或者收货人遭受的除货物灭失或者损坏以外的其他经济损失，而不论造成承运人未能在合理时间内交付货物的原因是什么。

根据《海商法》第 50 条第 2 款和第 3 款，如果构成承运人迟延交付货物，并因此使货物灭失或者损坏，或者即使货物没有灭失或者损坏，但托运人或者收货人因迟延交付而遭受其他经济损失，如市场损失，承运人应负赔偿责任，除非承运人证明迟延交付系其根据《海商法》第 51 条可以免责的原因所致。但是，《海商法》第 82 条规定，收货人向承运人索赔因货物迟延交付造成的经济损失，必须在承运人交付货物的次日起连续 60 日内向承运人提交书面通知。否则，承运人不负赔偿责任。

释义

Delay in Delivery of Goods

It is the carrier's primary duty to deliver the goods to the consignee within specified time limit. Delay in delivery occurs if the goods have not been delivered at the designated port of discharge within such specified time. In addition, if the carrier fails to do so within 60 days after expiry of such time limit, the person entitled to make a claim for the loss of goods may treat the goods as lost. The carrier is liable for the loss of or damage to the goods caused by the delay in delivery thereof due to the fault of the carrier, unless otherwise exempted from liability by the law. The carrier is liable for compensation for the economic losses caused by such delay due to the fault of the carrier, even if no loss of or damage to the goods had actually occurred, unless otherwise exempted from liability by the law.

需要指出的是，根据《合同法》第 290 条，承运人应当在约定期间或者合理期间内将货物安全运输到约定地点，即在没有约定货物交付时间的情况下，承运人应当在合理时间内交付货物。但是，上述《海商法》第 50 条第一款的规定，优先于《合同法》这一规定的适用。此外，根据《汉堡规则》，在没有约定货物交付时间的情况下，如承运人未能在合理时间内交付货物，亦构成迟延交付。

实例研究

货物到港无人提货 承托双方各担其责

原告某进出口公司向被告某船公司订舱出运涉案货物。被告签发了记名提单，载明托运人是原告，收货人和通知人为T公司。提单载明了原告和T公司的联系方式。原告长期向收货人供货，但涉案货物发货后，原告未以任何方式通知收货人准备收货，亦没有证据显示收货人可获知货物即将到港。

2012年7月18日，涉案货物到达德国汉堡港。9月20日，收货人接到承运人目的港代理要求提货的电话通知。收货人随即安排提货，但被要求先行支付货物滞港产生的集装箱超期使用费1 130欧元和仓储费3 923.50欧元共计5 053.50欧元。原告向被告申请减免上述费用未果。因临近国庆长假，原告为避免损失进一步扩大，同意先行承担此项费用。9月29日，收货人向被告的目的港代理支付了上述费用，并于次日提货。10月27日，收货人在向原告支付案外货款时扣除了上述费用，致原告实际承担了5 053.50欧元的损失。

法院认为，在海上货物运输合同中，对明知收货人的承运人而言，“到货通知”是一项明确的法定义务。涉案提单系一份记名提单，被告明知收货人以及托运人的联系方式，现有证据表明其未履行“到货通知”义务，构成违约。此外，收货人提货所用时间未见明显不合理，且承运人通知时间的早晚会对滞期费用的金额产生直接影响，因此提货期间扩大的滞期费用不应由原告自行承担。但是，原告作为买卖合同的卖方，其在该合同项下也有通知、协助买方提货的附随义务，因此承运人通知并不是收货人获得到货时间信息来源的唯一渠道。综合考虑双方行为致原告损失的原因力大小及过错程度，法院酌定由被告承担原告损失80%的赔偿责任。

该案的准据法为中国法。由于我国海商法没有明确规定承运人的“到货通知”义务，因此对承运人是否具有该项义务实践中存在不同认识。一种观点认为承运人不负有此项义务，另一种观点认为“到货通知”义务并非承运人的法定义务而系附随义务。而本案的观点是：调整合同法律关系的一般法即《合同法》的第309条明确规定：“货物运输到达后，承运人知道收货人的，应当及时通知收货人……”，在规范海上货物运输合同的特别法《海商法》对此没有作出相反规定的情况下，应当认为在海上货物运输合同中，对明知收货人的承运人而言，“到货通知”不仅仅是一项合同附随义务，更是一项明确的法定义务。在签发记名提单的情况下，承运人必须履行通知义务。在签发可流转提单或不正式签发提单的情况下，只要承运人明知收货人或通知人的，承运人应当通知收货人或通知人提货。

此外，承运人负有“到货通知”义务，意味着如收货人未在合理期间内正常提货的，承运人还负有将该种异常情况向托运人反馈的义务。在本案中，即使承运人辩称的书面通知确已寄出的，被告在无法确定收货人是否收悉该书面通知且收货人又未在合理期间内提货的情况下，持放任态度，既未及时通过其他方式联系收货人，也未及时将该异常情况反馈给托运人，直至货物到港后2个多月才通知到收货人，此时已不可避免地产生了货物滞港相关费用，仍属不适当履行“到货通知”义务。

在海上货物运输合同纠纷中，“到货通知”是承运人的一项法定义务；因承运人违反“到货通知”义务造成托运人产生目的港滞期相关费用损失时，应注意托运人作为买卖合同的卖方，其在该合同项下也有通知、协助买方提货的附随义务，承运人通知并不是收货人获得到货时间信息来源的唯一渠道。承托双方各自的行为与产生涉案货物滞港费用之间是“多因一果”的关系，因此相关损失应由双方按比例承担。

（二）承运人的责任期间

承运人的责任期间，是指承运人对货物应负责的期间，由于承运人在此期间内不能免责的原因，货物发生灭失或者损坏，承运人应负赔偿责任。如果造成货物灭失或者损坏的原因发生在承运人责任期间，并且承运人对此不能免责，则即使货物的灭失或者损坏发生在承运人责任期间届满之后，承运人仍应对灭失或者损坏负责。根据《海商法》第46条的规定，承运人对集装箱装运的货物的责任期间，是指从装货港接收货物时起至卸货港交付货物时止，货物处于承运人掌管之下的全部期间。承运人对非集装箱装运的货物的责任期间，是指从货物装上船时起至卸下船时止，货物处于承运人掌管之下的全部期间。在承运人的责任期间，货物发生灭失或者损坏，除非承运人能够免责的原因外，承运人应当负赔偿责任。

如何理解“装船”和“卸船”，要从具体情况出发，依不同的装卸方式而论。如果使用船上吊杆装卸货物，则以吊钩挂起货物为标志，确认“装船”和“卸船”，即“钩至钩”；如果使用岸吊，则以货物越过船舷为标志，确认“装船”和“卸船”，即“舷至舷”；如果使用管道装卸，则以货物通过船上接管口处为标志，确认“装船”和“卸船”，即“管至管”。但承运人可以同托运人就这种货物在装船前和卸船后，其所承担的责任，达成任何协议，即对于这种货物在承运人从装货港接受至装船期间，以及从卸货港卸船至交付期间，承运人对货物的灭失或者损坏是否应当负责或者承担何种责任，根据承运人与托运人达成的协议确定。

（三）承运人的主要权利

1. 运费、亏舱费、滞期费及其他费用的请求权

运费有预付运费和到付运费两种。如约定预付运费，则除承运人和托运人另有约定外，托运人应在货物装船后，承运人、船长或者承运人的代理人签发提单或者其他运输单证之前付清。在英美等国家，实行的原则是预付运费不退还，即如货物在运输过程中灭失或者损坏，不论造成灭失或者损坏的原因是什么，承运人均不退还预付运费，但如灭失或者损坏系承运人应负责的原因所致，托运人可将预付的运费作为其遭受的损失的一部分，向承运人索赔。在我国，根据《合同法》第314条，如货物在运输过程中因不可抗力灭失，托运人可以要求返还预付的运费。如货物的灭失系承运人可以免责的其他原因所致，托运人也可要求返还预付的运费。但是，如果货物的灭失系托运人应负责的原因所致，承运人可基于托运人的违约，请求因预付运费的返还而遭受的运费损失，即除合同另

有约定外，预付运费扣除因货物灭失而节省的运输成本后的差额。如系到付运费，即通常收货人在卸货港提取货物之前应支付的运费，只有货物抵目的港，承运人才具有运费请求权。换言之，如果货物在运输过程中灭失，承运人无权请求到付运费。根据《海商法》第 69 条第 2 款，到付运费必须在提单或者其他运输单证上注明，承运人才能向收货人请求。

亏舱费，又称空舱费，指托运人因其提供的货物少于约定的数量，使船舶舱位发生剩余，而对承运人因此受到的运费损失的赔偿。亏舱费中应扣除因船舶亏舱，承运人所节省的费用以及另装运货物所取得的运费。

释义

Deadfreight[①]

This is damages payable by a charterer to a shipowner for failure to load a quantity short of the amount he is contracted to load under the charterparty terms. The computation of deadfreight is made up of the missing freight which would have been earned had the full cargo been loaded less the cost of earning that amount，i. e. the expense of loading and discharging that quantity which expense was saved for the benefit of the owner because the cargo was not loaded.

To justify his claim for deadfreight，however，an owner must，as in any claim of whatever nature，take reasonable steps to mitigate his loss and in respect of a claim for deadfreight，he must be seen to have taken any reasonable opportunity to load an alternative “fill-up” cargo if a suitable one offers.

滞期费，通常是指航次租船情况下，承租人因未能在合同约定的装卸时间内完成货物装卸，而向出租人支付的费用。其他费用是指应由货方支付的共同海损分摊费用、承运人为货物垫付的必要费用，以及其他应当向承运人支付的费用。

2. 货物留置权

根据《海商法》第 87 条的规定，当托运人或者收货人不支付运费、亏舱费、滞期费、共同海损分摊费用和其他应付的费用，承运人有权按照法律的规定，对处于其合法占有之下的货物，在合理的限度内进行留置，以担保其运费或者其他应得费用的请求权的实现。根据该条规定，承运人行使货物留置权的前提条件之一是没有向其提供支付运费或者其他应当向其支付的费用的适当担保。在此规定中，“其”字是指应当向承运人支付运费或者其他费用的人，即债务人；“其货物”在司法实践中解释为债务人所有的货物，即承运人只能留置债务人所有的货物。《合同法》第 315 条规定：“托运人或者收货人不支付运费。保管费以及其他运输费用的，承运人对相应的运输货物享有留置权，但当事人另有约定的除外。”“相应的运输货物”在司法实践中解释为所留置的货物与承运人请求的运费或者其他运输费用的金额相适应，以及运费或者其他运输费用系该货物的运输

① Christopher Hill, Maritime Law，fifth edition，LLP，1998, p. 230.

所产生，而不要求货物系债务人所有。但是，《海商法》第 87 条规定的适用优先于《合同法》第 315 条规定。

承运人可以自行留置货物，也可以依据我国《海事诉讼特别程序法》，申请海事法院裁定扣留货物而行使留置权。对留置货物的处理，根据《海商法》第 88 条，如果自船舶抵达卸货港的次日起 60 日内，仍无人支付应向承运人支付的费用，或者提供适当担保而提取所留置的货物，承运人可以向有管辖权的海事法院申请裁定拍卖；如果货物易腐烂变质，或者货物的保管费用可能超过其价值，承运人可以申请法院提前拍卖。拍卖所得价款，扣除货物在留置期间的保管费用和拍卖费用后，用于清偿运费以及应当向承运人支付的其他有关费用。不足的金额，承运人有权向货方追偿。剩余的金额，退还货方。无法退还并且自拍卖之日起满 1 年又无人领取时，上缴国库。此外，根据我国《担保法》第 82 条，承运人也可以自行委托拍卖行依据我国《拍卖法》拍卖留置的货物，或者以合理的价格变卖货物，或者与债务人协议以留置物折价。

3. 承运人的免责

根据《海商法》第 51 条的规定，在承运人责任期间内，货物发生的灭失或者损坏是由于下列原因之一造成时，承运人不负赔偿责任。理解上，造成货物灭失或者损坏的原因发生在承运人责任期间内，但灭失或者损坏发生在承运人责任期间届满之后，承运人亦不负赔偿责任。此外，下列承运人的免责事项，应适用于货物迟延交付造成的除货物灭失或者损坏以外的其他经济损失的索赔。

（1）船长、船员、引航员或者承运人的其他受雇人在驾驶船舶或者管理船舶中的过失。“驾驶船舶”中的过失，是指船长、船员和引航员等，在船舶航行或者停泊操纵上的过失。“管理船舶”中的过失，是指船长、船员等在维持船舶的性能和有效状态上的过失，这里的“管理船舶”，既非船舶的经营管理，又非船舶的行政管理。实践中，船长、船员等管理船舶中的过失，常常与前述承运人履行管理货物义务中的过失不易分清。对于管船过失与管货过失的界定，通常以行为的对象和目的作为区分标准。如果某一行为针对货物，其目的是管理货物，则该行为属于管理货物的行为；反之，属于管理船舶的行为，例如：某船在航行中遇到大风浪，需往压载舱打压载水，以提高船舶的稳性，但船员误将海水打入货舱，使货物遭受湿损，船员的这一过失属于管理船舶过程中的过失；又如，某船载运水泥，航行途中，船员为进入货舱察看舱内货物，打开舱盖，但出舱时忘记将其关上，后因突降大雨，雨水进入货舱内使货物受损，这一过失属于管理货物的过失。

（2）火灾，但是由于承运人本人的过失所造成的除外。火灾造成的货物灭失或者损坏，除直接被烧坏或者烟熏造成者外，还包括救火过程中造成的损失，如货物的湿损，或者因践踏而造成的损害。当火灾系船长、船员、承运人的其他受雇人或者代理人过失造成时，承运人对火灾所致的货物损害可以免责。但是，如果火灾系承运人本人过失所致，承运人便不能免责。当承运人是公司时，承运人本人的过失，除法定代表人的过失外，亦包括公司中负责具体工作的管理部门或者管理人员的过失。

（3）天灾，海上或者其他可航水域的危险或者意外事故。天灾是指承运人通过采取合理预期的各种措施后，仍不能抵御或者防止的自然现象。天灾与不可抗力属不同的概念，天灾必须是自然现象，没有涉及人为因素；不可抗力可以是自然现象，亦可以是人为的事件。对于海上或者其他可航水域的危险或者意外事故,一般解释为不能合理预见的,超出一艘适航的船舶所能抵御范围的,除天灾以外的海上各种自然风险。

(4) 战争或者武装冲突。武装冲突是使用武力而发生的未构成法律上战争状态的武装敌对行为。因战争或武装冲突造成货物的灭失或损坏,不论发生在战时或战后,承运人均可免责。

(5) 政府或者主管部门的行为、检疫限制或者司法扣押。政府或者主管部门的行为或者司法扣押,是指一国政府或者有关主管部门所采取的禁止装货或者卸货、禁运、封港、对船舶或者货物进行扣押或者没收充公等行为,但司法扣押不包括因债权债务纠纷,法院根据债权人的请求,作为诉讼保全措施,或者为执行判决,依法对船舶实施的扣押,也不包括船舶因违反一国法规或者不适航,或者发生事故手续未清,或者未支付应由船舶支付的有关费用等情况下,海事主管机关禁止船舶离港或者停止作业的行为。检疫限制指一国检疫主管机关根据检疫法规,当发现挂靠本国港口的船舶上有疫情,或者船舶来自有疫情的港口等情况时,禁止船舶进港装卸货物,或者对船货进行熏蒸等消毒处理。

(6) 罢工、停工或者劳动受到限制。指因劳资纠纷或者工潮等原因,引起罢工及上述其他情况,使船舶无法及时装卸货物。当船员发生罢工,致使承运人无法履行或者继续履行海上货物运输合同时,承运人亦可援引此项免责,但因承运人的不法行为,或者其他其应负责的原因,如承运人违反与船员之间的雇佣合同,不按时支付或者非法克扣船员工资,造成船员罢工时除外。

(7) 在海上救助或者企图救助人命或者财产。企图救助人命或财产,是指意图对在海上遇险的人员或财产实施救助,但客观上没有实施。例如,一船接到另一船发出的求救信号,便驶离原定的航线前往救助,但到达另一船的出险地点之时,另一船已被第三者成功救助或已经沉没。为海上救助或企图救助财产而采取的行为只有合理时,承运人才能援引此项免责。例如,单纯以获得财产救助报酬为目的而在海上救助或企图救助财产,使货物冒灭失或损坏的风险,其行为不具有合理性。但是,对在海上救助或企图救助人命而采取的行为通常不要求必须合理。

(8) 托运人、货物所有人或者他们的代理人的行为。这种行为指除下述第(10)项免责之外的货方的其他行为,包括托运人对货物的内容或者性质申报错误,或者故意隐瞒货物的危险性质,致使承运人积载错误,或者货物在运输途中发生爆炸等原因而受到灭失或者损坏。

(9) 货物的自然特性或者固有缺陷。很多货物有自然特性或者固有缺陷。例如,谷物在运输途中会有水分蒸发,矿粉等扬尘货物在装卸过程中有少部分会随风飘散;散装油类货物会有部分粘附于舱壁或者结块沉淀而无法泵出;活动物在运输途中因生病或者胆怯而死亡;易腐烂货物,如水果、兽皮等在运输过程中发生腐烂或者变质;谷物在运输过程中发热变质或者虫蚀;煤炭在运输过程中容易自燃;某些液体货物在运送过程中发酵、发酸或者冒泡。因此造成货物重量或者体积的正常耗损,或者货物的灭失或者损坏,承运人可以免责。但是,灭失或者损坏必须是货物的自然特性或者固有缺陷所致,而不是承运人不能免责的原因所致。

(10) 货物包装不良或者标志欠缺、不清。货物包装不良是指货物包装的方式、强度或者状态不能承受货物装卸和运输过程中的正常风险。货物标志欠缺、不清，使承运人对货物无法加以辨认时，易造成货物混票或者承运人错误交付货物，或者，因货物上没有关于禁止货物上下倒置、易碎品、防湿或者禁止使用手钩等标志，货物在装卸等管理过程中易造成损坏。但是，如果货物包装不良或者标志欠缺、不清，属于货物表面状况不良，而承运人对此在提单或者其他运输单证中未加批注，则不能援引此项免责对抗善意的第三者收货人提出的索赔。

(11) 经谨慎处理仍未发现的船舶潜在缺陷。此项免责是对前述承运人谨慎处理使船舶适航义务的补充。例如，某船在定期检验时，用习惯的方式测量船壳板的厚度，某一处钢板严重腐蚀，但测量时未曾发现，船舶在航行中，该处钢板裂缝，海水侵入货舱使货物湿损，这一缺陷即为潜在缺陷，承运人对货物的湿损可以免责。承运人欲援引此项免责，无须证明他事实上已谨慎处理。相反，即使承运人事实上没有谨慎处理，但如果能证明，某一缺陷即使他谨慎处理也不能发现，则仍可援引此项免责。

(12) 非由于承运人或者承运人的受雇人、代理人的过失造成的其他原因。此项概括性的免责，通常解释为与前述第(1)至(11)免责事项属于相同性质或者相似的事由，即所谓“同类规则”。

上述承运人免责事项表明，对承运人的责任归责原则实行的是不完全的过错责任原则，或者称为过错责任原则加列明的过失免责，具体而言，原则上，承运人对在其责任期间发生的原因造成货物的灭失或者损坏是否负责，应依其本人、代理人或者受雇人员有无过错而定，有过错应负责，没有过错可免责，但如货物的灭失或者损坏系船长、船员或者其他受雇人的驾驶船舶或者管理船舶的过失所致，或者，由于他们的过失造成的火灾所致，承运人可以免责。

承运人欲援引上述免责事项，必须证明货物的灭失或者损坏系某项免责原因所致。但是，当因火灾造成货物灭失或者损坏时，火灾系承运人本人过失造成的举证责任，由索赔人承担。这一火灾原因的举证责任的例外规定，并非基于举证责任分担的合理性，而是国际海事立法中根据船货双方利益平衡的妥协产物而作的习惯性处理。如果货物的灭失或者损坏由承运人应负责的原因和承运人的前述免责原因共同造成，则承运人仅在其不能免责的范围内负赔偿责任，但承运人对其可免责的原因造成的灭失或者损坏应负举证责任。

实例研究

中国人民财产保险公司宁波市分公司与富森航运有限公司海上货物运输合同纠纷案

2014年1月21日，“富森”轮装载一批圆木从所罗门群岛至中国靖江的航行途中，因辅机冷却管爆裂漏水导致机舱进水，最后沉没，船货全损。货物保险人支付保险赔偿后取得代位求偿权，向海事法院起诉富森公司。保险人认为，货损发生在承运人富森公司船舶承运期间，富森公司应对货损承担赔偿责任。富森公司认为，“富森”轮在航次开航前和开航时处于适航、适员和适货状态，完全符合相关标准和要求。本案货物灭失系由船舶潜在缺陷造成，案发前日常维护、保养以及相关单位的多次检查中，均未发现案涉爆裂管路存在缺陷,属于法律规定的"经谨慎处理仍未发现的船舶潜在缺陷",对因此造成的货物灭失无须承担赔偿责任。

海事法院认为,辅机冷却管路破损经征询双方意见,委托专家组分析,双方确认《专家意见书》破损有关构成潜在缺陷的意见,仅就该潜在缺陷经谨慎处理能否发现的问题存在争议。根据查明的事实,该管路破损部位"较为隐蔽",不在可直接观察的视线以内,平常值班人员难以发现,专业船舶修理厂也未能觉察到管路潜在缺陷。富森公司作为承运人,已根据各项法律规定安排其所属"富森"轮进坞全面检修、聘用适任船员、日常维护保养和定期接受相关海事部门各项检查,且均符合航行安全要求等义务,履行了法定职责。在此情况下仍然发生冷却管路破损,应当属于我国《海商法》中"经谨慎处理仍未发现的船舶潜在缺陷",富森公司可以免除责任,判决驳回保险公司的诉讼请求。

本案作为海上运输货损索赔案件,判决秉承承运人有限责任的立法精神,对《海商法》第 51 条规定的承运人免责事由"经谨慎处理仍未发现的船舶潜在缺陷"作了阐释,明确承运人只需要履行 ISM 规则第 10 条规定或其他法定的正常船舶维修、保养、年检工作就应该认定为已经谨慎处理,否定了采用更为严格、双重谨慎的绝对标准进行审查的观点。由此进一步完善和丰富了海上货损免责事由的裁判规则,合理分配了海上运输的风险承担。

---

4. 承运人赔偿责任限制

承运人赔偿责任限制,又称承运人单位责任限制(Package Limitation of Liability),指对承运人不能免责的原因造成的货物灭失、损坏或者迟延交付,将其赔偿责任在数额上限制在一定的范围。因此,承运人赔偿责任限制,实质上是承运人赔偿责任的部分免除。

(1) 承运人对货物灭失或者损坏的赔偿责任限制。《海商法》第 56 条规定,承运人对货物灭失或者损坏的赔偿限额,按照货物件数或者其他货运单位数计算,每件或者每个其他货运单位为 666. 67 计算单位,或者按照货物毛重计算,每千克 2 计算单位,以两者中赔偿限额较高的为准。因此,如遭受灭失或者损坏的货物毛重超过 333. 33 千克,承运人的赔偿限额按毛重乘以 2 计算单位计算;反之,承运人的赔偿限额为每件或者每一其他货运单位 666. 67 计算单位。

货物的件是指货物的包装单位,如箱、桶、包、捆等。其他货运单位通常是指非包装货物的自然单位,如一辆汽车、一台机床。对非包装的散装货物,按照货物毛重计算赔偿限额。当货物用集装箱、货盘或者类似装运器具集装时,根据《海商法》第 56 条的规定,如果提单或者其他运输单证中载明在此类装运器具中装运的货物件数或者其他货运单位数,则以所载明的件数或者其他货运单位数计算赔偿限额;如提单中未载明,则每一装运器具视为一件或者一个单位。当装运器具不属于承运人所有或者非由承运人提供时,装运器具本身也视为一件或者一个单位。计算单位是指国际货币基金组织(International Monetary Fund, IMF)的特别提款权(special drawing rights, SDR)。

如托运人在货物装运前已申报其性质和价值,且货物的性质和价值在提单中载明,或者承运人与托运人另行约定了更高的赔偿限额,则承运人的赔偿限额以货物的实际价值或者另行协定的赔偿限额为准,《海商法》第 56 条规定的赔偿限额不适用。这种情形通常出现在贵重物品或者价值较高的货物运输中。此时,货物的运费通常也随之提高,但托运人或收货人支付额外的运费不是《海商法》第 56 条规定的赔偿限额不适用的前提条件。

承运人赔偿责任限制只有当货物灭失或者损坏的数额超过赔偿限额时才予以适用。如货 物灭失或者损坏的数额低于赔偿限额,承运人需赔偿货物的实际损失。《海商法》第 55 条规定,货物灭失的数额按货物的实际价值计算,货物损坏的数额按其受损前后实际价值的差额或者货物的修复费用计算,并且货物的实际价值按照货物装船时的价值加保险费和运费,即 CIF 价格计算,并减去货方因货物灭失或者损坏而少付或者免付的有关费用。根据这一规定,货方不能索赔因货物灭失或者损坏引起的可得利润的损失,从而与《合同法》和民法中规定的损害赔偿的范围不尽相同。但是,如货物迟延交付,则不论货物是否遭受损坏或部分灭失,货方仍可以索赔因此受到的可得利润的损失。

(2) 承运人对货物迟延交付的赔偿责任限制。如迟延交付的货物未遭受灭失或者损坏,而只是造成其他经济损失,如因市场跌价引起的可得利润损失,根据《海商法》第 57 条的规定,承运人的赔偿限额为所迟延交付的货物的运费数额;如货物的灭失或者损坏和迟延交付同时发生,承运人的赔偿限额适用前述承运人对货物灭失或者损坏的赔偿限额,但在这种情况下,货物灭失或者损坏的数额中应包括因迟延交付造成的其他经济损失数额。

(3) 承运人赔偿责任限制权利的丧失。《海商法》第 59 条第 1 款规定,如经证明,货物的灭失、损坏或者迟延交付是由于承运人的故意或者明知可能造成损失而轻率地作为或者不作为所造成,承运人便不得援用赔偿责任限制的规定。"明知可能造成损失而轻率地作为或不作为",是指明知自己的行为可能造成货物灭失、损坏或迟延交付的后果,但放任这种结果的发生,即法理学或刑法学上的间接故意。与民法上损害赔偿责任的一般规定不同,这一赔偿责任限制权利丧失条件的规定,对于货物损害的发生区分承运人是过失还是故意具有重要意义。具体而言,当承运人的主观状态是过失时,承运人可以援用赔偿责任限制的规定;当承运人的主观状态是故意(包括直接故意和间接故意)时,承运人不得援用赔偿责任限制的规定。但是,如货物的灭失、损坏或者迟延交付是由于船长、船员、承运人的其他受雇人或者代理人故意或者明知可能造成损失而轻率地作为或者不作为所造成,承运人的赔偿责任限制权利并不因此而丧失。这一赔偿责任限制权利丧失条件的规定,与当今国际海事公约中的相应规定一致。并且,国际上普遍对此做限制性解释,使在实践中赔偿责任限制权利不轻易丧失,理由是赔偿限额与过去相比已大为提高,从而做限制性解释是实现船货双方利益平衡的需要。尤其是这种解释有利于承运人、船舶所有人投保相应的责任保险,以维护经济关系的稳定。

Loss of Right to Limit

A significant feature of the limitation provisions is that the right to limit will be lost if the loss or damage is proved to have resulted from an act or omission of the carrier done with the intent to cause such damage or recklessly and with knowledge that such loss or damage would probably result. The employees or agents of the carrier can avail themselves generally of the benefits and defences available to the carrier，similarly are denied the right to limit if it is proved that they are guilty of such reckless or deliberate conduct.

5. 非合同之请求

非合同之请求（noncontractual claim），又称非合同之诉讼，是指不是依据违约提出的请求，而是依据侵权提出的请求。非合同之请求产生于两种情况：一是请求人与被请求人之间不存在合同关系，二是请求人与被请求人之间存在合同关系，但请求人根据《合同法》第 122 条关于违约责任与侵权责任竞合的规定，要求被请求人承担侵权责任。

（1）对承运人的非合同之请求。我国《海商法》第 58 条第 1 款规定，就海上货物运输合同所涉及的货物灭失、损坏或者迟延交付对承运人提起的任何诉讼，无论海事请求人是否合同的一方，也不论是根据合同或者是根据侵权行为提起，均适用该法第四章关于承运人的抗辩理由和限制赔偿责任的规定。因此，就国际海上货物运输合同所涉及的货物灭失、损坏或迟延交付对承运人提出的任何请求，即使请求人是托运人以外的其他人，或者托运人根据侵权行为提出，承运人均可援引该法第四章规定的免责等抗辩理由和赔偿责任限制。《合同法》第 122 条关于违约责任与侵权责任竞合的规定，在国际海上货物运输合同所涉及的货物灭失、损坏或迟延交付而对承运人提起的请求中不适用。

（2）对承运人受雇人或代理人的请求。承运人的受雇人或者代理人不是运输合同的当事人，根据一些国家的法律，当由于其过错造成货物的灭失或者损坏而需承担损害赔偿责任时，不能援引运输合同或适用于该合同的法律关于承运人免责或者责任限制的规定。

案例

Adler v. Dickson［1954］2 Lloyd's Rep. 267，CA

A female passenger suffered injury during a voyage in the *Himalaya* as a result of the negligence of a member of the ship's crew. Her ticket contained an exclusion clause，freeing the ship's owner from liability for death or injury howsoever caused. The court found that the shipowner could escape liability by reason of the terms of carriage but that the passenger had a valid case in tort against the negligent crew member direct.

It is of interest to note that it was this case and this vessel which gave rise to the now well-known *Himalaya* clause in cargo carriage contracts contained in bills of lading.

Alder v. Dickson 案后，承运人纷纷在提单或者客票上订入“喜马拉雅条款”（Himalaya Clause），规定承运人的受雇人或者代理人可以援引承运人的免责或者赔偿责任限制。我国《海商法》第 58 条第 2 款将“喜马拉雅条款”法律化，根据该条规定，就国际海上货物运输合同所涉及的货物灭失、损坏或迟延交付而对承运人的受雇人或代理人提出请求时，如该受雇人能证明其行为是在受雇的范围之内，或者该代理人能证明其行为是在受委托的范围之内，该受雇人或代理人亦可援引该法第四章规定的承运人的抗辩理由和赔偿责任限制。但是，根据该法第 59 条，如货物的灭失、损坏或者迟延交付是由于该受雇人或代理人故意或明知可能造成损失而轻率地作为或不作为所造成，该受雇人或代理人便丧失赔偿责任限制的权利。

6. 对承运人权利的限制

《海商法》第四章规定承运人的义务是最低限度的义务和责任，其规定承运人的权利是最大限度的权利。根据《海商法》第 44 条的规定，如提单规定的承运人的义务或责任低于《海商法》的规定，或者提单规定的承运人的权利超过《海商法》的规定，提单的这种规定便无效，不能约束收货人，从而使收货人的利益在此法律强制性规定范围内得到保护。

将货物的保险利益转让给承运人的条款或者类似条款也无效。“有利于承运人保险利益（benefit of insurance）的条款”，又称将货物保险利益转让给承运人的条款，是指在运输合同或者提单上规定，如货主已经投保货物在运输过程中的灭失或者损坏的风险，则承运人对货物灭失或者损坏不负责任。有的还进一步规定保险费由承运人承担。该条款实质上是使承运人获得了本来不具有的货物保险利益，当发生货损时，承运人就可以对货物具有保险利益为由，在赔偿货物所有人后向保险人索赔，或者对抗保险人代位求偿权，最终使自己对货物的灭失或者损坏不负赔偿责任。但是，上述条款的无效并不影响该合同和提单或者其他运输单证中其他条款的效力。

（四）托运人的主要义务和责任

1. 提供约定货物、妥善包装和正确申报货物

托运人应当按照与承运人的约定，将货物运至船边、码头仓库或者其他地点，以供装船。除非合同另有约定或者事先征得承运人同意，托运人不得擅自更改约定的货物品名和数量。

《海商法》第 66 条规定，托运人对托运的货物，应当妥善包装，并向承运人保证货物装船时所提供的货物的品名、标志、包数或者件数、重量或者体积的正确性，由于包装不良或者上述资料不正确，对承运人造成损失时，托运人应当负赔偿责任。但是，承运人享有的此种请求权，不影响其根据货物运输合同对托运人以外的人所承担的责任，但承运人向托运人以外的第三人承担赔偿责任后，可以向托运人追偿。根据《合同法》第 306 条，如果托运人未按照约定的方式包装货物，或者，在包装方式没有约定或者约定不明确时，未按照约定该法第 156 条的规定包装货物，承运人可以拒绝运输。

2. 及时办理货物运输手续

《海商法》第 67 条规定，托运人应当及时向港口、海关、检疫、检验和其他主管机关办理货物运输所需要的各项手续，并将已办理各项手续的单证送交承运人。因办理各项手续的有关单证送交不及时、不完备或者不正确，使承运人的利益受到损害时，托运人应当负赔偿责任。

3. 妥善托运危险货物

托运人装运危险货物，必须事先同承运人达成协议。并且，《海商法》第68条规定，托运人对其托运的危险货物，应当依照有关海上危险货物运输的规定妥善包装，做出危险品标志和标签，并将其正式名称和性质以及应当采取的预防危害措施书面通知承运人。如果托运人擅自装运危险品，未作这种通知或者通知有误，承运人可以在任何时间、任何地点，根据情况需要，将货物卸下、销毁或者使之不能为害，而不负赔偿责任。托运人对承运人因此受到的损失，应负赔偿责任。如果承运人知道危险货物的性质，并已同意装运，则在该危险货物对船舶、人员或者其他货物构成实际危险时，仍可根据情况需要，将其卸下、销毁或者使之不能为害，而不负赔偿责任，但不影响共同海损的分摊，即如果承运人采取这种措施构成共同海损行为，承运人仍应分摊这种措施造成的损失。

4. 支付运费及其他费用

托运人应当按照约定向承运人支付运费以及亏舱费、滞期费、共同海损分摊费用、承运人为货物垫付的必要费用和其他应由其支付的费用。但根据《海商法》第69条第2款的规定，托运人与承运人可以约定运费由收货人支付，但此项约定应当在运输单证中载明。提单或其他运输单证中载明“运费到付”的，受让该单证的收货人具有支付到付运费的义务。在司法实践中，如收货人不支付运费，托运人支付约定的运费的义务并不免除，承运人仍有权向托运人提出运费请求。

5. 托运人及其受雇人、代理人的赔偿责任

根据《海商法》第70条的规定，托运人对承运人、实际承运人所遭受的损失或者船舶所遭受的损坏，不负赔偿责任。但这种损失或者损坏是由于托运人或者托运人的受雇人、代理人的过失造成的除外。托运人的受雇人、代理人对承运人、实际承运人所遭受的损失或者船舶所遭受的损坏，不负赔偿责任。但是，这种损失或者损坏是由于托运人的受雇人、代理人的过失造成的除外。这一规定表明，对托运人及其受雇人、代理人的责任归责原则实行的是过错责任原则。作为该原则的例外，如托运人违反前述《海商法》第66条、第67条和第68条规定的义务，造成承运人经济损失，托运人承担赔偿责任不以其本人或者其受雇人、代理人的过错为条件，而是承担严格责任。托运人需对其受雇人、代理人在其受雇或者受委托范围内的行为负责。托运人及其受雇人、代理人承担赔偿责任时，不享有赔偿责任限制。

实例研究

目的港无人提货而产生费用的承担主体

以色列以星航运公司与我国招商物流公司签订的订舱协议约定，招商物流公司委托以星航运公司作为其在天津的进出口货物运输承运人；若货物在目的港无人提取，招商物流公司将与托运人对因此给以星航运公司所造成的一切责任、后果和费用承担连带责任。2014年8月，招商物流公司委托以星航运公司将一个20尺集装箱货物从天津新港运至乌克兰敖德萨港。以星航运公司签发了托运人为索尔特公司的指示提单，提单载明了集装箱的免费使用期与超期收费标准。货物到港后，一直没有收货人持正本提单提货。后货物在目的港被销毁，以星航运公司为此支付了目的港产生的销毁费用、堆存费、装卸

费等。以星航运公司提起本案诉讼，请求判令招商物流公司、索尔特公司连带赔偿其目的港各项费用及集装箱超期使用费等经济损失 20 310 美元及利息。案件审理中，以星航运公司与招商物流公司均主张适用中国法律处理本案合同争议。

天津海事法院一审判令招商物流公司赔偿以星航运公司在目的港支付的货物处置费用及按照购置成本基础计算的集装箱超期使用费共计 66 152.52 元人民币及利息，驳回以星航运公司的其他诉讼请求。招商物流公司不服一审判决，提起上诉。

天津市高级人民法院二审认为：涉案提单系以星航运公司基于招商物流公司按照订舱协议提出的订舱要求所签发，虽提单记载托运人并非招商物流公司，但以星航运公司仍有权按照由订舱所形成的运输合同法律关系向订舱的托运人主张权利，当货物在目的港无人提货时，以星航运公司有权向合同相对方招商物流公司主张相应权利。承运人留置货物仅为其主张债权的方式之一，不留置货物并不影响承运人向托运人主张相关费用的权利。就货物销毁费用、堆存费、装卸费等损失，以星航运公司提交的在乌克兰目的港形成的相关证据经过公证认证，可相互印证。遂判决驳回上诉，维持原判。二审终审后，招商物流公司主动履行了判决确定的义务。

本案系一起发生在“一带一路”沿线国家，因目的港无人提货引起的海上货物运输合同纠纷。具有以下典型意义：一是明确了目的港无人提货给承运人造成损失的责任主体。在卸货港无人提取货物的情况下，承运人有权基于海上货物运输合同关系，向合同相对方托运人主张相应权利。二是明确了海商法第 87 条、第 88 条规定的承运人留置权并非其向托运人索赔的前置条件。留置货物仅为承运人主张债权的方式之一，承运人不留置货物并不影响其向托运人主张相关费用的权利。三是不把公证认证作为判断域外证据证明力的唯一标准，而是结合具体案情、域外证据种类、待证事实、可否与其他证据相互印证等因素，运用经验法则与逻辑推理，对域外证据进行综合认定，充分展示了“一带一路”建设背景下人民法院涉外商事海事审判的应有水平。

（五）托运人的主要权利

托运人的权利主要表现为要求承运人按照海上货物运输合同的约定，将货物安全运至卸货港并交给收货人，以及承运人违约并造成其经济损失时，依照合同的约定或者法律的规定，向承运人或者实际承运人请求损害赔偿的权利。除此之外，托运人具有以下两项权利。

1. 要求承运人签发提单或者其他运输单证

根据《海商法》第 72 条，货物由承运人接收或者装船后，托运人有权要求承运人向其签发提单。但是，如果我国《海商法》第 42 条定义的两种托运人同时要求承运人签发提单，应理解为承运人应将提单签发给将货物交给承运人的人。如果承运人与托运人约定签发海运单等提单以外的其他运输单证，则托运人有权要求承运人签发这种运输单证。

2. 要求承运人中止运输、返还货物、变更卸货港或者收货人

根据《合同法》第 308 条的规定，在承运人将货物交付收货人之前，托运人可以要求

承运人中止运输、返还货物、变更到达地或者将货物交给其他收货人，但应当赔偿承运人因此受到的损失。根据这一规定，托运人行使上述权利的唯一条件是承运人尚未将货物交付收货人。同时，托运人行使上述权利，对承运人承担的唯一后果是赔偿承运人因此受到的损失。由于《合同法》中的托运人仅限于与承运人订立运输合同的人，《海商法》第42条定义的“将货物交给承运人的托运人”不具有上述权利。

在国际海上货物运输情况下，托运人行使上述权利之时，如果提单已经转移至第三人，则承运人需受提单的约束，对提单持有人负有凭单在提单载明的卸货港交付货物的义务。此时托运人行使上述权利，将使承运人无法履行对提单持有人的义务，其结果是赔偿提单持有人不能凭提单在提单载明的卸货港提取货物所遭受的损失。虽然，承运人在赔偿提单持有人的损失后，可依《合同法》第308条的规定向托运人追偿，但如果托运人丧失赔偿能力或者赔偿能力不足，承运人将受到损失。

实例研究

浙江隆达不锈钢有限公司诉A.P.穆勒-马士基有限公司海上货物运输合同纠纷案

2014年6月，隆达公司由中国宁波港出口一批不锈钢产品至斯里兰卡科伦坡港。隆达公司通过货运代理人向马士基公司订舱，涉案货物于同年6月28日出运。2014年7月9日，隆达公司通过货运代理人向马士基公司发邮件称，发现货物运错目的地要求改港或者退运。马士基公司于同日回复，因距货物抵达目的港不足2天，无法安排改港，如需退运则需与目的港确认后回复。次日，隆达公司的货运代理人询问货物是否可以原船带回。马士基公司当日回复“原船退回不具有操作性，货物在目的港卸货后，需要由现在的收货人在目的港清关后，再向当地海关申请退运。海关批准后，才可以安排退运事宜”。涉案货物于2014年7月12日左右到达目的港。2015年5月19日，隆达公司向马士基公司发邮件表示已按马士基公司要求申请退运，马士基公司随后告知隆达公司涉案货物已被拍卖。隆达公司向宁波海事法院提起诉讼，请求判令马士基公司赔偿其货物损失及相应利息。

宁波海事法院一审判决驳回隆达公司的诉讼请求，隆达公司提起上诉，浙江省高级人民法院二审判决撤销一审判决，改判马士基公司赔偿隆达公司50%的货物损失及利息。马士基公司不服二审判决，向最高人民法院申请再审。

最高人民法院再审认为：依据《合同法》第308条的规定，海上货物运输合同的托运人享有请求变更合同的权利，同时也应遵循公平原则确定各方的权利和义务。如果变更运输合同难以实现或者将严重影响承运人正常营运，承运人可以拒绝托运人改港或者退运的请求，但应当及时通知托运人不能执行的原因。涉案运输方式为国际班轮运输，货物于2014年7月12日左右到达目的港，隆达公司于7月9日要求马士基公司改港或者退运，在距离船舶到达目的港只有两三天时间的情形下，马士基公司主张由于航程等原因无法安排改港、原船退回不具有操作性，客观合理。一审判决支持马士基公司的上述主张，符合公平原则，予以维持。隆达公司明知目的港无人提货而未采取措施处理，致使货物被海关拍卖，其举证也不足以证明马士基公司未尽到谨慎管货义务，二审法院判决马士基公司承担涉案货物一半的损失，缺乏事实依据，适用法律不当，应予纠正。

《合同法》第308条是否适用于海上货物运输合同，一直是理论研究与审判实务中争议很大的问题。本案再审判决紧紧围绕案件事实，依据合同法之公平原则，合理平衡海上货物运输合同各方当事人之利益，确定了《合同法》第308条适用于海上货物运输合同的一般规则，统一了相关纠纷的裁判尺度，为我国正在进行的海商法修订工作提供司法经验。再审改判支持了外方当事人的抗辩，表明人民法院严格适用法律，平等保护境内外当事人的合法权利，彰显我国良好的法治环境和营商环境。

六、实际承运人及其受雇人、代理人的权利和义务

《海商法》第42条将实际承运人（actual carrier）定义为接受承运人委托，从事货物运输或者部分运输的人，包括接受转委托从事此项运输的其他人。例如，与船舶所有人订有定期租船合同或者航次租船合同的承租人，又与货主订立海上货物运输合同，用承租的船舶运输货主的货物，则该承租人是海上货物运输合同的承运人，船舶所有人即为实际承运人。又如，无船经营人以自己的名义，一方面与集装箱班轮公司订立海上货物运输合同，另一方面又与货主订立海上货物运输合同，对于后一合同而言，无船承运人是承运人，集装箱班轮公司是实际承运人。

在我国，进行货物装卸作业的港口经营人是否是实际承运人存在争议。港口经营人接受托运人的委托进行装货作业，或者接受收货人的委托进行卸货作业时，不具有实际承运人的法律地位，对此没有异议。但是，港口经营人接受承运人或实际承运人的委托进行货物装卸作业时是否是实际承运人，理论界存在两种观点。一种观点认为，货物装卸是货物运输环节的组成部分，从而港口经营人是实际承运人。另一种观点认为，货物运输是货物在两地之间的位移，因而货物装卸不是货物运输，港口经营人不是实际承运人。我国海事司法实践并未将港口经营人视为实际承运人。

根据《海商法》第60条的规定，承运人可将全部或者部分货物运输委托实际承运人完成，而无须事先征得托运人的同意，也无须事后通知托运人，但承运人仍需对全部货物运输负责；承运人应对实际承运人及在受雇或者受委托范围内行事的实际承运人的受雇人或者代理人的行为负责，但承运人就货物在运输过程中发生的灭失、损坏或者延迟交付对索赔人作出赔付后，可向实际承运人追偿。作为承运人对全部货物运输负责这一原则的例外，如海上货物运输合同中明确约定，某一特定区段的货物运输由承运人以外的指定的实际承运人完成，双方进一步约定承运人对货物在实际承运人掌管期间发生的事故引起的灭失、损坏或者延迟交付不负责任的，则对货损由实际承运人负责（《海商法》第60条第2款）。

根据《海商法》第61条的规定，对货物在实际承运人掌管期间发生的事故引起的灭失、损坏或延迟交付，当请求人对实际承运人提出请求时，虽然两者之间无运输合同关系，但实际承运人仍可援引承运人的抗辩理由和责任限制；如请求是对实际承运人的受雇人或代理人提出，则同承运人的受雇人或代理人一样，实际承运人的受雇人或代理人亦可援引承运人的抗辩理由和责任限制。

《海商法》第62条和第65条的规定，如承运人和实际承运人负有连带责任，请求人有权向其中任何一方请求赔偿全部损失。承运人或者实际承运人在赔付后，可按各自责任的大小，向对方追偿。请求人从承运人、实际承运人及其受雇人或代理人得到的赔偿总额以承运人的赔偿限额为限，除非被请求人中有的丧失赔偿责任限制的权利。

七、收货人的权利和义务

（一）收货人权利和义务的法定性

《海商法》第42条第4项将收货人定义为“有权提取货物的人”。原则上，收货人由托运人指定。承运人按照托运人的要求签发提单或其他运输单证时，应按照运输单证关于收货人的记载确定收货人。如签发记名提单，提单上记名的收货人是收货人；如签发指示提单，需按照提单的背书情况确定收货人；如签发不记名提单，提单持有人是收货人。此外，在签发提单的情况下，收货人提取货物需向承运人或其代理人提交提单；在签发海运单的情况下，收货人提取货物需出示身份证明。

除FOB等价格条件下托运人与收货人为同一人的情形外，收货人不是海上货物运输合同的当事人。根据合同相对性原则，海上货物运输合同不能约束收货人。但是海上货物运输合同具有涉他性，承运人需按照托运人的要求将货物交给收货人，从而客观上需与收货人发生关系。因而法律有必要规定收货人对承运人的权利义务。《海商法》第78条第1款规定，承运人同收货人、提单持有人之间的权利、义务关系，依据提单的规定确定。

（二）收货人的主要权利和义务

收货人的主要权利表现为提取货物的权利，以及在承运人不履行法定义务给其造成损失 时的损害赔偿请求权。

收货人的主要义务表现为如下两项。

1. 支付运费和其他费用

根据《海商法》第69条第2款的规定，如托运人与承运人约定运费由收货人支付，并且此项约定在提单或者其他运输单证中载明，收货人具有支付到付运费的义务。此外，《海商法》第78条第2款规定，如提单上载明装货港发生的船舶滞期费、亏舱费和其他与装货有关的费用由收货人承担，收货人具有支付这些费用的义务。卸货港发生的船舶滞期费、货物应当分摊的共同海损以及不应当由承运人承担的与卸货有关的费用，承运人可以要求收货人承担。

2. 及时收受货物

根据《合同法》第309条的规定，货物运抵卸货港后，经承运人通知，收货人应及时在船边或者承运人指定的码头仓库或者其他地点提取货物。如收货人逾期提货，应向承运人支付货物保管费等费用。《海商法》第86条规定，如收货人在卸货港不提取货物，或者迟延提取货物，船长可以将货物卸在仓库或者其他适当场所，由此产生的风险和费用由收货人承担。此外，《合同法》第316条规定，收货人不明或者收货人无正当理由拒绝受领货物时，承运人可以提存货物。

实例研究

目的港无人提货

英达华公司委托海德公司运输一批照明设备至哥伦比亚。海德公司的授权代表向英达华公司签发了无船承运人提单，记载托运人为英达华公司，收货人为哥伦比亚国家电气进口有限公司，装货港为中国盐田港，卸货港为哥伦比亚布埃纳文图拉，船名和航次为“圣塔卡琳娜(Santacatarina)”轮429E航次，运费到付，运输方式为场到场(CY-CY)。货物运抵目的港后，涉案2个集装箱分别于2014年11月26日、12月9日空箱调度到中国上海。英达华公司仍持有涉案提单，且未收回全部货款。英达华公司向广州海事法院起诉主张海德公司无单放货，请求判令海德公司赔偿英达华公司货款及运杂费损失。海德公司抗辩称其并未向收货人交付货物，涉案货物系因在卸货港海关保税仓库超期存放，而被哥伦比亚海关依法律规定作为弃货处理，海德公司依法无须承担责任。

广州海事法院一审认为，海德公司抗辩涉案货物因超过法律规定期限无人提货而被目的港海关作弃货处理，但其提交的哥伦比亚税务海关局的文件无原件核对，亦未办理公证认证手续，对该组证据不予采信。判决海德公司构成无单放货，赔偿英达华公司货款损失93 622.3美元及其利息。海德公司不服，提起上诉，并提交了经认证的哥伦比亚税务海关局出具的相关文件作为证据。广东省高级人民法院二审认为，根据海德公司二审补充提交的证据，可以认定涉案货物在目的港因超过存储期限无人提取而被海关当局作为弃货处理，承运人海德公司依法可以免除交付货物责任。二审改判驳回英达华公司的诉讼请求。

本案为典型的海上货物运输合同货物交付纠纷，具有以下典型意义。第一，涉案货物运输的目的港在哥伦比亚，证明货物交付需要调取域外证据，难度较大。二审法院依法审查采信域外证据，认定海德公司不构成无单放货，判决驳回英达华公司的诉讼请求，实现了程序公正与实体公正的统一。第二，该案具有国际贸易商业风险提示意义，有利于促使国内出口商提升风险防范意识。境外买方未按时付款赎单，卖方在积极处理贸易纠纷的同时，也不能忽视自己作为提单持有人在海上货物运输合同中的权利与义务。不适当地将贸易风险转嫁到运输领域，可能导致“钱货两空”，损失难以弥补。

当承运人向收货人交付的货物存在部分灭失或损坏时，收货人应向承运人提交灭失或损 坏的书面通知。对此，《海商法》第81条规定，如货物存在明显灭失或损坏，收货人应在承运人向其交付货物的当时，将灭失或损坏的情况书面通知承运人。如货物灭失或损坏不明显，收货人应在货物交付的次日起连续7日内，或者对于集装箱装运的货物，应在货物交付的次日起连续15日内，向承运人提交这种书面通知。收货人也可向船长、承运人的其他受雇人或代理人提交这种书面通知，或者向交付货物的实际承运人提交。

如收货人不提交此种书面通知，视为承运人已按照提单或其他运输单证的记载交付货物，并且作为货物状况良好的初步证据(prima facie evidence)，但不影响收货人事后提供确实充分的证据，证明承运人向其交付货物的当时，货物存在灭失或损坏。如货物交付时收货人已经会同承运人对货物进行联合检查或检验，则无须就所查明的灭失或损坏的情况提交书面通知。收货人在目的港提取货物前或者承运人在目的港交货前，均可申请或委托检验机构对货物状况进行检验。如经检验货物存在灭失或损坏，并且承运人应对灭失或损坏负责，则检验费用由承运人承担。如经检验货物不存在灭失或损坏，或者虽然存在灭失或损坏的情况，但承运人对灭失或损坏免责，则检验费用由申请或委托检验的一方承担。收货人和承运人应对检验相互提供合理的便利条件。

需要指出的是，收货人承担支付运费和其他费用、及时收受货物的义务，应以收货人向承运人主张提货权或损害赔偿请求权为前提。反之，如收货人不向承运人主张提货权或损害赔偿请求权，则不承担此种义务。

第二节 提单

一、提单的概念与作用

大多数国家的海商法(或商法)以及《海牙规则》和《维斯比规则》均未给提单下定义，只是在不同的条款中规定了提单的性质和作用。为了统一提单规定，便于海上贸易和运输，《汉堡规则》将国际社会公认的提单的三个最重要的性质概括为提单的定义。《汉堡规则》第1条第7款将提点定义为“用以证明海上运输契约和由承运人接管或装载货物，以及承运人保证据以交付货物的单证。单证中关于货物应按记名人的指示或不记名人的指示交付，或者交付给提单持有人的规定，便是这一保证。”我国《海商法》第71条对提单的定义与《汉堡规则》基本相同，该条规定:“提单，是指用以证明海上货物运输合同和货物已经由承运人接收或者装船，以及承运人保证据以交付货物的单证。”

根据《海商法》第71条的规定，提单具有以下功能。

(一)提单是海上货物运输合同的证明

提单的这一作用表现为两个方面。第一，提单是国际海上货物运输合同的证明，而不是合同本身。这是因为，在提单签发之前，承运人和托运人之间的合同已经通过要约和承诺而成立，签发提单只是承运人履行合同的一个环节。第二，提单是承运人与托运人之间达成的合同内容的证明，除承运人与托运人事先另有相反约定或者托运人证明该内容不是其真实的意思表示外，属于承运人与托运人之间达成的合同的内容。提单不论在托运人手中，还是转移或者转让至第三者收货人或其他提单持有人，始终只是承运人与托运人之间达成的合同的证明。但是，提单转移或转让至第三者收货人或其他提单持有人，并不在其与承运人之间另行产生合同关系，根据《海商法》第78条第1款的规定，提单用于确定承运人同收货人或其他提单持有人之间的权利与义务。

(二)提单是承运人接收货物或者将货物装船的证明

一般而言，承运人或船长在接收货物或将货物装船后，即应按托运人的要求签发提单，并在提单中记载货物的主要标志、包装、件数或数量、质量和货物的外表状况等具体情况。对托运人而言，提单即为承运人或船长已收到该提单所记载的关于货物各项说明的表面证据或初步证据，若承运人没有足够的有效证据证明其实际收到的货物与提单所记载的货物在主要标志、包装、件数等方面不符，就应按提单所载货物的各种情况向托运人或收货人交付该货物，否则应当承担赔偿责任。而且，依据《维斯比规则》第1条第1款的规定，当提单已被转让给善意的第三方时，便不能接受与提单所载货物各种说明相反的证据，提单便成为对承运人有约束力的最终证据（Conclusive Evidence），即使承运人有足够的证据证明提单所载货物不实，也应按提单记载交货。所谓善意第三方，是指在接受该提单时，并不知悉该提单所载货量、质量、包装等与实际情况不符的提单受让人。因为善意受让人在主观上并无过错，为保护交易安全与稳定，应保护其合法利益。

《海商法》第75条规定，承运人或者代其签发提单的人，知道或者有合理的根据怀疑提单记载的货物的品名、标志、包数或者件数、重量或者体积与实际接收的货物不符，在签发已装船提单的情况下怀疑与已装船的货物不符，或者没有适当的方法核对提单记载的，可以在提单上批注，说明不符之处、怀疑的根据或者说明无法核对。如提单上具有有效的批注，提单即使转移或者转让至善意的第三者收货人，在该批注表明的范围内，也不能作为承运人已按其上记载的内容接收货物或者将货物装船的证据，即既不具有初步证据效力，也不具有绝对证据效力。但是，在该批注表明的范围外，提单上货物情况记载的证据效力不受影响。

（三）提单是承运人保证据以交付货物的凭证

《海商法》第71条在提单的定义后进一步规定，提单中载明的向记名人交付货物，或者按照指示人的指示交付货物，或者向提单持有人交付货物的条款，构成承运人据以交付货物的保证。根据该条规定，无论是记名提单，还是指示提单或不记名提单，承运人均应在卸货港将货物交付给凭提单有权请求提货的收货人。如果是记名提单，承运人应向记名的收货人交付货物；如果是指示提单，承运人应按指示人的指示交付货物；如果是不记名提单，承运人应将货物交给提单持有人。这一规定同时表明，收货人应凭提单提取货物。如收货人向承运人要求提货时不提交提单，承运人有权拒绝向其交付货物。

在实践中，由于提单的流转速度常常低于货物运输的速度，经常出现要求提货的人凭副本提单（copy of bill of lading）加保函（letter of undertaking）提货的情况。这种做法构成实践中通常所说的“无单放货”（delivery of goods without bill of lading），是不符合《海商法》第71条规定的一种违法行为。根据自2009年3月5日起施行的最高人民法院《关于审理无正本提单交付货物案件适用法律若干问题的规定》（以下简称《规定》），承运人“无单放货”的，其应对持有提单并根据提单有权提货的人因此遭受的损失承担损害赔偿责任，除非承运人证明无单放货属于下述情形：① 提单持有人同意无提单放货；② 提单载明的卸货港所在地法律强制性规定货物应交付给当地海关、港口当局或其他有关当局，并且承运人已将货物交付该当局；③ 货物运抵目的港后超过法律规定期限无人向海关申报，被海关提取并依法变卖处理；④ 法院依法裁定拍卖承运人留置的货物；⑤ 承运人按照记名提单托运人的要求将货物返还给了托运人或者将货物交给了托运人指定的其他收货人；⑥ 提单持有人索赔的1年诉讼时效已经届满。提单持有人就其因承运人无单放货所受的损失，可以要求承运人承担违约责任或侵权责任。提单持有人可以要求承运人与无正本提单提取货物的人承担连带赔偿责任，但提货人承担的是侵权责任。但是，在承运人无单放货后，提单持有人与无正本提单提取货物的人就货款支付达成协议，在协议款项得不到支付时，提单持有人就其受到的损失仍有权要求承运人承担。在我国司法实践中，向承运人实际交付货物并持有指示提单的托运人，即使提单上没有载明其托运人身份，亦有权要求承运人承担其因无单放货所受损失的赔偿责任。承运人的赔偿数额按照货物装船时的价值加运费和保险费（CIF 价格）计算，且承运人不能享有承运人单位责任限制的权利。

Bills of Lading[①]

Bills of lading have already been mentioned in several contexts and their functions must by now start to be apparent. A brief account of the way in which a bill of lading is employed might make the total function clearer.

Bills of lading are produced as printed forms by shipowners. A shipper who wishes to have his goods carried on a vessel will, usually through agents, fill in three or more copies of such a form. The details required are, generally, the name of the shipper of the goods, the name of the consignee, if known, the port of loading, the port of discharge, the name of the vessel and a description of the cargo (in terms of loading marks, description of packages, weight or measurement and contents), and amount and place of payment of freight. The bill of lading also contains, usually on the back, the conditions upon which the goods are carried.

From this is apparent that the bill of lading has at least three functions.

First, it provides evidence of the contract of affreightment between the shipper and the shipowner. It is not necessarily the whole of the contract, nor indeed a contract at all. The description and any variations together with the signature of the agent of the shipowner constitutes the description upon which the goods will be bought-by purchase of the bills. There are circumstances, for example where a charterer of a ship who fills the ship with his own goods uses a bill of lading to enable him to deal in the goods before they reach their destination, where the bill does not represent a contract at all.

Secondly, the bill is also the document upon which the shipowner acknowledges receipt of the cargo by the shipowner. The terms of this receipt are of great significance, since it is upon faith of that that the goods will be bought and sol The bill of lading, thus completed by the shipper or by a forwarding agent on his behalf, is submitted to the loading broker or master of the ship as agent for the shipowner for signature. The bills are signed with or without "clausing" or comments as to the appearance of the goods and are then shipped. One copy of the bill of lading is carried with the ship, as part of the ship's papers. All the bills relating to a voyage make up the ship's manifest. The shipper receives the remaining copies, which he may use, with the policy of insurance, customs papers, invoice, etc. to make up a set of

① Robert P. Grime, Shipping Law, Sweet & Maxwell, 1980, pp. 82–83.

shipping documents which, for all commercial and many legal purposes, represent the goods themselves.

Thirdly the bills are a document of title. Possession of the bills gives the right to call for delivery of the goods at the port of destination. They may be discounted or negotiated to others for value so that the ultimate transferee can stand in the shoes of the shipper and claim the goods. They are negotiable documents: mere possession of them is sufficient to give title. They are thus a most significant part of international trading transactions.

二、提单的种类

(一)记名提单、指示提单和不记名提单

依提单上收货人抬头的记载不同,可将提单分为记名提单、指示提单和不记名提单。

1. 记名提单(straight B/L)

记名提单是指提单正面收货人一栏载明特定的人或者公司的提单。根据记名提单的规定,只有提单上载明的收货人才能提货,承运人也只能向该收货人交付货物。大多数国家规定,记名提单不能转让。但也有例外,如有的国家规定,除非提单上明文规定禁止背书,否则仍可背书转让;也有的规定,经司法程序,如根据法院作出的裁定,记名提单可以转让。在现代航运实践中,记名提单的使用情况很多,在国际集装箱货物运输中,船公司签发给无船承运人的提单多为记名提单。

2. 指示提单(order B/L)

指示提单是指提单上收货人一栏载明"由某人指示"(order of xxx)或者"凭指示"(to order)字样的提单。前者称为记名指示,通常载明由托运人指示或者银行指示,承运人应按记名的指示人的指示交付货物。后者称为不记名指示,视为由托运人指示。依多数国家的规定,指示提单必须经过背书(indorsement, endorsement)将凭提单提取货物的权利或指定收货人的权利授予被背书人才能转让。因为指示提单克服了记名提单和不记名提单的不足,兼顾了提单的流通性和安全性,所以在国际贸易和海运中使用最为普遍。

3. 不记名提单(bearer B/L)

不记名提单又称空白提单(blank B/L or open B/L),指提单正面收货人一栏不载明具体的收货人或者"由某人指示"或"凭指示",通常只注明"持有人"(bearer)或者"交与持有人"(to bearer)字样的提单。这种提单无须背书而通过交付即可转让。这种提单具有很强的流通性,但容易因遗失或者被盗而给货物买卖双方带来风险,因而在实践中极少采用。

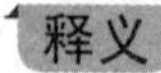

Straight Bill of Lading, Bearer Bill of Lading and Order Bill of Lading

In terms of the consignee indicated on the bill of lading, it is divided into "straight bill of lading (also known as nominate bill of lading)", "bearer bill of lading (also known as blank bill of lading or open bill of lading)" and "order bill of lading".

A straight bill of lading is one made out for the goods to be delivered to a named consignee at destination. If so made out, it is only the named consignee who is entitled to take delivery of the goods at destination and the bill of lading is not negotiable. This type of bill of lading is usually applicable to cases where goods of particularly high value are consigned.

A bearer bill of lading is a bill of lading made out for goods to be delivered "to bearer". Ownership of the goods passes by mere delivery and shipper's endorsement is uncalled for. The holder of such a bill of lading is free to take delivery of the goods at destination upon presentation thereof to the carrier. This type of bill of lading is now almost obsolete in that disputes will often take place over the legitimate holder of the document.

Order bill of lading is a bill of lading made out to "to order" or "to order of shipper". In such case, it is necessary for the shipper to endorse the bill of lading over to the consignee to whom he wishes delivery made. When the bill of lading is made out "to order of consignee" and the consignee wishes it transferred to a third party, the bill of lading is to be further endorsed by the consignee on the back thereof either "to order" or "to bearer" as required. The person to whose order the goods are made deliverable may simply write his name on the back of the instrument. This is an endorsement in blank. An endorsement in blank converts an order instrument into a bearer instrument, and any subsequent transfer may be effected by mere delivery.

（二）已装船提单和收货待运提单

按货物是否已装船，提单可分为已装船提单和收货待运提单。

1. 已装船提单(shipped B/L, on board B/L)

已装船提单是指在货物装船后签发、表明货物已经装船的提单。这种提单上载有船名，有的还载明装船日期，表明货物已在该日期装于该船舶。在实务中，大多数提单均为已装船提单。国际货物买卖合同和信用证一般都规定卖方应提供已装船提单。

2. 收货待运提单(received for shipment B/L)

收货待运提单是指承运人、船长或者承运人的代理人在接收货物后，但在货物装船之前签发的表明货物已由承运人占有，但尚未装船的提单。这种提单上没有船名和装船日期的记载。在国际货物买卖中，买方和银行一般不接受这种提单。但在集装箱货物运输中，尤其是承运人在内陆站(inland depot)接收货物时，这种提单的应用较为普遍。货物装船后，托运人凭收货待运提单向承运人、船长或承运人的代理人换取已装船提单，或者提单签发人在这种提单上加注船名和装船日期，使之成为已装船提单。

释义

On Board Bill of Lading and Received for Shipment Bill of Lading

The former means that the goods have been loaded on board, while the latter means that the goods are in the possession and control of the carrier, but have not been loaded on board yet. "Received for shipment bill of lading", or, for short, "received bill of lading", is sometimes issued when the goods have been placed in the custody of the carrier awaiting shipment. Such a bill of lading does not normally show the name of ship and the date of shipment. But once the goods are loaded aboard a ship, the document can always be converted into a "shipped bill of lading" by inserting therein by the carrier the name of the carrying ship and the date of shipment. When so inserted, the received for shipment bill of lading or other similar documents shall be deemed as the on board bill of lading. In international trade, a "received for shipment bill of lading" is, as a rule, not acceptable to banks. Only shipped or on board bill of lading" is acceptable to bankers because the document itself is proof of goods having been loaded on board the ship.

（三）清洁提单和不清洁提单

按提单上有无货物不清洁批注，提单可分为清洁提单和不清洁提单。

1. 清洁提单（clean B/L）

清洁提单是指没有任何表明货物和（或）包装的外表状态不良的批注的提单。承运人签发了清洁提单表示货物已如数装船，而且在装船时，货物的表面状况良好（in apparent good order and condition）。对此，《海商法》第76条规定，承运人或者代其签发提单的人未在提单上批注货物表面状况的，视为货物的表面状况良好。货物外表状态，即货物的明显状态，一般指承运人凭目力或通常的方法所能观察到的货物状况。因此，货物外表状态良好并不排除货物内容存在凭目力或通常的方法不能发现的缺陷。

2. 不清洁提单（unclean B/L, foul B/L）

不清洁提单是指具有表明货物和（或）包装的外表状态不良的批注的提单。在实践中，在货物装船时，如货物或者其包装状态具有明显缺陷，即通常所说的货物外表状态不良，大副在签发大副收据（mate's receipt）时，应对此如实地作出记载，即批注（remarks），又称保留（reservations）。承运人、船长或者承运人的代理人根据大副收据或者场站收据签发提单时，将这种批注转移至提单上，提单便成为不清洁提单。承运人在目的港交货时，对于货物的损害，只要不超出批注的范围，即不承担损害赔偿责任。

当货物的外表状态不良时，买方购买到的货物很可能不是完好无损的货物，从而可能使其利益受到损害。因此，国际货物买卖合同和信用证一般都规定，卖方应提供清洁提单，即卖方应保证货物外表状态良好。但在实践中，当托运人提供的货物或者其包装状态具有明显缺陷，且无法更换包装或者修复货物时，托运人（卖方）为顺利结汇，通常向承运人出具保函（letter of indemnity, LOI, back letter），据此要求承运人签发清洁提单。

Clean Bill of Lading and Unclean Bill of Lading

（1）Clean Bill of Lading

When goods do not show any defects and are in apparent good condition at the time of loading at the port of commencement of a voyage, a "Clean Bill of Lading" is usually issued by the carrier or his agent. By "Clean Bill of Lading" it is meant that the instrument is devoid of any qualifying remarks. When financing a purchase, it is the invariable practice on the part of a bank to accept a clean bill of lading only.

（2）Unclean Bill of Lading

Under a bill of lading the carrier is only bound to carry the goods and deliver them in the same order in which he received them. If they were in apparent good order on shipment, it is his duty to deliver them in like apparent good order and condition. This makes it particularly watchful on the part of the carrier over the condition of the goods entrusted to him for shipment. And as a safeguard against possible claim on him, it is usual for the carrier to insert qualifying terms or clauses in the bill of lading in case of any defects being discerned on the exterior of the goods. Such remarks as "Stained case", "unprotected", "marks indistinct", "secondhand bags", etc. all constitute qualifying terms, making the bill of lading "unclean" or "foul". An unclean or foul bill of lading is not acceptable to bankers.

（3）Letter of Indemnity

Whenever this happens it is not infrequent in shippong circles to resort to the practice of issuing, instead, a clean bill of lading by the carrier against the submission by the shipper of a letter of indemnity.

A letter of indemnity in respect to carriage of goods is a written undertaking by a shipper to indemnify a carrier for any responsibility that the carrier may incur for having issued a clean bill of lading when, in actual fact, the goods received were not as stated on the bill of lading.

By the letter of indemnity the shipper promises, in consideration of being given a clean bill of lading, to indemnify the carrier against all risks and claims arising from the defect on the exterior of the goods or other discrepancies. This, though practised, is legally wrong, because it is tantamount to a common fraud, and on these grounds the shipowner always finds himself unable to rely on the letter of indemnity as a legitimate instrument to recoup himself for any financial loss from the shipper. This notwithstanding, the practice of issuing clean bills of lading against letters of indemnity is still being followed in international markets.

A bill of lading is a commercial document of dignity based on faith. A letter of indemnity, on the other hand, permits a misrepresentation and in consequence it cannot be invoked against consignees or third parties and if used against them has no effect. The misrepresentation must, of course, be directly related to the loss or damage complained of. Any letter of guarantee or agreement whereby the shipper undertakes to indemnify the carrier for losses resulting from the issuance of a bill of lading without reservations as to the particulars furnished by the shipper, or as to the apparent condition of the goods, is void as against a third party transferee of the bill. It is valid against the shipper, however, unless the carrier, by omitting such reservations, intends to defraud third party holders who rely on the description in the bill. In such a case, the carrier loses the package/kilo limitation of liability.

（四）直达提单、海上联运提单和多式联运提单

根据运输方式的不同，可以将提单分为直达提单、海上联运提单和多式联运提单。

直达提单（direct bill of lading），是指在提单中无中途转船的批注，表明货物自装货港装船后直接运往卸货港的提单，该提单在实务中最常见。若提单条款中有承运人有权转装他船的所谓"自由转船条款"，但没有"转船"的批注，这种提单仍应被视为直达提单。

海上联运提单（transhipment or through bill of lading），是由两艘以上的船舶将货物在中途转船，相继运往目的港而由第一程海运承运人签发的提单。接运货物的承运人称为接运承运人或实际承运人。

Through Bill of Lading

It sometimes occurs that the entire voyage of a consignment is to be completed in stages involving two or more carriers. In such case, it is usual for a Through Bill of Lading to be issued by the first carrier who is to collect the freight for the whole voyage and be responsible for transhipping and forwarding and payment of freight to other carriers.

A through bill of lading is likely to give rise to disputes as to the liability of the respective carriers on a voyage. And the current practice is that whenever a Through Bill of Lading is issued by the first carrier a stipulation is made in the instrument that he is responsible only for the part of voyage undertaken by his ship, the responsibility for subsequent stages resting with respective carriers themselves.

多式联运提单（multimodal transport or combined transport bill of lading），是多式联运经营人以两种以上的运输方式（其中一种为海运）负责将货物从接收地运至目的地而签发的提单。这种提单主要用于国际集装箱运输，多式联运经营人一般对货物的全程运输负责。

释义

Combined Bill of Lading

Nowadays, following the development of containerized traffic, various types of combined bills of lading are being used for the carriage of containers. These bills of lading invariably cover the whole journey including sea，land or even air transport undertaken by different carriers，and the carrier issuing the instruments，principally the sea carrier，will，in most cases，be responsible for all incidents occurring during the whole journey except where he is exempted from liability for loss or damage resulting from such incidents.

（五）无船承运人提单和船长提单

提单由承运人、承运人的代理人或载货船舶的船长签发，因而提单可区分为承运人签发的 提单、承运人的代理人签发的提单和载货船舶的船长签发的提单。随着国际集装箱货物运输和无船承运业务的发展，在实践中就同一货物的运输出现了无船承运人提单和船长提单。

1. 无船承运人提单（house B/L）

无船承运人提单是指作为承运人的无船承运人或其代理人签发给托运人的提单。此种提单通常是按照托运人要求签发的指示提单，用于托运人（货物卖方）履行货物买卖合同和根据信用证结汇。

2. 船长提单（master B/L）

船长提单是指载货船舶的所有人、经营人、承租人或其代理人或船长签发给无船承运人的提单。这种提单虽然实践中通常称为“船长提单”，但并非都是由载货船舶的船长签发。相对于作为托运人的无船承运人，与其订立海上货物运输合同的载货船舶的所有人、经营人或承租人是承运人。相对于与无船承运人订立海上货物运输合同的托运人，载货船舶的所有人、经营人或承租人是实际承运人。这种提单不用于货物买卖合同的履行和信用证结汇，而主要用于载货船舶的所有人、经营人或承租人在目的港凭以交付货物而没有转让的必要，因而多为记名提单，以保障交易的安全性。

通常货物运抵目的港之前或之后，无船承运人凭船长提单到船舶所有人、经营人或承租人在目的港的代理人那里换取以货物买方或其货运代理人为收货人的提货单，货物买方或其货运代理人凭无船承运人提单到无船承运人的交货代理人那里换取提货单，并凭该提货单提货。

（六）全式提单和简式提单

根据提单背面是否有条款，还可以将提单分为全式提单和简式提单。

1. 全式提单（long form B/L）

全式提单是指既有正面记载事项，又在提单背面详细列有承运人、托运人及收货人之间的权利义务等详细条款的提单。海运实践普遍使用的是全式提单。

2. 简式提单（short form B/L，simple B/L）

简式提单是指背面没有载明承运人、托运人和收货人权利义务条款，而规定依据其他提单格式或者文件（标准运输条件或租船合同）予以确定的提单。有的简式提单背面没有任何条款，有的仅载明有关承运人、托运人和收货人的权利义务以通常使用的全式提单为准。租约提单也是一种简式提单。在电子提单或电子运输记录情况下，为便于提单的传送而采用简式提单。

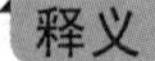

Short-form Bill of Lading and Long-form Bill of Lading

Carriers also frequently issue “short-form” bills of lading，which state that the terms of the carrier’s “long-form” bill of lading are incorporated by reference and may be consulted at the carrier’s head office.

The principal benefit is that instead of using the carrier’s own pre-printed form，the shipper has only to type the name of the contracting carrier in the space provided. The terms and conditions of the carrier’s bill of lading are applied to the contract of affreightment by means of an “Incorporation” clause which also reflects the Hague-Visby Rules. The text of this clause appearing on the document is common to a number of carriers who will individually provide，on request，full details of their standard terms and conditions.

（七）预借提单和倒签提单

这是在海运实践中存在的两种特殊的提单。

1. 预借提单(advanced bill of lading)

预借提单是指在货物尚未全部装船，或者货物虽已由承运人接管但尚未装船的情况下签发的已装船提单。预借提单通常在信用证规定的装船日期和交单结汇日期即将届满时，托运人为了使提单上的装船日期与信用证规定的日期相符而要求承运人在货物装船前签发的。

2. 倒签提单(antidated bill of lading)

倒签提单是指承运人在货物装船后签发的，但提单中注明的装船日期早于实际装船日期的提单。倒签提单通常在货物的实际装船日期晚于信用证规定的装船日期时，托运人为了能顺利结汇而要求承运人签发的。预借提单和倒签提单一样，掩盖了货物的实际装船日期，并使信用证对装货这一环节的制衡力丧失，无法保证货物准时到达，从而避开了迟延交货的责任，对作为提单受让人的收货人构成欺诈。托运人要求签发预借提单或者倒签提单时，常常应承运人的要求提供保函，托运人或其他出具保函的人据此保证，承运人因签发预借提单或者倒签提单而对第三者提单持有人受到的损失承担损害赔偿责任后，赔偿承运人因此受到的损失。同托运人出具保函要求签发清洁提单一样，承运人接受保函而签发这种提单需承担较大的风险。这是因为，承运人签发这种提单有违民事活动诚实信用的基本原则，甚至构成与托运人串通，对善意的第三者提单持有人进行欺诈，使货物买方丧失根据信用证拒付货款和解除货物买卖合同的权利。如因此造成第三者提单持有人的损失，承运人需承担损害赔偿责任，除非承运人签发这种提单得到第三者提单持有人的同意。承运人在赔偿收货人的损失后，如签发倒签提单并不构成对善意的第三者提单持有人进行欺诈，则可根据保函向托运人或其他出具保函的人追偿。如构成欺诈，则承运人根据保函向托运人或其他出具保函的人追偿时难以得到法律的保护。

三、提单的内容

各国船公司都制定有自己的提单格式，有的船公司还对所经营的不同航线制定不同的提单格式。尽管如此，有关提单上所记载的内容，都是根据长期以来在海运实践中形成的国际惯例和有关法律确定的。提单分为正反两方面，正面规定船名、航次、承运人、托运人、收货人、起运地、目的地、货名、件数等有关货物运输地事项；背面规定承运人和托运人双方的权利义务等条款。

（一）提单正面记载事项

我国和其他国家一样，对提单内容一般无强制性规定。我国《海商法》第73条规定了十一项提单记载事项：① 货物的品名、标志、包数或者件数、重量或者体积以及运输危险货物时对危险性质的说明；② 承运人的名称和主营业所；③ 船舶名称；④ 托运人的名称；⑤ 收货人的名称；⑥ 装货港和在装货港接收货物的日期；⑦ 卸货港；⑧ 多式联运提单增列接收货物地点和交付货物地点；⑨ 提单的签发日期、地点和份数；⑩ 运费的支付；⑪ 承运人或者其代表的签字。提单缺少前述一项或者几项内容，不影响提单的性质，但提单应符合《海商法》第71条提单定义的规定，即提单记载事项不应缺少到使得提单不符合该提单的定义的程度。一般而言，提单正面记载以下事项。

（1）船名（name of vessel）。此项记载的意义在于：承运人或船东是否以约定船舶投入运输。否则，托运人或承租人有权解除合同。其次，一旦发生纠纷，法院应当事人的申请采取财产保全措施时，有确定的客体。在英美法系国家的"对物诉讼"（action *in rem*）中，船名使诉讼有确定的被告。

（2）承运人（carrier）。承运人是提单所证明的海上货物运输合同的一方当事人，指与托运人订立海上货物运输合同的船舶所有人、经营人、承租人或无船经营人。提单上记载承运人的名称，使第三者收货人明确根据提单向谁主张权利、对谁履行义务。如提单不载明承运人的名称，通常根据提单签署一栏的记载情况识别承运人。但是，提单格式上载明某一航运公司，通常只是表明该格式由该航运公司制定，不能作为该航运公司是承运人的重要证据。

（3）托运人（shipper）。托运人是货物运输合同的另一方当事人，其记载的必要性不言而喻。而且在不记名指示提单中，托运人更是不可缺少。

（4）收货人（consignee）。在提单分类时已说明提单上收货人名称分为记名、不记名和指示三种。

（5）通知方（notify party）。通知方是货物运抵目的港之前或者之后，承运人或其代理人发出船舶到港通知的对象，即承运人应向提单上这一栏中所载明的人发出船舶到港的通知。除书面单独通知外，根据卸货港的习惯做法，承运人可以采用在当地报纸或者其他媒体上刊登船期公告的方式通知船舶到港情况，视为已通知到载明的通知方。通知方不是合同当事人，不享有运输合同权利，亦不承担运输合同义务。

（6）装货港（port of loading）、卸货港（port of discharging）、联运提单的转货港（port of transhipment）。它们是确定海上运输服务的必要项目，同时又对运输合同的法律适用和管辖权有很大的影响。

（7）货物品名、标志、包装或件数、重量或体积（discription，marks，number and kind of package，weight or measurement of goods）。这些内容通常由托运人填写或者以其他方式提供。不少提单注有“由托运人提供的事项”（particulars furnished by shipper）的字样。托运人应保证其提供的上述内容与其所提供的货物相符。如有不符，由此造成的损失或者引起的责任需由托运人承担。由于货物的买方通常在货物装船前或当时不能对货物进行查验，而只能依赖提单的记载情况支付货款，为维护提单的效力，保护收货人的利益，承运人有权在接收货物时查验货物的实际状况，同时负有向收货人保证提单记载内容真实性的义务。

（8）运费支付方式（freight payment）。即规定运费是预付还是到付。

（9）提单的签发日期、地点和份数。提单多由船长或承运人的代理人签字，无论是前者还是后者签发的提单，均对承运人具有拘束力。提单的签发日期（date of issue）是货物由承运人接收或者装船的日期的证明，除非提单上另行载明了承运人接收货物或货物装船的日期。在国际货物买卖和信用证结汇中，除提单载明货物装船日期外，通常将已装船提单的签发日期视为货物装船完毕的日期。提单的签发地点（place of issue）通常是装货港，但有时是船公司所在地或者其他地点。提单的签发地点是合同的履行地之一，可能影响到对合同争议有管辖权的法院及争议适用的法律的确定。提单一般签发正本3份，副本若干份。收货人凭正本提单中任何一份提货，其余正本提单作废。如两个或者两个以上提单持有人同时要求提取同一货物，承运人应将货物交给有权提货的人。倘若不能确定谁有权提货，应暂不交付，待通过司法途径确定有权提货的人后再行交货。副本提单是依承运人或托运人需要制作的，份数不限，仅具参考作用，不能作为提货凭证或者背书转让。

Signing of Bills of Lading by the Master

A Master who signs，or upon whose express authority someone else signs，a bill of lading，binds his owners to the contractual terms and conditions which are contained in that bill of lading printed form. The awareness that this is so takes on an especial significance when it is remembered that the transportation law causes or can cause rights and liabilities embodied in the bill of lading to be transferred to an innocent rightful transferee of the document，despite the fact that that holder of the document was not an original party to the contract evidenced by the bill of lading and eventually contained in it. By reason of the negotiable nature with which the bill of lading as a document is endowed the eventual holder of the bill could，in a free market，be anyone. Thus a Master needs to be particularly careful in the signing of a bill or in the determining of the party to whom he may delegate his authority to sign，since in so doing he is creating a contractual relationship between his owners and the innocent endorsee and/or purchaser of the document.

（二）提单背面条款

提单背面(reverse side)条款，只要不违背适用于提单的强制性国际公约，并与承运人和托运人事先达成的协议不相抵触，便是承运人和托运人之间海上货物运输合同内容的证明。当提单转移至第三者收货人或者提单受让人时，这些条款是确定承运人与收货人或者提单受让人之间权利义务关系的依据。虽然各种提单背面条款多少不一，内容不尽相同，但最主要的有以下条款。

1. 定义(definition)条款

该条款主要对"承运人""托运人"等关系人加以限定。该条款中通常将托运人、发货人(consignor)、收货人(receiver)、提单持有人和货物所有人统称为"货方"(merchant)，其目的是试图使提单所证明的海上货物运输合同约束上述所有的人。但是，这些人的法律地位并不相同，其与承运人之间的权利、义务关系也不同。提单持有人是指合法持有提单的人，从承运人或代其签发提单的人签发提单到交付货物之前或之时收回提单这一期间，提单持有人通常是从托运人到银行再到收货人。根据《海商法》第78条第1款的规定，提单持有人与承运人之间的权利、义务关系依据提单的规定确定，但提单的规定不得减轻承运人承担的法定义务和责任，或者在法定权利之外增加其权利。有的提单定义条款中对承运人进行定义，指出承运人的名称。也有的对货物、船舶、集装箱、货运单位等进行定义。同样，这些定义不得减轻承运人承担的法定义务和责任，或者在法定权利之外增加其权利。

2. 管辖权(jurisdiction)与法律适用(applicable law)条款

在诉讼法上，管辖权是指法院受理案件的范围和处理案件的权限。该条款指明，因提单产生的一切争议应在什么地方的法院解决。有时该条款还规定法院解决争议应适用的法律。各国的船东或承运人总是希望由其本国行使管辖权，所以几乎所有的海运提单的背面条款都有这样的规定，一切由提单引起的纠纷由船东所在国家法院行使管辖权。但是许多收货人则坚持向提单管辖权条款规定法院之外的法院提起诉讼，这就涉及提单管辖权条款的效力问题。

提单管辖权条款的效力在各国不尽相同。有的国家将其作协议管辖处理，承认其有效，但更多的国家以诉讼不方便或者该条款减轻承运人应承担的法定义务和责任，或者在法定权利之外增加其权利等为理由，否认其效力，并依据本国的诉讼法，主张本国法院对提单产生的争议案件的管辖权。我国和其他一些国家采取对等原则，确定其是否有效。在我国海事司法实践中，对于提单上订明的外国法院管辖权条款，我国海事法院受理提单争议案件后，如被告(通常为承运人)不能证明存在该外国法院尊重提单上订明的中国法院管辖权条款的先例，我国海事法院便对该案件行使管辖权。

法律适用条款实际上是海上货物运输合同当事人在法律选择上的"意思自治"的体现，与管辖权条款不同，法律适用条款在各国的司法实践中一般是受到尊重的。由于国际立法及国内立法对提单的强制性调整，使得当事人的选择余地有所缩小。

3. 首要条款(paramount clause，clause paramount)

首要条款是具有高于其他提单条款效力的特殊条款，承运人在提单中规定一个首要条款，目的是为了使提单的有关当事方的权利义务更加明确，使该提单受有关国际公约或者国内法的约束，因而在某种意义上扩大国际公约或者国内法的适用范围。首要条款适用范围一般限于承运人的权利和义务，主要指单位责任限额、时效、免责和除外责任等。如果提单属于该条款规定的国际公约或者国内法的强制适用范围，则提单中的各项规定不得与之相违背。关于该条款的效力，一般认为，如提单属于该条款规定的国际公约或者国内法的强制适用范围，则提单中的各项规定不得与之相违背。如提单不属于该条款规定的国际公约或者国内法的适用范围，则该条款对提单的影响，就如同该国际公约或者国内法的规定作为提单条款而被列入提单。

4. 承运人责任(carrier's responsibility)条款

有些提单中订有此条款，规定承运人在货物运输中应承担的责任及其免责事项。但如提单已订有首要条款，就无须另订承运人责任条款。

5. 责任期间(period of responsibility)条款

《海牙规则》和《海牙－维斯比规则》没有规定承运人的责任期间，而只是规定规则强制适用的期间，即从货物装上船之时至卸离船舶之时止。因而提单中通常订有此条款，一般规定承运人的责任自货物装上船之时开始至货物卸离船之时为止，承运人对货物装船前和卸船后发生的灭失或者损坏不负责任。但有的提单，尤其是班轮运输提单，规定从承运人接收货物至装船之时或者从卸船之后至交付期间，承运人对货物的灭失或损坏的责任按照提单或适用于该提单的法律确定。

6. 运费及其他费用(freight and other charges)条款

该条款通常规定，托运人或者收货人应按提单正面记载的数额、支付方式、货币名称支付运费，并支付提单正面记载的和货物装船后至交货期间发生的，并应由货方承担的其他费用，包括与货物有关的各种税款。该条款通常还规定，货方负有支付运费的绝对义务。即使船舶或者货物在航行过程中灭失或者损坏，货方仍应向承运人支付全额运费。如货物灭失或者损坏的责任在于承运人，则货方可将其作为损害的一部分，向承运人索赔。在我国，货方负有支付运费的绝对义务的规定因违反《合同法》第 314 条的规定而无效。

7. 装货、卸货和交货(loading, discharging and delivery)条款

该条款是指对托运人在装货港提供货物和收货人在卸货港提取货物的义务所作的规定。

8. 留置权(lien)条款

该条款规定承运人可因托运人、收货人未付运费、亏舱费、滞期费及其他应付款项以及应分摊的共同海损，对货物及其有关单证行使留置权，并有权出卖或者以其他方式处置货物。如出卖货物所得价款不足抵偿应收款项及出卖费用，承运人有权向托运人、收货人索赔差额。我国《海商法》规定承运人有权留置的货物必须是负有支付这种款项义务的人所有的货物，但对提单或其他运输单证的留置并无任何规定。

9. 货物灭失或者损坏的通知、时效(notice of loss or damage, time bar)

如提单未订有首要条款或者首要条款所指的国内法对此没有规定，提单通常订有此条款，规定根据运输合同有权收取货物的人，除非在卸货港将货物灭失或者损坏的一般

情况，在货物向其移交之前或者当时，书面通知承运人或者代理人，否则这种移交应作为承运人已按提单规定交付货物的初步证据。如灭失或者损坏不明显，则应在交货后3天之内提交这种通知。但是，如在交付时已对货物的状况进行联合检验或者检查，则无须提交书面通知。对于货物的灭失或者损坏，除非在自交付货物或者本应交付货物之日起1年内提起诉讼，否则承运人和船舶均被免除其对货物的灭失或者损坏的一切赔偿责任。所谓船舶被免除赔偿责任，是指不能对船舶提起英美法系国家法律规定的对物诉讼。

释义

Cargo Claims：Notice of Loss or Damage

The Hague and Hague/Visby Rules require that written notice of loss of，or damage to the goods，be given to the carrier or his agent at the port of discharge upon delivery（where the loss or damage is apparent）or within three days of delivery（where the loss or damage is hidden）.

The notice creates a rebuttable presumption that the goods were delivered as described in the notice. Conversely，failure to give notice results in a rebuttable presumption that the goods were delivered as described in the bill of lading. Such failure does not，however，deprive the cargo claimant of the right to prove the bad order of the goods or to sue the carrier within one year.

No written notice is required if the goods have been subject to a joint survey or inspection at the time of their receipt. The carrier and receiver must co-operate in such a survey. Nor is the carrier entitled to notice if he has fundamentally breached the contract of carriage.

The Hamburg Rules and the Multimodal Convention 1980 contain similar rules and rebuttable presumptions，but different time limits，in respect of notices of both apparent and non-apparent loss or damage；nor are such notices needed where a joint survey or inspection is conducted. Under these conventions，however，loss due to delay in delivery is not compensated unless notice of such loss is given in time.

10. 赔偿金额(amount of compensation)条款

在未订明适用《海牙规则》《海牙-维斯比规则》或者相应的国内法的提单中，通常订有此条款，规定当承运人对货物灭失或者损坏负有赔偿责任时，承运人对每件或者每一其他货运单位的货物的赔偿不超过一定的限额。但是提单上规定的赔偿责任限额不得低于强制性适用的国际公约或者国内法规定的限额，否则便属无效。该条款通常还规定，如托运人在货物装船前书面申报了高于规定的赔偿责任限额的货物价值并已在提单上注明，或者与承运人另外约定了高于规定的赔偿责任限额的限额，则承运人对货物的灭失或者损坏，按照所灭失或者损坏的货物的实际价值或者另外约定的赔偿责任限额进行赔偿。

11. 危险货物(dangerous goods)条款

该条款通常规定，托运人如事先未将危险货物性质以书面形式告知承运人，并在货物包装外表按有关法规或者规则予以标明，则不得装运具有危险性、易燃性、放射性以及其他有害性质的货物。否则承运人有权将其变为无害、抛弃或者卸船或者以其他方式予以处置，对承运人遭受的任何灭失或者损害，托运人应负责。对托运人按上述要求装运的危险品，当其危及船舶或者货物安全时，承运人仍有权将其变为无害、抛弃或者卸船或者以其他方式予以处置，但因此构成共同海损时，应由各受益方分摊共同海损。

12. 舱面货(deck cargo)、活动物(live animal)条款

《海牙规则》《海牙－维斯比规则》或者相应的国内法不适用于活动物和在运输合同中注明装于甲板且实际装于甲板的货物。因此，提单上一般均订有此条款。有的规定，活动物、舱面货的收受、搬移、运输、照料和卸载，均由货方承担风险，承运人对此种货物的灭失或者损害不负责任。有的只是规定，承运人对因货物装于舱面造成的灭失或者损坏以及活动物的生病或者死亡不负责任，即承运人对因运输此种货物的特殊风险造成的损害不负责任，但对其他原因造成的灭失或者损害应按货物灭失或者损害的实际情况确定承运人是否负责。

13. 集装箱货物(cargo in container)条款

集装箱货物运输是在《海牙规则》后出现的。《海牙－维斯比规则》除就集装箱货物发生灭失或者损坏时如何确定承运人的赔偿责任限制作了规定外，对集装箱货物运输并未作专门规定。因此，提单上一般都订有集装箱货物条款，通常规定承运人可以将货物装于集装箱进行运输，并且不论是承运人装箱还是托运人自行装箱，承运人均可将集装箱装于舱面(甲板)。如货物由托运人自行装箱，则对由于装箱方式不当或者货物不适合集装箱运输，或者由于其装箱之前或者装箱当时通过合理检查可以发现的集装箱本身的缺陷所造成的货物灭失或者损坏，承运人不予负责。

14. 冷藏货物(refrigerated goods)条款

该条款通常规定承运人在冷藏货物装船之前，应获得验船师或者其他检验人员签发的、表明冷藏舱室和冷藏机适合货物运输的证书。冷藏货物装船之前，托运人应将货物的性质以及货物在船期间应保持的温度范围通知承运人。当船舶在卸货港备妥交付货物时，收货人应立即提取货物，否则承运人有权将货物卸岸而由货方承担风险和费用。

15. 选港(option)条款

选港条款亦称选港交货(optional delivery)条款，通常规定只有当承运人与托运人在货物装船前已约定并在提单上载明时，收货人方可选择卸货港。收货人应在船舶驶抵提单中载明的备选港口中第一个港口若干小时之前，将其选定的卸货港书面通知承运人在上述第一个港口的代理人。否则承运人有权将货物卸于该港或者其他备选的任一港口，运输合同视为已经履行。也有的提单规定，如收货人未按上述要求选定卸货港，承运人有权将货物运过提单载明的港口选择范围至船舶最后目的港，而由托运人、收货人承担风险和费用。当船舶承运选港货物时，一般要求收货人在所选定的卸货港卸下全部货物。

16. 转运、换船、联运与转船(forwarding, substitute of vessel, through carriage and transhipment)条款

该条款通常规定，如有必要，承运人可任意将货物交由属于其自己的其他船舶或者属于他人的船舶或者经铁路或者以其他运输工具，直接或者间接地运往目的港，将全部

或者部分货物运过目的港，转船、驳运、卸岸、在岸上或者水面上储存以及重新装船起运，其费用由承运人承担，但风险由货方承担，承运人的责任仅限于其自己经营的船舶所完成的那部分运输。但各国法院对此种条款一般都做严格的限制性解释：如承运人依据此种条款所做的行为违反与托运人事先的约定，或者减轻承运人根据强制性适用于提单的国际公约或者国内法所承担的义务和责任，便是无效条款。

17. 共同海损(general average)条款

该条款通常规定共同海损的理算地点和理算所依据的规则。大多数提单规定，共同海损 依据《约克－安特卫普规则》进行理算。有的提单只规定共同海损理算应依据的规则，而不规定理算的地点。

18. 新杰森条款(New Jason clause)

该条款又称修改后的杰森条款(amended Jason clause)，其内容详见本书共同海损一章。

19. 双方有责碰撞条款(both to blame collision clause)

该条款又称美国碰撞条款(United States collision clause)，其内容详见本书船舶碰撞一章。

20. 地区条款(local clause)

该条款规定，有关运往美国或者从美国运出的货物，提单应受《1936 年美国海上货物运输法》的约束。其中，承运人和船舶对货物的灭失或者损坏的赔偿责任限额为每件货物或者每一习惯运费单位 500 美元，但托运人在货物装船前已申报货物的性质和价值并在提单上注明者除外。

提单背面条款和其他内容，只有当不违背强制性适用于提单的国际公约或者国内法律，不与承运人和托运人事先或者另行达成的特别协议相抵触，以及不违背托运人的真实意思表示时，才能成为承运人和托运人之间海上货物运输合同内容的证明，对托运人具有约束力。当提单转移或者转让至第三者收货人后，提单背面条款和其他内容是确定承运人与收货人之间权利义务关系的依据，但不得与强制性适用于提单的国际公约或者国内法律相违背，包括不得减轻承运人根据此种强制性适用于提单的国际公约或者国内法律承担的义务和责任或者增加其权利。否则提单背面条款和其他内容便将无效。但是，提单某一条款或内容的无效，并不影响其他条款或内容的效力。此外，当提单条款和其他内容构成格式条款时，其效力需满足《合同法》第 39 条、第 40 条和第 41 条关于格式条款效力的规定。

第三节 海运单

一、海运单的概念及其产生

海运单(sea waybill, SWB)，又称运单(waybill, W/B)，是证明国际海上货物运输合同和货物由承运人接收或者装船以及承运人保证据以将货物交给记名的收货人的不可流通的(Non-negotiable)单证。我国《海商法》对海运单未作出专门规定，但该法第 70

条规定，承运人签发提单意外的单证用以证明收到待运货物的，此项单证即为订立海上货物运输合同和承运人接收给单证中所列货物的初步证据。

海运单产生于20世纪70年代，随着航运技术和港口设施的发展，尤其是集装箱运输在全球海运市场的普及，提高了船舶运输速度和装卸效率，缩短了海运货物在途运输的时间，以至于随船货物已经到达目的港，而收货人尚未收到提单，因而不能及时换取提货单提货。而承运人迫于各方面压力，经常在没有提单的情况下接受提货人出具的保函而"无单放货"，这种情况下保函的作用得不到承认时，承运人风险加大，尤其是海运欺诈情况越来越多。总之，传统的提单由于通过邮寄方式转让或转移速度慢的缺陷，在现代国际海上运输中的使用面临着挑战。海运单在这种形势下产生，在国际集装箱货物运输以及货物在运输过程中不需要转卖等情况下已被不同程度地使用。2006年修订的国际商会第600号出版物，即《国际商会跟单信用证统一惯例》（ICC Uniform Customs and Practice for Documentary Credit，UCP 600）第21条"不可流通的海运单"（non-negotiable sea waybill）亦规定在跟单信用证项下可使用海运单结汇。国际商会《2010年国际贸易术语解释通则》（International Rules for the Interpretation of Trade Terms，INCOTERMS 2010）规定的运输单证（transport document）也可以是海运单。

与传统的提单相比，海运单的最大特点是收货人为记名的收货人，不具有可流通性。这使收货人提货时无须提交海运单，而只需提交其身份证明，即证明自己是海运单上载明的收货人。因而海运单具有实现快速提货的优点，有效地避免使用提单时的无单放货问题。即使海运单被他人非法得到也无法凭以提货，从而不具有因被窃或者遗失使承运人、托运人或者收货人利益造成损害的风险。但是，海运单不具有可流通性，在货物运输途中不能凭以实现货物单证贸易，也不能作为权利质押的标的物，所以海运单宜用于货物在运输途中无须转卖的情形。

二、海运单的形式与内容

同传统的提单一样，海运单也是一种书面单证，具有正面记载事项和背面条款，并且内容与提单大致相似。海运单正面通常注有"不可流通"（non-negotiable）的字样，记载托运人、收货人和通知方的名称和地址，船名，装卸港口，货物标志、品类、数量等托运人提供的事项，运费及其他费用，以及海运单签发的时间、地点和签发人等。海运单背面通常也订有提单背面的条款。有的海运单背面没有承运人责任期间、义务与免责的条款，而在正面或者背面订有"参照条款"（reference clause），规定这些事项适用承运人标准运输条件（carrier's standard conditions of carriage）、承运人的普通提单或者其他文件中的规定，从而达到简化海运单条款的目的。

三、海运单的流转与货物交接

同提单一样，海运单在承运人接收托运人提供的货物或者将货物装船后，应托运人要求，由承运人、其代理人或载货船舶的船长签发。托运人凭海运单及其他单证，根据货物买卖合同和信用证到银行结汇。装货港的承运人或者其代理人将海运单的内容，通常通过数据电文方式传送给目的港承运人的代理人。船舶到达目的港之前或者之后，目的港承运人的代理人向海运单上载明的通知方发出到货通知。收货人接到到货通知后，凭到货通知并出示其身份证明，到目的港承运人的代理人那里领取提货单，在码头仓库、船边或者其他地点提取货物。

Waybills, Ship's Delivery Orders and Consignment Notes

A waybill is a bill of lading marked "non-negotiable", i. e. it is a contract of carriage and a receipt, but not a document of title. A "non-negotiable bill of lading" (formerly called a "straight bill of lading") is a waybill as defined specifically under the terms of the U. S. Bills of Lading Act, 1916/1994, known as the Pomerene Act. Ship's delivery orders are documents containing an undertaking by the carrier to deliver the goods (or part of them) to the person named in the order. They generally give the holder a right of possession of the goods and, in the United Kingdom, also confer a right to sue the carrier for loss or damage to the goods. "Consignment notes" are non-negotiable documents containing or evidencing contracts of carriage in connection with which no bill of lading or similar document of title has been issued, and whereby the carrier accepts no liability for loss of, damage to, or delay of, the goods. Other national carriage of goods statutes expressly cover these various types of documents.

There is also the booking note, which is primarily a document issued by the carrier advising the shipper that space has been reserved aboard the carrier's vessel for the shipper's goods. As such, the booking note is a document preliminary to either a charterparty or to a bill of lading. Where it prefigures a bill of lading, the booking note typically repeats the standard conditions of the bill and so serves as evidence of the contract of carriage. On the other hand, it differs from a bill of lading in that it does not confer on its holder the right to delivery of the goods to which it relates. It is therefore not a document of title or of transfer.

四、海运单的主要法律问题

《海牙规则》《海牙－维斯比规则》及其他传统的海上货物运输的法律都建立在提单基础上，适用于提单证明的海上货物运输合同。因而海运单的产生带来了一系列的法律问题，包括海运单的法律适用、收货人的权利义务、货物控制权(right of control)等。这些问题的存在直接影响着海运单的广泛使用。为此，1990 年 6 月在巴黎举行的国际海事委员会第 34 届大会通过了《国际海事委员会海运单统一规则》(CMI Uniform Rules for Sea Waybills)，试图解决和统一海运单带来的主要法律问题。但是这一民间规则不具有强制性的约束力，只规定在运输合同中被双方当事人协议采纳时才能适用，而且当其与强制适用的国际公约或者国内法相抵触时，便不发生效力。

(一)海运单的法律适用

海运单的法律适用主要是指《海牙规则》《海牙－维斯比规则》或者与之相应的国内立法是否适用于海运单。对于海运单的法律适用，一种观点认为《海牙规则》和《海牙-维斯比规则》对海运单不适用。这是因为,海运单既非提单,又非“物权凭证”,不属于上述公约规定的“运输合同”,即提单或类似的“物权凭证”(document of title)所包含的运输合同。另一种观点认为,《海牙规则》或《海牙-维斯比规则》在一定条件时对海运单仍然适用。这是因为,根据《海牙规则》或《海牙-维斯比规则》第6条,只有在同时满足下列三个条件时,承运人才不受《海牙规则》或《海牙-维斯比规则》的约束:① 签发不可流通的货物收据,并注明“不可流通”的字样;② 不涉及普通商业性货物运输;③ 货物的性质或状况表明,有订立特别协议的需要。虽然海运单不可流通,但并不满足第条件②和③。

《国际海事委员会海运单统一规则》第4条规定,海运单所包含的运输合同,应受强制适用于由提单或类似的“物权凭证”所包含的运输合同的国际公约或国内法的约束。根据这一规定,《海牙规则》《海牙-维斯比规则》或与之相应的国内立法应适用于海运单。在我国,《海商法》第四章的规定适用于所有国际海上货物运输合同,而提单只是国际海上货物运输合同的一种证明。因此,除有关提单的规定外,《海商法》第四章的其他规定应适用于海运单所证明的国际海上货物运输合同。

(二)收货人的权利和义务

《海商法》第78条规定,承运人与收货人之间的权利义务依据提单的规定确定。因此,收货人可依据其持有的提单向承运人主张权利,包括当货物灭失或者损害时向承运人索赔的权利,并依据提单承担义务。在海运单情况下,收货人在卸货港提取货物不凭海运单,而只是凭其身份证明,而且可能自始至终不持有海运单。因而,涉及收货人向承运人主张权利、承担义务的依据问题。

《国际海事委员会海运单统一规则》第3条规定采用代理原则,规定托运人不仅为其自身利益,同时作为收货人的代理人并为收货人的利益而订立运输合同,并向承运人保证,他具有这种权限。据此,收货人被视为海运单所证明的运输合同的当事人之一,从而可依据海运单向承运人主张权利,并承担义务,但收货人承担的义务不应超过当运输合同为提单或者类似的“物权凭证”(document of title)所证明时所应承担的义务范围。

(三)货物控制权(right of control)

《国际海事委员会海运单统一规则》第6条规定了货物控制权,即除所适用的法律另有规定外,托运人有权在海运单上载明的收货人在目的港请求提货之前的任何时候变更收货人,但应以书面形式或者其他承运人能接受的方式,将变更事宜通知承运人,并偿付承运人因此而支付的额外费用;托运人可以在承运人接收货物之前,将上述对货物的支配权转让给收货人,并在海运单上注明。此种货物控制权及其转让的规定,在一定程度上可以起到弥补海运单不具有可流通性的不足的作用。

第四节 电子提单

一、电子提单的概念及其产生

电子提单(electronic bill of lading),是指通过电子数据交换系统(electronic data interchange, EDI)传递的按一定的规则组合而成的有关海上货物运输合同的数据。电子提单是在日益发达的电子计算机和通信技术的基础上产生的,它有利于解决提单在传统的邮寄方式下经常出现的晚于货运船舶抵达目的港的问题,也能满足集装箱货物运输方式对航运单证及其流转途径提出的新要求,而且电子提单通过密码传输电子数据,能有效地防止在海运单证方面的欺诈。电子提单的出现将推动国际贸易从"有纸贸易"向"无纸贸易"转变,并必将对国际航运的发展产生深远的影响。

二、电子提单的流转

电子提单的流转通过电子数据交换实现。实现电子提单的流转,必须将承运人、承运人的代理人、托运人、收货人和银行各自的计算机联成网络。计算机将货物运输合同中的数字、文字、条款等按特定的规则转化为电讯(electronic message),并将这些电讯组合成传递单位(unit of despatch),借助于电子通信设备从一台计算机传送至另一台计算机。

电子提单的具体流转过程是:① 托运人通过向承运人发送订舱电讯(booking message)进行订舱。② 承运人如接受订舱,向托运人发送接受订舱以及有关运输合同条件的电讯,由托运人加以确认。③ 托运人按照承运人接受订舱的电讯中的要求,将货物交给承运人、其代理人或其指定的人。承运人、其代理人或其指定的人收到货物后,向托运人发送收货电讯(receipt message),其内容包括:托运人名称,货物说明,对货物外表状态等所作的批注,收货时间与地点,船名、航次等船舶情况以及此后与托运人进行通讯的密钥。托运人一经确认,即对货物具有控制与转让权(right of control and transfer)。④ 承运人在货物装船后,发送电讯通知托运人并按托运人提供的电子通信地址抄送给信用证载明的议付银行。⑤ 托运人根据信用证到议付银行结汇后发送电讯通知承运人,货物控制与转让权即转移至议付银行,承运人便销毁与托运人通信的密钥,并向议付银行确认其控制着货物,提供给议付银行一个新的通讯密钥。⑥ 收货人向开证银行支付货款后,取得对货物的控制与转让权。开证银行向承运人发送电讯,通知货物控制与转让权已转移至收货人,承运人即销毁与开证银行通讯的密钥。⑦ 承运人向收货人发送电讯,确认其控制着货物并将货物的说明、船舶的情况等通知收货人,由收货人加以确认。⑧ 承运人向目的港代理人发送电讯,将货物的说明、船舶的情况以及收货人的名称、电子通信地址通知该代理人,由其在船舶到达目的港之前或者之后向收货人发送到货通知电讯。⑨ 收货人根据到货通知电讯,凭其身份证明到承运人在该港的代理人那里获取提货单提货。

三、电子提单的主要法律问题

电子提单的出现对各国的海商法提出挑战,使法律规制显得相对滞后,电子提单在海运实务中的法律性质、法律适用等问题亟待解决。电子提单带来的一系列法律问题大致可分为两个方面:第一,电子数据的书面效力、电子签名、电子数据的认证等电子单证本身的法律问题;第二,电子提单发挥传统提单的作用和海上货物运输法律对电子提单的适用问题。第一个方面的问题属于电子商务的一般法律问题,第二个方面的问题属于海上货物运输法需要解决的问题。电子提单的应用很大程度上取决于这些法律问题的解决。为此,各国和国际社会不同程度地做出了很大的努力。国际海事委员会于 1990 年 6 月通过了《国际海事委员会电子提单规则》(CMI Rules for Electronic Bill of Lading),以解决实践中出现的问题。以下是该规则的主要内容。

(一)运输合同的条款与条件

传统的提单背面印有很多条款。在电子提单情况下,如这些条款转化为电子数据进行传送,势必程序烦琐、费钱耗时。因此,实际业务中一般只是在传送的电讯中援引特定的运输合同条款与条件。对此,《电子提单规则》第 5 条规定,此种条款与条件被视为运输合同的组成部分,但必须能够随时向合同当事人提供。

(二)电子提单的法律运用

《电子提单规则》第 6 条规定,通过电子数据交换程序传送的海上货物运输合同,即电子提单,应受强制适用于传统提单的国际公约或者国内法的制约。但是,这一规则是民间规则,难以改变《海牙规则》《海牙-维斯比规则》或与之相应的国内立法的适用范围。

(三)货物控制与转让权(right of control and transfer)

《电子提单规则》第 7 条规定,货物控制与转让权包括向承运人请求提货、指定收货人或者替换收货人以及根据运输合同条款与条件,就货物运输的其他方面向承运人发出指示,如请求在运抵目的港前交付货物等项权利。这一权利在托运人从信用证的议付银行结汇后,从托运人转移至议付银行,并在收货人向开证银行支付货款后,从开证银行转移至收货人。拥有这一权利的货物所有人可以通过转让这一权利实现货物在海上运输过程中的转卖。电子提单的这一功能继承了传统提单的流通功能,能克服海运单缺乏可流通性的缺陷。

(四)电子提单的书面形式

各国法律一般要求运输合同具有书面形式并经双方当事人签署。为使电子提单满足这种要求,《电子提单规则》第 11 条规定,承运人、托运人及其他有关方应将计算机存储器中储存的并可在计算机屏幕上用人类语言显示或者已由计算机打印出来的电子数据视为书面形式,以及由于电子数据在传送过程中经过接受者确认,应视为已满足了经双方当事人签署的要求。我国《合同法》第 11 条规定书面形式包括电子数据交换在内的数据电文,从而使电子提单满足书面形式的要求。

第五节 海上货物运输国际公约

一、《海牙规则》

（一）《海牙规则》的产生背景

早期的提单，比较简单，其作用也仅限于作为货物交接的凭证。但随着国际贸易的发展，特别是海上货物运输业的迅速发展，船方为了保护自己的利益，减轻自己的责任，根据契约自由的原则，在提单上订入了越来越多的免责条款，几乎到了承运人除收取运费外，不负任何责任的地步。由于货方的正当权益得不到保障，随之出现了银行不肯承兑，保险公司不敢承保，提单在市场上卖不出去的局面。因此，要求提单规范化的呼声日渐强烈。

美国首先对承运人在提单上滥用免责条款的不合理现象采取抵制行动，于 1893 年制定了哈特法（Harter Act）。该法规定，在美国国内港口之间以及美国港口与外国港口之间进行货物运输的承运人，不得在提单上加入由于自己的过失而造成货物灭失或损害而不负责任的条款，同时还规定承运人应谨慎处理使船舶适航，船长、船员对货物应谨慎装载、管理和交付。凡违反这些规定的提单条款，将以违反美国“公共秩序”为由宣告无效。此后不久的 1904 年，澳大利亚制订了海上货物运输法，加拿大于 1910 年制订了水上货物运输法，基本上都是按哈特法的有关规定对提单的内容进行了调整。但是，只有少数国家的努力是难以解决承运人无边免责的实质问题。而且，各国立法不一，各轮船公司制订的提单条款也不相同，极大地妨碍了海上货物运输合同的签订，不利于国际贸易的发展。另外，国际海上货物运输不可能按某一国的法律处理。因此，制订统一的国际海上货物运输公约来制约提单已势在必行。《海牙规则》即是在这种背景下出台的。由于是国际法协会于 1921 年 9 月在荷兰首都海牙召开会议起草的，在 1924 年 8 月 25 日通过的《统一提单的若干法律规定的国际公约》（International Convention for the Unification of Certain Rules Relating to Bill of Lading），简称为《海牙规则》（Hague Rules）。《海牙规则》于 1931 年 6 月生效。我国未加入该公约，但我国在制订《海商法》第四章时参照了《海牙规则》的有关规定，以此来规范我国国际海上货物运输承托双方的权利义务。

（二）《海牙规则》的主要内容

1. 定义

《海牙规则》第 1 条规定：①“承运人”包括与托运人订立运输合同的船舶所有人或者承租人。②“运输合同”仅适用于由提单或者只要是与海上货物有关的任何类似的“物权凭证”（document of title）所包含的（covered）运输合同，而对在租船合同下或者依据租船合同所签发的上述任何提单或者任何类似的“物权凭证”，则自此种提单或者类似的“物权凭证”调整承运人与凭证持有人之间的关系时起，亦包括在内。③“货物”包括各种货物、制品、商品和各类任何物件，但活动物和在运输合同中载明装于舱面且已实际装于舱面的货物除外。④“船舶”是指用于海上运输的任何船舶。⑤“货物运输”包括货物自装上船舶之时起至货物卸离船舶之时为止的一段时间。

2. 提单的签发、内容和证据效力

《海牙规则》第 3 条第 3 款规定，承运人、船长或者承运人的代理人在收到货物由其掌管后，应按托运人的要求，向托运人签发提单，载明识别货物所需的主标志（leading marks）、货物件数、数量或者重量以及货物的外表状态，但如承运人、船长或者承运人的代理人有合理根据怀疑任何标志、件数、数量或者重量不能确切代表其实际收到的货物或者无合理的方法进行核对，则无须在提单上加以记载。该条第 4 款进一步规定，此种提单应作为承运人收到其上所记载货物的初步证据。

3. 承运人的义务

根据该规则第 3 条的规定，承运人承担谨慎处理使船舶适航和妥善和谨慎地管理货物的义务。其具体内容与我国《海商法》第 47 条和第 48 条内容基本相同，在此不再赘述。

4. 承运人的责任期间

实际上，《海牙规则》并未直接规定承运人的责任期间。但是，该规则第 7 条规定：该规则中的任何规定，都不妨碍承运人或者托运人就承运人或者船舶对进行海上货物运输的船舶所载货物，在装船前和卸船后所受灭失或者损害所应承担的义务与责任或者有关货物的保管、照料和搬移，订立任何协议、规定、条件、保留或者免责条款。简言之，该规则允许承运人与托运人就承运人对货物在装船前和卸船后的责任问题自由达成协议。结合该规则前述"货物运输"的定义和第 7 条的规定，自货物在装货港装上船开始至在卸货港卸离船舶之时为止的期间，是该规则强制适用的期间，而非承运人的责任期间。当承运人与托运人就承运人对货物装船前和卸船后的货物灭失或者损坏的责任达成协议，如提单上订有"装前卸后条款"（before and after clause），并规定承运人对货物在装船前和卸船后的灭失或者损坏不负责时，则承运人的责任期间为自货物装上船开始至卸离船为止；如协议规定承运人对货物在装船前和卸船后所受的灭失或者损坏负责，则承运人的责任期间为自收货到交货，并且双方既可协议适用该规则，也可协议适用国内法律；如承运人与托运人没有达成上述协议，承运人对装船前和卸船后货物灭失或者损坏的责任按照装货港或者卸货港所适用的法律确定。

5. 承运人的免责事项

《海牙规则》第 4 条第 2 款规定了承运人和船舶对货物灭失或者损坏的免责事项。具体而言，承运人和船舶对由于下列原因引起或者造成的货物灭失或者损坏，概不负责：① 船长、船员、引航员或者承运人的受雇人在驾驶船舶或者管理船舶中的行为、疏忽或者不履行职责，即航海过失。② 火灾，但由于承运人实际过失或者私谋所造成者除外。③ 海上或者其他可航水域的风险、危险或者意外事故。④ 天灾。⑤ 战争行为。⑥ 公敌行为。⑦ 君主、统治者或者人民的扣留、拘禁或者依法扣押。⑧ 检疫限制。⑨ 货物托运人或者货主、其代理人或者代表的行为或者不行为。⑩ 无论由于何种原因引起的局部或者全面的罢工、关闭、停工或者劳动受到限制。⑪ 暴乱和民变。⑫ 救助或者企图救助海上人命或者财产。⑬ 由于货物的固有瑕疵、性质或者缺陷所造成的体积或者重量的损失或者任何其他灭失或者损坏。⑭ 包装不当。⑮ 标志不当或者不清。⑯ 谨慎处理所不能发现的潜在缺陷。⑰ 不是由于承运人的实际过失或者私谋或者是承运人的代理人或者受雇人的过失或者疏忽所引起的任何其他原因，但享有此项免责利益的人应负责举证，证明货物灭失或者损坏既非承运人的实际过失或者私谋，又非承运人的代理人或者受雇人员的过失或者疏忽所造成。上述17项免责与我国《海商法》第51条规定的12项免责，虽然项目数量不同和表述有所不同，但包含的内容并无实质意义上的不同。

6. 承运人赔偿责任限制

《海牙规则》第4条第5款规定，不论是承运人或者船舶，对货物或者与货物有关的灭失或者损害，在任何情况下当每件或者每单位超过100英镑或者与其等值的其他货币时概不负责，即承运人对货物或者与货物有关的灭失或者损害的赔偿责任限额，为每件或者每单位超过100英镑或者与其等值的其他货币。但是，如托运人在货物装运前申报其性质和价值并在提单上注明，该赔偿责任限制不适用，承运人的赔偿数额以申报的货物价值数额为限。

7. 运输合同无效条款

《海牙规则》第3条第8款规定，运输合同中的任何条款、约定或者协议，凡是解除承运人或者船舶对由于疏忽、过失或者未履行本条规定的责任与义务而引起货物的或者与货物有关的灭失或者损坏的赔偿责任或者以本规则规定以外的方式减轻这种责任的，均应作废并无效。该款还规定，有利于承运人保险利益的条款或者类似条款亦无效。这与我国《海商法》第44条内容相同。

8. 托运人的义务与责任

《海牙规则》规定的托运人的义务与责任主要包括：① 保证其提供的货物情况的准确性。根据该规则第3条第5款的规定，托运人应保证其在货物装船前向承运人书面提供的货物标志、件数、数量和重量的准确性，否则托运人应赔偿因此使承运人遭受的损失。② 不得擅自装运危险品。该规则第4条第6款规定，托运人如未经承运人同意而装运属于易燃、爆炸或者其他具有危险性质的货物，应对因此直接或者间接地引起的一切损害和费用负责。托运人不履行上述义务而造成承运人的损失，需承担无过错责任。除上述托运人承担无过错责任的情形外，根据《海牙规则》第4条第3款的规定，对托运人实行的归责原则是过错责任，即对于承运人的损失或者船舶的灭失或者损坏，只有当系托运人、其代理人或者受雇人的过错行为或者不行为所引起时，托运人才承担损害赔偿责任。

9. 货物灭失或者损坏的通知（notice of loss or damage）和诉讼时效

《海牙规则》第3条第6款规定，如货物在卸货港移交收货人掌管之时，货物存在明显的灭失或者损坏，收货人应在此之前或者当时将货物灭失或者损坏的一般情况用书面的形式通知承运人或者其代理人；如损坏不明显，则应在3天之内提交这种通知。否则视为承运人已按提单记载情况交付货物的初步证据。但是，如在承运人交付货物时双方已就货物的灭失或者损坏进行联合检查或者检验，则收货人无须提交这种通知。

《海牙规则》第3条第6款规定，货方对承运人或者船舶提起货物灭失或者损坏索赔的诉讼时效期间为1年，自货物交付之日或者当货物全部灭失时自货物应交付之日起算。该规则没有规定承运人对托运人或者收货人索赔的诉讼时效。

10.《海牙规则》的适用范围

《海牙规则》第10条规定，该规则的各项规定适用于在任何缔约国所签发的一切提单。第5条又规定，该规则中的各项规定不适用于租船合同，但如提单是在船舶出租情况下签发，提单应符合该规则中的各项规定。简言之，当租约提单用于确定承运人与非承租人的第三者托运人或者收货人之间的关系时，《海牙规则》仍然适用，但出租人与承租人之间的权利与义务以租船合同的约定为准，除非租船合同明确约定当租船合同的约定与提单的规定不一致时以提单的规定为准，并且约定适用该规则。

《海牙规则》第6条规定，对于特殊的货物运输，承运人和托运人可就承运人对货物的权利和义务，包括船舶适航和管理货物的义务，自由达成协议，但以不违反公共秩序、不签发提单，并将此种协议的条款载入不可流通且注明“不可流通”的货物收据之中为条件。但是，该条规定不适用于普通贸易的一般商业货物运输，而仅适用于因货物的性质、状况或者运输环境而具有订立特别协议的合理需要的货物运输。换言之，对于特殊的货物运输，承运人和托运人可以有条件地通过订立特别协议排除《海牙规则》的适用。

二、《维斯比规则》

（一）《维斯比规则》产生的背景

《海牙规则》生效后，随着缔约国的迅速增多，对于平衡船货双方利益和统一国际海上货物运输法律起到了很大的作用。但是随着国际政治、经济形势的变化以及航海、造船技术的进步，这种平衡难以得到维持。代表货方利益的一些发达国家和很多发展中国家认为，该规则存在种种不足之处，主要表现为：① 受通货膨胀的影响，该规则规定的承运人赔偿责任限额过低；② 该规则规定的承运人免责范围过大；③ 该规则对承运人的代理人及受雇人的权利义务的规定不够明确；④ 该规则关于承运人责任限制的规定不能适应集装箱运输这一新运输方式的要求；⑤ 该规则对货物的适用范围过于狭窄，不适用于活动物和在运输合同中载明装于舱面且已实际装于舱面的货物的运输。

针对上述情况，国际海事委员会对《海牙规则》进行修改，并于1968年2月23日通过了《修订统一提单若干法律规定的国际公约的议定书》(Protocol to Amend the International Convention for the Unification of Certain Rules of Law Relating to Bills of Lading)，该议定书被简称为《维斯比规则》(Visby Rules)。该议定书于1977年6月23日生效。

（二）《维斯比规则》的主要内容

1. 提高承运人赔偿责任限制

该规则第2条将承运人对货物灭失或者损坏的赔偿责任限额提高至货物每件或者每单位10 000法郎，并采用双轨制，即同时按灭失或者受损的货物的毛重每千克30法郎计算，二者以较高者为准。该条还订有“集装箱条款”(container clause)，规定当货物以集装箱、货盘或者类似的工具集装时，如提单中载明装在此种运输工具中的货物件数或者单位数，承运人赔偿责任限额按此件数或者单位数予以确定。否则此种运输工具视为一件或者一个单位，而不论其内实际装有货物的件数或者单位数。该条进一步规定了承运人或船舶丧失赔偿责任限制权利的条件，即如经证明，货物的损失是由于承运人的故意或者明知可能造成损失而轻率地作为或者不作为造成时，无论是承运人或者船舶，均不享有责任限制的权利。这是国际海事条约中第一次规定赔偿责任限制权利丧失的条件,并且该条件为之后规定赔偿责任限制的国际海事条约所采纳。

2. 增加了提单绝对证据效力的规定

根据《海牙规则》第3条第4款,提单上货物及其状态的记载,是承运人已收到此种记载的货物的初步证据。《维斯比规则》第1条进一步规定了提单的绝对证据效力,即提单转让至善意行事(acting in good faith)的第三者时,与此相反的证据便不能接受。这一规定表明,当提单从托运人转让或者转移至善意的第三者收货人时,提单便成为承运人收到其上所载货物的绝对证据(conclusive evidence),即承运人提出的实际收到的货物与提单上记载的货物不同的证据不被接受。

3. 非合同之诉讼

《维斯比规则》第3条规定,《海牙规则》规定的抗辩(defence)和赔偿责任限制应适用于就运输合同所载货物的灭失或者损坏而对承运人提起的任何诉讼,而无论该诉讼是以合同为依据或以侵权行为为依据。这一规定的目的是防止收货人或者其他货物灭失或者损坏的请求人通过提起侵权之诉而排除《海牙规则》有关承运人免责或者赔偿责任限制规定的适用。

4. 承运人的受雇人或者代理人的权利义务

《维斯比规则》将"喜马拉雅条款"的内容法律化,规定如诉讼是对承运人的受雇人或者代理人(非承运人的独立合同人)提起,该受雇人或者代理人有权援引《海牙规则》中承运人的各项抗辩或者赔偿责任限制的规定。

5. 诉讼时效

《海牙规则》第3条第6款规定,货物灭失或者损坏索赔的诉讼时效期间为1年。《维斯比规则》进一步规定,该诉讼时效期间可通过双方协议而延长,并规定即使在1年期间届满后,只要在受诉法院所在地法律允许期间之内,便可向第三者提起追偿之诉讼,但允许的时间自提起此种诉讼的人已解决对其提出的索赔案件或者向其本人送达起诉状之日起算,不得少于3个月。

6.《维斯比规则》的适用范围

《维斯比规则》在《海牙规则》的基础上,将适用范围扩大至有关国际海上货物运输中货物从缔约国起运的提单以及规定受《海牙规则》或者赋予该规则以法律效力的国内法约束的提单。

(三)《海牙-维斯比规则》1979年议定书

《维斯比规则》规定的承运人赔偿责任限额计算单位为法郎,并以黄金作为定值标准。由于黄金本身的价格根据市场供求关系自由涨落,使承运人赔偿责任限额的实际价值不能保持稳定。1979年12月31日在布鲁塞尔召开的由37国代表参加的外交会议上通过了修订《海牙-维斯比规则》的议定书,该议定书于1984年2月14日生效。

该议定书的主要内容是将承运人赔偿责任限额的计算单位从金法郎改为特别提款权(Special Drawing Right, SDR),因而被称作《海牙-维斯比规则》的"特别提款权议定书"(SDR Protocol)。按15法郎等于1特别提款权计算,该议定书规定,承运人赔偿责任限额为每件或者每单位货物666.67特别提款权，或者按货物毛重每千克2特别提款权计算，二者之中以较高者为准，但国内法规定不能使用特别提款权的缔约国仍可以法郎作为计算单位。

三、《汉堡规则》

（一）《汉堡规则》产生的背景

《维斯比规则》和《海牙规则》对维护承运人利益的条款予以保留，发展中国家要求彻底修改规则的呼声不断，并联合一致，发起制定公平合理的新的国际海运提单公约的活动。在这种情况下，1968年联合国贸发会下设的国际航运立法小组，经过10年的酝酿、讨论，于1976年5月草拟了《联合国海上货物运输公约》草案，并提交1978年3月6日至31日在汉堡召开的联合国海上货物运输公约外交会议审议，最后通过了《1978年联合国海上货物运输公约》，简称《汉堡规则》（Hamburg Rules），该规则于1992年11月生效。

（二）《汉堡规则》的主要内容

1. 承运人责任期间

该规则第4条规定，承运人对货物的责任期间，包括货物在装货港、运输途中和卸货港掌管货物的期间。具体而言，承运人责任期间是指承运人、其受雇人或者代理人从托运人或者代其行事的人接管货物时起，或者根据装货港所适用的法规，从货物发运当局或者其他第三方接管货物时起，至货物交付给收货人、其受雇人或者代理人，或者当收货人不向承运人提货时，依照合同或者卸货港适用的法律或者特定的商业习惯，将货物置于收货人、其受雇人或者代理人支配之下，或者根据卸货港适用的法规，将货物交付给所需交付的当局或者其他第三方时为止。承运人将货物交给当局，视为交付货物的义务已经履行。

2. 承运人责任的归责原则

《汉堡规则》第5条第1款规定，如引起货物灭失、损坏或延迟交付的事故发生在承运人掌管货物的期间，则除非承运人证明其本人及其受雇人和代理人已为避免事故的发生及其后果而采取了一切所能合理要求的措施，否则应对由于货物灭失、损坏以及延迟交付所造成的损失承担损害赔偿责任。由此可见，该规则取消了《海牙-维斯比规则》中承运人对船长、船员等驾驶船舶或者管理船舶过失（航海过失）及其在火灾中的过失免责，从而对承运人实行完全的过错责任原则。《汉堡规则》虽然从文字上取消了《海牙-维斯比规则》第4条第2款中的其他免责事项，但这些免责事项均指承运人、其受雇人和代理人无过错的情形，因而实质上并未取消。但是，作为船货双方利益的妥协，该规则对火灾的举证责任作了倒置的规定。该规则第5条第4款规定，承运人应对由于其本人、其受雇人或者代理人的过失引起的火灾所造成的货物灭失、损坏或者延迟交付承担损害赔偿责任。承运人、其受雇人或者代理人在灭火以及为避免或者减轻其后果而采取的措施中的过失所造成的货物灭失、损坏或者延迟交付，承运人也应承担损害赔偿责任。但是，承运人、其受雇人或者代理人有过失的举证责任应由请求人承担。

3. 货物迟延交付

《汉堡规则》第 5 条第 2 款规定了承运人对货物延迟交付的责任：如未能在明确约定的时间内或者在没有约定时，未在根据具体情况对一个谨慎的承运人所能合理要求的时间内，在海上运输合同规定的卸货港交付货物，即为延迟交付。该条第 3 款进一步规定，如在上述时间届满后连续 60 天之内，未按第 4 条要求交付货物，有权对货物灭失提出索赔的人可以视为货物已经灭失，进而可以提出货物灭失的索赔。

4. 承运人赔偿责任限制

《汉堡规则》对承运人对货物灭失或者损坏所造成的损失的赔偿责任限额具体规定为：货物每件或者每一其他装运单位 835 特别提款权，或者按货物毛重计算，为每千克 2.5 特别提款权，二者之中以较高者为准。对非国际货币基金组织的成员，且国内法律不允许适用特别提款权的国家，承运人的赔偿责任限额为货物每件或者每一其他装运单位 12 500 法郎，或者按货物毛重计算，为每千克 37.5 法郎，二者之中以较高者为准。

该规则保留了《维斯比规则》关于以集装箱、货盘或者类似装运工具集装货物时，确定货物件数或者装运单位数的规定，并进一步规定，如此种装运工具本身遭受灭失或者损坏，且不是由承运人所有或者由其提供，装运工具应视为一个独立的装运单位。

承运人对货物延迟交付的赔偿责任限额，区分两种情况确定：如延迟交付的货物没有损坏，承运人对迟延交付所造成的经济损失的赔偿责任以所延迟交付的货物应付运费的 2.5 倍为限，但不超过海上运输合同中规定的应付运费总额；如延迟交货的货物存在损坏，则承运人的赔偿责任以所迟延交付的货物全部灭失时应承担的赔偿责任为限。

《汉堡规则》第 8 条关于承运人丧失责任限制权利的规定与《维斯比规则》及我国《海商法》的规定相同。

5. 非合同之诉讼

就货物灭失、损坏或者迟延交付根据侵权行为对承运人提起的诉讼，或者对承运人的受雇人或代理人提起的诉讼，该规则第 7 条规定，该规则规定的承运人的抗辩理由和赔偿责任限制适用于就海上货物运输合同所包含的货物灭失或损坏以及迟延交付而对承运人提起的任何诉讼，而不论诉讼是根据合同还是根据侵权行为或其他原因所提起，也不论请求人是否是合同的一方。如这种诉讼是对承运人的受雇人或代理人提起，且该受雇人或代理人证明其是在受雇的范围内行事，便有权援引承运人的抗辩理由和赔偿责任限制。从承运人及其受雇人或代理人获得的赔偿总额不得超过该规则规定的承运人的赔偿责任限额，除非承运人或其受雇人或代理人丧失赔偿责任限制的权利。

6. 活动物与舱面货

《汉堡规则》不再将活动物和舱面货排除在货物的定义和适用范围之外。承运人对由于运输活动物所固有的任何特殊风险造成活动物的灭失、损害或迟延交付不承担损害赔偿责任。如承运人证明已按照托运人对有关活动物所做的专门指示行事，并且证明根据实际情况，灭失、损害或迟延交付可以归之于此种风险，便应推定灭失、损害或迟延交付系这种风险所造成，除非有证据证明灭失、损害或迟延交付全部或部分是由于承运人、其受雇人或代理人的过失或疏忽所造成。

关于舱面货，该规则第 9 条规定，第一，只有当符合与托运人达成的协议或特定的运输习惯或者为法规或规则所要求时，承运人才有权在舱面载运货物；第二，如承运人与托运人约定应该或可以在舱面载运货物，承运人应在提单或其他作为海上货物运输合同证明的单证上作出此种说明，如无此种说明，承运人应证明已就舱面载运货物达成协议，但承运人无权援引此种协议对抗善意取得提单的包括收货人在内的第三方；第三，如承运人擅自在舱面载运货物，则即使承运人证明，其本人及其受雇人和代理人已为避免事故的发生及其后果而采取了一切所能合理要求的措施，承运人仍然应对完全是由于舱面载运货物而造成的货物灭失或损坏以及迟延交付承担损害赔偿责任，其程度应分别按照规则第 6 条赔偿限额的规定或第 8 条责任限制权利丧失的规定加以确定；第四，承运人违反在舱内载运货物的明文协议而在舱面载运货物，视为第 8 条规定的责任限制权利丧失的行为。

7. 托运人的义务与责任

《汉堡规则》对于托运人的义务和责任与我国《海商法》的相关规定基本一致。该规则第 17 条规定了保函的效力：托运人在货物外表状况不良时，为换取清洁提单而向承运人提供的保函（letter of indemnity），在托运人与承运人之间有效。但是当提单转让至包括收货人在内的任何第三方时，此种保函无效。而且如承运人或者代其行事的人接受托运人的保函，构成对信赖提单中记载的货物情况的第三者进行欺诈，则保函在托运人与承运人之间亦属无效，同时，承运人应对第三者因此所受的任何损失承担损害赔偿责任，且不得援引该规则规定的赔偿责任限制。

8. 货物灭失、损坏或者延迟交付的通知、诉讼时效

关于货物灭失、损坏或迟延交付通知的规定，《汉堡规则》与我国《海商法》第 81 条的规定基本相同。但是对于交货时货物存在不明显的灭失或者损坏的情形，该规则第 19 条第 2 款不区分集装箱货物和非集装箱货物，而将收货人提交此种通知的时间统一规定为货物交付的次日起连续 15 日内。

当由于托运人、其受雇人或者代理人的过失，使承运人或者实际承运人遭受损害时，承运人或者实际承运人应在损害发生之日或者货物交付之日（二者之中以较迟发生者为准）起 90 日内，将表明损害一般性质的通知书面提交托运人或者代表托运人行事的人。否则便构成承运人或者实际承运人并未由于托运人、其受雇人员或者代理人的过失遭受损害的初步证据。

根据该规则提起的关于货物运输的任何诉讼，不论提起人是托运人或者收货人，还是承运人或者实际承运人，时效期间均为 2 年，自承运人或者实际承运人交付货物或者交付部分货物，未交付货物情形下，自本应交付货物的最后一日起算，但不包括起算当日。被请求人可在上述诉讼时效期间之内的任何时候向索赔人提出延长时效期间的书面声明，且可通过再次声明而进一步延长。如负有赔偿责任的人向第三者提起追偿之诉，即使上述时效期间已届满，此种诉讼仍可在诉讼所在国法律许可的时间内提起，但所许可的时间自提起人已经解决对其索赔的案件或者已接到向其本人送达的起诉状之日起算，不少于 90 日。

9. 管辖权与仲裁

根据《汉堡规则》，下列地点所在国法院对有关货物运输的争议具有管辖权：① 被

告主要营业所所在地或者无主要营业所时，被告经常居住地；② 合同订立地，而合同是通过被告在该地的营业所、分支或者代理机构订立；③ 装货港或者卸货港；④ 海上运输合同中规定的其他地点。原告有权在上述法院选择诉讼地点，按该国法律提起诉讼。此外，如当事船舶（载运货物的船舶）或者属于同一船舶所有人所有的其他船舶在该规则缔约国港口，依据该国法律或者国际性规则被扣押，则扣押船舶的法院亦有管辖权，但被告有权请求原告将诉讼移送至由其选定的上述有管辖权的法院。在移送之前，被告应提供充分的担保，以偿付日后可能判给原告的赔偿金额。担保是否充分由扣押船舶的法院裁定。此外，该规则承认索赔提出后达成的管辖权协议的效力，即海上运输合同当事人一方向另一方提出索赔后，双方就诉讼地点达成的管辖协议有效，协议中约定的法院对争议具有管辖权。

争议双方可达成书面仲裁协议，由申请人选择在下列地点之一所在国提请仲裁：① 被申请人主要营业所所在地或者如无主要营业所，则其经常居住地；② 合同订立地，而合同是通过被申请人在该地的营业所、分支或者代理机构订立；③ 装货港或者卸货港。此外，该规则承认仲裁协议的效力，即双方可在达成的仲裁协议中规定仲裁地点。仲裁员或者仲裁庭应按该规则的规定处理争议。

如提单中没有关于租船合同中的仲裁条款对提单持有人具有约束力的特别规定，承运人不能援引该仲裁条款对抗善意取得提单的人。但是，这一规定并非意味着提单中只要有租船合同中的仲裁条款对提单持有人具有约束力的特别规定，如提单“并入条款”提及所并入的租船合同中的仲裁条款，承运人就可援引该仲裁条款对抗善意取得提单的人。相反，租船合同中的仲裁条款能否并入提单而对提单持有人具有约束力，须根据国内法的规定确定。

10. 规则的适用范围

《汉堡规则》适用于两个国家之间的海上货物运输合同，并且合同中约定的装货港或者卸货港位于某一缔约国之内，或者备选的卸货港之一为实际卸货港并位于某一缔约国内，或者提单或者作为海上运输合同证明的其他单证在某一缔约国签发，或者提单或者其他单证规定合同受该规则或者采纳该规则的任何国内法的约束。同《海牙规则》一样，该规则不适用于租船合同，但如提单根据租船合同签发并调整承运人与承租人以外的提单持有人之间的关系，此提单应适用该规则的规定。

四、《鹿特丹规则》

（一）《鹿特丹规则》产生的背景

虽然《海牙规则》《海牙-维斯比规则》和《汉堡规则》均已生效且并存，但批准或加入规则的国家数量不同，且这些国家在国际航运和贸易中的地位也不同。各国国内立法的一个显著的共同特点是采用以《海牙-维斯比规则》为基础，吸收《汉堡规则》中成熟和合理的内容，并增加本国特色的规定而形成的本国国际海上货物运输法律的“混合运输制度”（hybrid carriage regime）的立法模式。但结果是，国际海上货物运输法律处于很不统一的状态。此外，当时各国法律和国际公约在很多问题上存在重大的空白，成为货物自由流动的障碍并增加交易的成本。货物运输中电子通信手段的使用日趋增多，使这些支离破碎、互不相同的法律造成的后果更为严重,需要有涉及新技术应用的统一规定。

1999 年国际海事委员会成立运输法国际分委员会,先后召开了六次会议,于 2000 年 7 月第三次会议后提出了框架文件第一稿,后几易其稿,于 2001 年 11 月第六次会议后形成了《最终框架文件草案》(Final Draft Outline Instrument)。在该草案的基础上,完成了《联合国全程或部分海上国际货物运输合同公约》草案的制定,并于 2008 年 12 月 11 日联合国第 63 届大会第 67 次会议上通过了《联合国全程或部分海上国际货物运输合同公约》(United Nations Convention on Contracts for the International Carriage of Goods Wholly or Partly by Sea),并定于 2009 年 9 月 23 日在荷兰鹿特丹签署,将该公约简称为《鹿特丹规则》(Rotterdam Rules)。

(二)《鹿特丹规则》的主要内容

《鹿特丹规则》与现行《海牙规则》《海牙-维斯比规则》和《汉堡规则》相比较,主要有以下三个方面的重大变化:① 为适应国际集装箱货物"门到门"运输方式的变革和批量合同(服务合同)的广泛使用而作出的重大变化;② 为适应电子商务在国际海上贸易运输中的广泛应用前景而作出的重大变化;③ 为重新平衡船货双方权利义务以适应技术的进步,以及为解决国际海上货物运输法律实践中存在的带有普遍性的问题作出的重大变化。《鹿特丹规则》的主要内容如下。

1. 适用范围

《鹿特丹规则》主要从三个方面对规则的适用范围作出规定。

(1) 适用的运输合同的范围。该规则适用于收货地和交货地位于不同国家且海上运输的装货港和同一海上运输的卸货港位于不同国家的运输合同,条件是运输合同约定的收货地、装货港、交货地或卸货港位于缔约国。

(2) 不适用的合同。规则不适用于租船合同和使用船舶或船舶任何舱位的合同,以及非班轮运输中的运输合同,除非当事人之间不存在使用船舶或船舶任何舱位的合同,并且已签发运输单证或电子运输记录。但是,对于上述被排除在适用范围之外的运输合同,在承运人与非合同原始当事人的收货人、控制方或持有人之间,该规则依然适用。

(3) 对国际货物多式联运合同的适用。该规则改变了《汉堡规则》仅适用于承运人接收货物的地点限于装货港、交付货物的限于卸货港的情形,适用于承运人从在任何地点接收货物至在任何地点交付货物的整个期间。该规则既适用于单一的国际海上货物运输合同,也适用于包括国际海上运输区段在内的国际货物多式联运合同。但是,该规则对于货物海上运输区段之前或之后的内陆水路、公路、铁路或航空运输的适用设置了条件:第一,货物灭失、损坏或造成迟延的事件发生时,依据该国际文书的规定,如托运人已就发生货物灭失、损坏或造成货物迟延交付的原因的特定运输阶段与承运人订立单独和直接的合同,该国际文书本应适用于承运人的任何活动;第二,该国际文书明确规定了承运人的赔偿责任、赔偿责任限制或诉讼时效;第三,该国际文书规定不能通过合同加以背离或不能在损害托运人利益的情况下通过合同加以背离。这种国际货物多式联承运人(多式联运经营人)的责任形式被称作"最小网状责任制"(minimum network liability

system)。“最小”一词是指将适用于非国际海运区段的国际公约或地区性条约的适用限制到最低程度，以保障通过该规则的适用促进各种运输方式法律制度的统一。

2. 承运人的责任期间、义务、赔偿责任和赔偿责任限制

（1）承运人的责任期间。该规则第 12 条规定为自承运人或履约方为运输而接收货物时起至货物交付时止的期间。如在承运人接收货物的地点，当地法律要求先将货物交给某当局或其他第三方，并且承运人可以从该当局或该其他第三方接收该货物，则承运人从该当局或其他第三方接收货物的时间和地点为其接收货物的时间和地点。运输合同可以约定承运人接收货物和交付货物的时间和地点，但接收货物的时间不得晚于开始最初装货的时间，交付货物的时间不得早于完成最后卸货的时间。

（2）承运人的特定义务。该规定第 14 条规定，承运人应在开航前、开航当时和海上航程中谨慎处理：① 使船舶处于且保持适航状态；② 妥善配备船员、装备船舶和补给供应品，且在整个航程中保持此种配备、装备和补给③ 使货舱、船舶所有其他载货处所和由承运人提供的载货集装箱适于且能安全接收、运输和保管货物，且保持此种状态。简言之，承运人不但应谨慎处理使船舶在开航之前和开航当时适航，还应在海上航程期间保持船舶适航状态。

该规则第 13 条规定，承运人在责任期间内应妥善而谨慎地接收、装载、操作、积载、运输、保管、照料、卸载并交付货物，但承运人与托运人可以约定由托运人、单证托运人或收货人装载、操作、积载或卸载货物。该规则相比我国《海商法》第 48 条和《海牙－维斯比规则》第 3 条第 2 款的规定增加了接收货物和交付货物两个环节。

（3）承运人赔偿责任。对于承运人的责任基础（basis of liability），《鹿特丹规则》第 17 条规定，承运人对货物灭失、损坏或迟延交付的归责原则为完全的过失责任。该条规定了承运人的 15 项免责事项，但废除了船长、船员等航海过失或火灾中的过失免责，并将恐怖活动和避免或试图避免对环境造成危害的合理措施明确列为承运人免责事由。废除船长、船员等航海过失或火灾中的过失免责，使得承运人对货物灭失、损坏或迟延交付的归责原则从不完全的过失责任变为完全的过失责任。该条以承运人推定过失为基础，明确了船货双方各自的举证内容与顺序，具体而言：第一，如索赔人证明货物灭失、损坏或迟延交付，或者造成灭失、损坏或迟延交付的事件或情形发生在承运人责任期，则推定承运人有过失，应对货物灭失、损坏和迟延交付负赔偿责任；第二，如承运人证明灭失、损坏或迟延交付不能归责于承运人本人或其应负责的任何人的过失，或者是由于其可免责的原因所致，则承运人不负赔偿责任；第三，如索赔人证明灭失、损坏或迟延交付是由于承运人本人或其应负责的任何人的过失所致，或者非由于承运人可免责的原因所致，且承运人不能证明不是由于其本人或其应负责的任何人的过失所致，则承运人应负赔偿责任；第四，如索赔人证明造成或可能造成灭失、损坏或迟延交付的原因是船舶不适航，且承运人不能证明船舶不适航未造成灭失、损坏或迟延交付，或者承运人已经谨慎处理，则承运人应负赔偿责任。这一举证责任分配体系层次分明，具有较好的可操作性，有助于克服适用《海牙规则》《海牙－维斯比规则》或者我国《海商法》情况下由于举证责任规定不明确所带来的司法实践中的混乱。

（4）承运人赔偿责任限制。根据《鹿特丹规则》第 59 条的规定，承运人对于违反该

规则对其规定的义务所负赔偿责任的限额，按照索赔或者争议所涉货物的件数或者其他货运单位计算，每件或者每一其他货运单位为875特别提款权，或者货物毛重每千克3特别提款权，两者之中以较高者为准，除非托运人申报了货物的价值并在合同细节中载明，或者承运人和托运人约定了高于本条规定的责任限制金额。值得注意的是，该条规定的赔偿限额不仅适用于货物灭失或者损坏，也适用于承运人违反该规则规定的义务而应承担损害赔偿责任的其他情形，但迟延交付除外。

该规则第21条将货物“迟延交付”定义为“未在约定时间内在运输合同约定的目的地交付货物”。承运人对于货物迟延交付造成的纯经济损失的赔偿限额为所迟延交付的货物运费的2.5倍，但当迟延交付的货物同时存在灭失或损坏时，承运人的赔偿限额不超过该货物全损时的赔偿限额。

3. 托运人的义务和责任

（1）交付待运货物的义务。该规则第27条规定，托运人应按照运输合同的约定交付待运的货物，并使货物处于能承受预定运输（包括货物的装载、操作、积载、绑扎、加固和卸载）的状态且不会对人身或财产造成损害。如约定由托运人负责货物的装载、操作、积载或卸载，则托运人应妥善而谨慎地履行该义务。如由托运人装载集装箱内或车辆上的货物，托运人应妥善而谨慎地积载、绑扎和加固货物，使之不会对人身或财产造成损害。

（2）提供信息、指示和文件的义务。根据该规则第28条和第29条的规定，当承运人无法以其他合理方式获取为正确操作和运输货物（包括由承运人或履约方采取预防措施）以及为使承运人遵守法律的规定或公共当局的要求所合理需要的有关货物的信息、指示和文件时，经托运人要求，在托运人掌握的或能合理提供的范围内，托运人应及时向承运人提供此种信息、指示和文件。如托运人提供有关货物的某些信息、指示和文件是法律规定的义务或公共当局的要求，则托运人还应履行这种义务或满足这种要求。

（3）提供拟定合同事项所需要的信息的义务。根据《鹿特丹规则》第31条的规定，托运人应及时向承运人提供拟定合同事项以及签发运输单证或电子运输记录所需的准确信息，其中包括托运人名称、收货人或指示人名称。托运人应就此种信息不准确所导致的灭失或损坏向承运人承担损害赔偿责任，并以无过错责任为归责原则。

（4）托运危险货物时的义务。当货物因本身性质或特性而对人身、财产或环境形成或可能形成危险时，托运人应在将货物交付给承运人或履约方之前，及时将货物危险性质或特性通知承运人，并且根据预定货物运输的任何阶段所适用的法律或公共当局的要求对危险货物加以标志或标签。对于承运人或履约方所遭受的损失，如系托运人未履行前述义务所致，且承运人或履约方无法以其他方式知道货物危险性质或特性时，托运人应对因此导致的灭失或损坏向承运人承担损害赔偿责任，并以无过错责任为归责原则。

（5）托运人承担的损害赔偿责任。除前述托运人不履行提供拟定合同事项所需要的信息的义务或托运危险货物时的义务时需以无过错责任为归责原则承担损害赔偿责任外，该规则第30条规定，在其他情况下，托运人以过错责任为归责原则向承运人承担损害赔偿责任。该规则第34条同时规定，托运人应对其受雇人或其委托的代理人和分包人在履行其义务中的行为负责。

（6）单证托运人的权利和义务。《鹿特丹规则》第1条将“单证托运人”定义为“托运人之外、同意在运输单证或电子运输记录中记名为托运人的人”。FOB或类似价格条件下的货物卖方成为单证托运人的条件是该卖方和托运人同意该卖方在运输单证或电子运输记录中记名为托运人，并且确实在运输单证或电子运输记录中记名为托运人。除成为单证托运人的情形外，此种货物卖方在运输合同中不具有任何法律地位，对承运人既不承担义务也不享有权利。根据该规则第33条规定，单证托运人应承担前述托运人的义务和损害赔偿责任，并享有托运人的权利和抗辩。该规则第35条规定，货物向承运人或履约方交付运输后，经托运人同意，单证托运人有权按照托运人的选择从承运人处获得运输单证或电子运输记录。单证托运人承担义务和损害赔偿责任以及享有权利和抗辩，不影响托运人应承担的义务和损害赔偿责任及其享有的权利和抗辩。

4. 履约方的权利、义务和责任

该规则第1条将“履约方”定义为直接或间接地在承运人的要求、监督或控制下，实际履行或承诺履行承运人在运输合同下有关货物的接收、装载、操作、积载、运输、照料、卸载和交付的任何义务的人。“履约方”分为“海运履约方”和“非海运履约方”。

海运履约方为在货物到达船舶装货港至货物离开船舶卸货港期间履行或承诺履行承运人任何义务的履约方，包括完全在港区范围内履行或承诺履行其的义务的内陆承运人，主要包括实际履行或承诺履行海上运输或部分海上运输的人以及在装货港或卸货港内实际履行或承诺履行承运人所负责的货物港口作业的港口经营人。该规则关于海运履约方的权利、义务和责任的规定与《汉堡规则》和我国《海商法》第四章关于实际承运人的规定基本相同，即当造成货物灭失、损坏或迟延交付的事件发生在海运履约方掌管货物或其参与履行运输合同约定的任何活动的其他时间内，海运履约方应承担该规则规定的有关承运人义务和损害赔偿责任，并享有该规则规定的抗辩和赔偿责任限制权利。对于货物的灭失、损坏或迟延交付，承运人和海运履约方均负有损害赔偿责任时，应在承运人赔偿责任限制金额内承担连带责任。

5. 运输单证和电子运输记录

（1）运输单证。运输单证”（transport document）具有两个作用，即证明承运人或履约方已按运输合同收到货物，以及证明或包含运输合同。运输单证分为可转让运输单证和不可转让运输单证。可转让运输单证是指通过“凭指示”或“可转让”之类的词语或者适用于单证的法律认定具有相同效力的其他适当词语，表明货物已交付运输，并应按托运人或收货人的指示交付或者应交付给持单人，而且未明确注明其为“不得转让”或“不可转让”的运输单证。运输单证包括传统的提单和海运单，但又不限于这两种单证，凡是符合前述定义的单证均为运输单证。

（2）电子运输记录。“电子运输记录”（electronic transport record）是指承运人根据运输合同以电子通信方式发出的证明承运人或履约方已按运输合同收到货物，以及证明或包含运输合同的一条或数条文讯（message）中的信息，包括作为附件与电子运输记录有着逻辑联系的信息，或承运人签发电子运输记录的同时或之后与之有联系从而成为电子运输记录一部分的信息。可见，电子运输记录具有与运输单证相同的作用。只要电子运输记录的签发和随后的使用得到承运人和托运人的同意，根据该规则应在运输单证上载明的任何内容均可在电子运输记录中加以记载，并且电子运输记录的签发、排他性控制或转让与运输单证的签发、占有或转让具有同等的效力。

6. 货物交付

根据该规则第 43 条的规定，货物到达目的地后，要求交付货物的收货人应在运输合同约定的时间或期限和地点接受货物。如无此种约定，则应在合理预期的交货时间和地点接受货物。为了解决部分传统提单情况下无单放货问题，针对承运人本应凭提交的运输单证或电子运输记录交付货物的情形，该规则第 45 条规定符合特定条件时承运人可以不凭提交的运输单证或电子运输记录交付货物。

对于收货人不接受货物、承运人可以拒绝交付货物等承运人无法交付货物的情形，该规则第 48 条规定承运人可以根据情况的合理要求，在事先通知被通知人以及承运人知道的收货人、控制方或托运人的前提下，就货物采取行动，包括将货物存放在任何合适地方，打开和转移载于集装箱内或车辆内货物，按照惯例或法律将货物出售或销毁，由此产生的风险和费用由有权提取货物的人承担。

7. 控制权

该规则第 50 条规定，在承运人责任期间，控制方有权向承运人发出的有关货物的指示：① 发出或修改不构成对运输合同变更的指示的权利；② 在计划挂靠港或陆路运输途中的任何地点提取货物的权利；③ 由包括控制方在内的其他任何人取代收货人的权利。

控制权是法定形成权，其行使属于控制权方单方的行为，不以承运人同意为条件。对此，该规则第 52 条规定，在满足下列条件时，承运人应执行控制方发出的指示：① 发出此种指示的人有权行使控制权；② 该指示送达承运人时即能够被合理地执行；③ 该指示不会干扰承运人的正常营运，包括其交付作业。因承运人未执行控制方的指示所造成的货物灭失、损坏或迟延交付，适用承运人的赔偿责任和赔偿责任限制的规定。但是，为保障承运人的正当权益，除上述控制方行使控制权的条件外，该条同时规定，控制方均应偿还承运人因执行其指示而承担的合理的额外费用，并赔偿承运人因执行其指示而遭受的灭失或损坏，包括承运人可能就其他货物灭失、损坏或迟延交付而承担的损害赔偿责任。并且对于承运人合理预计的因执行其指示而产生的额外费用、灭失或损坏，承运人有权从控制方获得适当担保。如控制方不提供此种担保，承运人可拒绝执行指示。

8. 时效

就违反本公约规定义务所产生的索赔或争议而提起诉讼或仲裁，时效期间为 2 年，自承运人交付货物之日起算，或者未交付货物或只交付部分货物时，自本应交付货物最后之日起算。但如一方当事人已经提起诉讼或者仲裁，即使时效期间期满，另一方当事人仍然可以提出反索赔作为抗辩，或以此抵消对方当事人提出的索赔。该时效期间不得中止或中断，但被索赔人可以在时效期内的任何时间通过向索赔人声明而延长该时效期，并且可以经再次声明或多次声明进一步延长。

被认定负有责任的人可以在上述时效期间届满后提起追偿诉讼，提起该追偿诉讼的时效期间为诉讼地国家或地区的准据法所允许的时效期间，或者自追偿诉讼提起人解决原索赔之日或自收到向其本人送达的起诉文书之日（以较早者为准）起 90 日，以较晚者为准。

对被识别为承运人的光船承租人或其他人的诉讼，可以在上述两年的时效期间届满后提起，提起该诉讼的时效期间为诉讼地国家或地区的准据法所允许的时效期间，或者自识别承运人之日或自船舶登记所有人或光船承租人推翻其为承运人的推定之日起90日，以较晚者为准。

9. 管辖权与仲裁

（1）管辖权。根据《鹿特丹规则》第66条和第68条的规定，原告对承运人的诉讼具有管辖权的法院包括承运人住所地、运输合同约定的收货地或交货地的法院，或货物的最初装船港或货物的最终卸船港所在地的法院，或者托运人与承运人协议选择的法院。但是，如批量合同载有排他性法院选择协议，则应在该具有排他性管辖权的法院对承运人提起诉讼。原告对海运履约方的诉讼具有管辖权的法院包括海运履约方的住所地、海运履约方接收货物的港口或海运履约方交付货物的港口，或海运履约方履行与货物有关的各种活动的港口所在地的法院。公约允许争议发生后当事人协议约定具有管辖权的法院。如被告在一法院应诉而未提出管辖权异议，则该法院具有管辖权。

（2）仲裁。根据《鹿特丹规则》第75条和第76条的规定，当事人可以达成仲裁协议，约定根据该规则运输货物所产生的任何争议均应提交仲裁。索赔人对承运人的索赔可选择在仲裁协议约定的地点，或者承运人住所地、运输合同约定的收货地或交货地，或货物的最初装船港或货物的最终卸船港所在地进行仲裁。但如批量合同载有排他性仲裁协议，则应在该协议约定的仲裁地对承运人提起仲裁。该规则规定不影响非班轮运输合同中的仲裁协议的效力，但根据非班轮运输合同签发的运输单证或电子运输记录适用该规则时，该运输单证或电子运输记录中的仲裁协议仍应受该规则第15章的约束，除非运输单证或电子运输记录载明租船合同或其他合同各方当事人的名称和签订日期，而且已并入该合同中的仲裁条款。争议发生后当事人可以协议约定在任何地点以仲裁方式解决争议。

10. 合同条款的有效性

该规则第16章是关于运输合同条款效力的规定，包括一般规定和针对批量合同的特别规定。

（1）一般规定。该规则第79条规定，除该规则另有规定外，运输合同中的条款有下列情形时一概无效：a）直接或间接地排除或限制承运人或海运履约方所承担的该规则规定的义务或损害赔偿责任；b）将货物的保险利益转让给承运人、履约方、船长或船员、承运人的受雇人或履约方的受雇人。此外，除该规则另有规定外，运输合同中直接或间接地排除、限制或增加托运人、收货人、控制方、持有人或单证托运人所承担的该规则规定的义务或损害赔偿责任的条款也无效。

（2）批量合同。“批量合同”（volume contract）是指在约定时期内分批运送约定数量的货物的运输合同。数量的约定可以是最低数量、最高数量或者某个数量区间。批量合同多数表现为当今国际集装箱货物运输中广泛使用的服务合同（service contract）。原则上批量合同对承运人和托运人权利、义务和责任的约定，可以背离该规则的规定。批量合同背离规则的条件包括：其一，批量合同中载有背离规则的明确声明，并且不得以提及方式从另一单证并入；其二，批量合同系经过单独协商订立，或者明确指明批量合同中具有背离规则内容的条款；其三，已给予托运人按照符合规则的条款和条件订立运输合同而不作出任何背离的机会，并且已将此种机会通知托运人；其四，主张从背离规则中获得利益的一方当事人，负有证明背离规则的各项条件已经得到满足的责任。就上述第二个条件而言，承运人的公开运价表和服务表、运输单证、电子运输记录或者类似单证不是批量合同。但批量合同可以通过提及方式作为合同条款并入此类单证的规定。

但是，批量合同不得背离《鹿特丹规则》有关承运人谨慎处理使船舶适航的义务，托运人提供信息、指示和文件的义务，危险货物的特别规则以及承运人赔偿责任限制权丧失的规定。

批量合同中背离规则的条款约束承运人与托运人以外的任何第三方的条件是该第三方所收到的信息中明确声明该批量合同背离规则，并且该第三方明确同意受背离规则内容的约束，且此种同意不只是在承运人的公开运价表和服务表、运输单证或者电子运输记录上载明。

此外，该规则第 67 条针对批量合同中排他性法院选择协议作了规定。排他性法院选择协议需满足下列条件：批量合同经单独协商订立或载有存在排他性法院选择协议的明确声明，且指出批量合同中具有该协议的部分，以及该协议清楚指明某一缔约国法院。此外，在满足下列各项条件时，批量合同中排他性法院选择协议对批量合同当事人之外的第三人具有约束力，而无须征得该第三人的同意：协议中指定的法院位于第 66 条规定的地点之一，该协议载于运输单证或电子运输记录，关于诉讼提起地法院以及该法院拥有排他性管辖权的通知已及时、正确地发给该第三人，并且受案法院的法律承认该排他性法院选择协议对该第三人具有约束力。对批量合同中的排他性仲裁协议的规定与排他性法院选择协议相似。

第六节　航次租船合同

一、航次租船合同的特点

《海商法》第 92 条规定，航次租船合同是指船舶出租人向承租人提供船舶或者船舶的部分舱位，装运约定的货物从一港运至另一港，由承租人支付约定运费的合同。出租人(shipowner)和承租人(charterer)是航次租船合同的双方当事人。出租人的主要义务是使用船舶或者船舶的部分舱位，按照约定将货物从一港运至另一港。承租人的主要义务是向出租人支付约定的运费和其他费用。

航次租船合同具有以下特点。

(1) 承租人不负责船舶的经营和管理及其费用。在航次租船合同期间，承租人不负责船舶的经营和管理，船舶由出租人通过其任用的船长和船员占有并由其经营和管理，除非出租人不是船舶所有人、光船承租人和经营人，而是作为承租人以定期租船或者航次租船的形式与第三者出租人订立租船合同，又以航次租船形式将船舶转租给承租人。在后者情况下，船舶由该第三人任用的船长和船员占有，且由其经营和管理。除合同可能约定货物装载、积载、平舱、绑扎、垫舱物料、卸载等费用由承租人承担外，其他的船舶营运费用，如燃料费、港口费以及船舶的维持费用，包括船员工资、伙食，船舶维修保养、保险、检验等费用，承租人均不承担。这是航次租船合同区别于定期租船合同和光船租赁合同的最大特点。

（2）合同中约定货物的名称或种类、数量和装卸港口。航次租船合同中订明货物名称时，表明该货物是特定货物，除合同另有约定外，承租人不得更换货物。合同约定货物的种类时，表明该货物是种类货，在该种类货物范围内，承租人可更换货物。关于货物数量，通常约定具体的货物数量或者一定范围的货物数量。关于装卸港口，通常约定具体的装卸港口或者装卸港口的范围。

（3）出租人向承租人提供船舶的全部舱位或部分舱位用于运输货物，运费绝大多数情况下按所运货物的数量和约定的运费率计算。

（4）出租人除对船舶负责外，还应对货物负责，出租人不但应谨慎处理使船舶适航、维持船舶的有效状态，还应妥善和谨慎地装载、搬移、积载、照料、保管、运送、卸载所运的货物，但约定由承租人负责货物装载、积载或者卸载时除外。

（5）合同中约定用于货物装卸期限和装卸时间计算办法，并计算滞期费和速遣费。如承租人未能在合同约定的装卸期限内完成装货和卸货作业，应向出租人按照约定的费率支付滞期费（demurrage）。反之，如承租人在合同约定的装卸期限内提前完成装卸作业，出租人应向承租人按照约定的费率支付速遣费（despatch money）。这一特点使得航次租船合同区别于其他海上货物运输合同和其他租船合同。

二、航次租船合同的格式

目前世界上使用最为广泛的、可适用于各种航线和各种货物的航次租船合同格式是《统一杂货租船合同》（Uniform General Charter），租约代号"金康"（GENCON），由波罗的海国际航运公会（The Baltic and International Maritime Conference，BIMCO）制定。此格式在很多条款上比较明显地维护出租人的利益，因而实践中以此格式为基础订立航次租船合同时，承租人通常要求对格式条款进行修改并增加附加条款，以达到出租人和承租人利益的平衡。此外，国际上存在多种适用于特种货物运输的航次租船合同格式。例如：适用于油轮航次租船的格式主要有：《油船航次租船合同》（Tanker Voyage Charter Party），租约代号为"ASBATANKVOY"；《油船航次租船合同》（Tanker Voyage Charter Party），租约代号"TANKERVOY 87"；《油船航次租船合同》（Tanker Voyage Charter Party），租约代号"INTERTANKVOY"。适用于散装液体化学品航次租船的格式主要有：《BIMCO标准气体航次租船合同》（BIMCO Standard Gas Voyage Charter Party），租约代号为"GASVOY 2005"；《标准航次租船合同》（Standard Voyage Charter Party），租约代号为"CHEMTANKVOY"；《化学品航次租船合同》（Chemical Tanker Voyage Charter Party），租约代号为"ASBACHEMVOY"。适用于散装谷物航次租船的格式主要有：《BIMCO谷物航次租船合同》（BIMCO Standard Grain Voyage Charter Party），租约代号为"GRAINCON"；《北美谷物租船合同》（North America Grain Charterparty），租约代号为"NORGRAIN 89"；《澳大利亚小麦租船合同》（Australian Wheat Charter），租约代号为"AUSTWHEAT 1990"；《大陆谷物租船合同》（Continent Grain Charterparty），租约代号为

"SYNACOMEX 2000"。适用于散装煤炭航次租船的格式主要有:《煤炭航次租船合同》(Coal Voyage Charter),租约代号为"POLCOALVOY";《煤炭租船合同》(Coal Charter Party),租约代号为"NIPPONCOAL"。适用于矿石航次租船的格式主要有:《标准煤炭和矿石租船合同》(Standard Coal and Ore Charter Party),租约代号为"COAL-OREVOY"。此外,国际上还有专门适用于木材运输、粮食运输、游船等航次租船的格式。

三、航次租船合同的法律适用

目前,国际上没有专门关于航次租船合同的国际公约。英美法系国家法律中对航次租船合同不作专门规定,出租人和承租人依据合同自由原则约定合同的内容。大陆法系国家法律一般也不专门对航次租船合同作出规定,或者不作强制性规定。

由于航次租船合同性质上是海上货物运输合同,我国《海商法》第四章"海上货物运输合同"将航次租船合同专门列为第七节"航次租船合同的特别规定",内容主要是参照 1976 年"金康"合同格式。根据《海商法》第 94 条的规定,该法第 47 条关于承运人谨慎处理使船舶适航的规定和第 49 条关于承运人按照约定的或者习惯的或者地理上的航线将货物运往卸货港的规定强制适用于航次租船合同的出租人,第四章中其他有关合同当事人之间的权利、义务的规定仅在航次租船合同没有约定或者没有不同约定时,才适用于航次租船合同的出租人和承租人,因而属于任意性条款。但是,这一章中非有关合同当事人之间权利义务的规定,如第 43 条关于航次租船合同应当书面订立的规定,对航次租船合同应当适用。

四、航次租船合同的主要内容

《海商法》第 93 条规定,航次租船合同的内容主要包括出租人和承租人的名称、船名、船籍、载货重量、容积、货名、装货港和目的港、受载期限、装卸期限、运费、滞期费、速遣费以及其他有关事项。

(一)船舶说明

船舶说明是指出租人对船舶的情况在合同中所做的陈述(representation)。船舶说明通常包括船名、船舶国籍、船级、船舶吨位、船舶动态。船舶说明使船舶特定化,是承租人决定是否接受出租人使用该船舶运输货物的重要依据,同时构成合同的重要内容。出租人应保证陈述内容的正确性。如陈述与事实不符,即为错误陈述,在英美法中简称为误述(misrepresentation)。各国对错误陈述的法律后果的规定不尽相同。根据英国普通法,作为一般原则,船舶说明是合同内容的组成部分。如船舶的实际情况与之不符,承租人可就因此遭受的损害提出赔偿请求,并且如某一项误述构成合同条件(condition)的违反或者涉及合同根基而构成根本违约,则承租人有权解除合同。根据美国普通法,承租人有权在订立合同时获得出租人提供的船舶相关信息,因而船舶说明有可能构成合同的重要条款。除非出租人声明不保证对船舶说明的准确性,如船舶与说明不符,承租人可以不接受船舶而解除合同,但如承租人已接受船舶并且船舶不影响合同的履行,则承租人不能解除合同。但是无论合同解除与否,承租人均有权请求损害赔偿。我国《海商法》第 96 条规定,出租人应提供约定的船舶。经承租人同意,可以更换船舶。但是提供的船舶或者更换的船舶不符合合同约定的，承租人有权拒绝或者解除合同。因出租人过失未提供约定的船舶致使承租人遭受损失的，出租人应承担损害赔偿责任。

（二）预备航次

预备航次是指出租船舶从装货港的前一港口（有时是前一合同规定的卸货港）为装货而驶往装货港的一段航程。预备航次是合同约定的航次的一部分。合同中关于出租人权利义务的规定同样适用于预备航次，除非合同另有相反规定。出租人有义务在前一航次完成后将船舶驶往约定的装货港，或者当约定的装货港变得不安全时，驶往船舶所能安全抵达并始终保持浮泊的邻近地点装货。

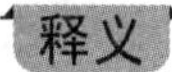

The Preliminary Voyage and Cancellation

Unless a vessel to be chartered happens to be in the port at which she is to load (always assuming that this information is to hand when the charter is arranged) the ship will have to proceed to her place of loading before the voyage can begin. The shipowner expressly undertakes to send the vessel to the port named. This can be done in two ways: he may undertake that the vessel be there by a given date or he may agree to "proceed with all convenient despatch" to the named port. In the first case, if the vessel fails to arrive by the date specified, the charterer is released from any obligation to load. In the second case, if the shipowner fails to use all reasonable efforts to ensure that his ship arrives in due time, he is in breach of contract and liable in damages. If, further, in this second example the delay caused thereby is such as to fundamentally alter the adventure contemplated (the voyage in question) then, under general principle, the charterer may repudiate and refuse to load, as well as claiming damages.

Voyage charterparties generally contain a specific cancelling clause. This may state that if the vessel is not at the disposal of the charterers by a specified date, the charterers may cancel. This gives a contractual right to cancel and it exists in addition to any right which the charterers may have at common law to repudiate the charterparty on the grounds of the shipowner's breach in not sending the ship with reasonable despatch. The contractual right to cancel comes into existence only on the date mentioned. It may be that it becomes obvious before that date that the vessel will not be available: in which case the cancelling clause may give the charterers the right to demand of the owners a decision on whether they intend to cancel or to accept the ship late.

All this is subject to the doctrine of frustration. If, because of a frustrating event, the vessel cannot complete the preliminary voyage on time, both parties are discharged from further liabilities and neither is in breach.

与预备航次有关的两项重要约定是受载期和解约日：

受载期(laydays)是指船舶预期到达装货港或者其他地点并做好装货准备的日期。如船舶未能在约定日期内到达约定的装货港或者其他地点并做好装货准备,视为出租人违约。除出租人可免责的原因造成延误外,承租人有权向出租人索赔因此造成的损失。对此,《海商法》第 97 条第 2 款规定,因出租人过失延误提供船舶致使承租人遭受损失的,出租人应承担损害赔偿责任。

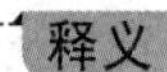

Expected Ready to Load Clause

Expected ready to load clause is a clause typically included in a voyage charter under which the shipowner gives an estimate of when the ship will have arrived and be ready to load. The representation as to the expected date of readiness must be honest and reasonable at the time it is made and has been held to be a condition, justifying repudiation of the contract by the charterer where the date is missed, rather than a mere warranty sounding only in damages.

解约日(cancelling date)是指承租人有权解除航次租船合同的日期。合同中一般订有解约条款(cancelling clause),约定如船舶未能在某一日期之前到达装货港口、泊位或者其他地点并做好装货准备,承租人有权解除合同。因此,解约日是船舶到达装货港或者其他约定地点并做好装货准备的最后期限。如船舶在这一期限内仍未到达并做好装货准备,承租人便有权解除合同,而不是指承租人解除合同的日期。解约日通常是受载期限的最后一天。但也有的合同约定解约日为受载期限届满后的某一天。因此,如船舶在合同约定的受载期限届满之日与解约日之间到达装货港口或者其他约定地点并做好装货准备,虽然出租人违约,承租人可请求损害赔偿,但不能解除合同。如合同中未约定解约日,则通常将合同约定的受载期限的最后一天解释为解约日。

Cancelling Clause

Cancelling clause refers to a clause identifying a date after which, if the ship has still not arrived, the charterer may repudiate the contract. Where the ship fails to arrive by the cancelling date, the charterer may exercise the option to cancel the charter but will not be entitled to damages, unless the owner has breached a separately stated obligation (e. g. the obligation to proceed with "all reasonable despatch"). The option to cancel may only be exercised after the cancelling date has been reached. Where no deadline for exercising the option to cancel is specified by the charter, the option must be exercised within a reasonable time, or else it will be deemed to have been waived.

除合同另有约定外,只要出租人未能使船舶在合同约定的解约日之前到达装货港口或其他约定的地点并做好装货准备,除由于承租人应负责的原因造成外,承租人有权按合同中的解约条款解除合同。而且即使出租人或者船长明知船舶不能在解约日之前到达约定地点并做好装货准备，只要承租人未提出解除合同，船舶仍应驶往约定地点。但是合同通常约定，如承租人接到出租人或者船长关于船舶延误情况和预期抵达约定地点日期的通知，则应在一定时间内作出是否解除合同的答复，否则视为承租人放弃解除合同的权利。这种条款称为“质询条款”(interpellation clause)。如无这种约定，则承租人应在合理时间内作出是否解除合同的选择并通知出租人，否则视为承租人放弃解除合同的权利。如船舶延误系出租人不能免责的原因所致，承租人解除合同后还可就因此遭受的损害向出租人索赔。

释义

Interpellation Clause

If the shipowner has failed to provide the ship within the laydays fixed in the charter, the charter is entitled to cancel the charter party. However, if the shipowner had notified the charterer of the delay of the ship and the expected date of its arrival at the port of loading, the charterer shall notify the shipowner whether to cancel the charter within 48 hours of the receipt of the shipowner's notification. Where the charterer has suffered losses as a result of the delay in providing the ship due to the fault of the shipowner, the shipowner shall be liable for compensation.

(三)货物

1. 货物种类

通常合同中明确约定货物的具体名称。如承租人选定的货物由于其可免责的原因不能装船，除合同另有明确约定外，只要在约定的货物范围内中有其他货物可以装船，承租人仍有提供货物的义务，但允许其在合理的时间内作出安排。《海商法》第100条规定，承租人应提供约定的货物。经出租人同意，可以更换货物。但是更换的货物对出租人不利的，出租人有权拒绝或者解除合同。因未提供约定的货物致使出租人遭受损失的，承租人应承担损害赔偿责任。

2. 货物数量

由于运费按照船舶所载运的货物数量计算，为保障出租人的利益，合同中经常约定承租人应提供满舱满载(full and complete)货物。满舱是指承租人提供的货物应装满船舶舱容。满载是指承租人提供的货物数量应达到船舶的货物载重能力，即货物装船后应使船舶吃水达到允许的最大限度。相应地，出租人应在货物装船前以书面形式将船舶载货量通知承租人，称为宣载。承租人提供的货物应达到出租人宣载的数量，如果承租人提供的货物达不到出租人宣载的数量并超过约定的溢短装幅度，应当向出租人支付不足部分的亏舱费。如果船舶的实际载货重量达不到出租人宣载的数量，则应向承租人破产短装损失。船舶按合同约定到达装货港或其他约定的地点并做好装货准备时，承租人应备妥约定的货物。否则承租人应承担违约责任，除非是由于其可免责的原因所致。

（四）装卸条款

1. 装卸港口与泊位

装卸港口和装卸泊位一般是由承租人指定并在合同中明确规定的。合同中也可以以几个港口作为承租人选择的范围，承租人则应按合同规定的期限将其选定的装货港或卸货港通知出租人，成为宣港。承租人未按时宣港导致船舶等待其宣港的，承租人应承担延误责任。同时，承租人还应保证其指定的装货港和卸货港泊位是安全的，即从海运技术和政治上都不存在危险。

释义

2004 年，一艘长 748 英尺的油轮“Athos I”在美国特拉华河与被抛弃在河内的 9 吨重的废锚发生触碰(allision)，船体被锚刺穿，导致 26.4 万加仑的重油泄露。根据美国《1990 年油污法》(the OPA 1990)，油轮所有人应履行法定清污义务；依法及时履行义务的油轮所有人有权主张责任限制；对于超出责任限制数额以外的清污费用，有权获得联邦政府油污责任信托基金的补偿。

即使对泄漏没有过错，油轮所有人也要依法支付清污费用。但是，其可向导致泄漏的真正责任方追偿。此外，油污责任信托基金在补偿油轮所有人后，也有权代位向该责任方追偿。在这起案件中，清污费用总共为 1 300 万美元，油轮所有人依据责任限制承担了 450 万美元；油污责任信托基金为油轮所有人承担了 880 万美元。

油轮所有人和油污责任信托基金随后向油轮的航次承租人追偿清污费用，理由是承租人违反了租约中的安全泊位条款，是泄漏事故的真正责任人。

在经过复杂和漫长的初审和上诉审程序后，美国联邦第三巡回上诉法院支持了油轮所有人和油污责任信托基金的诉求，认为租约中的安全泊位条款是有关泊位安全的绝对保证条款，只要事实上泊位不安全，承租人就违反了条款，而不论承租人是否谨慎处理(due diligence)以确保其指定的泊位安全。

由于之前美国联邦第二和第五巡回上诉法院均受理过相似的案件，且判决各不相同，因此美国最高法院下达了调卷令(certiorari)，决定审理该案。2020 年 3 月 30 日，美国最高法院以 7:2 多数意见维持了联邦第三巡回上诉法院的判决，承租人败诉。

2. 装卸费用

装卸费用的负担由出租人和承租人双方协商确定，而且往往与相关国际贸易合同中的价格条件向衔接。装卸费用条款的内容通常不单纯指装卸费用由谁承担，还包括由哪一方委托装卸公司并承担装卸作业中的风险和责任。例如，“班轮条款”除表明出租人承担货物装卸费用外，还应由其委托装卸公司，并承担装卸作业中的风险和责任；F. I. O. S. T. 除表明承租人承担货物装卸、积载和平舱费用外，还应由其委托装卸公司并承担货物装卸、积载和平舱作业中的风险和责任。风险是指船舶和货物遭受灭失、损坏，或者出租人或承租人遭受的其他损害的风险。责任是指对第三者损害的赔偿责任。

3. 装卸时间

装卸时间是指出租人做好装卸货物的准备是船舶适于装卸后，允许承租人完成货物装卸作业的时间。装卸时间的规定方式可以按工作日、晴天工作日等固定方式计算，也可以按习惯采用尽快装卸的不固定方式。在合同规定的装卸时间内，出租人负有使船舶等待装卸的义务。

释义

Weather Working Day

A "weather working day" is a working day on which the weather conditions are such that work on cargo (i. e. that particular cargo) is able to be carried out, e. g. light rain might not prevent the discharge of general cargo in wooden boxes but it certainly would prevent the discharge of bagged cement. This expression should also be contrasted with a similar laytime phrase "working day, weather permitting".

合同中通常约定装卸时间自船长或者出租人的代理人向承租人或者其代理人递交"装卸准备就绪通知书"(notice of readiness, N/R)后，经过一定时间起算。船长或者出租人的代理人递交"装卸准备就绪通知书"应满足以下两个条件。

(1) 船舶到达合同约定的港口或者泊位，即船舶是一艘到达船舶(arrived vessel)。如合同中只约定船舶应到达约定的港口，则船舶一经到达该港口，不论是否已靠泊，即视为到达船舶。这种合同称为港口租船合同(port charter)。如合同约定船舶到达合同约定的或者承租人根据合同的约定指定的泊位，则船舶靠泊后才视为到达船舶。这种合同称为泊位租船合同(berth charter)。

(2) 船舶在各方面已做好装卸货物的必要准备，包括船上的吊杆或者吊车、起货机及其他装卸设备处于随时供装货或者卸货使用的状态。在装货港，已做到货舱清洁、干燥、无味，货舱已按要求检验合格并取得相应证书。如装运散装谷物，船上已备妥必要的防移板等。并且船舶已按所在港口有关法规的要求，办理海关、边防检查机关或者移民局、海事管理机关、卫生检疫机关的各项必要的手续。如合同中订有"船舶通过检疫与否"(whether vessel in free pratique or not)或者"已经报关与否"(whether customs cleared or not)的约定，则表明完成这些手续不是递交"装卸准备就绪通知书"的前提条件，但如此后船舶在办理这种手续中出现延误，则因此损失的本可用于货物装卸的时间不计为装卸时间或者滞期时间。

When Does Laytime Commence?①

Laytime, which is the time available to the charterer to load (or discharge) the chartered cargo free of any charge upon the charterer over and above the freight for the carriage of the

① Christopher Hill, Maritime Law, fifth edition, LLP, 1998, p. 222.

cargo，cannot commence to run until three conditions have been satisfied.

（1）that the vessel has arrived（legally）；

（2）that NOR has been tendered（it does not need to have been accepted）；

（3）the vessel is in all respects ready to load（or discharge）.

In The Virginia M［1989］1 Lloyd's Rep. 603 readiness was held to mean readiness in the fullest commercial and business sense. Mere technical readiness（i. e. merely complying with formalities）is not sufficient. The facts in the case were that the vessel arrived with insufficient supply of fresh water to feed her boilers and run her auxiliaries. Regarding（3）above，if a vessel was required to load at two load ports a valid NOR could be given even if the tanks required for loading at the second load port contained slops.

The fact that condition（2）has been satisfied does not necessarily mean that condition（3）is itself a true and actual fact. The Master may genuinely believe that the ship is completely ready，but he may be mistaken. This gives rise to a further query，below.

（五）滞期费和速遣费

1. 滞期费

滞期费(demurrage)是指非由于出租人应负责的原因,承租人因未能在约定的装卸时间内完成货物装卸作业,对因此产生的船舶延误而向出租人支付的款项。关于滞期费的法律性质,众说纷纭,归纳起来主要有附加运费说、特殊报酬说、约定损害赔偿说、违约金说等。出租人请求滞期费不以其提供附加的或者特殊的劳务为条件,也不以出租人实际遭受损害为前提,并且即使出租人实际遭受的损失超过约定的滞期费金额,出租人不能向承租人索赔其差额。

有时合同中约定允许船舶滞期的期限,在此期限内承租人支付滞期费。如承租人在此期限内仍未完成货物装卸作业,超过此期限的时间称为超滞期,承租人应向出租人赔付延期损失（damage for detention)。合同中通常约定,延期损失为超滞期内出租人受到的实际损失与按合同中约定的滞期费率计算的数额二者之中较高者。如合同中无这种约定,延期损失按超滞期内出租人受到的实际损失计算。如合同中约定装卸时间,但未约定滞期费率,承租人应按出租人在装卸延期内受到的实际损失向出租人赔付延期损失。

滞期费按船舶滞期时间乘以合同约定的滞期费率计算。滞期时间等于实用装卸时间与合同规定的装卸时间之差。滞期时间的具体计算主要有两种方法:①“滞期时间连续计算”(demurrage runs continuously)或者“一旦滞期,永远滞期”(once on demurrage, always on demurrage),即约定的装卸时间届满、船舶进入滞期后,按约定不计为装卸时间的星期日、节假日或因天气不良而不能进行货物装卸的时间,仍计为滞期时间;②“按同样的日”(per like day),即滞期时间与装卸时间一样计算。实践中普遍约定第一种方法。

释义

What Is Demurrage?[①]

Demurrage is *liquidated* damages. The rate of demurrage is fixed，agreed between owner and charterer at the time of the concluding of the charterparty and the rate is stated in the charterparty. On the basis that it is fixed and unalterable the author prefers to think of demurrage as a penalty imposed upon the charterer for exceeding the laytime period and delaying the ship beyond the agreed laytime in order to complete loading or discharging. The rate of demurrage is linked in with the rate of freight so that the shipowner satisfies himself as far as he can that overall by the time the voyage is fully completed he will have balanced his books and made a reasonable profit.

Demurrage should be contrasted with damages for detention the latter being unliquidated，assessable damages payable by a charterer for detaining the ship for whatever reason（there may be reasons other than exceeding laytime -e. g. repairs necessitated after the causing of damage to the ship by charterers' stevedores for whose negligence the charterers are vicariously liable）.

Due to the 'penalty' nature of demurrage，it runs continuously from the point when laytime expires. Laytime exceptions do not interrupt the running of demurrage. This is typified by the oft-used expression 'once on demurrage，always on demurrage'.

If demurrage itself，as opposed to laytime，is to be interrupted by any excepted period，such an exception must be expressly provided for in the charterparty. This was made clear in The Dias［1978］1 Lloyd's Rep. 325. It cannot be assumed that laytime exceptions apply equally to demurrage as they do to laytime. They do not unless expressly stated as applying also to demurrage.

2. 速遣费

速遣费(despatch，dispatch money)是指因承租人在合同约定的装卸时间届满之前完成货物装卸作业，出租人向承租人支付的款项。速遣费按船舶速遣时间乘以合同约定的速遣费率计算。速遣费率通常约定为滞期费率的一半。速遣时间等于合同约定的装卸时间与实用装卸时间之差。速遣时间的计算主要有两种方法：①“按节省的全部工作时间计算”(on all working time saved，WTS)或者“按节省的全部装卸时间计算”(on all laytime saved)，即速遣时间从货物装卸结束时起算至约定的装卸时间届满之时，扣除按约定不计为装卸时间的星期日、节假日或因天气不良而不能进行货物装卸的时间；②“按节省的全部时间计算”(on all time saved，ATS)，即速遣时间从货物装卸结束时起算至约定的装卸时间届满之时，期间不作任何扣减。实践中普遍约定第一种方法。

① Christopher Hill, Maritime Law，fifth edition，LLP，1998, p. 228.

除装货时间和卸货时间以及装货港和卸货港的滞期费或者速遣费分别计算外，合同中经常约定将装货时间和卸货时间进行统算，具体主要有三种方法：①“装卸时间平均计算”（to average laytime）或者“装卸时间平均计算的权利”（right to average laytime），即装货和卸货分别计算时间，但装货作业中节省的时间可与卸货作业中超期的时间抵消，或者装货作业中超期的时间可与卸货作业中节省的时间抵消，按抵消后的时间计算滞期费或速遣费；②“可调剂使用装卸时间”（reversible laytime），即承租人可以选择将装货可用时间与卸货可用时间加在一起，也即如承租人作出此种选择，相当于约定装货和卸货总的可用时间；③ 约定装货和卸货总的可用时间。

（六）提单

货物在装货港由出租人接收或者装船后，承租人（CIF 或者 CFR 价格条件下）或者发货人（FOB 价格条件下）通常要求出租人、船长或者出租人的代理人签发提单用以结汇。这种提单称为根据租船合同签发的提单（bill of lading under charterparty），简称租约提单（B/L under C/P）。

根据租船合同签发的提单，在出租人与承租人之间不具有海上货物运输合同证明的作用，出租人与承租人之间的权利义务以租船合同为准，除非合同另有相反约定。如出租人根据提单就货物灭失、损坏向承租人之外的发货人或收货人承担的损害赔偿责任超过租船合同约定的责任，承租人应偿付出租人因此受到的额外损失。在出租人与承租人之外的发货人或者收货人之间，如提单以出租人、船长或者出租人的代理人的名义签发，出租人具有承运人的法律地位，提单是确定双方当事人权利义务的依据，受所适用的《海牙-维斯比规则》等国际公约或者国内法的约束。但是，如承租人与第三者发货人或收货人另行订立了海上货物运输合同，并且承租人或其代理人签发以承租人为承运人的提单，则承租人是承运人，出租人是实际承运人并具有实际承运人的权利和义务。

根据租船合同签发的提单，由于出租人通常具有承运人的法律地位，出租人为使其根据提单对货物运输承担的义务和享有的权利尽可能与租船合同的约定一致，常常在提单中订入援引租船合同的条款，称为“并入条款”（incorporation clause）。例如，“租船合同中的所有条款、条件和免责事项均适用于本提单并视为并入本提单”（ all the terms, conditions, clauses and exceptions contained in the said charterparty shall apply to this bill of lading and are deemed to be incorporated therein）。提单中订入“并入条款”的结果是使非租船合同当事人的发货人或者收货人在一定程度上受租船合同的约束。

各国法院对这种条款的解释宽严不一。在英美法系国家，英国法院的解释比较严格，而美国法院的解释相对宽得多。一般认为，如提单中订有上述“并入条款”，租船合同中与货物运输直接有关的条款，包括运费及支付方式、货物留置权的约定被并入提单之中。但就租船合同中装卸时间与滞期费的约定而言，在 FOB 价格条件下，发货人仅对装货港产生的滞期费按租船合同的约定负责。同样，在 CIF 或者 CFR 价格条件下，收货人仅对卸货港产生的滞期费按照租船合同的约定负责，除非提单中另有明确规定。此外，“并入条款”所援引的租船合同中的约定，不得违背强制性适用于提单的国际公约或者国内法，也不能与提单中的明文规定相抵触，且“并入条款”的内容必须明确。《海商法》

第95条规定，对按照航次租船合同运输的货物签发的提单，提单持有人不是承租人的，承运人与该提单持有人之间的权利、义务关系适用提单的约定，但是提单中载明适用航次租船合同条款的，适用该航次租船合同的条款。这一“但书”规定即表明《海商法》原则上承认“并入条款”的效力。

在实践中，争议较多的是租船合同中的仲裁条款是否并入提单。有的认为，只有“并入条款”有这种明文约定并且仲裁条款本身约定适用于根据租船合同签发的提单时，才有可能并入提单。在我国海事司法实践中，通常对租船合同并入提单作严格限制，要求提单正面载明所并入的租船合同签订的日期，而且租船合同中的仲裁条款只有在提单持有人同意接受时，才能并入提单并约束提单持有人。

释义

Bill of Lading and Charter Party -Which is the Contract?

In many，if not most，contracts of transportation of goods，a bill of lading and at least one charterparty is involved. It is therefore essential，in deciding which law is applicable，to first decide if it is the bill of lading or the charterparty which is the contract under consideration.

A bill of lading in the hands of a charterer who is also the shipper is only a receipt and it is the charterparty which is the contract of hire（and of transportation）between the parties. This is important because the charterparty is not subject to the compulsory provisions of the Hague or Hague/Visby Rules（or the Hamburg Rules）.

On the other hand，if the bill of lading is placed in the hands of a third party for value，then the bill of lading is the contract of carriage between the bill of lading holder and the issuer of the bill of lading and the vessel owner and probably the charterer. In this case，the mandatory provisions of the Hague or Hague/Visby or Hamburg Rules apply.

（七）绕航条款

该条款又称为自由绕航条款(liberty clause)，一般规定船长有权为任何目的以任何顺序挂靠任何港口，有权在任何情况下拖带或救助他船，也可为拯救人命或财产而绕航。但在司法实践中，各国法院通常对此约定做严格的限制性解释，认为船舶只能挂靠合同约定的或者习惯的航线上通常挂靠的港口，并且一般只能以地理顺序挂靠。此外，船舶根据这种条款所进行的绕航，不能与合同的目的相抵触。根据《海商法》第94条第1款的规定，该法第49条关于船舶不进行不合理绕航的规定强制适用于航次租船合同的出租人。因此，上述规定与《海商法》第49条相抵触的部分无效。

（八）出租人责任条款

该条款往往规定，出租人对货物的灭失、损坏和延迟交付承担责任。但是，仅仅限于由于积载不当或者疏忽，或者由于出租人及其经理人未谨慎处理致使船舶不适航，或者由于出租人及其经理人不履行职责所造成货物灭失、损坏或迟延交付，除此以外，包括因船长、船员在管理货物中的过失造成货物灭失、损坏的，出租人均可免责。实践中，承租人往往要求取消此条款，另附加首要条款，规定出租人对货物的责任及其免责适用《海牙规则》或相应的国内法。

（九）承租人责任终止条款

该条款往往因承租人的要求而订入合同，包含出租人对货物享有留置权和承租人被免除履行合同的责任两层含义，因而又称“留置权与免责条款”（lien and exception clause）。该条款的具体含义是：承租人在货物装船并支付预付运费、亏舱费和装货港产生的船舶滞期费后，即可被免除进一步履行租船合同的责任，但前提是出租人为获得运费、亏舱费、滞期费和共同海损分摊等费用，在卸货港对货物享有留置权。但是除提单订有“并入条款”外，非租船合同当事人的收货人不受租船合同中这种条款的约束。因此，如根据卸货港所适用的法律，出租人无权就应由承租人承担的运费、亏舱费、滞期费和共同海损分摊费用等而对收货人的货物进行留置，或者出租人虽有留置权，但不能有效行使，承租人履行租船合同的责任并不因此而终止。

（十）法律适用和仲裁条款

该条款约定租船合同的解释和解决争议应适用的法律。有时法律适用与仲裁合并为一个条款。租船合同产生的争议往往涉及航运业务等专门知识，加之仲裁比法院诉讼通常具有迅速、灵活、经济等优点。因此，绝大多数租船合同都订有仲裁条款，约定一旦发生争议，应提交仲裁解决，并且约定仲裁的地点或者仲裁机构的名称、仲裁员的指定办法、仲裁程序以及仲裁裁决的效力。

The Six Stages of a Voyage Charter Party①

A voyage charterparty may be divided into six stages: ① the preliminary voyage, ② the arrived ship, ③ loading, ④ carriage, ⑤ discharge, and ⑥ delivery.

(1) The first stage - the preliminary voyage. The preliminary voyage is to the place of loading, which the charterparty may identify as a particular place, a geographical area or a range of possible ports. If the charter empowers the charterer to nominate the port of loading, his choice must be a port which it is possible for the ship to reach, and the nomination must be made within a reasonable time. The port must also be prospectively “safe” when nominated; otherwise, the shipowner may refuse the nomination or claim damages, or the master may refuse to enter the port. The ship is normally required to proceed to the loading place “... or so near thereto as she may safely get and lie always afloat”. Finally, the preliminary voyage must proceed with reasonable dispatch, on pain of damages, or even repudiation if the delay amounts to frustration.

(2) The second stage - the arrived ship. If the charterparty names a specific berth or dock, the ship becomes an “arrived ship” only upon entry into that berth or dock. Where

① Willian Tetley, International Maritime and Admiralty Law, Edition Yvon Blais, 2002, pp. 136-144.

a port, as opposed to a berth, is specified for loading, the ship "arrives" when it reaches a position in the port area where it is at the "immediate and effective disposition of the charterer", in the customary anchorage place in the port area used by vessels awaiting a berth at that port. The charterers must act with reasonable dispatch, in accordance with the customary practice of the port, to enable the ship to become an "arrived ship". The charterparty frequently shifts the risk of loss caused by delays incurred awaiting a berth from the shipowner to the charterer. Voyage charters also typically include an "expected ready to load" clause, whereby the shipowner gives an estimate of when the ship will have arrived and be ready to load. The representation as to the expected date of readiness must be honest and reasonable at the time it is made and has been held to be a condition, justifying repudiation of the contract by the charterer where the date is missed, rather than a mere warranty sounding only in damages. The approach voyage must also begin in time, so as to ensure that, under normal circumstances, the vessel will arrive at the load port by the expected date. Absent an expected ready to load clause, the shipowner must tender the vessel to the charterer with "reasonable dispatch".

As well, there is almost always a "cancelling clause", identifying a date after which, if the ship has still not arrived, the charterer may repudiate the contract. Where the ship fails to arrive by the cancelling date, the charterer may exercise the option to cancel the charter but will not be entitled to damages, unless the owner has breached a separately stated obligation (e. g. the obligation to proceed with "all reasonable despatch"). The option to cancel may only be exercised after the cancelling date has been reached. Where no deadline for exercising the option to cancel is specified by the charter, the option must be exercised within a reasonable time, or else it will be deemed to have been waived.

(3) The third stage - loading. After the ship arrives and before laytime (the period for loading) begins to run, the ship must be ready to load (i. e. completely discharged and prepared to receive cargo in all holds) and "cargoworthy" (i. e. fit to receive the particular cargo concerned). It has been held that: "Readiness ... is readiness in a business and mercantile sense and does not involve the completion of what are mere formalities" (such as customs clearance or free pratique).

Notice of readiness to load (NOR) is then given by the shipowner. An invalid NOR does not cause laytime to begin running, absent clear evidence that the charterers "accepted" the invalid notice. The charterer is responsible for procuring a cargo, bringing it alongside the ship (to the quay or in lighters) and for loading it within the time stipulated. The shipowner pays for loading and stowage, unless the charterer assumes these obligations under the charterparty. The charterer must ordinarily pay the owner "deadfreight" as compensation for the space left unfilled if he fails to load a "full and complete cargo", or whatever other quantity of goods the charterparty stipulates, as well as "demurrage" for delays in loading beyond the agreed laytime, or (if no laytime is specified) damages for detention for failure to load within a "reasonable time". "Dispatch"（usually at one-half the rate of demurrage）may also be payable by the shipowner to the charterer who completes loading before the expiry of the laytime. A "cesser clause" relieves the charterer of further personal liability（e. g. for demurrage or deadfreight）once the cargo is loaded，in consideration of a possessory lien on the cargo being granted to the shipowner.

（4）The fourth stage - carriage. The carrying voyage must proceed with reasonable dispatch，and without deviating unjustifiably from the agreed or usual route. To be justifiable，deviations must either be "reasonable" or be covered by a "deviation clause"，in the charterparty. Unjustifiable deviations permit the charterer to either treat the charter as repudiated and claim damages or，alternatively，to treat the charter as still subsisting，while reserving his right to claim damages. They deprive the carrier of defences under the contract，making him the insurer of the goods，and（where the charterer repudiates the contract）barring any claim for freight，deadfreight，demurrage or general average contributions.

（5）The fifth stage - discharge. Unless the charter or an overriding custom of the port provides otherwise，the shipowner must move the cargo from the holds over the ship's side（to the quay or into lighters），where the consignee picks it up. There is no obligation on the shipowner to give a notice of readiness to discharge，unless the charter so requires. The applicable provisions of the charterparty governing laytime，demurrage and dispatch affect discharge as they do loading.

（6）The sixth stage - delivery. Delivery of the goods must be made to the consignee or other party presenting the bill of lading or identifying himself as the consignee named in the sea waybill. Personal delivery may be excused，however，by the custom of the port or by express provisions in the charterparty or bill of lading.

第七节　国际货物多式联运合同

一、国际货物多式联运合同的概念

我国《海商法》第102条将多式联运合同（multimodal transport contract）定义为多式联运经营人以两种以上的不同运输方式，其中一种是海上运输方式，负责将货物从接收地运至目的地交付收货人，并收取全程运费的合同。当多式联运合同约定的货物接收地和目的地位于不同国家时，这种合同为国际货物多式联运合同。属于海商法调整范围的国际货物多式联运合同，其中约定的运输方式之一必须是国际海上货物运输。

货物多式联运的承运人称为多式联运经营人（multimodal transport operator，MTO），是指本人或者委托他人以本人名义与托运人订立多式联运合同的人。除船公司外，多式联运经营人常常是本身并不拥有船舶，但经营货物多式联运业务的货运代理公司或物流公司。

Functions of MTO

To facilitate smooth running of business and place himself in a better position to offer satisfactory services, the MTO must, first of all, maintain an organization with a sufficient force of skilled hands competent to deal with all matters in relation to the conveyance of cargo entrusted to him from the point of departure to the place of delivery. These include not only documentation of various descriptions but also suitable arrangements with sub-contractors at various breaking points to facilitate expeditious and smooth movement of cargo along the designated route to the place of delivery. And in most cases it is necessary for the MTO to appoint agents or correspondents at various points or even maintain branch offices or subsidiary concerns at important transhipping points to attend to all the work necessary at such points in connection with the movement of cargo. Agents or correspondents or branch offices or subsidiary concerns will have to be set up in foreign countries, depending on the scale of operations and the trade routes on which the MTO serves.

国际货物多式联运伴随国际集装箱货物运输的发展而得到发展。自 20 世纪 50 年代首创以来，海上集装箱运输得到了迅速发展，绝大多数件杂货以及部分散货都采用集装箱货物运输方式。集装箱货物运输不但具有装卸效率高、车船周转快、劳动强度低、货损货差少等优点，而且途中可以不移动箱内货物，迅速从一种运输工具直接换装到另一种运输工具，从而便于开展货物多式联运，实现多式联运经营人从托运人的工厂或者仓库接收货物，负责运至收货人的工厂或者仓库交货的“门到门”(door to door)运输。

Significant Advantages of Multimodal Transport

Compared with other means of transport, multimodal transport is of some significant advantages.

To minimise time loss at transhipment points. Multimodal transport, which is planned and coordinated as a single operation, minimises the loss of time and the risk of loss, pilferage and damage to cargo at transhipment points. The multimodal transport operator maintains his own communication links and coordinates interchange and onward carriage smoothly at transhipment points.

To provide faster transit of goods. The faster transit of goods made possible under multimodal transport reduces the disadvantages of distance from markets and the tying-up of capital. In an era of globalization the distance between origin or source materials and consumer is increasing thanks to the development of multimodal transport.

To reduce burden of documentation and formalities. The burden of issuing multiple documentation and other formalities connected with each segmented of the transport chain is reduced to a minimum.

To save cost. The savings in costs resulting from these advantages are usually reflected in the through freight rates charged by the multimodal transport operator and also in the cost of cargo insurance. As savings are passed onto the consumer demand increases.

To establish only one agency to deal with. The consignor has to deal with only the multimodal transport operator in all matters relating to the transportation of his goods, including the settlement of claims for loss of goods, or damage to them, or delay in delivery at destination.

To reduce cost of exports. The inherent advantages of multimodal transport system will help to reduce the cost of exports and improve their competitive position in the international market.

二、国际货物多式联运单据

在国际货物多式联运中，经常使用的运输单证为国际货物多式联运单据(international multimodal transport document)。这种单证是国际货物多式联运合同的证明，以及多式联运经营人在货物接收地接收货物的证明和在目的地交付货物的凭证。当国际货物多式联运的运输方式之一是海运，尤其是第一程运输是海运时，经常采用多式联运提单。

国际货物多式联运单据在多式联运经营人接收货物后，经托运人要求，由多式联运经营人或者经其授权的人签发，有可流通和不可流通两种，其上记载的主要内容有：① 货物的品名、件数、重量或者数量、外表状态和主标志；② 多式联运经营人的名称及其营业所所在地；③ 托运人与收货人；④ 多式联运经营人接收货物的日期与地点，以及多式联运经营人交付货物的期限与地点；⑤ 单据的签发日期、地点和签发人的签字；⑥ 运费及其支付；⑦ 预期运输经由路线、运输方式及换装地点等。

国际货物多式联运单据对托运人而言，是多式联运经营人接收该单据所载货物的初步证 据，并且当其转移至善意的第三者时，成为多式联运经营人接收该单据所载货物的绝对证据。

三、国际货物多式联运经营人的责任形式

在国际货物多式联运中，货物经两种或两种以上的运输方式，从接收地运至目的地，而每一种运输所在的区段所适用的法律对承运人责任的规定往往不同。很多情况下，货物的全程运输并非由承运人自己完成，多式联运经营人经常将全程或者部分路程的运输委托他人，即区段承运人(local carrier)完成。因此，如货物在运输过程中发生损害，便产生是由多式联运经营人负责，还是由区段承运人负责，或者两者连带责任；是依据同一标准承担损害赔偿责任，还是依据不同的标准，即按损害发生的区段所适用的法律承担责任的问题。这些是国际多式联运中多式联运经营人的责任形式所要解决的问题。

概括而言，多式联运经营人的责任形式主要有网状责任制(network liability system)

和统一责任制(uniform liability system)两种形式。

(一)网状责任制

网状责任制(network liability system)是多式联运经营人对全程运输负责,而各区段承运人仅对自己完成的运输区段负责。多式联运经营人承担的赔偿责任和责任限额,取决于发生货损的运输区段按运输方式所应适用的国际公约或者国内法的规定。收货人既可向多式联运经营人索赔,也可向货损发生区段的区段承运人索赔。多式联运经营人在向收货人承担了赔偿责任后,可依据与区段承运人签订的运输合同,向货损发生区段的区段承运人追偿。

释义

Network Liability System

Under network liability system, the liability of the MTO is governed by any international convention or national law which may be applicable to each of the separate forms of transport. In the absence of any such convention or national law, or if such convention or national law is inapplicable owing to impossibility to ascertain at which stage of the transit the loss occurs, which is termed "concealed damage", the liability of the MTO will be subject to a specified over-all limit. In such case, the current practice is to invoke the limit stipulated in the Hague Rules or the Hague-Visby Rules.

If one leg of the transit involves ocean-going ship while the other is by highway truck, both being subject to the relevant international conventions, the sea transport will be based on the limit provided for in the Hague-Visby Rules while the road transport will be based on the limit stipulated in the convention for the carriage of goods by road, the former limit representing only 24% of the latter one. Apparently, the disparity is significant.

In either case, the MTO will answer the claim by the consignor or consignee directly and upon payment of the claim he will settle with his sub-contractors on the strength of the underlying contract or contracts.

发生的货物损害适用的归责原则、赔偿责任限制等按适用于该区段的国际公约或国内法确定。区段承运人不是多式联运合同的当事人,但如由于其本人或者其受雇人、代理人的过错造成货物损害,托运人或者收货人可依据侵权之债向区段承运人索赔,区段承运人的责任依据适用于该区段的国际公约或国内法确定。因而各区段承运人需对并且仅对自己完成的运输区段负责。

网状责任制最大限度地避免了多式联运法律与单一运输方式法律的冲突,但仍存在很多 无法解决的问题。实行网状责任制时,货方因不能预见货物损害可能发生的区段,无法完全预见货物损害索赔最终将适用何种国际公约或国内法,从而给货方带来很大的风险承担的不 确定性。如不能确定损害发生的区段,即对于货物的隐藏损失(concealed damages,又称不可归因损失),该责任形式便无法适用。同时,该责任形式对运输途中逐渐发生的货物损失以及货物迟延交付也无法适用。此外,如某一运输区段既无适用的国际公约,也无适用的国内法,该责任形式的适用将产生法律上的真空。

为确定货物的隐藏损失或出现法律真空时多式联运经营人所应承担的责任,产生了通过法律的规定或合同的约定而对网状责任制加以修正的责任形式,即经修正的网状责任制(amended network liability system)。针对可能出现的货物隐藏损失或法律真空,增加修正网状责任制的条款,称为"最后责任条款"(overall clause)。例如,约定对货物的隐藏损失或出现的法律真空,多式联运经营人按照海上货物运输承运人的赔偿责任和责任限制的规定承担损害赔偿责任。因此,经修正的网状责任制在一定程度上能弥补网状责任制的缺陷,但不能完全弥补其缺陷,仍无法解决货方缺乏风险承担的可预见性、货物逐渐发生的损失和货物迟延交付等问题。

(二)统一责任制

统一责任制(uniform liability system)是指多式联运经营人对全程运输负责,而各区段承运人对自己完成的运输区段负责。但不论货损发生在哪一区段,也不论涉及何种运输方式以及谁承担责任,均适用统一的责任制度和责任限额。

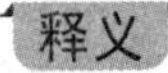

Uniform Liability System

Under uniform liability system the MTO will accept a uniform level of liability for loss or damage to cargo irrespective of where the loss occurs during the entire period of through transit.

This system does not, however, receive the support of the MTO because it will be extremely difficult to fix an appropriate uniform limit which will be such as not to raise his liability to a disproportionately high level on the one hand and yet to afford the shipper a reasonably adequate protection on the other. Since the underlying contracts concluded between the MTO and his sub-contractors will normally provide for different limits to his own under the multimodal transport contract issued by him, should a difference occur which is not in his favour, he will face the risk of an additional burden in case any recovery from his sub-contractor for loss under the underlying contract falls short of the amount payable to the claimant under his own multimodal transport contract.

统一责任制为货方提供了最大的风险承担的可预见性,很好地解决了实行网状责任制时 货物的隐藏损失、逐渐发生的损失和货物迟延交付以及可能出现的法律真空问题。但是,统一责任制存在无法回避的问题。首先,依据适用于各运输区段的国际公约或国内法所确定的多式联运区段承运人的责任不同,而且可能低于多式联运经营人根据统一责任制所承担的责任,这意味着多式联运经营人向货方承担损害赔偿责任后,能否向造成货物损害的区段承运人追偿,具有很大的不确定性,从而无法预见其最终可能承担的责任风险,因而实际上将货方对运输风险承担的不可预见性地转移给了多式联运经营人。其次，统一责任制会造成适用于多式联运的国际公约或国内法与适用于单一运输方式的国际公约或国内法之间的冲突。

为解决上述问题，通过对统一责任制加以修正，产生了“经修正的统一责任制”（amended uniform liability system）。这种责任形式介于统一责任制与网状责任制之间，也称混合责任制。实行该责任形式时，多式联运经营人对全程运输负责，各区段承运人需对并且仅对自己完成的运输区段负责。无论货物损害发生在哪一区段，多式联运经营人和区段承运人按统一的归责原则和赔偿责任限额承担责任，但如果货物损害发生在某一特定区域，而适用于该区段的国际公约或国内法规定的赔偿责任限额高于上述统一的赔偿责任限额时，多式联运经营人的赔偿责任限额适用该更高的赔偿责任限额，并且就多式联运经营人对货物的隐藏损失的责任作出特殊规定或约定。这一责任形式最大限度地保留了统一责任制的优点，同时通过对其加以修正，缓和实行统一责任制时各区段运输方式对货物损害的赔偿责任方面存在的差异和矛盾，较好地适应运输法律发展的现状，使多式联运中的运输风险在多式联运经营人与托运人之间得到较为合理的分配。

《海商法》第四章第八节“多式联运合同的特别规定”对国际货物多式联运经营人实行经修正的网状责任制，主要内容包括：多式联运经营人负责履行或者组织履行多式联运合同，并在自接收货物时起至交付货物时止这一责任期间，对全程运输负责，但可以与参加多式联运的各区段承运人就各区段的运输以合同约定相互之间的责任，多式联运经营人对货物灭失或者损坏的赔偿责任和责任限制，适用调整这种灭失或者损坏发生区段的运输方式的有关法律规定。货物灭失或者损坏发生的运输区段不能确定时，多式联运经营人依照《海商法》第四章关于海上货物运输合同承运人赔偿责任和责任限制的规定承担损害赔偿责任。但是，《海商法》没有规定多式联运经营人需对货物迟延交付负责。《合同法》第321条也对货物多式联运经营人实行网状责任制。

实例研究

2016年12月20日，华展公司接受讯凯国际股份有限公司（以下简称讯凯公司）的委托，为讯凯公司办理1个40英尺集装箱电子元器件从中国盐田至墨西哥利斯科州特拉克帕克市收货人仓库的运输事宜，讯凯公司向新光保险公司投保货物运输险。2017年1月18日，集装箱货物通过海运到达墨西哥曼萨尼约港，放置于港口堆场等待清关。次日，报关代理开箱进行了视觉检查，确认货物状况良好后加装铅封并拍照。2017年1月23日，集装箱货物从曼萨尼约火车站通过铁路运输方式起运，铁路公司称接收货物时有专门的嵌入式X射线设备进行扫描，没有探测出不符点和货物短缺。2017年1月30日，集装箱货物到达瓜达拉哈拉火车站，做好通过公路运输交付至收货人仓库的准备。2017年1月31日0829时集装箱货物离开瓜达拉哈拉火车站，当日0915时通过公路运输运抵收货人仓库，集装箱外表及铅封状况良好。当收货人打开集装箱箱门时，发现里面没有货物，只有泥土。

广州海事法院开庭审理后认为，货物在运抵曼萨尼约港后经开箱检查状况良好，铁路运输公司在接收货物时用X射线扫描未发现异常，说明案涉货物在海路运输区段未发生任何损失。而从瓜达拉哈拉火车站到收货人仓库的公路运输区段，路程15公里，运输用时46分钟。综合考虑运载集装箱货物的货车在当地市中心不可能高速行驶以及如将集装箱内重达13吨的货物取出再回装泥土不可能短时间完成等因素,货物在公路运输区段灭失可能性非常小。而从2017年1月23日铁路运输公司接收货物到2017年1月31日开始公路运输之前,铁路运输时间长达一周,从高度盖然性分析,货物灭失最大可能发生在曼萨尼约至瓜达拉哈拉的铁路运输区段。本案是涉外案件,各方当事人一致选择适用中国法律解决纠纷,根据《中华人民共和国海商法》第269条的规定,法院应适用中国法律处理案件实体争议。新光保险公司的被保险人讯凯公司与华展公司之间成立多式联运合同关系,讯凯公司托运的货物在华展公司承运期间发生灭失,华展公司作为多式联运经营人应对货物灭失承担赔偿责任。根据《中华人民共和国海商法》第105条关于"货物的灭失或者损坏发生于多式联运的某一运输区段的,多式联运经营人的赔偿责任和责任限额,适用调整该区段运输方式的有关法律规定"的规定,涉案货物在墨西哥曼萨尼约至瓜达拉哈拉的铁路运输区段灭失,华展公司作为多式联运经营人主张适用墨西哥境内调整铁路运输方式的法律规定限制赔偿责任,于法有据。按照墨西哥《铁路服务监管法》52条关于"若用户希望经营者对其物品、包括偶然或者不可抗力原因造成的丢失或损坏承担全部金额,应申报其相应价值,并支付经营者所约定的相当于保价费用的额外费用。当用户未申报货物价值,赔偿责任限额按减少的货物重量计算,每吨相当于联邦特区现行的15日最低基本工资金额"的规定,案涉货物在运输时未申明价值,应按货物重量计算华展公司的赔偿限额。

合议庭将事实推理过程和结论、案件所适用的法律以及按照法律规定得到的结果向各方当事人释明,同时通过司法大数据平台收集同类案例向当事人推送。新光保险公司和华展公司在诉讼风险已清晰明朗的情况下很快自行达成和解,新光保险公司收到和解款项后撤回起诉。合议庭对案件的分析结论与结案不久后裁判文书网公布的(2018)最高民再196号同类案件判决结论一致,双方当事人获悉最高人民法院的判决后相继给承办法官打来电话,盛赞海事法官们的专业水准和国际视野,并对案件审理过程中合议庭给予的法律释明和准确指引表示感谢。

本案中,满满一集装箱电子元器件,历经海路、铁路和公路三段运输后"变成"一堆泥土。合议庭通过证据认定并结合日常生活经验法则对事实进行综合分析判断,认为货物被调包最大可能发生在铁路运输区段。根据所确定的准据法,得出应适用墨西哥调整铁路运输的法律计算赔偿额的结论。当事人在诉讼风险已明朗的情况下自行和解。案件的处理原则为涉外多式联运合同项下各法律主体的风险防范和责任划分提供了准确指引,对引导当事人在法院查明事实、分清责任的情况下及时化解纠纷、促进社会和谐有典型示范作用。

四、国际货物多式联运的国际公约和规则

(一)《联合国国际货物多式联运公约》

该公约于1980年5月在日内瓦召开的、由84个联合国贸易和发展会议(UNCTAD)

成员国参加的国际多式联运会议上通过。该公约规定的生效条件为30个国家参加，迄今尚未生效。该公约的主要内容如下。

1. 公约的适用范围

该公约适用于两个国家之间的货物多式联运合同，但合同中规定的多式联运经营人接收 货物或者交付货物的地点必须位于缔约国境内。换言之，该公约适用于货物接收地和（或）目的地位于缔约国境内的国际货物多式联运合同。

2. 多式联运的管理

该公约不影响有关调整和控制运输业务的国际公约或者国内法的适用，不能与这些公约 或者国内法相抵触。同时，该公约不影响缔约国在国家一级对多式联运业务和多式联运经营人的调整和控制的权利，包括在多式联运经营人、托运人、托运人组织以及有关国家当局之间就运输条件进行协商、多式联运经营人许可证的颁发、运输的参加以及与本国的经济和商业利益有关的其他方面采取措施的权利。为了尊重有关多式联运的国内法，该公约特别明确规定，多式联运经营人除应遵守本公约的规定外，还应遵守其业务所在国的法律。

3. 多式联运经营人的赔偿责任

（1）多式联运经营人的责任形式。该公约对多式联运经营人实行的责任形式是经修正后的统一责任制。多式联运经营人对货物自接收之时起至交付之时止的全程运输负责。多式联运经营人除应对其受雇人或者代理人在受雇范围或者代理权限内的行为承担责任外，还应对其为履行合同而使用的任何其他人，即区段承运人的行为负责。如货物损害发生于多式联运的某一特定区段，并且适用于该区段的其他国际公约或者强制性国内法规定了高于该公约规定的赔偿责任限额，则应以适用于该区段的其他国际公约或者国内法的规定为准。

（2）多式联运经营人的责任期间、赔偿责任和责任限制。多式联运经营人对货物的责任期间，自接收货物之时起至交付货物之时为止。同《汉堡规则》一样，公约对多式联运经营人实行完全的推定过错责任原则，即对于货物的灭失、损坏或者延迟交付所引起的损害，如造成这种灭失、损坏或者延迟交付的事故发生在其责任期间，除非证明其本人、受雇人、代理人或者为履行合同而使用的任何其他人已为避免事故的发生及后果采取了一切所能合理要求的措施，否则便推定损害是由于其本人、受雇人或者代理人的过错行为所致并由其承担赔偿责任。如多式联运合同约定的货物运输方式之一是海运 或者内河运输，多式联运经营人对货物灭失或者损坏的赔偿限额为每件货物或者每一运输单 位的货物920特别提款权，或者按货物毛重计算为每千克2.75特别提款权，二者之中以较高者为准。对延迟交货造成的损害的赔偿限额为所延迟交付的货物应付运费的总额。当货物的灭失、损坏与延迟交付同时发生时，承运人的赔偿总额以货物全部灭失时其应负的责任为限。上述责任限制的规定亦适用于因货物灭失、损坏或者延迟交付，受害人依据侵权行为或者其他理由向多式联运经营人、其受雇人、代理人或者其为履行合同而使用的任何其他人提出的索赔。如经证明，货物的灭失、损坏或者延迟交付系多式联运经营人的故意或者明知可能造成而轻率地作为或者不作为所引起，多式联运经营人便丧失上述责任限制的权利。同样，当货物损害的索赔对多式联运经营人的受雇人、代理人或者其为履行合同而使用的任何其他人提起时，如其有上述作为或者不作为，也丧失责任限制的权利。

4. 索赔与诉讼

（1）货物灭失、损坏或者延迟交付的通知。如货物存在明显的灭失或者损坏，收货人应在收到货物的下一工作日之前将货物灭失或者损坏的一般性质以书面形式通知多式联运经营人，否则便是多式联运经营人已交付多式联运单证所载明的货物的初步证据。如货物的灭失或者损坏不明显，收货人应在收到货物后6日内提交这种书面通知。但如多式联运经营人与收货人对货物的状况已进行联合检查或者检验，则无须就已经证实的货物灭失或者损坏提交书面通知。对于延迟交付货物造成的损害的索赔，收货人必须在收货后60日内向多式联运经营人提交书面通知，否则多式联运经营人免予承担赔偿责任。

（2）诉讼时效。有关多式联运的任何诉讼的时效期间为2年，自多式联运经营人交付全部或者部分货物之次日起算，或者如货物未能交付，自多式联运经营人本应交付货物的最后日期的次日起算。上述时效也适用于仲裁。被索赔的一方可在时效期间内，通过向索赔方提出书面声明而延长时效期间，并且可以不止一次地延长。与《汉堡规则》的规定相同，该公约规定被索赔人向第三者追偿的时效期间不少于90日。

（3）管辖权。原告有权选择在有管辖权的法院提起诉讼，并且规定下列地点所在国法院有管辖权：被告主要营业所或者被告的居所所在地；合同订立地，并且合同通过被告在该地的营业所、分支或者代理机构订立；货物接收地或者交付地；合同规定并在多式联运单据中载明的其他地点。

（4）仲裁。合同双方可达成书面协议，将争议提交仲裁。申请方有权选择仲裁地点，但应在上述有管辖权的法院所在地国提交仲裁。

（二）《鹿特丹规则》

该规则就多式联运经营人的责任形式采用“最小网状责任制”（minimum network liability system）。根据该规则第26条“海运之前或之后的运输”的规定，如包括国际海运区段的国际货物多式联运中，货物灭失、损坏或造成迟延交付的原因发生在承运人责任期间，该规则强制适用于国际海运区段，即从货物装船至卸船这一期间。对于其他运输区段，即自承运人接收货物至装船之前的阶段，以及货物卸船之后至承运人交付货物的阶段，如存在强制适用的其他国际公约或地区性条约，且就承运人的赔偿责任、赔偿责任限制、诉讼时效作了具体规定，则适用该国际公约或地区性条约。如不存在这种国际公约或地区性条约，则仍适用该规则。

（三）《联运单证统一规则》

《联运单证统一规则》（Uniform Rules for a Combined Transport Document）是国际商会于1973年制定，1975年修订的。作为民间规则，其适用不具有强制性。但是在《联合国国际货物多式联运公约》和《鹿特丹规则》尚未生效实施的情况下，经常被国际货物多式联运合同双方当事人协议采用，为国际货物多式联运的国际统一起到了积极的作用。该规则的主要内容如下。

（1）多式联运经营人的责任形式。该规则对于多式联运经营人实行经修正的网状责任制。具体而言，对于发生在多式联运经营人责任期间内的货物灭失或者损坏，如能够确定这种灭失或者损坏发生的运输区段，多式联运经营人的赔偿责任依据适用于该区段的国际公约或者国内法确定。如不能确定货物灭失或者损坏发生的区段，即对于隐藏的货物损失，其赔偿责任按完全的过错责任原则确定。赔偿责任限额按灭失或者损坏的货物毛重每千克 30 金法郎计算。但是如发货人事先征得多式联运经营人同意，已申报超过此限额的货物价值并在多式联运单据上注明，则赔偿责任限额为所申报的货物价值。

（2）多式联运经营人的责任期间。与《联合国国际货物多式联运公约》相同，规则规定多式联运经营人的责任期间为从接收货物时起至交付货物时止的整个运输期间。

（3）多式联运经营人对货物迟延交付的责任。只有在确知发生迟延的运输区段时，多式联运经营人才有责任支付迟延赔偿金。赔偿限额为该运输区段的运费，但适用于该区段的国际公约或者国内法另有规定时除外。

（4）货物灭失或者损坏的通知、诉讼时效。如货物存在明显的灭失或者损坏，收货人应在收货之前或者当时，将货物灭失或者损坏的一般性质书面通知多式联运经营人；如货物灭失或者损坏不明显，则应在 7 日内提交通知；否则，便构成多式联运经营人已按多式联运单证所述情况交付货物的初步证据。就货物灭失、损坏或者延迟交付而向多式联运经营人提起索赔诉讼的时效期间为 9 个月，自货物交付之日或者本应交付之日或者自收货人有权视货物已灭失之日起算。

（四）《多式联运单证规则》

《多式联运单证规则》（UNCTAD/ICC Rules for Multimodal Transport Document）由联合国贸易和发展会议和国际商法于 1991 年共同制定，作为民间规则供国际货物多式联运合同双方当事人自愿采纳。该规则的主要内容如下。

（1）多式联运经营人的责任形式。规则对多式联运经营人实行经修正的统一责任制。多式联运经营人的归责原则与《汉堡规则》的规定相同，但对多式联运中的海上或者内河运输，多式联运经营人对船长、船员、引航员或者受雇人驾驶船舶和管理船舶过失造成的货物灭失、损坏或者迟延交付不负责任；对非承运人的实际过失或者私谋造成的火灾所引起的货物灭失、损坏或者迟延交付，多式联运经营人也不负责任。多式联运经营人对货物的灭失或损坏的赔偿限额为：当多式联运涉及海上或者内河运输时，与经 1997 年议定书修正的《维斯比规则》的规定相同，即按灭亡或损坏的每件或每单位货物 666.67 特别提款权，或者按灭失或损坏的货物毛重每千克 2 特别提款权计算，二者之中以较高者为准；当多式联运不涉及海上或者内河运输时，以所灭失或者损坏的货物毛重每千克 8.3 特别提款权为限。但是，如损害发生区段强制适用的国际公约或者国内法规定了更高的责任限额，则适用该限额。

（2）多式联运经营人的责任期间。与《联合国国际货物多式联运公约》的规定相同，多式联运经营人的责任期间为从接收货物时起至交付货物时止的整个运输期间。

（3）多式联运经营人对货物迟延交付的责任。迟延交付的定义与《汉堡规则》的规定相同，但只有当托运人对货物如期交付的利益作出了声明并经多式联运经营人接受时，多式联运经营人才对迟延交付造成的损失承担损害赔偿责任。

（4）货物灭失或者损坏的通知、诉讼时效。如货物存在明显的灭失或者损坏，收货人应在收 货之前或者当时，将货物灭失或者损坏的一般性质书面通知多式联运经营人。与《联运单证统一规则》不同的是，当货物灭失或者损坏不明显时，收货人应在交货后连续6日内提交书面通知。货物灭失或者损坏的诉讼时效期间为9个月，但索赔人与被索赔人双方可另行协议。

实例研究

三井住友海上火灾保险株式会社诉中远海运集装箱运输有限公司国际多式联运合同纠纷案

【基本案情】

2015年3月，案外人SONY EMCS(MALAYSIA)SDN BHD公司(以下简称索尼公司)委托中远海运集装箱运输有限公司(以下简称中远海运公司)运输一批液晶显示面板先经海运自马来西亚巴生港至希腊比雷埃夫斯港，再经铁路至斯洛伐克尼特拉。中远海运公司签发了4套不可转让已装船清洁联运海运单。货物在位于希腊境内的铁路运输区段因火车脱轨而遭受货损。三井住友海上火灾保险株式会社(以下简称三井保险公司)作为涉案货物保险人，在对索尼公司进行理赔取得代位求偿权后，向中远海运公司提出追偿。中远海运公司抗辩称，火车脱轨的原因是事故时段当地持续暴雨，引起地质塌陷，承运人可以免责；即使不能免责，其可依法享受承运人单位赔偿责任限制。

【裁判结果】

上海海事法院一审认为，三井保险公司注册成立于日本、运输目的地为斯洛伐克，事故发生地位于希腊，案件争议属于涉外民事法律关系下的纠纷，当事人可以选择解决纠纷适用的法律。庭审中，双方当事人达成一致，对于涉案货物铁路运输区段的责任认定、责任承担方式等选择适用希腊法律，其余争议问题选择适用中华人民共和国法律，法院对此选择予以尊重。

希腊是《国际铁路运输公约》(Convention concerning International Carriage by Rail)的成员国，《国际铁路货物运输合同统一规则》(Uniform Rules Concerning the Contract of International Carriage of Goods by Rail)是《国际铁路运输公约》的附件B。希腊在批准加入该公约时未作任何保留声明，公约在希腊优先于其国内法适用。根据《国际铁路运输公约》第23.2条，若货物的灭失、损坏或迟延交付是由于承运人无法避免并且无法阻止其发生的原因所造成的，承运人无须承担赔偿责任。本案事故发生前虽有持续降雨，但比较事故地区历史降水数据，事故月份降水量仅处于历史中等偏上水平，并未出现明显异常。然而，本次列车脱轨并非遭受雨水直接冲击所致，而是事故区域常年频繁降雨侵蚀土壤后产生的地质作用引起地层塌陷的结果，是一个由量变到质变的过程，具体何时发生非人力所能预见和控制。铁路养护是否得当或可延缓此种地质变化的进程，但并无证据表明可以准确预计、控制和绝对避免。因此，中远海运公司可以援引《国际铁路运输公约》第 23.2 条的规定，对货损不负赔偿责任。三井保险公司不服一审判决，向上海市高级人民法院提起上诉。二审期间，三井保险公司撤回上诉。

【典型意义】

本案是一起含海运在内的国际多式联运合同纠纷。海运始于马来西亚，中途经希腊转铁路，目的地为斯洛伐克，是一条典型的通过“21 世纪海上丝绸之路”，经由地中海转铁路将货物运送至中欧内陆国家的海铁联运。随着“一带一路”国家和地区间贸易往来的日益密切，国际贸易对多式联运的需求也呈现快速增长趋势。在跨越多国、涉及多种运输方式的国际多式联运合同纠纷中，对“网状责任制”与确定运输区段准据法之间的关系，存在认识不统一的情况。本案中法院坚持意思自治原则，充分尊重当事人的选择，铁路运输区段适用希腊法律，其余争议问题适用中华人民共和国法律，并根据希腊法下的法律渊源适用《国际铁路运输公约》《国际铁路货物运输合同统一规则》相关规定。此外，“一带一路”沿线国家和地区的自然气候状况、地理水文条件差别很大，基础设施的建设和养护水平也参差不齐，货运事故的发生又往往出现多种因素相互交织、并存的复杂局面，本案在评判风险责任承担时，较好地运用了原因力分析的方法，论证充分，说理透彻，为类似纠纷的处理提供了借鉴思路。

【重要术语中英文对照】

中文术语	英文术语	中文术语	英文术语
承运人	carrier	迟延交付	delay in delivery
托运人	shipper	责任期间	period of responsibility
实际承运人	actual carrier	双方有责碰撞条款	both to blame collision clause
区段承运人	local carrier	非合同之请求	non-contractual claim
无船承运人	NVOCC	索赔通知	notice of damage
收货人	consignee	初步证据	prima facie evidence
通知方	notify party	绝对证据	conclusive evidence
发货人	consignor	收货待运提单	received for shipment B/L
亏舱费	dead freight	速遣费	dispatch（money）
短装	short lift	正本提单	original bill of lading
班轮运输	liner shipping	简式提单	short form B/L，simple B/L
提单	bill of lading	选港交货	optional delivery
直达提单	direct B/L	保函	letter of indemnity
装货港	port of loading	卸货港	port of discharge
门到门	door to door	首要条款	paramount clause
滞期费	demurrage	海上联运提单	ocean through B/L
到达船舶	arrived vessel	已装船提单	shipped B/L，on board B/L

续表

中文术语	英文术语	中文术语	英文术语
预付运费	freight prepaid, advance freight	到付运费	freight to collect, freight payable at destination
件杂货	general cargo	不定期船运输	tramp shipping
活动物	live animal	货物留置权	lien on cargo
甲板货	deck cargo	批量合同	volume contract
订舱单	booking note	订约确认书	fixture note
预借提单	advanced B/L	倒签提单	anti-dated B/L
不可抗力	force majeure	无船承运人提单	house B/L
天灾	act of God	船长提单	master B/L
航海过失	nautical fault	不记名提单	bearer B/L
清洁提单	clean B/L	不清洁提单	unclean B/L, foul B/L
无单放货	delivery of goods without B/L	单位责任限制	unit/package limitation of liability
地区条款	local clause	新杰森条款	new Jason clause
海运单	sea waybill	单子提单	electronic bill of lading
受载期	laydays	满舱满载	full and complete
解约日	cancelling date	良好天气工作日	weather working day
绕航	deviation	预备航次	preliminary voyage
适航	seaworthiness	装卸准备就绪通知	notice of readiness, N/R
港口租船	port charter	统一责任制	uniform liability system
泊位租船	berth charter	网状责任制	network liability system
隐藏损失	concealed damage	多式联运经营人	multimodal transport operator

【思考题】

1. 海上货物运输合同的概念是什么？

2. 海上货物运输合同有哪些种类和各自特点？

3. 我国《海商法》对承运人的责任期间是如何规定的？

4. 提单有哪些作用？

5. 为什么说提单在承运人和托运人之间是运输合同的书面证明而不是运输合同本身？

6. 提单是承运人已按提单所载状况收到货物或者货物已经装船的“初步证据”，这里“初步证据”意味着什么？

7. 航次租船合同与班次运输有什么异同？

8. 国际货物多式联运承运人的责任形式有哪几种？我国《海商法》对此是如何规定的？

【案例分析】

案例一：中国某公司与日本某公司签订了一份进口 3 000 台空调机合同，约定 6 月 30 日和 7 月 30 日分别交付 1 500 台。卖方委托日本某集装箱公司承运。集装箱公司分别于 6 月 30 日和 7 月 25 日签发了两份已装船提单。经查，装运该批货物的船舶 8 月 19 日才在横滨装运第二份提单项下的货物，也就是说，7 月 25 日集装箱公司签发第二份提单时，该提单项下的货物并未装船，而集装箱公司签发的是“已装船”提单。问：集装箱公司应否对因此而使收货人遭受的经济损失负赔偿责任？为什么？

案例二：某班轮公司所属的货轮在德国汉堡港装运一批钢材。班轮公司签发了已装船清洁提单。该轮抵达中国某港卸货，经理货公司理算，发现短卸 43 捆钢材。船长在“货物溢短单”上签字确认。后经检验，确认“捆数短少 43 捆，重量短少 102.02 吨，系发货前漏装所致。”收货人向法院提起诉讼，要求班轮公司赔偿其货物短少的经济损失。问：班轮公司是否对货物短少向提单持有人承担赔偿责任？为什么？

案例三：原告的一批散装谷物载于某轮，由京斯顿前往蒙特利尔。船舶抵达蒙特利尔时，该轮二管轮进行泵水作业时因业务不精（且未获得相应资格证书），错开阀门，水进入第二舱，导致原告的货物湿损。原告要求被告赔偿。理由是：被告没有慎重配备具有经验、能力和可靠的二管轮，故船员配备不适任，该项货损完全由于被告未恪尽职责所致。被告却主张，该项货损纯属管船过失所致。根据法律规定，他对该项货损可以免责。问：该轮承运人是否应对货物的湿损承担责任？为什么？

【推荐阅读文献】

1. 余筱兰：《鹿特丹规则》，中国政法大学出版社 2015 年版

2. 司玉琢等：《鹿特丹规则》研究，大连海事大学出版社 2009 年版

3. 杨良宜：《提单及其他付运单证》，中国政法大学出版社 2007 年版

4. 王伟：《无正本提单交付货物的法律与实践》，法律出版社 2010 年版

5. 邢海宝：《提单权利之变动》，中国法制出版社 2007 年版

6. William Tetley，Marine Cargo Claims，3rd edition，International Shipping Publications，1988，pp. 944–945.

7. WILLIAM TETLEY，INTERNATIONAL MARITIME AND ADMIRALTY LAW，EDITIONS YVON BLAIS，2002，pp. 75–77.

8. 侯伟：《鹿特丹规则》与中国《海商法》修改——基于司法实践的视角，载《国际法研究》2018 年第 2 期

9. 罗孝炳：提单并入租约不影响对承运人的识别与归责，载《人民司法（案例）》2017 年第 2 期

10. 张永坚：仍不应被忽视的《国际货物多式联运公约》，载《中国海商法研究》2018 年第 4 期

扩展阅读资料

Notice of Readiness

At common law a written notice of readiness is only required to be given at the ship's arrival at the first port of loading. This is obviously to inform the charterer and so give him a chance to have the cargo ready for loading. At subsequent loading ports and at ports of discharge there is no common law requirement to tender a notice of readiness, though in practice almost all voyage charterparties, if not all, expressly require the Master to tender NOR at every port, both loading and discharge. The Master may not tender NOR until his ship has legally arrived as described above. An anticipatory notice, even though he may be confident of the accuracy of his imminent arrival time, is not permitted.

A Master may tender his notice of readiness if the only thing which obstructs his readiness to load or to proceed to a loading berth is' a routine formality' of which the most obvious example is free pratique.

In *The Linardos* [1994] 1 Lloyd's Rep. 28 discussion was had on the question of the 'black and white effect' (to use the presiding judge's own words) of the general principle that a valid notice of readiness cannot be given unless and until the vessel is in truth ready to load. The relevant charterparty contained, in addition to the usual stipulations for presenting a notice of readiness, a provision that any time subsequently lost through requirements for load readiness being unfulfilled, including a marine surveyor's certificate, should not count. ... It also contained a separate clause incorporating load port (Richards Bay) regulations providing, amongst other things, that a notice of readiness would only be accepted after the receipt of certificate by an independent marine surveyor certifying that the holds were clean and dry. It also required that a Master's certificate that the holds had been washed and dried prior to tendering notice of readiness should be presented. Three-and-a-half days after tendering the notice of readiness the vessel berthed but the surveyor appointed locally failed her on load readiness because of water and rust in the hatches. It was a further 20 hours before the hatches were declared clean. The owners argued that the NOR was validly tendered when it was, the charterers conversely argued that the NOR only became effective when the hatches were declared clean. On appeal by the charterers from an arbitration award in favour of owners, the Commercial Court held that:

(1) The "black and white" effect of the basic principle could be varied by express provisions in the charterparty.

(2) In giving the NOR the Master had to be acting in good faith. The charterparty wording providing as it did for presentation of NOR whether in berth or not (i. e. contemplating a possible port congestion on arrival) also provided very sensibly for the possibility that the holds might need a final cleaning prior to the mandatory passing as fit by an independent local surveyor. The vessel on the other hand might have had to wait weeks for a berth due to the congestion whereas the hold cleaning might have occupied only a few hours, as indeed it did. It would be commercially unreasonable to force an owner to lose all the benefits of wasted waiting time for the sake of merely a few hours hold cleaning. Thus the court held that it is possible to contract out of the "black and white" effect of the general

principle upon which the tendering of a notice of readiness is founded.

Evidentiary Effect of the "Clean" Bill of Lading

A "clean" bill of lading is a bill of lading which contains no written reservations by the carrier as to the apparent good order and condition of the goods at the time of their loading aboard the ship. A "clean" bill of lading, particularly in the United States, also constitutes a positive representation by the carrier that the goods have been loaded below deck.

a) Hague Rules

The Hague Rules (art. 3 (4)) establish a *prima facie* (rebuttable) presumption that the goods are as described in the bill of lading, as regards their marks, number, quantity, weight and apparent (external) condition. Where the bill of lading is "clean", bearing no notations by the carrier of bad order, the goods are (rebuttable) deemed to have been in good condition at loading, as far as can be determined by an external examination. The carrier then has the burden of adducing sufficient evidence to rebut this prima facie proof of apparent good order. The "clean" bill, together with "bad order receipts" at dis-charge, thus assists the cargo claimant in making proof that the loss or damage occurred during the carriage and is therefore the responsibility of the carrier.

Although the "clean" bill constitutes only *prima facie* evidence of apparent good order, courts have frequently treated it as establishing an "estoppel", legally precluding the carrier from denying that the goods were in proper condition at loading, as against the consignee or endorsee for value of the bill, who, in good faith, has relied to his detriment on the representations of good order evidenced by the document.

b) Hague/Visby Rules

Art. 3 (4) of the Hague Rules, as amended by the Visby Protocol of 1968, contains an additional paragraph, providing that proof to the contrary is inadmissible when the bill of lading is transferred to a third party acting in good faith. The rebuttable presumption that the goods are as described in the bill of lading thus becomes an irrebuttable presumption upon the negotiation of the bill to a third party holder. No proof is required that the third party relied on the description of the goods in the bill to his detriment or that he gave value for the goods.

The bill of lading acts in common law jurisdictions also contain presumptions relating to shipment or receipt for shipment of the goods, resulting from issuance of the bill. The United Kingdom's *Carriage of Goods by Sea Act 1992*, for example, provides that a bill of lading which represents goods to have been shipped on board a vessel or to have been received for shipment on board a vessel, and which has been signed by the master of the vessel or by a person who was not the master but had the express, implied or apparent authority of the carrier to sign bills of lading, shall be conclusive evidence against the carrier of the shipment of the goods or their receipt for shipment, as the case may be, in favour of a person who has become lawful holder of the bill.

c) Hamburg Rules

Like the Hague/Visby Rules, the Hamburg Rules (art. 16 (3)) contain the same rebuttable presumption that the goods are as described in the bill of lading, which presumption becomes irrebuttable upon the transfer of the bill to a third party, including a consignee, who has acted in good faith. The Hamburg provision, however, unlike art. 3 (4) of Hague/Visby, requires that the third party have relied on the description of the goods in the bill. The presumption applies except as regards particulars in the bill of lading in respect of which the carrier expressed a reservation under art. 16 (1).

The Hamburg Rules (art. 16 (4)) also establish a *prima facie* (rebuttable) presumption that the consignee is not responsible for freight or load port demurrage, if the bill of lading does not set forth the freight or indicate that it is payable by the consignee or does not set forth demurrage at the port of loading payable by the consignee.

Art. 18 of the Hamburg Rules also provides that documents other than bills of lading (e. g. sea waybills) issued by a carrier to evidence the receipt of goods to be carried are also *prima facie* evidence of the conclusion of the contract of carriage by sea and the taking over by the carrier of the goods as therein described.

Incorporation of Arbitration Clauses into Charterparty Bills of Lading

As parties are submitting to the common law to select the governing law for their contract they are also free to decide whether disputes will go to court or to arbitration. Most contracts of affreightment include a clause which provides that any dispute arising thereunder shall be referred to arbitration. Most charterparties contain an arbitration clause and most disputes involving them are also referred to arbitration. Arbitration clauses are less frequently found in bills of lading except where the bill incorporates an arbitration clause in the charterparty under which it is issued.

In relation to incorporation of arbitration clauses into charterparty bills of lading the main issues are whether the language used in the bill of lading has the effect of incorporating the arbitration clause in the charterparty and also whether the arbitration clause itself was apt to be incorporated in the bill of lading. Bills of lading play a specific role in international trade. They are negotiable commercial instruments and often used by parties without any knowledge of the terms of the corresponding charterparties. So the terms contained in bills of lading should be clear, certain and unambiguous. For the incorporation of an arbitration clause in a bill of lading in particular, the language used in a bill of lading is the most important factor.

In general the English law of contract has taken a benevolent view of the use of words to incorporate by reference standard terms to be found elsewhere. But for the incorporation of charterparty arbitration clauses into bills of lading the courts have developed a stricter test.

The development of this attitude can be traced back to *Hamilton Co.* v. *Mackie Sons* where the bill of lading had the words "all terms and conditions as per charterparty". The charterparty contained the clause "all disputes under this charter shall be referred to arbitration". The court held that the arbitration clause referred only to disputes "under this charter" and did not include disputes under the bill of lading. Following this case, in *T. W. Thomas Co. Ltd.* v. *Portsea Steamship Co. Ltd.* it was stated that "...if it is desired to put upon the holders of a bill of lading an obligation to arbitrate because that obligation is stated in the charterparty, it must be done explicitly". Therefore the general words "all terms and conditions" were not enough for incorporation. Similarly in The Njegos the bill of lading was stated to incorporate "all the terms, conditions and exceptions" and it was held that the arbitration clause was not incorporated into it. In these cases the language used was too general to incorporate a term such as an arbitration clause.

Controversy often arises about the true interpretation and effect of the words "terms and conditions" or "all terms" or "conditions". These terms were considered in the abovementioned cases. *The Merak* was authority for the proposition that reference to "clauses" is enough to permit incorporation of an aptly drafted arbitration clause. In this case clause of the charterparty expressly stipulated for arbitration of "any dispute arising out of this charterparty or any bill of lading issued thereunder". The Court of Appeal reached the conclusion that the words in bills of lading "all the terms, conditions and clauses... contained in the said charterparty" were sufficient to incorporate the charterparty arbitration clause into the bills of lading. In *The Annefield* this new line of authority was commented on and it was stated that general words in the bill of lading would suffice if the arbitration clause in the charterparty was expressly applicable to bills of lading. But in T*he Federal Bulker* a strict test was applied and the Court of Appeal held in this case that an arbitration clause is not a term, and in *The Varenna* that an arbitration clause is not a condition. The approach of the Court of Appeal in *The Federal Bulker* was not followed in *The Rena K* and it was held that an arbitration clause could be incorporated from a charterparty into a bill of lading, provided that this was done clearly and explicitly in either document.

In order to incorporate an arbitration clause in the charterparty into a bill of lading there should be specific words of incorporation in the bill of lading. If the arbitration clause refers to "disputes arising under this charterparty" and general words of incorporation have been used the clause will not be regarded as incorporated into the bill of lading. Therefore if there are general words of incorporation in the bill of lading the arbitration clause or any other provision in the bill of lading should make it clear that the arbitration clause under the bill of lading governs disputes under both the bill of lading and the charterparty. If the arbitration clause is specifically incorporated in the bill of lading it should make sense in the bill of lading and should not conflict with the express terms of the bill of lading.

At common law the existence of a jurisdiction or arbitration clause in a contract was taken to be a strong indicator of a tacit choice of the law of the court or arbitration. The Convention does not cover arbitration and choice of law agreements and their form，validity and consent thereto. But contracts in which arbitration and jurisdiction clauses may be contained are not excluded. Therefore in cases where an arbitration clause is an integral part of a larger contract and not an independent agreement the exclusion relates only to the arbitration clause and not to the remainder of the contract. Although jurisdiction and arbitration agreements are excluded they may still be considered in order to decide upon an implied choice of law to govern the main contract under Article 3（1）or the country of closest connection under Article 4（1）. The validity of such clauses will not be decided by the law which would govern the contract under the Convention，but will be decided according to the national rules of the forum.

In cases where a bill of lading incorporates the terms of the charterparty the Convention will determine whether the incorporation indicates a contractual choice of law or not. But the validity of the incorporation will be determined by the common law conflict of law rules. Thus，if a charterparty contains a London jurisdiction or arbitration clause the court will apply English law to determine the validity of the bill of lading incorporating the clause.

第五章　海上旅客运输合同

学习目标

海上旅客运输是与海上货物运输一并发展起来的，是海上运输活动的重要组成部分。虽然，在运输手段极为发达的今天，海上旅客运输的发展规模和法律调整水平较之海上货物运输处于相对落后的境地，但它仍在海上运输市场中占有一席之地。因此，各国海商立法和相关的国际公约亦十分重视对海上旅客运输的法律调整，我国《海商法》也专章规定了海上旅客运输合同。

通过本章学习，了解海上旅客运输合同的概念、种类、合同当事人主要权利和义务，知晓《1974 年海上旅客及其行李运输雅典公约》及《1974 年雅典公约的 2002 年议定书》的主要内容，掌握我国《海商法》第五章的主要内容。

第一节　海上旅客运输合同概述

一、海上旅客运输合同的概念

我国《海商法》第 107 条将海上旅客运输合同定义为“承运人以适合运送旅客的船舶经海路将旅客及其行李从一港运送至另一港，由旅客支付票款的合同”。海上旅客运输合同的当事人是承运人和旅客。根据《海商法》第 108 条，承运人是指本人或者委托他人以本人名义与旅客订立海上旅客运输合同的人；旅客是指根据海上旅客运输合同运送的人。此外，经承运人同意，根据海上货物运输合同，随船护送货物的人，视为旅客。海上旅客运输合同的标的除运送旅客外，还包括运送旅客的行李。根据《海商法》第 108 条，行李是指根据海上旅客运输合同由承运人载运的任何物品和车辆，但是活动物除外。行李包括自带行李和非自带行李，自带行李是指旅客自行携带、保管或者放置在客舱中的行李，非自带行李在《海商法》中称为旅客自带行李以外的其他行李或者其他行李。

二、海上旅客运输合同的订立、变更与解除

（一）海上旅客运输合同的订立

《海商法》第110条规定："客票是海上旅客运输合同成立的凭证。"《合同法》第293条进一步规定："客运合同自承运人向旅客交付客票时成立，但当事人另有约定或者另有交易习惯的除外。"因此，原则上，承运人或者代其出售客票的客运站或者其他单位向旅客出售客票后，合同即告成立。客票上一般载明船名、航次、开航日期、起运港。目的港、客舱等级、铺（座）号、票价等。国际海上旅客运输的客票上，通常还载明承运人的名称与地址、旅客姓名与地址、船舶抵达目的港日期、海上客运条件或者旅客须知，以及合同适用的法律等事项。载明旅客姓名的客票，称为记名客票，不能任意转让，只供记名的旅客本人使用。海上旅客运输票款中包括旅客在海上运输中因海上风险而发生人身伤亡的保险费。各国法律普遍规定，这种保险属于强制保险。

（二）海上旅客运输合同的变更或者解除

1. 因旅客自身原因而变更或者解除

根据《合同法》第295条，旅客因自己的原因不能按照客票记载的时间乘坐客船，可以在约定时间内办理退票或者变更手续。退票使得海上旅客运输合同得以解除，变更乘船的时间和班次则使海上旅客运输合同发生变更。

旅客办理退票或者变更手续的时间，通常由法规作出规定或者承运人事先规定，即在船舶开航之前若干小时。按照办理退票或者变更手续距离船舶开航时间的长短，旅客退票应支付一定的退票手续费，以补偿承运人的损失。退票时间过晚，例如在船舶开航后办理退票，根据法规的规定或者承运人事先规定，承运人可以不退票款，并不再承担运输义务，即客票作废。

2. 因承运人原因而变更或者解除

船舶应当按预定时间开航，有些国家的法律规定，如船舶不在预定时间开航，旅客可以退票而解除合同，并要求退还全部票款，对此，根据《合同法》第299条，如果承运人不能按照客票载明的时间和班次运输旅客，旅客可以要求承运人安排改乘其他班次或者退票。此外，根据《合同法》第300条，如果承运人擅自变更船舶而降低服务标准，旅客可以要求退票而解除合同，或者，要求减收票款而变更合同。但是，如果由于变更船舶而提高服务标准，承运人不应当加收票款。

3. 因不可抗力而变更或者解除

各国法律普遍规定，如船舶在开航之前灭失或者被征用，或者由于军事行动有被捕获或者劫夺的危险，或者由于与合同双方当事人无关的原因被政府扣押，或者起运港或者目的港被宣布封锁等不可抗力原因，使合同无法履行时，双方当事人均可解除合同，承运人退还票款。但是，如船舶在开航后，因不可抗力不能驶抵目的港，承运人应将旅客运送至预定的中途港或者就近港口，承运人应退还全程票价减去旅客已乘区段票价后的票价差额。如所乘里程超过票价里程，超过部分旅客不补付票款。如承运人将旅客运回起运港，承运人应退还全部票款。

三、海上旅客运输合同的法律适用

（一）海上旅客运输合同的法律适用

我国《海商法》既适用于国际海上旅客运输合同，也适用于我国港口间的海上旅客运输合同，只是在承运人责任限额方面有所不同。对于国际海上旅客运输承运人的责任限额，适用《海商法》第 117 条第 1 款至第 3 款规定的责任限额，而我国港口之间的海上旅客运输承运人的责任限额，《海商法》第 117 条第 4 款规定由交通部具体加以规定，即交通部制定的 1996 年 6 月 1 日起施行的《中华人民共和国港口间海上旅客运输赔偿责任限额规定》。我国大陆与港澳台地区之间的海上旅客运输是国内海上旅客运输，但目前参照国际海上旅客运输进行处理。《海商法》没有规定的，适用《合同法》的相关规定。

（二）海上旅客运输合同法律在邮轮旅游中的适用

邮轮旅游是以邮轮为运送工具和旅游目的地之一，为旅游者提供海上游览、住宿、交通、餐饮、娱乐或到岸观光等多种服务的旅游方式。近年来，邮轮旅游在我国得到迅速发展，尤其是邮轮出境旅游。与一般海上旅客运输不同，邮轮旅游兼具运送工具和旅游目的地之一两种功能。尤其是出境邮轮旅游中，邮轮旅游通常涉及三个合同，即邮轮旅游合同、邮轮旅游辅助合同和邮轮船票所证明的海上旅客运输合同。

邮轮旅游合同是旅游经营者与旅游者之间达成的就邮轮旅游中各自的权利和义务的协议。旅游经营者通常是指旅行社。旅游经营者通常将邮轮船票和岸上观光服务打包成包价旅游产品向旅游者销售，并向旅游者提供邮轮船票。这种合同称为包价旅游合同。邮轮旅游合同包含与邮轮相关的内容，如邮轮公司和邮轮的基本信息；邮轮旅游行程，包括出发港、途经港和返回港；舱房等级等邮轮服务安排和标准。但是，邮轮旅游合同适用《旅游法》和《合同法》，不属于《海商法》第五章的适用范围。

邮轮旅游辅助合同，不论在实践中使用何种名称，是旅游经营者与邮轮公司之间达成的邮轮公司使用邮轮协助旅游经营者履行邮轮旅游合同中各自的权利和义务的协议。在这一合同关系中，邮轮公司具有履行辅助人的法律地位。邮轮旅游辅助合同包含与邮轮相关的内容，如邮轮旅游行程，包括出发港、途经港和返回港；旅游者人数、舱房等级等邮轮服务安排和标准；票款和其他费用。同样，邮轮旅游辅助合同适用《旅游法》和《合同法》，不属于《海商法》第五章的适用范围。

通常，尤其是出境邮轮旅游中，邮轮公司通过旅游经营者向旅游者提供船票。我国《海商法》第 110 条规定："旅客客票是海上旅客运输合同成立的凭证。"因此，在邮轮公司与旅游者之间存在邮轮船票所证明的海上旅客运输合同，《海商法》第五章的规定适用于该合同。其中，邮轮公司具有承运人的权利和义务，旅游者具有旅客的权利和义务。但是在旅客在船期间，邮轮公司向旅游者提供的服务要多于一般海上旅客运输中承运人向旅客提供的服务，尤其是按约定向旅游者提供娱乐和餐饮方面的服务。

如邮轮公司直接与旅游者达成邮轮旅游合同，并向旅游者提供船票，则仅涉及邮轮公司与旅游者之间的合同关系。此时，在《海商法》第 111 条规定的旅客及其行李的运送期间，适用该法第五章的规定，邮轮公司具有承运人的权利和义务，旅游者具有旅客的权利和义务。在该运送期间之外、邮轮旅游合同约定邮轮公司向旅游者提供岸上观光等服务的期间，适用《旅游法》和《合同法》的规定。[①]

第二节　海上旅客运输合同当事人的主要权利和义务

一、承运人的主要权利和义务

（一）承运人的主要义务

1. 提供适航船舶并保持适航状态

承运人应在船舶开航前和开航当时，提供适航船舶，并在整个运送期间保持适航状态，适当配备船员、装备船舶和配备供应品，以保证旅客运送的安全。

2. 提供适当舱位

承运人在旅客登船后，必须提供与客票等级相符的舱室与铺位或者座位，以便旅客搭乘。舱室内的设备应符合与客票等级相应的规定。

3. 合理尽速、直航目的港

根据《合同法》第 290 条和第 292 条，承运人应当在约定期间或者合理期间内，按照约定航线或者通常航线将旅客运送至目的港。船舶在航行过程中，不应有不合理的延误。并且，除为救助或者企图救助海上人命或者财产，或者其他合理情况外，承运人或者船长不得变更航线。否则，承运人应对旅客因此遭受的损害负赔偿责任。所谓其他合理情况，包括为保证船舶和旅客安全而避台风或者其他海上风险，政府或者有关当局命令船舶变更航线，旅客在船上患重病必须立即上岸治疗等情况。

4. 为旅客供应膳食

如票款中已包括膳食费，则在船舶航行期间，承运人应向旅客提供相应的膳食。如票款中未包括膳食费用，且航程较长，承运人应向旅客提供膳食服务。

5. 运送旅客行李

承运人应免费为旅客运送一定数量的行李，并对旅客的非自带行李负有妥善保管之义务。

6. 对旅客的人身伤亡或者行李的灭失或者损坏的赔偿责任

《海商法》第五章“海上旅客运输合同”中，有关承运人对旅客的人身伤亡或者行李的灭失、损坏的赔偿责任的规定，与经 1976 年议定书修订后的《1974 年雅典公约》的规定相同，实行完全过错责任归责原则，并在一定范围内实行推定过错。

（1）旅客及其行李的运送期间。旅客及其行李的运送期间，即为承运人对旅客及其行李的运送负责的期间。根据《海商法》第 111 条，旅客及其自带行李的运送期间为自旅客登船时起至旅客离船时止，并且，如果客票票价中含旅客登船前由承运人经水路从岸上接到船上，或者离船后由承运人经水路从船上送到岸上的接送费用，则运送期间应包括这一接送期间，但不包括旅客及其自带行李在港站内、码头上或者在港口其他设施内的时间；旅客自带行李以外的其他行李（即托运行李）的运送期间为自旅客将行李交付

① 参见司玉琢主编:《海商法》（第四版），法律出版社，2018 年版，第 186 页。

承运人或者其受雇人、代理人时起，至承运人或者其受雇人、代理人交还旅客时止。

（2）承运人的赔偿责任。根据《海商法》第 114 条，在旅客及其行李的运送期间，由于承运人或者其受雇人、代理人在受雇或者受委托范围内的过失引起事故，造成旅客人身伤亡，或者行李的灭失或者损坏，承运人应负赔偿责任。承运人及其受雇人、代理人的过失的举证，按下列情况处理：第一，旅客遭受人身伤亡，或者其自带行李遭受灭失或者损坏时，如由于船舶沉没、碰撞、搁浅、爆炸、火灾所引起，或者由于船舶的缺陷所引起，则推定承运人及其受雇人、代理人有过失；第二，旅客自带行李以外的其他行李遭受灭失或者损坏时，不论由于何种事故所引起，均推定承运人及其受雇人、代理人有过失；第三，在其他情况下，请求人应举证承运人或者其受雇人、代理人有过失。但是，当推定承运人及其受雇人、代理人有过失时，承运人及其受雇人、代理人可以提出反证。

如果旅客的人身伤亡，或者行李的灭失或者损坏，是由于旅客本人故意造成，或者旅客的人身伤亡系其健康状况造成，则承运人可以免责；如果旅客的人身伤亡，或者行李的灭失或者损坏，是由于旅客本人的过失和承运人的过失共同造成，则可以免除或者相应减轻承运人的赔偿责任。但是，在上述两种情况下，旅客遭受人身伤亡，或者其行李遭受灭失或者损坏的原因应由承运人举证。对旅客的货币、金银、珠宝、有价证券或者其他贵重物品所发生的灭失或者损坏，如果此种物品由旅客自行保管，则承运人不负赔偿责任；如果此种物品交由承运人保管，则承运人应按旅客的非自带行李对此灭失或者损坏负责。

（二）承运人的主要权利

1. 票款请求权

作为运送旅客及其行李的代价，承运人有权请求客票上规定的票款。根据《海商法》第 112 条，当旅客无票乘船、越级乘船或者超程乘船时，承运人有权要求旅客补足票款，并可按规定加收票款；如旅客拒不交付，船长有权在适当地点令其离船，承运人有权向其追偿。此外，根据《合同法》第 294 条，旅客如果持失效的客票乘船，也应补交票款，承运人有权按照规定加收票款。

2. 托运行李留置权

如旅客未付或者未付足票款、行李费、承运人为旅客垫付的款项或者其他应付费用，承运人有权对旅客交运的行李行使留置权。

3. 船舶开航权

旅客在起运港或者船舶中途挂靠港，不在约定时间内登船时，船长有权将船舶按时开航或者续航，并且，承运人不退还票款。

4. 赔偿责任限制的权利

在海上旅客运输中，如果因承运人不可免责的原因导致旅客的人身伤亡或行李的灭失或损坏，承运人虽然应当承担法律责任，但可依法限制自己的赔偿责任。如前所述，《海商法》海上旅客运输合同规定既适用于国际海上旅客运输，也适用于国内沿海旅客运输，只是国内港口间海上旅客运输承运人赔偿责任限额根据《中华人民共和国港口间海上旅客运输赔偿责任限额规定》加以确定。

根据《海商法》第 117 条第 1 款至第 3 款的规定，国际海上旅客运输中承运人赔偿责任限制为：① 对旅客的人身伤亡，每名旅客不超过 46666 特别提款权；② 对旅客自带行李的灭失或者损坏，每名旅客不超过 833 特别提款权；③ 对旅客车辆包括该车辆所载行李的灭失或者损坏，每一车辆不超过 3333 特别提款权；④ 对旅客其他行李的灭失或者损坏，每名旅客不超过 1200 特别提款权。承运人和旅客可以书面约定高于上述限额的承运人赔偿责任限额。承运人可以和旅客约定其对旅客的车辆和其他行李损失的免赔额。但是，对每一车辆损失的免赔额不超过 117 特别提款权，对其他行李损失的免赔额不超过 13 特别提款权。此种免赔额应在承运人赔偿金额中扣除。

有关我国港口间的海上旅客运输中承运人的赔偿责任限额，根据《中华人民共和国港口间海上旅客运输赔偿责任限额规定》第 3 条的规定，承运人在每次海上旅客运输中的赔偿责任限额是：① 对旅客的人身伤亡，每名旅客不超过 4 万元人民币；② 旅客自带行李灭失或者损坏，每名旅客不超过 800 元人民币；③ 旅客车辆包括该车辆所载行李灭失或者损坏，每一车辆不超过 3 200 元人民币；④ 上述②、③项以外的旅客其他行李灭失或者损坏，每千克不超过 20 元人民币。承运人和旅客可以书面约定高于上述第①项规定的赔偿责任限额。该《规定》第 4 条同时规定，承运人对旅客人身伤亡赔偿责任总的限额，最高不超过 2 100 万元人民币。前述承运人赔偿责任限额已显得明显过低，随着《海商法》的修改，前述限额将有可能大幅度的提高。

无论是国际海上旅客运输还是国内海上旅客运输，如经证明，旅客的人身伤亡，或者行李的灭失或者损坏，是由于承运人的故意或者明知可能造成损害而轻率地作为或者不作为造成时，承运人便不得援用前述赔偿责任限制（《海商法》第 118 条）。

海商法中关于旅客运输合同的某些规定属于强制性规范，对这些规定当事人是不能以合同的形式加以变更的。这是因为，承运人依据《海商法》所承担的义务是最低限度的义务，而承运人享有的权利是最大限度的权利。承运人可以增加其义务或者放弃其权利，但不得降低其义务或者增加其权利。从这个意义上来说，海上旅客运输合同中如有下列条款，应归于无效：① 免除承运人应当承担的法定责任；② 降低承运人的赔偿责任限额；③ 对承运人的举证责任做出相反的规定；④ 限制旅客提出赔偿请求的权利（《海商法》第 126 条）。

二、旅客的主要权利和义务

旅客的主要权利就是承运人的主要义务，即旅客在支付票款后有权要求承运人将其安全运送至目的港，免费携带一定数量的行李，以及对其遭受的伤害或者其行李的灭失或者损坏，向承运人索赔等。

除支付票款和其他应付款项外，旅客还具有下列义务：① 在船期间，应遵守客运规章，服从船长的指挥与管理。② 按照约定的限量携带行李，不得擅自携带或者在行李中夹带违禁品或者危险品。《合同法》第 296 条规定："旅客在运输中应当按照约定的限量携带行李。超过限量携带行李的，应当办理托运手续。"为保障海上旅客运输的安全，根据《海商法》第 113 条，旅客不得擅自携带或者在行李中夹带违禁品或者易燃、易爆、有毒、有腐蚀性、有放射性以及有可能危及船上人身和财产安全的其他危险品。对于旅客擅自携带或者在行李中夹带的违禁品或者危险品，承运人可以在任何时候和地点，将其卸下、销毁或者使之不能为害，或者送交有关部门，而不负赔偿责任。《合同法》297条还规定，如果旅客坚持携带或者夹带违禁品或者危险品，承运人应当拒绝运输。如旅客违反此项义务，对因此造成的船舶损害或者承运人的其他损害，旅客应负赔偿责任。③ 提交行李灭失或者损坏的通知。根据《海商法》第119条，旅客对其自带行李发生的明显损坏，应在离船前或者离船时，向承运人或者其受雇人、代理人提交书面通知；如果其他行李发生明显损坏，旅客应在该行李交还给他之前或者当时提交此种通知。如果行李损坏不明显，或者行李发生灭失，此种通知应在旅客离船之日，或者行李交还之日，或者本应交还之日起15日之内提交。如旅客不按上述要求提交通知，便推定其已收到完好的行李，但旅客可以提出反证。如在旅客提取行李时，双方已对损害状况进行联合检查，就无须提交损害的通知。本条规定的提出索赔通知的时间限定是海上旅客运输中旅客对承运人就行李损害的索赔时效。若旅客未依本条规定的时间向承运人提交书面索赔通知，一般认为是旅客完好地收到了行李。但这里规定的索赔时效与本法及有关法律中规定的诉讼时效不同。因海上旅客运输合同请求的诉讼时效应为两年期限。超过本条规定的索赔时效，但在两年诉讼时效内依运输合同向法院起诉，要求承运人赔偿其行李损坏或灭失的，如有充分证据，法院仍要保护旅客的合法权益。但超过两年诉讼时效的规定而起诉的，法院虽应受理，但不再保护旅客的权益，旅客丧失了就此纠纷的胜诉权，除非承运人自愿承担赔偿责任或双方之间有关于延长诉讼时效的约定。

释义

Notice of Damage

For apparent damage, the carrier or his agent must be notified before or at disembarkation, in the case of cabin luggage, and before or at re-delivery where other luggage is involved. For non-apparent damage to, as well as loss of, luggage, the claimant must give notice within fifteen days of disembarkation or re-delivery or the date when re-delivery should have occurred. Failure to give the notice in time results in a presumption that the passenger has received the luggage undamaged, unless the contrary is proven. No written notice is required, however, if the luggage has been the subject of a joint survey or inspection at the time of its receipt.

三、承运人的受雇人、代理人、实际承运人及其受雇人、代理人的法律地位

《海商法》将实际承运人定义为“接受承运人委托，从事旅客运送或者部分运送的人，包括接受转委托从事此项运送的其他人。”根据《海商法》第120条至第125条的规定，旅客运送或者部分运送由实际承运人履行时，承运人仍然应对全程运送负责；承运人应对实际承运人及其受雇人、代理人在受雇或者受委托范围内的行为负责；当承运人与实际承运人均负有赔偿责任时，两者应负连带责任，但两者之间可相互追偿。当旅客的

人身伤亡、行李的灭失或者损坏的赔偿请求是向实际承运人提出时，他有权援引承运人的抗辩理由和赔偿责任限制。当旅客的人身伤亡、行李的灭失或者损坏的赔偿请求是向承运人的受雇人或者代理人提出，或者向实际承运人的受雇人或者代理人提出时，如果该受雇人或者代理人能证明，其行为是在受雇或者受委托的范围之内，便有权援引承运人的抗辩理由和赔偿责任限制。但是，如因承运人、实际承运人或者其受雇人或者代理人故意或者明知可能造成损害而轻率地作为或者不作为造成损害的，责任人便丧失赔偿责任限制的权利。当旅客的人身伤亡或者行李的灭失、损坏的赔偿请求分别向承运人、实际承运人及其他们的受雇人，代理人提出时，赔偿总额不超过承运人的责任限额，除非被索赔的人中有的丧失赔偿责任限制的权利。

第三节　海上旅客运输国际公约

一、《1974年海上旅客及其行李运输雅典公约》

（一）《1974年海上旅客及其行李运输雅典公约》的产生背景

为统一各国有关海上旅客运输的法律，1957年10月10日在比利时布鲁塞尔第10届海洋法会议上，通过了《1957年统一海上旅客运输某些法律规则的国际公约》。嗣后，在此公约基础上，1961年4月在布鲁塞尔第11届海洋法会议上又通过了《1961年统一海上旅客运输某些规则的国际公约》。1967年5月27日在布鲁塞尔又通过了《1967年统一海上旅客行李运输的国际公约》。由于《1961年统一海上旅客运输某些规则的国际公约》规定的承运人对旅客人身伤亡赔偿责任限额过低等原因，该公约收效甚微。为此，国际海事委员会于1969年又通过一个公约草案，并在此基础上，原政府间海事协商组织于1974年12月2日至13日在希腊雅典召开的海上旅客及其行李运输国际法律会议上通过了《1974年海上旅客及其行李运输雅典公约》（Athens Convention Relating to the Carriage of Passengers and Their Luggage by Sea，1974），简称《1974年雅典公约》（Athens Convention）。该公约于1987年4月28日生效。参加该公约的有阿根廷、巴哈马、比利时、埃及、希腊、利比里亚、波兰、西班牙、瑞典、英国等十几个国家。我国第八届全国人民代表大会常务委员会第六次会议于1994年3月5日通过决定，我国加入该公约。

（二）《1974年雅典公约》的主要内容

该公约中关于承运人的责任与免责、旅客贵重物品灭失或者损坏、承运人的受雇人、代理人、实际承运人（Performing Carrier）及其受雇人、代理人的法律地位、行李灭失或者损坏的通知等规定，与《海商法》的规定相同。此外，公约的主要内容还包括以下几方面。

1. 承运人责任基础

《1974年雅典公约》实行完全过错责任原则，并且在一定范围内实行推定过错。根据该公约第3条的规定，承运人应对由于旅客的伤亡和行李的灭失或损坏所造成的损失负责。如果造成此种损失的事故发生在运输期间，而且是因承运人或其在职务范围内行事的受雇人或代理人的过失或疏忽所致，则承运人负有责任。对于造船灭失或损坏的事故发生在运输期间及灭失或损坏的程度，索赔人应负举证责任。如果旅客的死亡或人身伤害或自带行李的灭失或损坏系因船舶沉没、碰撞、搁浅、爆炸或火灾或船舶的缺陷所致，或与此有关时，除非提出反证，否则应当推定为承运人或其在职务范围内行事的受雇人或代理人的过失或疏忽。

对于其他行李的灭失或损坏，不论造成灭失或损坏事故的性质如何，除非提出反证，否则应当推定为此种过失或疏忽。在所有其他情况下，索赔人应对过失或疏忽负举证责任。

释义

Basis of Liability

Under Article 3 the carrier is liable for damage suffered as a result of the death of or personal injury to a passenger and the loss of or damage to luggage if the incident was due to the fault or neglect of the carrier or of his servants or agents acting within the scope of their employment. The claimant passenger has to prove such fault on the part of the carrier or his employees or agents, unless the passenger's death or injury or loss of or damage to his cabin luggage results directly from shipwreck by collision, stranding, explosion or fire, or defect in the ship, in which case the burden of proof will be reversed. Fault or neglect is presumed unless the contrary is proved in the case of claims for loss or damage to "other luggage" (as opposed to "cabin luggage").

Under Article 1 "luggage" is defined as any article or vehicle carried under a contract of carriage excluding articles or vehicles carried under a charterparty, bill of lading or other contract primarily concerned with the carriage of goods. Live animals are also excluded. "Cabin luggage" is defined as the passenger's personal effects in his cabin or in his possession, custody or control. This also includes luggage in the passenger's vehicle except for the application of limitation of liability under Article 8.

Article 4 states that the carrier remains liable for the entire carriage even though the performance of the carriage or part thereof has been entrusted to a performing carrier. The carrier is liable for the acts and omissions of his own servants and agents acting within the scope of their employment and for the acts and omissions of the performing carrier. The performing carrier is also liable for incidents occurring during the part of the carriage performed by him. The liability of the carrier and performing carrier is joint and several but any right of recourse as between them is not prejudiced by the provisions of Article 4. Article 5 provides that the carrier is not liable for the loss of or damage to monies, negotiable securities, gold, silverware, jewellery, ornaments, works of art or other valuables except where such valuables have been deposited with the carrier for the agreed purpose of safekeeping in which case unless a higher limit is agreed, the carrier shall not be liable beyond the limits contained in Article 8. Under Article 6 the court may relieve the carrier wholly or partly from his liability if he establishes that the death of or personal injury or loss of or damage to luggage was caused or contributed to by the passenger, i. e. contributory negligence of the passenger.

2. 承运人赔偿责任限制

根据该公约第 7 条和第 8 条，承运人对每名旅客的伤亡应承担的赔偿责任每次运输不超过 70 万金法郎，但各缔约国可在国内法中，为其本国的承运人规定高于此数额的责任限额。承运人对旅客自带行李灭失或者损坏的赔偿责任限额为每一旅客每次运输 12. 5 万金法郎；承运人对车辆及车上所载行李的灭失或者损坏的赔偿责任限额为每一车辆每次运输 5 万金法郎；承运人对旅客其他行李灭失或者损坏的赔偿责任限额为每一旅客每次运输 1. 8 万金法郎。承运人可就其赔偿责任与旅客约定免赔额，但每一车辆的灭失或者损坏的免赔额不得超过 1 750 金法郎，其他行李的灭失或者损坏的免赔额，不超过每一旅客 200 金法郎。承运人赔偿责任限制权利的丧失条件亦与《海商法》的规定相同。

案例

The Lion [1990] 2 Lloyd's Rep. 144

The plaintiffs' coach was driven on to the defendants' ferry, Lion at Boulogne for a crossing to Dover. The coach was not secured. During the crossing the vessel took a violent roll to starboard and the coach was badly damaged. The plaintiffs claimed that the damage was caused by the reckless conduct of the defendants' servants, the crew of the ferry. The defendants denied that there was any fault and even so they were entitled to limit their liability.

Held: that the word 'carrier' in the Athens Convention did not include the servant or agents of the carrier. The defendants were entitled to limit their liability under Article 8 of the Athens Convention and that was not affected by any question of whether any servant or agent of theirs who was not an alter ego of the defendants was guilty of an act of omission of the kind referred to in Article 13.

3. 诉讼时效

根据该公约第 16 条，旅客人身伤亡或者行李灭失或者损坏赔偿的诉讼时效期间为二年。就旅客伤害而言，自旅客离船或者本应离船之日起算；如旅客在运输期间受到伤害并导致离船后死亡，则自死亡之日起算，但不超过自离船之日起三年。就旅客的行李灭失或者损坏而言，上述时效期间自行李离船或者本应离船之日起算，以较晚者为准。公约允许承运人书面声明延长上述时效期间或者在诉因发生后，双方书面协议延长。

释义

Time Bar for Legal Action

The time bar period for the beginning of actions for damages is two years, and the period starts running from the date of disembarkation of the passenger in the event of personal injury, or in the case of death occurring during carriage, from the date when the passengers should have disembarked. When death results later from an injury incurred during carriage, the time is to run from the date of death with the proviso that this period shall not exceed three years from the date of disembarkation.

4. 公约的适用范围

该公约第 2 条规定，公约适用于国际海上旅客运输，即合同规定的起运港和目的港位于不同国家，或者中途港位于不同国家的情况，其条件是：船舶悬挂公约缔约国的旗帜，或者在缔约国登记，或者，运输合同在缔约国订立，或者合同规定的起运港或者目的港位于缔约国内。

5. 管辖权

根据该公约第 17 条，对于争议的诉讼，原告有权在下列位于缔约国的法院之一提出，即① 被告永久居住地或者主要营业所所在国法院；② 运输合同规定的起运港或者目的港所在国法院；③ 原告住所地或者永久居住地所在国法院，但被告在该国须设有营业所，并受该国管辖。此外，在造成损害的事故发生后，双方可以约定赔偿案件诉讼的法院，或者将案件提交仲裁。

释义

Jurisdiction

The Convention provides that the Convention is the sole basis for litigation relating to passengers and their luggage. Tort/delict is therefore excluded, and all suits must be in contract.

The Convention by article permits suit to be taken, at the claimant's option, in a court of a State party to the Convention which is the court of: (a) the permanent residence or principal place of business of the defendant; (b) the place of destination or departure according to the contract of carriage; (c) the State of the claimant's domicile or permanent residence or the State where the contract was made, if the defendant has a place of business in that State and is subject to its jurisdiction. The parties may, of course, decide to submit any dispute to a court or arbitrators of their choice after the incident which caused the damage has occurred.

二、《1974 年雅典公约的 1976 年议定书》

1976 年 11 月 19 日，原政府间海事协商组织在伦敦召开的修订《1974 年海上旅客及其行李运输雅典公约》计算单位的会议上，通过了《1974 年海上旅客及其行李运输雅典公约的 1976 年议定书》，简称《1974 年雅典公约的 1976 年议定书》。我国加入该议定书。

该议定书将《1974 年雅典公约》承运人赔偿责任限制和免赔额规定中所使用的金法郎修改为国际货币基金组织规定的特别提款权，并按照 1 特别提款权等于 15 金法郎计算。因此，承运人对每名旅客的伤亡应承担的赔偿责任，为每次运输不超过 46666 特别提款权，但各缔约国可在国内法中，为其本国的承运人规定高于此数额的责任限额；承运人对旅客自带行李灭失或者损坏的赔偿责任限额为每一旅客每次运输 833 特别提款权；承运人对车辆及车上所载行李的灭失或者损坏的赔偿责任限额为每一车辆每次运输 3333 特别提款权；承运人对旅客其他行李灭失或者损坏的赔偿责任限额为每一旅客每次运输 1200 特别提款权。承运人可就其赔偿责任与旅客约定的免赔额，修改为每一车辆的灭失或者损坏的免赔额不得超过 117 特别提款权，其他行李的灭失或者损坏的免赔额，不超过每一旅客 13 特别提款权。

该议定书同时规定，非国际货币基金组织的成员国，且其法律不允许使用特别提款权的国家，可以声明在其领土内仍然使用《1974 年雅典公约》规定的金法郎。

三、《1974 年雅典公约的 1990 年议定书》

1987 年 3 月 6 日，英国汤森•托普森公司所属的“自由企业先驱”号渡船在比利时泽布吕赫港附近倾覆，致使 188 人丧生。这一事故在英国公众中引起很大反响。英国在其国内法中将旅客伤亡的赔偿限额从 70 万金法郎（46667 特别提款权）提高到 152. 5 万金法郎（10 万特别提款权），并强烈要求国际海事组织修订《雅典公约》。英国的这一要求得到北美一些国家的支持。为此，国际海事组织于 3 月 29 日通过《修订 1974 年海上旅客及其行李运输雅典公约的 1990 年议定书》，简称《1974 年雅典公约的 1990 年议定书》。该议定书的生效条件为 10 个国家参加，至今尚未生效。

该议定书将承运人对旅客人身伤亡的赔偿责任限额提高到每名旅客每次运输 17. 5 万特别提款权；承运人对旅客自带行李、其他行李和车辆的赔偿限额分别提高到 1800、2700 和 1 万特别提款权。此外，承运人对旅客自带行李以外的其他行李和车辆损失的免赔额分别规定为 135 和 300 特别提款权。如果至少有 6 个国家提议，可以对承运人的赔偿限额做进一步修订。

四、《1974 年雅典公约的 2002 年议定书》

2002 年 11 月 1 日，国际海事组织在伦敦召开的修订《1974 年海上旅客及其行李运输雅典公约》的外交大会上，通过了《修订 1974 年海上旅客及其行李运输雅典公约的 2002 年议定书》，简称《1974 年雅典公约的 2002 年议定书》。经该议定书修订的《1974 年雅典公约》，称为《2002 年海上旅客及其行李运输雅典公约》（以下简称为《2002 年议定书》）。该议定书取代《1974 年雅典公约的 1990 年议定书》，并对《1974 年雅典公约》做了全面修改，其核心是借鉴国际油污损害赔偿责任制度中的严格责任原则、强制责任保险机制，加重承运人的责任。

（一）承运人归责原则

《1974 年雅典公约》实行的是过错责任原则，即只有因承运人的过失导致的航行事故，承运人才承担赔偿责任。这种规定看似合理，但对于那些并不了解航海技术的旅客来讲，要想证明损失的真正原因是非常困难的，虽然公约规定对旅客的人身伤亡和旅客自带行李意外的其他行李造成的损失实行举证责任倒置的制度，但对旅客来讲，要提出相反的证据来推翻承运人提出的证词却是异乎寻常地困难，因而其权利很难得到实现。

为此，《2002 年议定书》对承运人归责原则加以适度地调整，由过错责任原则修改为严格责任原则和过错责任原则并用。

《2002 年议定书》规定，承运人对因船舶航行事故（shipping incident）造成的旅客人身伤亡，对每名旅客在每一事故中的赔偿责任在 2.5 万特别提款权的限额内，实行严格责任，即除非承运人证明事故是由于战争行为、敌对行为、内战、暴乱或者异常的、不可避免和不可抗拒的自然现象所致，或者，完全由于第三者有意造成事故的行为或者不为所致，承运人应承担赔偿责任；承运人对于因船舶航行事故造成的超过上述限额的旅客人身伤亡的赔偿责任，则实行过错责任，即如果承运人证明，其本人，或其在受雇或者受委托范围内行事的受雇人或者代理人，以及履约承运人及其在受雇或者受委托范围内行事的受雇人或者代理人，对于事故的发生没有过错，则不承担赔偿责任；承运人对于非因船舶航行事故造成的旅客人身伤亡的赔偿责任，亦实行过错责任，并且承运人一方有过错的举证责任由索赔方承担。船舶航行事故是指船舶沉没、碰撞、搁浅、火灾或者船舶的缺陷。承运人对旅客的行李的灭失或者损坏的赔偿责任，仍然实行过错责任，并且举证责任的规定与《1974 年雅典公约》相同。

（二）承运人责任限额

《2002 年议定书》大幅度提高承运人对旅客人身伤亡、行李灭失或者损坏的赔偿责任限额。该议定书将承运人对每名旅客每一事故中人身伤亡所承担的严格责任的赔偿责任限额提高到 25 万特别提款权，并且，如果人身伤亡的请求金额超过 2.5 万特别提款权，则就人身伤亡金额超过 2.5 万特别提款权的部分，承运人对每名旅客每一事故中人身伤亡所承担的过错责任的赔偿责任限额为 40 万特别提款权。同时，该议定书订有“放弃参与条款”（Opt-out Clause），规定参加国可以在其国内法中明确规定高于议定书规定的承运人对旅客人身伤亡的赔偿责任限额。该议定书将承运人对旅客自带行李灭失或者损坏的赔偿责任限额提高到每名旅客每次运输 2250 特别提款权，对车辆包括车辆上所载的所有行李的灭失或者损坏的赔偿责任限额提高到每一车辆每次运输 12700 特别提款权，其他行李灭失或者损坏的赔偿责任限额提高到每名旅客每次运输 3375 特别提款权。承运人和旅客可以约定承运人对行李灭失或者损坏的免赔额，但每一车辆的免赔额不超过 330 特别提款权，其他行李灭失或者损坏的免赔额不超过 149 特别提款权。

（三）强制责任保险

根据《2002 年议定书》的要求，当在某一缔约国登记的并且获准载运 12 名以上旅客的船舶载运旅客，并在该议定书适用范围内，任何实际履行旅客运输的承运人或者履约承运人就其对旅客人身伤亡所承担的严格责任的赔偿限额（即每名旅客每一事故为 25 万特别提款权）须投保责任保险，或者，提供银行或者类似的金融机构出具的保证等财务担保。同时，船舶上应当携带有效的保险或者财务担保证书。

旅客人身伤亡的索赔人可对责任保险人或者财务保证人直接提出索赔诉讼，但后者有权援引议定书赋予承运人的免责事由和赔偿责任限制，即使承运人或者履约承运人丧失援引赔偿责任限制和抗辩事由的权利。此外，责任保险人或者财务保证人可援引旅客人身伤亡系被保险人或者被保证人有意的不当行为造成的抗辩。责任保险人或者财务保证人还有权要求承运人和履约承运人参加诉讼。

（四）管辖权

根据该议定书第 10 条的规定，修订后的公约第 17 条应规定，就索赔人对承运人或实际承运人提起的诉讼，下列位于缔约国的法院具有管辖权，并由索赔人选择提起诉讼的法院：① 被告永久居住地或注营业所所在地的法院；② 运输合同约定的起运港或达到港所在地的法院；③ 索赔人住所地或永久居住地的法院，前提是被告在该地有营业地并受该缔约国管辖；④ 运输合同签订地的法院，前提是被告在该地有营业地并受该缔约国管辖。索赔人对承运人的责任保险人或财务保证人的诉讼，应在上述索赔人对承运人或实际承运人可以提起诉讼的法院之一提起诉讼。在造成损害的事故发生后，当事人可以达成法院管辖权或仲裁协议。

【重要术语中英文对照】

中文术语	英文术语	中文术语	英文术语
旅客	passenger	自带行李	cabin luggage
责任基础	basis of liability	推定过错责任	presumption of fault
严格责任	strict liability	船舶航行事故	shipping incident
举证	burden of proof	无效条款	invalid clauses
直接诉讼	direct action	强制责任保险	compulsory insurance
财务担保	financial security	保险人抗辩	insurer's defence
履约承运人	performing carrier	有意的不当行为	willful misconduct
选择不适用条款	opt-out clause	《雅典公约》	The Athens Convention
保留文本	text of reservation	实施指南	guidelines for implementation

【思考题】

1. 海上旅客运输承运人有哪些基本权利和义务？

2. 我国《海商法》对海上旅客运输承运人的基本责任及责任基础是如何规定的？

3. 我国法对于国际海上旅客运输与沿海旅客运输承运人的赔偿责任限额有何不同规定？

4. 试述《1974 年雅典公约的 2002 年议定书》的主要内容。

【案例分析】

2015 年 5 月 20 日傍晚，某轮从大连驶往上海的途中停靠烟台港。突然，驾驶船舶的二副发现因操作失误导致船舶发生偏离，误入了海带养殖场，与正在场内工作的渔船相撞。为躲避对面的渔船，二副采取了紧急避碰措施。虽然避免了两船相撞，但由于避碰措施多大，导致船舶剧烈摇摆，使得毫无防备的旅客纷纷跌倒，多人受伤，许多行李掉到甲板上。经核实，有五位旅客需要住院治疗。其中，两位是从床铺上跌下时造成骨折，另两位在甲板上散步的旅客因跌倒造成严重外伤，另有一位是在擅自进入挂牌明示“旅客止步”的驾驶区域时摔倒在驾驶区域内受伤。另有四位旅客提出行李灭损的报告，其中包括两位旅客的自行携带的高档瓷器(分别为 1 000 元和 1 200 元),另一旅客损坏的是手提电脑(修理费 600 元),还有一位旅客丢失了钱包。问:承运人是否对上述旅客受伤和行李损害承担责任?如果承担责任,具体的责任范围和赔偿额度?

【推荐阅读文献】

1. 司玉琢、李志文:中国海商法基本理论专题研究,北京大学出版社 2009 年版

2. Robert Force, Admiralty and Maritime Law, US Federal Judicial Center, 2004

3. 孙思琪、郑睿:邮轮旅客人身损害责任纠纷四题——评中国邮轮旅客公海人身侵权第一案,载《大连海事大学学报(社会科学版)》2020 年第 2 期

4. 孙思琪、金怡雯:21 世纪海上丝绸之路邮轮旅游合作法制保障论略,载《中国海商法研究》2019 年第 4 期

5. 方懿:海上旅游合同立法刍议——以我国《海商法》修改为契机,载《海大法律评论》2017 年

6. 陈琦:中国海上旅客运输法完善的动因、问题与建议——以《海商法》第五章的修改为核心,载《大连海事大学学报(社会科学版)》2017 年第 5 期

7. 张蕴遐:从"东方之星"看海上旅客运输责任限额的"前世今生",载《中国保险》2015 年第 6 期

【扩展阅读资料】

Carriage of Passengers by Sea

Contracts to carry passengers at sea are subject to the ordinary rules governing contracts generally and are not in any sense specialized or out of the ordinary so far as the rights and liabilities of the two parties to the contract are concerned. However, as in many types of contract, one party (i. e. the shipowner or carrier) is far more conversant with the terms and conditions of the agreement because it is in the course of his business to be so than is the other party to the contract. It has been common, in fact almost universal, to include in all contracts of passage an exclusion clause which excludes liability for any personal injury suffered during the course of the contract of passage, howsoever caused. Many will regard this as a very onerous clause and indeed some exclusion clauses have in the past been regarded by the courts of some countries as too onerous and biased in favour of one party to have validity. However, it has always been the tradition in the UK that freedom of contract should, wherever possible, be cherished and it is one of the basic principles upon which our law is founded. For that reason, two parties have always been permitted to enter freely into an agreement on whatever terms and conditions they mutually agree. However, in regard to contracts of passage (passenger tickets usually, but not always, contain the full terms and conditions of the agreement somewhere upon them, albeit in very small print), one of the most significant points to be determined in coming to the decision as to whether there is liability for injury or not is whether sufficient notice was given to the passenger in advance of the contract so as to enable the shipowner (i. e. the putative defendant to an action for breach of contract) to say that all the terms and conditions of the passenger contract were made sufficiently known to the passenger (including the exclusion clause) and that he entered into the contact fully aware of the risks involved and the circumstances in which a shipowner or carrier could escape liability even if he had (from a point of view of wrongdoing or negligence) caused either personally or through the acts, neglect or default of his employees injury to the passenger concerned.

Previously in the UK, passengers have been met often with a good defence under the exclusion clause which would allow them only a cause of action against the particular member of the crew, or the Master himself, who might have been personally responsible for the injury or accident which the passenger suffered. In that event an action against the individual member of the crew would lie under the law of tort and it is almost certain that the shipowner (i. e. the employer) would ultimately support his employee in his troubles and in practice would bear the financial burden himself.

The 2002 Protocol of the Athens Passenger Convention

The 2002 Protocol introduces compulsory insurance to cover passengers on ships and raises the limits of liability. It also introduces other mechanisms to assist passengers in obtaining compensation, based on well-accepted principles applied in existing liability and compensation regimes dealing with environmental pollution. These include replacing the fault-based liability system with a strict liability system for shipping related incidents, backed by the requirement that the carrier take out compulsory insurance to cover these potential claims.

The limits contained in the Protocol set a maximum limit, empowering - but not obliging - national courts to compensate for death, injury or damage up to these limits.

The Protocol also includes an "opt-out" clause, enabling State Parties to retain or introduce higher limits of liability (or unlimited liability) in the case of carriers who are subject to the jurisdiction of their courts.

1. Compulsory Insurance

The Convention requires carriers to maintain insurance or other financial security, such as the guarantee of a bank or similar financial institution, to cover the limits for strict liability under the Convention in respect of the death of and personal injury to passengers.

The limit of the compulsory insurance or other financial security shall not be less than 250,000 Special Drawing Rights (SDR) per passenger on each distinct occasion. Ships are to be issued with a certificate attesting that insurance or other financial security is in force and a model certificate is attached to the Protocol in an Annex.

2. Limits of Liability

The limits of liability have been raised significantly under the Protocol, to reflect present day conditions and the mechanism for raising limits in the future has been made easier.

The liability of the carrier for the death of or personal injury to a passenger is limited to 250,000 SDR (about US$325,000) per passenger on each distinct occasion. The carrier is liable, unless the carrier proves that the incident resulted from an act of war, hostilities, civil war, insurrection or a natural phenomenon of an exceptional, inevitable and irresistible character; or was wholly caused by an act or omission done with the intent to cause the incident by a third party.

If the loss exceeds the limit, the carrier is further liable - up to a limit of 400,000 SDR (about US$524,000) per passenger on each distinct occasion - unless the carrier proves that the incident which caused the loss occurred without the fault or neglect of the carrier.

For the loss suffered as a result of the death of or personal injury to a passenger not caused by a shipping incident, the carrier is liable if the incident which caused the loss was due to the fault or neglect of the carrier. The burden of proving fault or neglect lies with the claimant.

The liability of the carrier only includes loss arising from incidents that occurred in the course of the carriage. The burden of proving that the incident which caused the loss occurred in the course of the carriage, and the extent of the loss, lies with the claimant.

The Protocol allows a State Party to regulate by specific provisions of national law the limit of liability for personal injury and death, provided that the national limit of liability, if any, is not lower than that prescribed in the Protocol. A State Party, which makes use of this option is obliged to inform the IMO Secretary General of the limit of liability adopted or of the fact that there is none.

The liability of the carrier for the loss of or damage to cabin luggage is limited to 2,250 SDR per passenger, per carriage. The liability of the carrier for the loss of or damage to vehicles including all luggage carried in or on the vehicle is limited to12,700 SDR per vehicle, per carriage. The liability of the carrier for the loss of or damage to other luggage is limited to 3,375 SDR per passenger, per carriage. The carrier and the passenger may agree that the liability of the carrier shall be subject to a deductible not exceeding 330 SDR in the case of damage to a vehicle and not exceeding 149 SDR per passenger in the case of loss of or damage to other luggage, such sum to be deducted from the loss or damage.

第六章　船舶租用合同

学习目标

随着国际经济的发展，国际贸易参与者需要灵活多样的船舶营运方式，这就促使船运公司不断改变经营方法，增加船运服务手段。船舶租用合同正是在此客观形势下产生和发展起来的新型船舶经营方式，如今其适用范围日益广泛，已成为海事立法中的独立法律制度。迄今为止，尚无有关船舶租用合同的国际公约，各国海事立法对于船舶租用合同的规定基本上属于任意性规范，故目前在国际海运市场上，标准格式的船舶租用合同是当事人普遍选择适用的签约方式。

通过本章学习，了解船舶定期租船合同、光船租赁合同和光船租购合同的概念、特点、性质和基本内容，了解国际上通常使用的主要合同格式，重点是熟悉我国《海商法》第六章的主要内容以及“NYPE 2015”格式主要条款的内容。

第一节　船舶租用合同概述

一、船舶租用合同的特点

在国际海运市场中，货主托运货物，大体上有两种途径：其一是利用班轮（liner）；其二是利用不定期船舶（tramp ship）。如利用班轮，货主依照承运人的船期表，托运货物之后而取得提单，提单作为承运人与托运人之间运输合同的证明。货主如利用不定期船舶，则必须事先与船舶所有人（船东）订立租船合同（charter party）。但是，除了货主之外，其他人也可能与船东订立租船合同。显然，这些承租人订立租船合同，并不是为了运输自己的货物，而是看好航运市场，通过转租或者承运他人的货物而赚取利润。租船合同主要有以下特点。

（1）各国法律较少管制租船合同。在租船合同中，负责承运货物的一方在普通法中被视为私人承运人（private carrier），订立租船合同的当事人有机会就租船合同条款充分地磋商，缔约地位与谈判能力并无明显失衡，因而各国法律对租船合同很少强制性规定，租船合同当事人之权利与义务，基本上依赖租船合同条款。因此，在租船领域，国际上的有关租船合同格式，发挥了主导作用，各国法律则限于解释与补充租船合同。

（2）我国《海商法》将租船合同视为要式合同，必须以书面形式订立。书面形式并非要求一定签署正式的合同。只要存在租船合同的书面证据，诸如电报、电传或者传真，并且合同的主要内容能够得以确定，则租船合同仍是有效的。证明租船合同的口头证据一般无效。英国法律对租船合同形式没有硬性要求，既可以口头形式订立、又可以书面形式订立。

（3）租船合同一般订有仲裁条款，可能约定在纽约或者伦敦仲裁，或者约定由中国海事仲裁委员会在北京仲裁。仲裁是解决租船合同争议的基本方式。租船合同中的仲裁条款，较容易确定当事人仲裁的真实意图。而在提单的背面条款中，一般没有仲裁条款。海事诉讼是解决提单争议的基本方式。

（4）我国《海商法》规定租船合同的诉讼时效为 2 年，自知道或者应当知道权利被侵害之日起计算。英国法中租船合同的诉讼时效为 6 年。而对于提单承运人的索赔时效为 1 年，自承运人交付或者应当交付货物之日起算。

在海运实践中，租船合同主要分为航次租船合同、定期租船合同以及光船租赁合同。

二、我国《海商法》第六章的适用

在我国，《海商法》第六章是关于船舶租用合同的专门规定。为了与国际上的通常做法保持一致，《海商法》第 127 条规定该章关于出租人和承租人之间权利、义务的规定，仅在船舶租用合同没有约定或者没有不同约定时适用。换言之，《海商法》第六章中有关船舶租用合同双方当事人权利、义务的规定，均为任意性条款，但这一章中非有关船舶租用合同双方当事人权利、义务的规定，如第 128 条关于船舶租用合同应书面订立的规定，为强制性条款。船舶租用合同通常订有法律适用条款，约定合同所适用的法律。

第二节 定期租船合同

一、定期租船合同的概念、特点与性质

定期租船合同（time charterparty，time charter），又称期租合同，我国《海商法》第 129 条将其定义为船舶出租人向承租人提供约定的由出租人配备船员的船舶，由承租人在约定的期间内按照约定的用途使用，并支付租金的合同。

定期租船合同具有下列特点。

（1）出租人负责配备船长和船员，负责船舶的航行和内部管理事务，并负担船舶固定费用和船员工资、伙食及其他相关费用。出租人负责配备船长和其他船员，是定期租船合同与光船租赁合同的主要区别。

（2）承租人负责船舶的营运和使用，并负担船舶营运费用。在定期租船期间，船舶由承租人按照约定的用途使用，即船舶的使用权从出租人转移至承租人。这是定期租船合同与航次租船合同的重要区别。

（3）租金按租用船舶的时间和约定的租金率计算，应按月计算租金。关于定期租船合同的性质，理论界没有定论。有的基于定期租船合同的上述第二个特点，认为定期租船合同是财产租赁合同。[①]有的基于定期租船合同的上述第二个特点以及合同通常约定船舶用于运输货物，认为定期租船合同具有财产租赁合同和运输合同双重性质。根据我国民法理论，财产租赁合同的法律特征之一是合同标的物的占有和使用权从出租人转移至承租人。然而在定期租船合同情况下，船舶由承租人按照约定的用途使用，但船舶在租期内仍由出租人通过其配备的船长、船员占有。因此，定期租船合同虽然不是财产租赁合同。但在标的物的使用上与财产租赁合同具有一定的相似之处。在绝大多数情况下，定期租船合同主要是关于货物运输的约定，因而定期租船合同具有海上货物运输合同的某些特征。[②]

Identity of Carrier under Time Charter

To what extent can the question of identity or are carrier be resolved when the vessel is under time charter? Guidelines to the facts might be helpful，thus：

（1）If the bill of lading is signed by the Master personally or it is signed on his behalf by the charterer or his agent，then the contract of carriage evidenced by（or eventually contained in）the bill of lading would be likely considered one with the registered shipowner. Or（if the ship happens to be under demise charter）with the demise charterer.

（2）In those rare circumstances where the time charterer has signed the bill in his own name and where the intention appears to have been that he was signing on his own behalf with no indication that he was signing for the Master or as agent for the owner，then he，the charterer will be considered the carrier.

（3）A clue as to the carrier's identity may be found in the charterparty itself by way of some provision pointing to the true and intended identity provided that such a provision is incorporated into the bill of lading itself，thus giving the shipper and/or third-party holder of the bill constructive notice of that information.

二、定期租船合同格式

目前，国际上使用最广泛、可适用于各种货物的定期租船合同格式有以下两种。

1. 纽约“土产格式”（NYPE）

“土产格式”是美国纽约土产交易所（New York Produce Exchange，NYPE）制定的《定期租船合同》（Time Charter）格式的代号。该合同格式于1913年制定，经过几次修订，此格式经美国政府批准使用，故又称“政府格式”（Government Form）。1981年美国船舶

① 贾林青著：海商法，北京大学出版社，2013年版，第139页。

② 司玉琢主编：海商法，法律出版社，2018年版，第198页。

经纪人和代理人协会对此格式进行修订，将租约代号改为“ASBATIME”。1993年该组织再次对此格式进行修订后，将租约代号改为“NYPE93”。2015年美国船舶经纪人和代理人协会、波罗的海国际航运公会和新加坡海事基金会再次共同修订。此格式在船舶出租人和承租人双方权益的维护上显得比较公正，但对出租人和承租人双方权利义务的规定表述不如“波尔的姆”明确。

2. 波尔的姆合同格式(BALTIME)

“波尔的姆”合同格式是波罗的海国际航运公会于1909年制定的，后经1910年、1912年、1920年、1939年、1950年、1974年和2001年七次修订。目前使用较多的是经2001年修订后的格式，此格式比较袒护出租人的利益。

三、定期租船合同的基本条款

我国《海商法》第130条规定：“定期租船合同的主要内容，包括出租人和承租人的名称、船名、船籍、船级、吨位、容积、船速、燃料消耗、航区、用途、租船期间、交船和还船的时间和地点及条件、租金支付以及其他有关事项。”以下就定期租船合同的主要条款做以说明。

(一)船速与燃油消耗量(vessel's speed and fuel consumption)

在定期租船合同中，船名、船舶国籍、船级、吨位、船舶动态等有关船舶说明的事项，均与航次租船合同相同或者相似，但船速与燃油消耗量是定期租船合同不同于航次租船合同的一项重要说明。这是因为，在定期租船合同情况下，承租人按照使用船舶的时间支付租金，负责提供燃油并支付费用，因而船舶航行速度和船舶燃油消耗量直接影响承租人在租期内使用船舶的经济效益。出租人有义务提供符合合同约定的船速与燃油消耗量的船舶。如实际船速低于合同的约定，对因此造成的时同损失，承租人可向出租人索赔，称为船速索赔(speed claim)。如船舶实际燃油消耗量大于合同的约定，承租人可就因船舶多消耗燃油而造成的损失向出租人索赔，称为船舶燃油额外消耗索赔。

(二)交船与解约(delivery of vessel & cancelling)

交船是指船舶出租人按照合同约定的时间、地点和船舶状态，将船舶交给承租人使用。交船的时间是合同约定的租期的起算时间，又称起租时间，也是租金开始计算的时间。

1. 交船时间

定期租船合同通常约定交船的期限，称为交船期(laydays)，并且约定交船期的最后一天为解约日(cancelling date)，即如果出租人未能在这一天之前将船舶按照约定交给承租人，承租人有权解除合同。有的合同约定解约日为交船期届满后的某一天。因而，如出租人在交船期届满之日与解约日之间交船，虽构成出租人违约，但承租人不能解除合同。《海商法》第131条规定，出租人应按照约定的时间交付船舶，否则承租人有权解除合同。该条进一步规定，出租人将船舶延误情况和船舶预期抵达交船港的日期通知承租人的，承租人应在接到通知时起48小时内，将解除合同或者继续租用船舶的决定通知出租人。因此，如承租人在接到出租人通知时起48小时内，未通知出租人解除合同或继续租用船舶，则视为承租人放弃解除合同的权利。这种条款被称为“质询条款”(interpellation clause)，《海商法》第131条还规定，因出租人过失延误提供船舶致使承租人遭受损失的，出租人应负赔偿责任。

2. 交船地点

通常合同约定交船地点为某一具体港口。有的合同进一步明确港口内具体交船地点，如船舶到达引航站或者引航员登船的地点。有的合同约定在某一具体港口内承租人指定的某一泊位交船，但对等待泊位的时间损失由谁承担另行加以明确。有的合同约定两个或多个港口或者某一区域，具体的交船港口由承租人在约定的交船时间之前做出选择。

3. 交船时船舶的状态

我国《海商法》第132条规定，出租人交付船舶时，应做到谨慎处理，使船舶适航，交付的船舶应适于约定的用途。否则承租人有权解除合同，并有权要求赔偿因此遭受的损失。合同中通常还约定交船时船上所剩燃油的数量范围，并由承租人按当时当地的价格或约定的价格购买。通常合同约定交船时船舶的状态和船上所剩燃油数量，通过交船检验确定。

释义

Delivery and Cancellation

The contract ordinarily requires that the ship be delivered at the specified time, at a dock, berth or place where she can “safely lie always afloat”. Upon delivery, the ship must be seaworthy and “in every way fitted for ordinary cargo service”. The common law absolute obligation of seaworthiness is often reduced to the “due diligence” level by the charterparty, coupled with an obligation to maintain the vessel “in a thoroughly efficient state” during the service. Moreover, on delivery, the charterer is normally required to take over and pay for bunkers aboard at the then current market price.

The charterer is ordinarily permitted to cancel the charterparty either where the ship is not delivered by the date specified in the contract or, alternatively, where notice of readiness to load is not given by a specified date. Upon receipt from the owner of notice of such expected late delivery, which notice also provides a new expected delivery or readiness date, the charterer must typically notify the owner within a specified time (48 hours according to Article 131 of the Maritime Code of PRC) as to whether or not he intends to exercise the cancelling option. The shipowner shall be liable for the charterer’s loss resulting from the delayed delivery of the ship due to the shipowner’s fault.

(三)租期(period of hire)

租期，又称租船期间，是承租人租用船舶的期限。租期通常以日历月(calendar month)表示，有的以30日作为一个月。有的合同约定一个基本期限和一个选择期限并约定由谁选择，如“12+6个日历月，由承租人选择”，表示在12个日历月的租期届满之前，由承租人按照约定选择是否继续承租船舶 6 个日历月。租期通常从交船之时起算。租期届满时，承租人应将船舶还给出租人。但是，由于海上运输的特点，租期届满之日与承租人使用船舶的最后航次结束之日很难吻合，因而有的合同在租期基本期限后约定一宽容期(grace period)，如“12 个日历月 ±15 天，由承租人选择”，允许承租人在宽限期内还船。

释义

The Charter Period

The charter period is usually expressed in years, months or days or some combination of these, often coupled with “about”, “more or less” or “minimum” and a “maximum” period, calling for a margin of tolerance. Absent such terms, a reasonable tolerance is generally implied, unless incompatible with other express or implied provisions of the charter.

(四)货物(cargo)

定期租船合同一般都规定，在租期内，船舶只能运送合法货物，并列明某些特殊货物除外。所谓合法，即符合装货港、卸货港、中途挂靠港所在地法律、船旗国法律或合同所适用的其他法律。除外货物一般包括活牲畜和危险货物。承租人如命令船长装运除外货物被视为违约，船长有权拒绝装运此类货物。如果承租人违反合同规定装运不合法的货物致使出租人遭受损失的，应负赔偿责任。除合同另有规定外，承租人不得擅自装运危险货物。当承租人有权装运时，他应在装运前将拟装货物的性质和运输应注意的事项通知出租人。

(五)航行区域与安全港口

定期租船合同一般列明承租人可以指示船舶前往的区域，有的还特别订明承租人不能指示前往的区域(战争区、冰冻区、与船旗国处于敌对状态的国家或地区)。为了避免日后发生纠纷，最好在合同中订明除外的地区或港口。如果承租人指示船舶前往除外地区或港口，出租人有权拒绝，若承租人坚持要去，出租人可以撤销合同并提出索赔。在实践中，出租人在接受承租人愿意承担投保船舶附加险的情况下，同意前往除外的地区或港口的事是常有的。

安全港口，即船舶能安全地进入、停靠、驶离而不会遭受损害的港口。一个安全港口，首先是地理上必须安全，其中包括航道深浅、助航设施、系泊设备等。其次是政治上必须安全，即包括船舶不会遭遇战争、敌对行为、恐怖活动、捕获、充公等风险。

释义

Trading Limits

The time charterparty stipulates the ship’s trading limits, usually defining the geographical area in which the charterer may employ the vessel, often specifying that the ship may engage only in “lawful trades” and carry only “lawful merchandise”, between “good and safe ports" where she can "safely lie always afloat". The charter may also restrict the types of cargo the vessel may carry and/or prohibit the carriage of dangerous goods.

（六）出租人和承租人负责提供并支付费用的项目（owners to provide & charterers to provide）

合同中通常约定，出租人负责支付船长和其他船员的工资，提供船长和其他船员的伙食和给养以及甲板和机舱的备用品及船用品并支付费用，支付有关船长和其他船员的港口服务费用，并支付船舶保险费、折旧费、检验费、修理费和船舶日常开支。出租人还应提供船舶在约定的航行区域从事运输所需的各种船舶证书和文件，并在租期内维持这种证书和文件的有效性。

合同中通常约定，承租人负责提供船舶燃油、淡水（船员生活用水按约定除外）、润滑油、垫舱物料（dunnage）和货物防移板（船上已有的除外）并支付费用，安排货物装卸等作业，支付货物装卸费、引航费、拖轮费及其他港口使用费、代理费、税金等费用，但不承担合同约定的船舶停租期间的此种费用。承租人如要求船员在工作时间外加班，应负担船员加班费。合同中通常约定，如经船长要求，承租人应垫付船舶日常开支，但可在事后支付的租金中扣除。承租人可以免费使用船上的装卸设备及照明设备。

（七）租金的支付与撤船（payment of hire & withdrawal of vessel）

承租人在租期内应按合同的规定准时支付租金。当承租人未按约定支付租金时，出租人有权解除合同并有权提出索赔。如果承租人不按时、全额支付每期租金，出租人有权解除合同，而不问承租人是否有过失。出租人解除合同的表现形式是撤船。出租人撤船使合同得以解除。撤船系出租人单方的法律行为，无须征得承租人同意，也无须通过法院或者履行其他手续，但出租人应在合同约定的或者合理的时间内行使这一权利，否则构成弃权。合同中通常约定，出租人行使撤船权利，应向承租人发出撤船通知（notice of withdrawal），撤船自承租人收到该通知时产生效力。如出租人未按照约定向承租人发出撤船通知，也构成撤船权利的放弃。

（八）停租（off-hire）

停租是指在租期内，非由于承租人的原因，承租人不能按合同约定使用船舶时，对因此所损失的时间可以停付租金。对此，我国《海商法》第 133 条第 2 款规定，船舶不符合约定的适航状态或者其他状态而不能正常营运连续满 24 小时的，对因此而损失的营运时间，承租人不付租金，但是上述状态是由承租人造成的除外。

Off-hire[①]

The "off-hire" clause excuses the time charterer from paying charter hire for any period when the vessel is not fully at his disposal, as the result of the occurrence during the charter

① William Tetley, International Maritime and Admiralty Law, Editions Yvon Blais, 2002, pp.151–152.

period of any one of several enumerated events (e. g. an accident, a breakdown or a deficiency of crew or stores, or drydocking or strikes, detention or arrest) falling within the scope of the owner's responsibilities. To this list of events are often added the words "or by any other cause preventing the full working of the vessel". The off-hire clause is strictly construed in the owner's favour, the charterer bearing the burden of proof that the clause applies, although proof of the owner's fault is not necessary.

Standard off-hire clauses are either "period" clauses (designating the start and end of the period when payment of hire is suspended due to the occurrence of one of the enumerated events) or "net loss of time" clauses (relieving the charterer from paying hire to the extent of the time lost as a result of such an occurrence). Frequently, the clause is only activated after a period of 24 or 48 hours has elapsed since the triggering event.

合同约定的停租原因主要有:① 人员或者物料不足(deficiency of men or stores)。人员不足包括船长和其他船员配备数量不足或者船员因生病、检疫、酗酒过度等原因不能工作。物料不足是指出租人没有配备或添加充足的船舶正常运行所需的物料,包括按照合同约定应由出租人提供的、货物积载所需的垫舱、隔舱物料或者绑扎用品等。② 船体、船机或者设备的故障或者损坏(breakdown or damage to hull, machinery or equipment),包括因船舶发生搁浅、碰撞、触礁等海损事故,使船体、船机或者设备受损以及船舶因本身缺陷造成船体、船机或者设备故障,因而需要修理等情况。③ 船舶或者货物遭受海损事故而引起延误(detention by average to ship or cargo),指因搁浅、碰撞、触礁等海损事故,船舶按合同约定进行营运受到延误,而不论船舶或货物是否遭受损害。④ 船舶入干坞(drydocking)或者清洗锅炉。前者是指为维持船舶的有效性能,船舶进入船坞清理和油漆船底。但是,由于船舶在港口或锚地避大风,或者按照承租人的指示航行至浅水港口或有浅滩的港口或内河,因此造成的船舶延误不属于停租的原因。

合同通常约定,当发生上述情形并阻碍船舶完全按照合同营运(preventing the full working of the vessel)时,不论出租人有无过错,承租人均可停租,除非上述情形系承租人应负责的原因所致。阻碍船舶完全按照合同营运包括两种情形:一是出租人完全不能按照合同的约定使用船舶;二是承租人只能部分按照合同的约定使用船舶。

(九)还船(redelivery of vessel)

还船是指承租人按合同约定的时间、地点和船舶状态,将船舶还给出租人。原则上,承租人应在约定的租期(考虑宽容期在内)届满之时,将船舶还给出租人。但是在很多情况下,船舶最后航次结束之日并非恰好是租期届满之时。因而实践中有时出现延期还船,有时出现提前还船。延期还船有以下两种情形。

1. 合法的最后航次(legitimate last voyage)

按照英国判例法,如承租人在租期内指示船舶履行最后航次时,合理地预期该航次能在 租期(考虑明示或者默示的宽容期在内)届满前结束,该航次称为合法的最后航次。按照美 国判例法,只要承租人在指示船舶履行最后航次时,预期该航次结束时产生的超过租期的时间(overlap)将短于如不履行该航次将提前的时间(underlap),该航次即为合法的最后航次。如承租人指示船舶履行合法的最后航次,出租人有义务履行该航次。但是如船舶在航次结束后还给出租人时租期已届满,视为承租人违约,承租人应按照合同约定的租金率支付租金至实际还船之日,但如租期届满之日至实际还船之日期间的市场租金率高于合同约定的租金率的,承租人应按照市场租金率支付超期期间的租金。但是根据美国判例法,对于超期的时间,如出租人已另行订立定期租船合同,应以原合同约定的租金率和另行订立的定期租船合同约定的租金率两者之中较高者计算超期期间的租金,而与超期期间的市场租金率无关。

我国《海商法》第143条规定,经合理计算,完成最后航次的日期约为合同约定的还船日期,但可能超过合同约定的还船日期的,承租人有权超期用船以完成该航次。超期期间,承租人应按照合同约定的租金率支付租金。市场的租金率高于合同约定的租金率的,承租人应按照市场租金率支付租金。根据这一规定,承租人指示船舶履行最后航次时,即使合理预期该航次结束之日将略超过租期届满之日,该航次仍为合法的最后航次。

2. 非法的最后航次(illegitimate last voyage)

如最后航次不满足前述合法的最后航次的条件,即为非法的最后航次。如承租人指示船舶履行非法的最后航次,出租人或者船长有权拒绝接受承租人指示,并要求承租人另行指示指定合法的最后航次。如承租人不另行指示,出租人有权解除合同,并以承租人违约为由,请求合同提前终止期间的租金损失。如出租人或者船长接受承租人的指示,承租人应按约定 的租金率支付租金直至租期届满,并且对于超期的时间,如航运市场租金上涨,承租人应按市场租金率支付租金。如航运市场下跌,承租人仍应按约定的租金率支付租金。

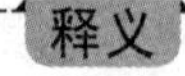

Illegitimate Last Voyage

A legitimate last voyage is one which at the time it is commenced the charterer could reasonably expect that redelivery could be made within the charter period, marginal tolerance, if existing, included. Under this scenario the owner was bound to follow the charterer's direction, perform the voyage and hire would be payable at the charterparty rate right up to redelivery even if that eventually fell beyond the original charter period.

Conversely, a last voyage is classified as illegitimate if at the time of its commencement it could not reasonably have been expected that the ship could be redelivered within the charter period (including marginal allowance, if relevant). The Master/his owners could refuse to perform the voyage and ask for alternative orders. If, despite the "illegitimacy" the Master performed that voyage, the remuneration for the period between the latest contractual date for redelivery and the time/date of actual redelivery is to be calculated at the market rate.

承租人提前还船时,出租人应接受船舶,但有权向承租人请求因此遭受的租金损失。但是,出租人应采取合理措施减少损失,例如,尽快以合理的租金率将船舶再行出租或者以其他方式从事船舶营运。

租期结束，承租人将船舶还给出租人时，除正常的自然磨损外，该船舶的状态应当具有出租人交船时同样的良好状态。通常是将完租验船报告与起租验船报告作比较，然后决定该船还船时的状态是否符合合同要求。

船舶还船时的良好状态除船体结构、设备以外，还应包括货舱清洁。船舶在归还时如有损坏，承租人应当负责修复或予以赔偿，但出租人不能拒绝接收损坏的船舶。如遇船舶的损坏影响到适航要求，出租人可以在接船后立即进行修理。船舶的修理费和修船期间的损失由承租人负责赔偿。

（十）出租人的责任与免责（shipowners' responsibility & exceptions）

合同中通常约定，出租人应提供适航的船舶，包括船舶最初适航（initial seaworthiness）和维持船舶适航状态。船舶最初适航是指在交船时，出租人应谨慎处理使船舶适航，并在各方面适于约定的用途。维持船舶适航状态是指在租期内，维持船舶的船级，船体、船机和设备处于充分有效的状态。如船舶在租期内丧失适航性或其他有效状态，出租人应及时采取合理措施予以恢复。这种维持船舶适航性和其他有效状态的规定，通常称为"维持条款"（maintenance clause）。

定期租船的营运事务由承租人负责，但货物装卸作业通常在船长监督之下进行。有的合同约定，货物装卸由出租人的船长监督并负责，有关货物的装卸、积载、平舱和卸载费用由承租人负责，但由于船长对因装卸工人的过失造成的损失应由出租人负责。

由于各国海商法有关租船合同的规定通常都属于任意性条款，有的合同格式对出租人的免责权利作出了与公约和法律不同的规定，出租人对于租期内货物的灭失、损坏或迟延交付只在两种情况下负责：一是出租人或其经理人未尽谨慎处理使船舶适航；二是货物的灭失、损坏或迟延交付是由出租人或其经理人本人的作为、不作为或不履行职责所造成。除此之外，出租人对任何原因造成的损失均不负责。但是，承租人通常会要求删除前述免责条款，而另订"首要条款"，规定出租人的一切责任、权利和免责，依据《海牙规则》《海牙－维斯比规则》或者相应的国内立法予以确定。订入首要条款的结果是，出租人应按条款指明的国际公约或者国内法的规定，承担义务和责任，包括出租人在租期内船舶每一航次开始之前和开始当时，均应谨慎处理使船舶适航，并享受免责、赔偿责任限制及其他抗辩权利。

（十一）使用与赔偿条款（employment & indemnity clause）

"使用"（employment）是指船舶的营运，包括船舶驶往什么港口、装运何种货物及多少货物、在什么港口卸货等船舶营运事宜，但不包括船舶安全、船舶内部的管理事宜。在租期内，船舶由承租人按照合同的约定使用。我国《海商法》第136条规定，承租人有权就船舶的营运向船长发出指示，但是不得违反定期租船合同的约定。因此，船长虽然由船舶出租人配备，但在船舶使用、代理或者其他安排上，应服从承租人的指示。

"赔偿"（indemnity）是指由于出租人和船长在船舶使用、代理方面服从承租人的指示，造成船舶损害或出租人对第三者收货人或其他人承担赔偿责任，因此使出租人受到的损失超出其按照合同约定应承担的范围时，出租人可就其额外受到的损失向承租人请求赔偿或追偿。例如，由于船长按承租人的指示签发提单，出租人就货物的灭失或损坏按提单或适用于提单的法律而向第三者收货人承担的赔偿责任大于其按合同约定应承担的责任时，出租人可根据本条款，就超出合同约定的部分向承租人追偿。

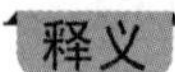

Shipowner's Implied Right of Indemnity

The Island Archon [1994] 2 Lloyd's Rep. 227

This case is an excellent illustration of the courts' current attitude towards the existence or otherwise of an implied right of indemnity arising in favour of an owner who has obeyed the lawful orders of a time charterer in regard to loading of cargoes and sending his ship to destinations designated by the charterer. The case involved a voyage to Iraq with cargoes destined for its ports. Prior even to arrival, let alone discharge, the Iraqis demanded security from the shipowner in the form of anticipatory guarantees in case cargo was found eventually to be lost or damaged (which as it happened it was eventually found not to be). On the ground it seemed that when a charterer, despite the fact that he has in no way breached the charterparty, has options which he is fully entitled to exercise (i. e. types of cargo, range of ports to direct the ship to) and he chooses options with which the shipowner is bound to comply which option lets the owner in for an expense or causes him to suffer a loss which he will not otherwise have suffered, he, the owner, may rightfully claim to be indemnified. Only if there has occurred (through some fault or failing of the owner) in the meantime a break in the chain linking the charterer's order with the eventual loss, can the owner's claim be defeated. In an earlier case—*Athanasia Comninos* [1990] 1 Lloyd's Rep. 277 the courts had already given thought to an implied indemnity when the charterparty was silent on any express indemnity. There had been an unexplained explosion of a coal cargo. In answer to the question "why was there an explosion?", the court decided that a perfectly reasonable and logical answer was "because the time charterer called upon the vessel to load coal". This, it said, was sufficient to found an indemnity, irrespective of who, if anybody, may have been at fault or of the properties, usual or otherwise, of coal.

(十二)救助款项(salvage payment)

在租期内，如船舶进行海难救助并获得救助款项，由于海难救助使用出租人的船舶和承租人的时间，因而承租人在救助款项中有权获得相应的份额。对此，合同中通常约定，在扣除出租人和承租人为救助而支付的各种费用和船员应得的份额后，救助款项由出租人和承租人平均分享。我国《海商法》第 139 条规定，在合同期间，船舶进行海难救助的，承租人有权获得扣除救助费用、损失赔偿、船员应得部分以及其他费用后的救助款项的一半。

（十三）转租(sublet)

合同中一般订明承租人可将船舶转租给第三者转租承租人(sub-charterer)，但承租人履行原合同的义务并不因船舶转租而受到影响。我国《海商法》第137条还规定，承租人转租船舶时，应将转租的情况及时通知出租人。但是承租人转租船舶无须得到出租人的同意。

承租人与转租承租人订立的转租合同，在船舶航行区域、装运货物的范围等方面，不能超出原租船合同约定的范围。否则船长有权拒绝接受转租承租人的指示。如转租合同约定的出租人的责任超出原租船合同约定的范围，出租人所承担的责任仍以租船合同的约定为准。

第三节　光船租赁合同

一、光船租赁合同的概念和特点

光船租赁合同(Bareboat charterparty, charterparty by demise)，又称光船租船合同，指船舶的出租人向承租人提供不配备船员的船舶，在约定期间内，由承租人占有和使用，并由承租人向出租人支付租金的协议。近年来，在国际航运市场上，光船租赁出现上升趋势；这是因为了一些发达国家的船东，由于船员工资上涨等原因，使船舶营运成本增加；而一些发展中国家拥有丰富的劳动力资源，又能掌握一定的货源，但缺乏资金建造或购买船舶。这样，一些发达国家的船东与发展中国家的航运企业之间，就容易建立起光船租赁关系。光船租赁合同属于财产租赁合同，因而受民法中有关财产租赁规定的约束。但是，光船租赁合同的标的物是船舶这一特殊的物体，因而仍属于海商法的调整范围。

定义

Definition of Bareboat Charterparty

A bareboat charter party is a charter party under which the shipowner provides the charterer with an unmanned ship which the charterer shall possess, employ and operate within an agreed period and for which the charterer shall pay the shipowner the hire.

Among the advantages of demise charters are that they facilitate: (a) financial leasing of ships; (b) hire/purchase options on vessels; (c) ship operation without capital investment; (d) the enjoyment of certain national privileges; (e) the enjoyment of State subsidies for shipbuilding; and (f) the temporary change of nationality of the vessel.

光船租赁合同具有下列特点。

(1) 船舶在租期内，由承租人雇佣和配备的船员所占有，并由承租人使用和经营，即船舶的占有权和使用权发生转移，但船舶的处分权仍属于出租人。光船租赁合同的这一特点，决定了光船租赁合同的性质属于财产租赁合同。承租人依照合同对船舶具有的这种占有、使用和收益的权利，称为船舶租赁权。

(2)光船租赁关系属于债权债务关系,但它具有某些物权的特点。表现为合同成立后,承租人在租期内对船舶的租赁权受到保护,排斥出租人和第三人的侵犯。即使出租人将船舶让与第三人,原光船租赁合同继续有效,新船舶所有人必须尊重承租人对船舶的租赁权。

二、光船租赁合同的格式

光船租赁合同一般以书面形式订立,通常是在事先拟订的格式基础上达成。目前,国际上使用比较广泛的光船租赁合同格式,是波罗的国际航运公会1974年制订的《标准光船租赁合同》(Standard Bareboat Charter),租约代号"贝尔康"(BARECON)。该格式经过1989年和2001年两次修订。经2001年修订后的格式由五个部分组成,其中第一部分和第二部分是光船租赁的基本条款,第三部分"仅适用于新造船舶的规定"(Provisions to Apply for Newbuilding Vessels Only)是新造船舶光船租赁的附加条款,第四部分"租/购协议"(Hire/Purchase Agreement)是光船租购的附加条款,第五部分"适用于在光船租赁合同登记机构登记的船舶的规定"(Provisions to Apply for Vessels Registered in a Bareboat Charter Registry)是针对光船租赁合同登记的附加条款。

三、光船租赁合同的主要内容

光船租赁合同在内容上,与定期租船合同有着很多相同或相似之处。根据我国《海商法》第145条的规定,光船租赁合同的内容主要包括出租人和承租人的名称、船名、船籍、船级、吨位、容积、航区、用途、租船期间、交船和还船的时间和地点以及条件、船舶检验、船舶的保养维修、租金及其支付、船舶保险、合同解除的时间和条件,以及其他有关事项。

(一)船舶说明

出租人应保证按合同约定的要求提供船舶,否则承租人有权拒绝接船,并享有就此造成的损失向出租人索赔的权利。船舶说明包括船名、船籍、船级、吨位、容积、航行区域、船舶用途、租船期限、船舶检验等。船舶检验是指交船时由船舶检验部门对船舶进行的检验并作出检验报告,作为交船时船舶状态的证明,同时还用于还船时船舶状态的证明。出租人对船舶在租期内的状态有权随时进行检验。

(二)交船

光船租船合同的出租人在交付船舶时,除合同规定的船舶必须处于的状态外,还应向承租人交还船舶有关证书。船舶证书主要包括:船舶国籍证书、船级证书、船舶吨位证书、船舶载重线证书、船舶构造安全证书、货船安全设备证书、航海日志、轮机日志、无线电台日志、油类记录簿等文件。

Delivery of Seaworthy Vessel

The delivery of the seaworthy vessel is the shipowner's principal obligation. It shall deliver the vessel and its certificates to the charterer at the specified port or place and time. At the time of delivery, the shipowner shall exercise due care to make the vessel seaworthy, and fit for the agreed service. Else, the charterer may discharge the charterparty and claim the loss resulting therefrom.

（三）船舶的保养与维修

我国《海商法》第 147 条规定:“在光船租船期间,承租人负责船舶的保养、维修。”该条明确规定了承租人在租期内负有对船舶的保养与维修的义务。在租期内,承租人占有船舶,并为其自己的目的,按约定使用船舶。承租人应使船舶(船体、属具)处于良好状态,保证船舶在还船时同出租人交付时同样状态。如发生损坏,承租人应及时采取措施进行修理、修复或更换,一切费用均由承租人负担。

（四）租金支付

光船租船合同通常对租金的数额、货币种类、支付方式、支付时间和地点均作出明确规定。如果承租人未按规定的日期准时并全数支付每一期租金超过 7 日的,则不论承租人是否有过失,出租人均有权撤回船舶并有权要求赔偿因此而遭受的损失。如船舶发生灭失或失踪,租金应当自船舶灭失或者得知其最后消息之日起停止支付。若船舶失踪或下落不明,则应自得知其最后消息之日起停付租金。由于光船租船的租金是预计的,自停付之日起的预付租金应当退还给承租人。

（五）船舶抵押

光船租船合同通常规定,未经承租人事先书面同意,出租人不得在光船租赁期间对船舶设定抵押权。其原因是,光船租船合同是财产租赁合同,在租赁期间,所有权与经营权是分开的,光船承租人被视为二船东,出租人如擅自设立抵押权,将会直接影响到承租人的经营权。特别是光船租赁合同上可能订有船舶租购条款,抵押权对船舶所有权的限制不利于船舶所有权的转让。出租人如违反合同规定导致承租人遭受损失的,出租人应当负责赔偿。

（六）船舶保险

承租人在光船租船期间,负责对船舶进行保险并支付保险费。在投保时,承租人应以光船租船合同中规定的船舶价值为保险价值向船舶保险人投保,投保方式应征得出租人同意。此外,承租人还需投保船舶的保赔保险。如果说承租人没有按规定办理保险或少保一种险,出租人通知承租人后,承租人在合同规定的时间内应予补保,否则,出租人有权撤回船舶并提出索赔。如果船舶遭受承保范围内的风险而造成实际全损或推定全损,保险赔款应付给出租人,然后,再由出租人和承租人按各自利益受到损害的程度进行分配。

（七）还船

承租人应在租期届满时,在合同约定的安全港口将船舶还给出租人。还船时,船舶应处于交船时相同的状态、结构和船级,但不影响船级的自然损耗除外。为确定还船时船舶的状态和结构,出租人和承租人各自或者共同指定验船师对船舶进行检验,其费用和时间的损失一般由承租人承担。与交船时的情形相同，还船时出租人和承租人需就船舶的各种设备、备用品、器具和船上所有用于消耗的物料列出清单，出租人应按还船时当地的市场价格，购买船上所剩的燃油、润滑油、淡水、食品及用于消耗的物料。

（八）合同的转让与船舶转租

承租人在光船租船期间转让合同的权利和义务，或者以光船租船方式转租船舶，须事先征得出租人的书面同意。相反，如果承租人擅自转让或转租船舶，出租人有权根据合同收回船舶并有权向承租人提出索赔。我国《海商法》对此作出限制，主要是担心转租承租人和承租人经营能力差，对船舶的保养、维修不负责，这样做的目的是为了保护船舶出租人的利益。

（九）出租人和承租人权益的保护

在租期内，承租人不得因为对船舶的占有、使用和营运而使出租人的利益受到影响。如由于承租人使用船舶而产生由船舶优先权或其他担保物权保证清偿的债务，承租人应及时解决第三者债权人提出的索赔。当船舶由于上述原因被扣押时，承租人应及时提供担保或采取其他合理措施使船舶获释，并承担由此产生的费用。如出租人因此受到损失，承租人应负赔偿责任。

在租期内，由于出租人与第三者之间就船舶所有权发生争议或者由于出租人对第三者所负的债务，致使船舶被扣押时，出租人应及时提供担保或者采取其他合理措施使船舶获释，保证承租人的利益不受影响。如承租人因此受到损失，出租人应负赔偿责任。

除上述内容外，光船租赁合同中通常还订有留置权、救助报酬、共同海损、提单、船舶征用、战争、佣金、法律适用和仲裁等条款，其内容与定期租船合同和航次租船合同中的相应条款相同或相似。此外，根据我国《海商法》第 153 条的规定，在该法第六章第二节“定期租船合同”的规定中，第 134 条关于承租人保证船舶在约定航区内的安全港口之间运输约定货物，第 135 条第 1 款关于承租人保证运输约定的合法货物，第 142 条关于还船时船舶的状态，以及第 143 条关于最后航次的规定，均适用于光船租赁合同。

第四节　船舶租购合同

光船租赁合同中有时订有租购条款，即船舶出租人向承租人提供不配备船员的船舶，在约定的期间内，由承租人占有和使用，由承租人定期支付租购费。在租购费付清时，船舶所有权即转移给承租人所有。此种做法实为融资购船。光船租购是光船租船的一种特殊形式，光船租购条款实际上是一种分期付款购买船舶的协议，这是一种普遍的船舶光船租赁融资的方式。光船租购合同的主要目的是船舶买卖，光船租船只是一种途径。这种合同具有光船租船合同和船舶买卖合同的双重性质，出租人是船舶出卖人，承租人是船舶的买受人。

光船租购合同条款一般订有以下有关船舶买卖的特殊规定。

(1) 船舶所有权与风险的转移。在租期届满之时，如承租人按照约定支付了每一期租金，即视为承租人付清了全部船舶购买价款，船舶连同属于船舶的一切财产的所有权立即转移至承租人。在船舶于租期届满之时交给承租人之前，船舶连同属于船舶的一切财产的风险由出租人承担。但是一经进行船舶买卖交接，这种风险便转移至承租人。有的合同约定，在船舶买卖交接后，出租人对船舶可能存在的缺陷不再负责。我国《海商法》第154条明确规定，订有租购条款的光船租赁合同，承租人按照约定向出租人付清租购费时，船舶所有权即归于承租人。

（2）船舶无债务担保。出租人应保证在船舶买卖交接时，除由于承租人的原因产生的债务和已告知承租人的船舶抵押权外，船舶没有依附由船舶优先权或者其他担保物权保证清偿的债务和其他债务。如在船舶买卖交接后，因在此之前产生的债务，第三者债权人对船舶行使担保物权，出租人应赔偿承租人因此受到的损失，但以出租人对这种债务负有清偿责任为限。

（3）船舶文书。承租人在支付最后一期租金后，在出租人和承租人进行船舶买卖交接时，出租人应向承租人提供其持有的船级证书和各种其他船舶文件与图表，船舶已注销船舶所有权和船舶国籍登记的证明，以及其他承租人为重新办理船舶登记所需要的、应由作为出卖人的出租人出具的文件。

【重要术语中英文对照】

中文术语	英文术语	中文术语	英文术语
出租人	shipowner	船舶说明	description of vessel
承租人	charterer	船速与燃油消耗量	vessel's speed and fuel consumption
租期	period of hire	交船	delivery of vessel
停租	off-hire	还船	redelivery of vessel
安全港口	safe port	使用与赔偿条款	employment &indemnity clause
航行区域	trading limit	撤船	withdrawal of vessel
租金支付	payment of hire	合法的最后航次	legitimate last voyage
使用	employment	非法的最后航次	illegitimate last voyage
赔偿	imdemnity	定期租船合同	time charter
转租	sublet	光船租赁合同	bareboat charter
船舶保安	ship security	船舶租购合同	bareboat charter with purchase

【思考题】

1. 简述船舶租用合同的概念和特点。
2. 比较定期租用合同和光船租赁合同的异同之处。
3. 定期租船合同与航次租船合同有哪些区别？
4. 定期租船合同的主要条款有哪些？
5. 在定期租船合同中的航区条款一般排除哪些区域？
6. 定期租船合同的出租人和承租人有哪些权利和义务？
7. 何为非法的最后航次？承租人指示非法的最后航次的后果是什么？
8. 光船租赁合同的主要条款有哪些？

9. 什么是租购条款?

【推荐阅读文献】

1. 杨良宜:《租约》,大连海事大学出版社 1994 年版

2. 郭萍:《租船实务与法律》,大连海事大学出版社 2002 年版

3. 祝默泉、赵克鹏:限硫令对期租合同的影响,载《中国远洋海运》2020 年第 4 期

4. 司玉琢:航次租船合同的立法反思——以《海商法》修改为契机,载《中国海商法研究》2019 年第 4 期

5. 马征:船舶期租经营中的航速油耗索赔问题研究,载《珠江水运》2019 年第 19 期

6. 丁剑:纽约土产交易定期租船合同下保赔协会间协议的适用,载《中国海商法研究》2018 年第 4 期

7. 张勇:油轮期租合同中的租期和最后航次条款浅析,载《中国海事》2018 年第 6 期

8. 罗孝炳:提单并入租约不影响对承运人的识别与归责,载《人民司法(案例)》2017 年第 2 期

扩展阅读资料

Bareboat Charters for New Buildings①

a) *Finance and construction*

Bareboat charterparties for new buildings, as contemplated by Part Ⅲ of both Barecon'89 and Barecon 2001, are methods of securing the financing needed for ship construction. The "owner", in such an arrangement is usually a bank or other financial institution, so that the demise charterer is really the owner *ad hoc*, for whose exclusive use the vessel is built. There may also be a mortgagee. Only the construction-related provisions of Part Ⅲ are discussed here, as most other clauses of the 1989 and 2001 forms are virtually identical to those of Part Ⅱ.

Under Part Ⅲ of Barecon'89 and Barecon 2001, the charterer may, at his expense, send his own representative or surveyor (often a naval architect) to the shipyard to inspect the vessel's construction from beginning to end, to attend all trials of the ship, and examine all building materials being used. The charterer's representatives must work in close co-operation with the owner's supervisors and submit all questions and complaints through them to the shipyard.

The shipbuilding contract, together with the specifications and plans of the future vessel, countersigned as approved by the charterer, are attached to the standard form. No change may be made in any of these documents without the charterer's consent. The owner must also notify the charterer of any modifications required by the classification society, in order to ensure that

① William Tetley, International Maritime and Admiralty Law, Editions Yvon Blais, 2002, pp.169-172.

the vessel will be "in class" upon completion.

b) Delivery

The owner may only tender delivery of the vessel to the charterer where the vessel has completed her acceptance trials under the building contract, to the full satisfaction of the charterers. If the owner becomes entitled to reject the vessel under the building contract, he must first consult the charterer. The latter then has seven days in which, by written notice to the owner, either: a) to reject the ship (receipt of which notice terminates the charter and releases the owner from further obligations to the charterer; or b) to require the owner to negotiate with the builder as to the terms on which delivery should be taken (usually involving alterations to the vessel) and/or to refrain from rejecting the ship. Alterations performed must satisfy the charterer.

The charterer is required to take delivery of the vessel from the owner when it complies with the building contract and specifications, to the charterer's full satisfaction, and is classed, documented, safely afloat at the place of delivery specified in the charter and free for transfer to the flag it is to fly. Once these conditions are met, the charterer may not claim against the owner on the basis of any warranty (express or implied) as to seaworthiness or delay in delivery.

c) Maintenance

After delivery, the ship is in the full possession and control of the bareboat charterer, who must then maintain the vessel in "efficient operating condition", "in accordance with good commercial maintenance practice", in class, repaired and insured as regards hull and machinery and liability. The charterer has only 12 months to claim against the owner in respect of latent defects in the ship not discoverable upon delivery (as opposed to 18 months under Barecon'89, Part II). The owner ordinarily assigns to the charterer the 12-month guarantee under the building contract and the charterer agrees to claim against the owner only to the extent that the owner can recover against the shipyard under that guarantee.

d) Mortgage and insurance

The deed of covenant of the ship mortgage is attached to the charterparty, the charterers binding themselves to comply with all instructions or directions contained in the deed or directed by the mortgagees concerning the employment, insurance, repair and maintenance of the vessel. The charterer is obliged to maintain, at his expense, such hull and machinery, war risks, P. & I., crew and other insurances as the owner is required to maintain and according to the terms of the deed of covenant.

第七章　海上拖航合同

学习目标

海上拖航的历史不长，其早期主要用于港内和内河，最近几十年才发展为沿海和国际海上拖航业务，并成为海商法所调整的一项新兴海上作业。但是，从国内立法看，将调整海上拖航的法律规范作为独立法律制度列入海商立法的为数不多。从国际立法看，尚无调整海上拖航关系的国际条约。但由于航运组织和航运企业对海上拖航标准合同制订的重视，调整海上拖航的标准合同却相当发达。

通过本章学习，了解海上拖航合同的概念、种类和性质，掌握海上拖航合同当事人的主要权利和义务，特别是海上拖航中损害赔偿责任的归属。

第一节　海上拖航合同概述

一、海上拖航合同的概念

海上拖航合同（Contract of Sea Towage）是指承拖方用拖轮将被拖物经海路从一地拖至另一地，由被拖方支付拖航费的合同。承拖方是海上拖航合同的一方当事人，指用自己所有、经营或承租的船舶，为他人提供海上拖航服务而收取拖航费的人。用于拖带被拖物（tow）的船舶，一般称为拖船，通常是拖轮（tug），即专门为拖带本身无动力或者丧失动力的其他船舶、物体或者为大船靠离码头及其他操纵提供协助而设计的船舶。被拖方是海上拖航合同的另一方当事人，是被拖物的所有人或者其他利害关系人。被拖物包括驳船或者其他无动力的船舶、钻井平台、浮码头、浮船坞、浮吊等海上漂浮装置以及失去动力的船舶等。

释义

Towage

A towage contract is an agreement whereby one side，the tug owner，agrees to provide a specific service，towing，to the other，the shipowner. Such contracts may be made by way of salvage, and, if they are, the legal principles applicable to salvage will apply. However, most towage contracts are not so made. The vessel purchasing the services is not in danger –an essential prerequisite for salvage– and no undertaking to save her, express or implied, specific or "no cure, no pay" is given. The agreement is a simple contract for services.

二、海上拖航合同的种类

(一)沿海拖航合同和国际海上拖航合同

按起拖地和目的地的不同,可分为以下两类。

(1)沿海拖航合同。指起拖地和目的地均位于一国境内的海上拖航合同。与沿海货物运输一样,作为一项传统的航运保护政策,不少国家的法律规定沿海拖航只能由悬挂本国国旗的拖船经营。根据我国《海商法》第4条的规定,我国港口之间的海上拖航由悬挂我国国旗的船舶经营,但法律、行政法规对悬挂我国国旗的船舶经营我国港口之间的海上拖航有限制性规定的除外。非经国务院交通主管部门批准,外国籍船舶不得经营我国港口之间的海上拖航。

(2)国际海上拖航合同。指起拖地与目的地位于不同国家的海上拖航合同。我国内地和港澳台地区之间的海上拖航合同在性质上是沿海拖航合同,但目前参照国际海上拖航合同处理。

(二)日租型海上拖航合同和承包型海上拖航合同

按拖航费的计收方式的不同,可分为以下两类。

(1)日租型海上拖航合同。指在海上拖航期间,拖航费按双方约定的拖船日租金率和使用拖船的时间计收的海上拖航合同。按照约定的拖航费支付时间,拖航费有预付和到付两种形式。

(2)承包型海上拖航合同。指拖航费为双方约定的一笔金额的海上拖航合同。除拖航费按照约定由被拖方一次性付清外,合同经常约定拖航费分期支付,如约定合同签订之时、从起拖地起拖之时、到达目的地之时应分别支付的金额。有的承包型海上拖航合同同时约定拖船日租金率,作为当被拖方在起拖地延误起拖、在目的地延误解拖及因拖航过程中的延误,而向承拖方支付拖航的滞期费或损失赔偿金的计算标准。

Three Types of Towage Contract

In both common law and civil law, the contract for the hire of a tug may take one of three forms: a) the hiring of the tug itself without a crew; b) the hiring of the tug and crew, operating under the orders of the tow; and c) the hiring of the tug and crew to perform a specific task. The first type of contract is really a form of charterparty (probably bareboat) and is of no concern for the purposes of this chapter. The second is essentially a contract of services ("*location operarum*"). The third is a contract for services ("*location operis faciendi*"). These latter two types of towage contract are distinguishable from one another, in both civil law and common law, by the application of what may be called the "dominant mind" test.

三、海上拖航合同的性质

在海商法领域，一般认为海上拖航合同是一种独立的合同，既不同于海上货物运输合同，也不同于海上救助合同。

（一）海上拖航合同与海上货物运输合同的区别

海上拖航合同最基本的特点是不论采取何种拖航方式，承拖方都是用拖轮的动力和设备将具有可浮性的物拖至约定地点。而海上货物运输合同最基本的特点是承运人向托运人提供运货舱位，将托运人的货物完整安全地运至目的港交给收货人。二者的根本区别在于：① 经营方式与作业方式不同。② 被拖物与货物所处的空间位置不同。③ 当事人的指挥责任不同。④ 实体责任不同。⑤ 举证责任不同。这两种合同的联系表现在：① 拖轮与被拖货驳为同一船舶所有人，而货驳用于承运货主的货物时，船舶所有人与货主之间的关系为海上货物运输关系，此种合同称为拖驳运输合同。② 拖轮与载有他人货物的被拖货驳为不同所有人时，拖轮与货驳所有人的关系为海上拖航合同关系，而驳船所有人与货主之间的关系为运输关系。

（二）海上拖航合同与传统的海上雇佣救助合同的区别

海上拖航合同与传统的海上雇佣救助合同有着相同之处：① 海上雇佣救助表现的形式常常也是海上拖航，两者都具有海上服务的性质；② 两者通常都是按拖船或救助船的日租金率和使用的时间计算报酬。两者的不同之处在于：① 海上拖航合同的目的是拖航，而海上雇佣救助合同的目的是救助；② 在海上拖航合同情况下，拖航的对象是不处于危险之中的船舶或者其他物体，而在海上雇佣救助情况下，拖航的对象是处于危险之中的船舶或者其他物体。

（三）海上拖航合同与以海上拖航为救助行为表现形式的海难救助合同的区别

在海难救助的过程中，救助人可以采拖航方式救助，因而两者的相同之处在于均以海上拖航为表现形式。海上拖航合同与海难拖航救助合同的明显区别在于：在海上救助合同情况下，救助报酬的取得以被拖物安全拖抵目的地，即以处于危险之中的被拖物获救为前提。在海上拖航合同情况下，拖航费按照双方的约定计算，与被拖航是否安全拖抵目的地无必然关联。如海上拖航合同约定拖航费的取得以被拖航安全拖抵目的地，此时的海上拖航合同实质上是海上救助合同的一种形式。

释义

Towage and Salvage

It is clear from the judgment in *The Minnehaha* (1861) that if towage becomes impossible as a result of matters beyond the control of the parties, not attributable to any breach of contract on the part of the tug owner, then the contract of towage is frustrated and any services rendered to the tow thereafter may qualify as salvage services. The tug owner, being discharged from the contract, has no further legal obligations to the tow, and thus counts as a volunteer. As a matter of fact, the question may often be difficult to settle. Not every storm or increased danger is sufficient to frustrate the contract. Ordinary difficulties must be handled.

If, on the other hand, the change in circumstances is brought about by a breach of contract, the contract continues in force. It follows that the tug owner, and the master and crew of the tug under contract, have no salvage claim.

The Marechal Suchet (1911)

The Marechal Suchet was taken under tow from Falmouth to London by the tug Guiana at a price of E80. The wind increased and the tug could make no headway and the Marechal Suchet went aground on the Goodwins. The Guiana went for assistance and several more tugs, some belonging to the owner of the Guiana, and a lifeboat came and provided various sorts of assistance. After four days she was got off. The owners of the Guiana had no salvage claim. They had failed to prove that the tug they had supplied had been efficient for the service contracted for -the burden of proof being on them. That meant that their towage contract was not discharged by frustration and the owners could make no claim -neither in respect of the services of the Guiana nor any other tug of theirs. The masters and crew of the Guiana were similarly disentitled -but the masters and crews of the other tugs in the same ownership had a valid claim.

In principle, the general law of salvage would entitle a tug owner to claim not only when his towage contract has been determined by frustration (or any other cause not attributable to his fault) but when the tug or its crew perform acts over and above the "best endeavours" required of them. However in such circumstances proof would be extremely difficult.

The right to claim salvage may be covered in the towage contract. The United Kingdom Standard Towage Conditions, in their latest revision, contain, in clause 6, an express preservation of any "rights which the tug owner or his servants or agents may have to claim salvage remuneration or special compensation for any extraordinary service". Conversely, there are examples in the cases of "no salvage" stipulations, whose aim is to ensure that no extra claims are made over and above the remuneration for the towage. The effectiveness of such clauses has not been tested in modern times.

四、海上拖航合同的订立、变更与解除

（一）海上拖航合同的订立

我国《海商法》第156条规定，海上拖航合同应当书面订立。海上拖航合同通常

是在双方当事人选定的合同格式基础上，通过对格式条款和内容加以补充和修改而达成。目前，国际上主营或兼营海上拖航业务的大公司一般都有其自己的合同格式。例如，中国海洋工程公司拖航合同格式，代号为“CHINATOW”，有承包型和日租型两种具体格式。一些航运组织也制定了海上拖航合同格式，其中最为著名的是国际救助联盟（International Salvage Union，JSU）、欧洲拖船船东协会（European Tugowners Association，ETA）和波罗的海国际航运公会于 2008 年联合推荐的国际远洋拖航协议（international ocean towage agreement）日租（daily hire）型格式（代号为“TOWHIRE”）和承包（lump sum）型格式（代号为“TOWCON”）。根据《海商法》第 156 条的规定，海上拖航合同的内容主要包括：承拖方和被拖方的名称和 住所、拖船和被拖物的名称和主要尺度、拖船马力、起拖地和目的地、起拖日期、拖航费及其支付方式以及其他有关事项。

（二）海上拖航合同的变更

除承拖方和被拖方协商一致或法律规定的合同变更的其他一般情形外，我国《海商法》第 159 条规定了海上拖航合同变更的一种特殊情况，即因不可抗力或者其他不能归责于双方的原因，致使被拖物不能拖至目的地的，除合同另有约定外，承拖方可以在目的地的邻近地点或者拖船船长选定的安全港口或者锚泊地，将被拖物移交给被拖方或者其代理人，视为已经履行合同。

（三）海上拖航合同的解除

除承拖方和被拖方协商一致解除合同或法律规定的合同解除的其他一般情形外，海上拖航合同的解除主要有下列两种情形：① 因当事人一方违反合同而解除。如承拖方未能在合同约定的解约日之前，在约定的地点提供约定的拖船并使拖船处于适航、适拖状态，被拖方有权解除合同。如被拖方未能在合同约定的解约日之前，在约定的地点使被拖物处于适拖状态，承拖方有权解除合同。承拖方或者被拖方有其他违约行为，致使不能实现合同的目的时，另一方可依法解除合同。违反合同的一方当事人对另一方因此遭受的损失，除依照法律或者合同的约定可以免责外，应承担赔偿责任。② 因非双方当事人应负责的原因而解除。根据我国《海商法》第 158 条和第 159 条的规定，在起拖前或者起拖后，因不可抗力或者其他不能归责于双方的原因，致使合同不能履行或者不能继续履行时，双方均可解除合同，并互相不承担损害赔偿责任。如在起拖前，合同因此而被解除并且被拖方已支付拖航费，除合同另有约定外，承拖方应退还该拖航费。

释义

Towage Contract

Such contract must be reduced into writing. It mainly specifies such matters as the name and address of the tug owner and the tow party, the name and main particulars of the tug and the main particulars of the object to be towed, the number of horse power to be generated by the tug, the place of commencement of the towage and the destination, the date of commencement of the towage and the way of payment thereof, as well as other relevant matters.

Such contract can be discharged due to force majeure either before or after towage commencement. If its performance is rendered impossible before the commencement of the towage service by force majeure or other causes not attributable to the fault of either party, either party may discharge contract and neither is liable to the other. In such event, the towage price already paid shall be returned to the tow party by the tug owner, unless otherwise agreed in the contract. If its performance is rendered impossible by force majeure or other causes beyond the control of the parties after the commencement of towage operation, either party may discharge the contract, and neither is liable to the other. However if the object towed could not reach its destination owing to force majeure or other causes not attributable to the fault of either party, the tug owner may deliver the object towed to a place near the destination or a safe port or an anchorage chosen by the master of the tug. Thus the contract of towage is deemed to have been fulfilled.

第二节　海上拖航合同当事人的主要权利和义务

一、承拖方的主要权利和义务

（一）承拖方的主要义务

1. 保证拖轮适航适拖

为完成海上拖航作业，承拖方的首要义务是提供完成约定拖航作业的拖轮，并谨慎作业，使拖轮在起拖前或起拖时处于适航适拖状态。根据我国海商法的规定和拖航实务，此项义务是指承拖方提供的拖轮除具备一般船舶所具备的保证其营运的适航性外，还具备完成该次拖航所必需的拖航能力和特殊设备，妥善配备合格的船员，配置足够的供应品。承拖方拖轮适航适拖义务的时间期间是在起拖前和起拖当时，即承拖方必须谨慎处理是拖轮在起拖前和起拖当时适航适拖，拖轮的适航、适拖状态必须接受有关机构的检验并得到其认可才有效。如果承拖方在起拖前未向有关机构申请检验，该拖轮为不适航、不适拖。

2. 负责指挥拖航作业

在海上拖航中，除合同另有规定外，通常由承拖方负责指挥整个拖航作业，包括负责拖轮与被拖物之间接拖、拖带航行安全和解拖。在拖航过程中，拖轮与被拖物脱离，拖轮应守护、救助被拖物，承拖方在拖航合同规定的服务范围内对被拖物实施救助时，不得主张救助报酬。但在拖轮提供合同责任以外的救助时，可以主张救助报酬。

3. 合理尽速航行

在履行拖航过程中，承拖方应合理的尽快地在合同约定的时间内按合同约定或通常航线完成拖航作业，将被拖物交给被拖方。承拖方不得有不合理的延误和绕航。合理的延误和绕航通常产生于救助或企图救助海上人命和财产，为拖航安全而避台风等。

4. 救助被拖物

在拖航过程中，如被拖物处于危险状态，拖船应尽力救助被拖物。例如，拖船与被拖物之间的拖缆断裂，拖轮应尽力重新接上拖缆。拖船对被拖物的救助不得请求救助报酬，除非拖船的服务超出合同约定的范围。海上拖航合同通常约定，在海上拖航中，当承拖方或拖船船长认为有必要寻求第三者进行救助时，被拖方应保证承拖方、其代理人或受雇人和拖船船长具有代理被拖方以合理的条件接受救助服务的权利。

（二）承拖方的主要权利

承拖方的主要权利为拖航费请求权、免责权和留置权。

1. 承拖费请求权

承拖方按合同完成拖航任务后，有权向被拖方收取作为完成拖航任务报酬的拖航费。拖航费的构成项目、数额及其支付方式由合同具体规定。如果发生不可抗力事件或不能归责于承拖方的原因致使被拖物不能拖至目的地时，以我国《海商法》规定，承拖方可以在目的地的邻近地点或者拖轮船长选定的安全港口或者锚泊地，将被拖物移交给被拖方或其代理人，视为承拖方已履行完拖航任务，承拖方有权向被拖方收取合同规定的全部拖航费。

2. 留置权

承拖方完成拖航后，被拖方不按合同约定支付拖航费、滞期费、承拖方为被拖方垫付的各种款项和其他应付的合理费用，承拖方有权对自己占有的被拖物予以留置。当约定支付期届满，被拖方仍不履行支付的，承拖方有权变卖被拖物以清偿拖航费、其他合理费用及其延期利息。

3. 免责权

在一般情况下，承拖方违反拖航合同造成被拖方损失时，应负赔偿责任。但是，当承拖方造成被拖方的损失符合法定的或约定的减免责任事由时，承拖方享有减免赔偿责任的权利。我国海商法规定，承拖方证明被拖方的损失时下列原因造成的，并且海上拖航合同又没有约定或没有不同的约定，承拖方不负赔偿责任：拖轮船长、船员、引航员或者承拖方的其他受雇人、代理人在驾驶拖轮或管理拖轮中的过失；拖轮在海上救助或企图救助人命或财产时的过失。

二、被拖方的主要权利和义务

（一）被拖方的主要义务

1. 提供被拖物并使之适拖

被拖方应在约定的时间和地点，提供被拖物。在起拖前和起拖当时，被拖方应谨慎处理，使被拖物处于适拖状态，符合法定检验机构、被拖物保险人聘请的验船师或者拖船船长要求的适拖条件，包括保证被拖物上的拖航设备处于正常状态，并向承拖方提交由验船师签发的被拖物适拖证书。被拖方还应向承托方如实说明被拖物的情况。如根据法规或规章的规定，或者应承拖方、法定检验机构或者验船师的要求，在被拖船上应配备船员或者在其他被拖物上应配备传缆手时，被拖方应保证配备适当的人员并为其配备充分的供应品。

2. 服从拖船船长的指挥

当合同约定拖航由承拖方指挥时，在拖航过程中，承拖方配备的被拖物上的随船船员或其他人员应接受拖船船长的指挥，并给予拖船必要的配合。

3. 保证港口的安全

有的合同约定，被拖方应保证起拖港、目的港和合同约定的中途挂靠港口的安全。有的合同还明确约定，拖船和被拖物在起拖港、目的港和中途港，在任何潮汐情况下均能处于安全浮泊状态。

4. 接受被拖物

被拖方在目的地接到承拖方发出的准备交付被拖物的通知后，应及时接受被拖物。否则 应按合同约定的费率向承拖方支付拖船的滞期费或者其他额外费用，除非被拖方未及时接受 被拖物系天气原因或者其他可免责的原因所致。

5. 支付拖航费及其他费用

被拖方应按合同约定的费率或者金额以及支付的时间、地点和方式，向承拖方支付拖航费和其他约定的费用。由于被拖方应负责的原因造成起拖地起拖延误、目的地解拖延误或者航行中的时间损失，被拖方应按约定支付拖船的滞期费或者其他额外费用。合同通常约定，被拖物的一切港口费用、引航费、代理费、税款、运河通行费、保险费、第三方责任保险费以及与被拖物有关的其他费用，包括必要的辅助拖船服务费等，均应由被拖方支付。

（二）被拖方的主要权利

1. 预付拖航费返还请求权

因不可抗力或其他不能归责于承拖方和被拖方的原因致海上拖航合同被解除，除合同另有约定外，被拖方有权要求承拖方返还已预付的拖航费。

2. 被拖航权

被拖方订立海上拖航合同的根本目的是通过承拖方提供的拖航服务将被拖物从一地拖至另一地。被拖方以支付拖航费为代价换取被拖航权。海上拖航合同的各项约定都是以此项权利为中心的。被拖方有权要求承拖方按合同约定的拖航条件提供拖航服务，完成拖航作业，并将被拖物在目的地交付。除不可抗力和其他不能归责于双方的原因外，承拖方未完成拖航作业的，被拖方有权拒付拖航费。当承拖方没有谨慎处理使拖轮适航、适拖，拖轮船长和船员的拖航技术达不到一般拖航要求，或非不可抗力或其他法定的情形，致使承拖方不履行拖航义务而终止合同时，被拖方有权要求承拖方承担责任。

第二节　海上拖航中的损害赔偿责任

在海上拖航作业过程中时常发生人身伤亡和财产损失。这类损害可能发生在承拖方与被拖方之间，也可能发生在第三人身上，因而形成两种类型的损害赔偿责任，即承拖方与被拖方之间的损害赔偿责任，称拖方与被拖方对第三人的损害赔偿责任。前者因通常在海上拖航合同中予以明确规定而被称为合同责任。后者因承袭英美法“拖轮与被拖轮（物）是一条船”这一古老法律原则而被称为非合同责任，大陆法系国家称为侵权行为责任。虽然海上拖轮合同当事人可以在合同中约定谁队第三人的人身伤亡及财产损失负责任，但这种约定对第三人不产生效力。

一、承拖方和被拖方之间的损害赔偿责任

承拖方和被拖放约定的相互间的损害赔偿责任一般体现在各拖航公司或有关民间团体制定的海上拖航合同标准格式中。综观中外海上拖航标准合同格式，承拖方和被拖方关于相互间损害赔偿的约定内容为：在拖航过程中无论何种原因致使被拖物造成任何性质的损失，即使此种损失是由于承拖方或承拖方的人员的错误或疏忽或由于拖轮的潜在缺陷或供应不足、速度或其他原因造成的，均由被拖方负责。因多数国家的法律对海上拖航合同不予调整或调整不周，或因有的国家的法律如我国海商法关于拖航合同的规定属任意性规范而只在拖航合同未规定或没有不同规定的情形下适用，类似上述合同条款是有效的。当不存在上述合同条款时，有些国家的法律对承拖方与被拖方之间的损害赔偿责任进行了规定。总体上，承拖方与被拖方之间的损害赔偿责任原则为指挥原则、过失责任原则和合同约定原则三种。

（一）指挥原则

指挥原则，指谁负责指挥拖航作业，谁承担损害赔偿责任。指挥拖航作业的可以是承拖方，也可以是被拖方，谁负责指挥以法律规定或依具体情况而定。指挥方负有以合理的技能谨慎的指挥拖航的义务，拖航过程中发生损害事故这一事实本身成为指挥方在指挥过程中未尽此义务的初步证据，指挥方对整个拖航作业比被指挥方更熟悉拖航作业。在指挥原则下，也有一些例外，即指挥一方能证明他本人或其雇员对损害的发生没有过失，则不负赔偿责任。由此可见，指挥原则实质上是过失推定原则。

在指挥原则中，确定双方当事人的合同内部责任事实上也存在过失责任问题，表现在三个方面：(1) 在海上拖航过程中，负责指挥拖航作业的一方除能证明其本身没有过失外，应当对另一方的损失负赔偿责任。(2) 被指挥方的过失造成损失，指挥方可向被指挥方索赔，但须负举证责任，证明其损失是被指挥方的过失造成的。(3) 指挥方与被指挥方对损失或损害的发生均存在过失，按各自过失比例程度承担赔偿责任，但指挥方仍承担证明被指挥方存在过失的举证责任。

（二）过失原则

过失原则即为对被拖方或承拖方在海上拖航过程中遭受的损害以过失为基础确定损害赔偿责任归属，即谁有过失谁承担损害赔偿责任，无过失即无责任，互有过失的，按过失程度比例承担责任。过失原则既可以与指挥原则结合在一起，也可以作为单独的损害赔偿原则。我国《海商法》采单纯的过失原则标准，同时又免除某些过失的赔偿责任，实为不完全的过失责任原则。

《海商法》第 162 条第 1 款规定，在海上拖航过程中，承拖方或被拖方遭受的损失是有一方过失造成的，有过失的一方负赔偿责任；由双方过失造成的，各方按过失程度比例

负赔偿责任。该条第二款规定，经承拖方证明，被拖方的损失是由于拖轮船长、船员、引航员或承拖方的其他受雇人、代理人在驾驶拖轮或管理拖轮中的过失造成的，或者拖轮在海上救助或企图救助人命或财产时的过失造成的，承拖方不负赔偿责任。

（三）合同约定原则

合同约定原则是拖航过程中发生的损害完全按承拖方与被拖方的拖航合同中的约定来承担。拖航过程中可能因过失也可能因无过失发生损害，对于因无过失所产生的损害，合同约定由被拖方负责有法理和法律规定上的依据，但是对于因过失造成的损害，是否完全可以约定由被拖方承担，承拖方不负责任，则在法律理论上不无疑问。

海上拖航中，因过失造成的损害可能存在三种情况：① 自身过失造成自身财产损害和人身伤亡；② 一方过失造成无过失方的财产损害与人身伤亡；③ 一方过失造成第三人财产损害或人身伤亡。对海上拖航合同标准格式中涉及这三种损害的免责条款是否在任何情况下都有效，我国法律没有作出规定，主要原因在于当事人设立免责条款不涉及社会公共利益和基本法律原则，而实践中基本上倾向于维护其有效性。但是在理论上，我们认为法律应当对这类免责条款予以适当限制，对下列按合同约定原则免除承拖方责任的免责条款，应当确定无效：违反法律强制性规定和社会公共利益，排除承拖方应当承担的故意或重大过失责任，免除承拖方在合同中应负有的基本义务。因此当事人按合同约定原则在海上拖航合同中订有广泛的免责条款，但并不意味着它一定有效。[①]

二、承拖方与被拖方对第三人的赔偿责任

承拖方与被拖方对第三人的责任为合同外责任。对第三人而言，无论海上拖航采取单独拖航、共同拖航，还是连接式拖航，只要其因该拖航的过失而遭受了人身伤亡或财产损害，法律均将承拖方和被拖方视为统一体，作为单独一方当事人，受到损害的第三人作为另一方当事人，赋予第三人对承拖方和被拖方享有损害赔偿请求权。

承拖方与被拖方对第三人所负的过失赔偿责任因过失情况与过失程度不同。我国海商法对此作了一定程度的区分。《海商法》第 163 条规定："在海上拖航过程中，由于承拖方或者被拖方的过失，造成第三人人身伤亡或财产损失的，承拖方和被拖方对第三人负连带赔偿责任。除合同另有约定外，一方连带支付的赔偿超过其应当承担的比例的，对另一方有追偿权。"此条规定有以下几层含义：（1）第三人遭受的人身伤亡或者财产损失是由于承拖方或者被拖方单方过失造成的，承拖方和被拖方作为一个整体，应向第三人承担连带赔偿责任，承拖方和被拖方内部按合同的约定或由有过失的一方承担责任。（2）第三人的人身伤亡或财产损失是由承拖方和被拖方的共同过失造成的，二者仍作为一个整体对第三人承担连带赔偿责任，承拖方与被拖方内部按过失比例分摊责任，或按合同的约定承担责任。（3）承拖方或被拖方连带支付的赔偿超过其应承担的比例或者连带支付了自己依合同规定不应由其承担赔偿责任的，有权向另一方追偿。这只适用于海上拖航合同中没有另外约定的情况。如果合同中对这种情形另外有约定或与法律规定完全相反的约定，则按合同约定确定双方当事人是否有追偿权和追偿权的大小。（4）

① 庄炜、杨召南：《海事法》，中央编译出版社 2005 年版，第 74–75 页。

合同约定原则在承拖双方内部责任确定与分配上居优先地位，但在确定对第三人的外部责任上则不具有任何效力。无论拖航合同是否对第三人的损害赔偿予以约定以及如何约定，都不影响双方当事人对第三人承担连带责任，因此合同当事人对第三人承担连带责任是我国海商法规定的一种强制性责任，当事人不得以合同的约定来对抗、回避连带责任。

Tort Liability

In the course of the sea towage，if the damage suffered by the tugowner or the tow party was caused by the fault of one of the parties，the defaulting party is liable for compensation. If both parties are to blame，they are liable for compensation according to the extent of their respective faults. Notwithstanding this，the tug owner is not liable if it can establish that the damage suffered by the tow party is due to：（a）fault of the master or other crew members of the tug or the pilot or other servants or agents of the tug owner in the navigation and management of the tug；or（b）fault of the tug in saving or attempting to save life or property at sea. If the death of or personal injury to a third party or damage to property thereof has occurred during the sea towage due to the fault of the tug owner or the tow party，the tug owner and the tow party is jointly liable to that third party. Except otherwise provided for in the contract，the party having paid a compensation exceeding its proportion for which it is liable，may recourse against the other party.

【重要术语中英文对照】

中文术语	英文对应术语
拖航	towage
被拖物	tow
拖轮	tug
被拖船随船船员	riding crew
日租	daily hire
承包	lump sum
拖轮适拖	tow-worthiness
海上拖航合同	towage contract
标准拖航条件	standard towage conditions
国际救助联盟	International Salvage Union，ISU
国际远洋拖航协议	International ocean towage agreement
欧洲拖船船东协会	European Tugowners Association，ETA

【思考题】

1. 阐述海上拖航合同的概念和特点。

2. 海上拖航合同有几种形式？

3. 海上拖航合同与救助拖航合同有哪些区别？

4. 海上拖航合同的承拖方和被拖方有哪些权利和义务？

5. 如何认定海上拖航合同的承拖方与被拖方相互之间的损害赔偿责任？

【案例练习】

一拖轮吊拖两艘无动力的大型驳船从中国南通前往印度尼西亚雅加达，驳船上没有配备船员。起拖之前，驳船所有人提供了船级社签发的驳船适拖证书。拖航船队出长江口后，夜间遇大风浪，一艘驳船的拖缆断裂而漂移并碰撞一艘锚泊中的船舶，造成锚泊船和驳船的损坏。拖轮船长和船员没有及时发现拖缆断裂，直到第二天早上才发现一艘驳船丢失，随即向附近海事局报告。拖轮所有人（承拖方）与驳船所有人（被拖方）之间的海上拖航合同约定，承拖方应谨慎处理使拖轮适航、适拖，妥善配备拖缆和其他拖航索具；拖航过程中由于拖轮船长和船员驾驶船舶和管理船舶中的过失造成被拖物的灭失、损坏或对第三者造成的损害，承拖方不承担损害赔偿责任。合同约定适用中国法律。锚泊船所有人向驳船所有人和拖轮所有人索赔因船舶损坏造成的经济损失，并要求驳船所有人和拖轮所有人承担连带赔偿责任。问：（1）锚泊船所有人是否有权要求驳船所有人和拖轮所有人承担连带赔偿责任？（2）驳船所有人是否有权向拖轮所有人索赔因驳船损坏和对锚泊船所有人承担损害赔偿责任而遭受的经济损失？

【推荐阅读文献】

1. 郝志鹏：海上拖航财产损害责任纠纷免责事由，载人民司法 2019 年第 17 期

2. 程鑫：海上拖航合同纠纷案评析．载《世界海运》2018 年第 5 期

3. 邵琦、李薇：海上拖航侵权中连带责任下的海事赔偿责任限制问题探讨，载《中国海商法研究》2013 年第 1 期

4. 王金玉：公平原则视野下海上拖航合同当事人的权益保护，载《辽宁大学学报（哲学社会科学版）》2010 年第 4 期

【扩展阅读资料】

National Legislation Concerning Towage

The law of towage in the United Kingdom, the United States, France and Canada is remarkably similar. Six common conclusions can be drawn, aside from conclusions in respect to contract in general under the common law and the civil law.

Firstly, whether the tug or the tow is the “dominant mind” determines whether the contract is of or for services. While this is a question of fact in common law jurisdictions, it is a matter determined by law in France, saving the right of the parties to reverse the legal presumption by contract.

Secondly, in common law jurisdictions, the standard of care of the tower is reasonable care without any presumption of fault. This is as opposed to the insurance standard of care of the common carrier or the reasonable care with presumption of fault of the bailee or the statutory standard of the carrier under the Hague, the Hague/Visby or the Hamburg Rules. In France, the debate as to whether towage is a lease of work or a contract of carriage (and therefore the degree of care required), remains unsettled, but authority favours the former view.

Thirdly, the burden of proof of loss or damage in towage is on the claimant in common law jurisdictions, and he may invoke *res ipsa loquitur* to assist in discharging that onus. In France, the statute creates a presumption of fault on the tow in port towage, which the tug may rebut, and a presumption of fault on the tug in High-Seas towage, which the tow may rebut. The onus is reversed if the contract reverses the "dominant mind".

Fourthly, there is an implied warranty of seaworthiness in towage - that a safe, functional and properly equipped tug, manned with a competent crew, will be capable of performing the towage contract under conditions that can reasonably be expected. This is not an absolute warranty to tow to destination and, in civilian terms, towage implies an "obligation of means", rather than an "obligation of results".

Fifthly, non-responsibility clauses in towage contracts appear to be valid in the common law world (even to some extent in the United States, despite *Bisso*), as well as in civilian jurisdictions. But in France, they may not serve to protect the tugowner from the consequence of gross negligence ("*faute lourde*").

Sixthly, towage is not permitted to turn into salvage, except where, as the result of a peril, services are required of the tower which go well beyond those consistent with the towage agreement, and which the tower renders, without fault, voluntarily and successfully.

One interesting point of divergence of law in this field is that whereas the United States has a maritime lien for towage service claims, no such lien exists today in France, while the United Kingdom and Canada secure such claims by a mere statutory right *in rem*, ranking after maritime liens and ship mortgages.

The law of tug and tow lends itself to a useful study of the law of contract under both the common law and the civil law. Responsibility, it can be seen, depends on the obligations assumed by each party under the contract or by custom. The standard of care (of a prudent person in similar circumstances) is the same in all jurisdictions while there is a warranty of seaworthiness equivalent to "merchantability" and "fitness for the purpose", in the common law of sale. Lastly, mon-responsibility clauses have no effect in cases of gross negligence or fraud - *plus ça change, plus c'est la même chose.*

第八章　船舶碰撞

学习目标

船舶碰撞是海上航行中常见的一种海上侵权行为，即使在船舶导航设备和航运技术十分发达的今天也难以避免。而且，随着海上航行船舶及其所载货物的价值不断提高，船舶碰撞对财产、人员造成的损失以及环境损害的后果日趋严重。国际组织和各国都通过成文法对船舶碰撞加以调整。

通过本章学习，明确船舶碰撞的概念和构成要件、碰撞责任主体的认定和碰撞过失的含义，掌握碰撞责任的划分、赔偿的原则和范围等。

第一节　船舶碰撞概述

一、船舶碰撞的概念及其构成要件

船舶碰撞是船舶在海上或者与海相通的可航水域发生接触，致使有关船舶或船上人身、财物遭受损失的事故。这里使用的“船舶”一词，是指海商法意义上的船舶。依此定义，船舶碰撞的构成要件有如下几方面。

（1）碰撞必须发生在海上或其他与海相通的可航水域。

（2）船舶碰撞必须是船舶之间的相撞，其中至少一方为海船。即碰撞是海船与海船，或海船与其他任何非用于军事的或政府公务的船艇。因而，内河船舶之间的碰撞，或者船舶与码头、桥墩、灯塔以及其他水上和水下固体物质的相撞，都不属于船舶碰撞的范围。

（3）船舶之间必须发生接触，才能构成碰撞。船舶接触包括直接接触和间接接触两种。所谓直接接触，是指两船或多船的某部位在物理上的实际接触，同时占据一定空间的物理状态。间接接触包括浪损和间接碰撞。浪损是因一船或多船的航行速度过快等原因所掀起的大浪使其他船舶受损。间接碰撞是指因一船或多船的过失而致其他两船或多船相撞的事故。

（4）船舶碰撞必须造成损害。船舶碰撞法律制度的最终目的是解决船舶碰撞损害赔偿的责任问题，而没有损害事实，损害赔偿责任也就无从发生。

传统概念将船舶碰撞限定为船舶间须有接触，即船体与船体必须有实际相碰。但随着实践中出现的越来越多的船舶并未实际接触却造成损害的事实，于是又有了间接碰撞的概念。据此，船舶碰撞既包括船舶间的直接接触，也包括间接接触。间接碰撞是指过失船的船体与他船的船体或其他合成部分虽未发生实际接触，但致他船损害或造成其他两船或多船相撞，并使其船舶或船上人员、货物或其他财物遭受损失的事故。它包括：一船或数船为避免直接碰撞而搁浅、触礁或触碰固定建筑物或设施和浪损。浪损是指过失船舶因航行速度过快，掀起波浪致使他船遭受损害。

《1910 年碰撞公约》第 1 条规定，“海船与海船或海船与内河船舶发生碰撞，致使有关船舶或船上人身、财产遭受损害时，不论碰撞发生在任何水域，对这种损害的赔偿都应按下列规定处理”。该公约第 13 条同时规定，“本公约扩大适用于一船由于进行或不进行某种操纵，或由于不遵守规则，而给他船、或任一船上的货物或人员造成的损害的赔偿，即使碰撞实际上未曾发生。”

根据我国《海商法》第 165 条的规定，船舶碰撞是指船舶在海上或者与海相通的可航水域发生接触造成损害的事故。该法第 170 条规定，船舶因操纵不当或者不遵守航行规章，虽然实际上没有同其他船舶发生接触，但致使其他船舶以及船上的人员、货物或者其他财产遭受损失的，也适用船舶碰撞的规定。

由此可以看出，《1910 年碰撞公约》和我国《海商法》规定的船舶碰撞概念完全相同。但是公约将碰撞船舶限定在“海船与海船或海船与内河船舶”之间，而不论碰撞发生在何水域，即凡是海船能到达的水域均可成为船舶碰撞的地点。而我国《海商法》将碰撞船舶发生的水域限定在“海上或者与海相通的可航水域”，应指可供 20 总吨以上的海船自由航行的通海水域。因此，《海商法》所规定的“船舶碰撞水域”比公约显得狭小。如在船厂检修时发生的船舶碰撞不能适用我国海商法调整，但可适用公约调整。

Definition of Collision

In collisions at sea every variety of vessel may be involved. They may be small motorboats or oceangoing supertankers. The damage may be minor or incredibly large. The damage resulting from a collision may not only be damage to ships but also death and personal injury, cargo loss and oil pollution.

The word “collision” simply defines a crash or accident between vessels. In common usage it may mean the running down by one vessel of another vessel, a buoy, a permanent or floating oil rig, or a quay or dock. In the maritime sphere it means the coming together of moving vessels. It has also been defined as an impact or sudden contact of a moving body with an obstruction in its line of motion, whether both bodies are in motion or one stationary and the other, no matter which, in motion.

Collisions can happen with many and various objects. These objects may be wrecks, fixed objects ashore such aspiers, dock walls and anchors of other vessels. Therefore, the courts have to consider what constitutes a collision. When one looks at the collision cases it can be seen that the contact and/or impact between vessels need not necessarily be between their respective hulls. A vessel may cause damage by its negligence to another vessel without actual contact. For instance a ship, by proceeding at an excessive speed, can cause another ship to sink. Contact with an anchor or mooring chain of another vessel has been held to be contact within the meaning of collision, but damage so caused to the nets of a fishing vessel is not a collision. Damage caused to one vessel by the excessive wash from another vessel is not a collision because there is no actual contact. Contact between a vessel and a fixed and floating object is also not a collision claim.

二、船舶碰撞的种类

船舶碰撞，绝大多数是由于船员的过失造成的，但是某些碰撞的发生，并非出于船员的过失。因此，根据碰撞的事实，按责任可划分为双方无责任碰撞、单方责任碰撞、双方责任碰撞三种。

（一）单方责任碰撞

单方责任碰撞是指完全是由于一方船舶的过错所引起的碰撞事故。所谓单方过失是指船长、船员应注意并能注意而不注意，或应为而不为或不应为而为。过失方必须对由此而造成的一切损失负责。如船舶航行时，碰撞了停靠在码头旁或系泊于浮筒上的船舶，这时的在航船舶即犯有过失。单方责任碰撞主要表现为：① 航行船与锚泊船的碰撞；② 走锚船与锚泊船的碰撞；③ 在航船与系泊船的碰撞；④ 走锚船与系泊船的碰撞。

作为锚泊船及系泊船，必须证明自己没有违章，处于正常系泊、锚泊状态，否则可能产生过失责任。另外，若走锚船、在航船能证明自己是因为不可抗力或意外事故等不能归责己方的原因碰撞对方的，自然也无责任可言。

假如甲、乙两船均以全速驶向某港口，在航道上，甲船因引航员登船而暂停，然后再加速继续前进时，乙船船首已驶近甲船右舷驾驶台的位置，因两船相互作用而发生船吸。在相撞前，乙船已成为追越船，乙船本应知道，如果追越甲船可能发生船吸的后果，因此，乙船应减速而没有减速致使两船发生碰撞。事后甲船起诉乙船索赔损失。

根据《避碰规则》第 13 条第 1 款“任何船舶在追越任何他船时，均应给被追越船让路”和第 9 条“在狭水道或航道中，只有被追越船采取措施，允许追越船安全通过时，才可追越”的规定，乙船显然违反了这两项规定，并忽视了船吸的作用。故本案这一碰撞事故纯属乙船的单方过失所致，乙船应负全部责任。

（二）双方责任碰撞

双方责任碰撞是指船舶碰撞事故因双方的过失所造成，双方对由此而造成的损失，按过失程度比例分摊，如果损失的程度相当或者过失责任无法确定，则由双方平均分摊。我国《海商法》第 169 条第 1 款规定，“碰撞的船舶互有过失的，各船按照过失程度的比例负赔偿责任；过失程度相当或者过失程度的比例无法判定的，平均负赔偿责任”。该条第 2 款同时还规定,“互有过失的船舶,对碰撞造成的船舶以及船上货物和其他财产的损失,依照前款规定的比例负赔偿责任。碰撞造成第三人财产损失的,各船的赔偿责任均不超过其应当承担的比例”。该条第 3 款又规定,“互有过失的船舶,对造成的第三人的人身伤亡,负连带赔偿责任。一船连带支付的赔偿超过本条第一款规定的比例的,有权向其他有过失的船舶追偿”。

(三)双方无责任碰撞

双方无过失碰撞是指碰撞不存在认为的过错因素,碰撞完全是由于客观原因或者不明原因所造成的,或者虽有主观因素,但不是导致碰撞的原因。我国《海商法》第 167 条规定,“船舶发生碰撞,是由于不可抗力或者其他不能归责于任何一方的原因或者无法查明的原因造成的,碰撞各方互相不负赔偿责任”根据该条规定,双方无责任碰撞主要有三种。

1. 不可抗力造成的船舶碰撞

不可抗力一般是指人类不能预见、不可避免并不可抵抗的外界力量,包括自然灾害。例如甲船为避台风而停泊于港内,并加固缆绳及抛锚以做好一切防御准备,然台风来势太猛,锚链、缆绳均被吹断而走锚,后与停泊之乙船碰撞。如欲归因于不可抗力的风力所致的碰撞,必须满足三个条件:① 风力是不可预见的;② 船舶曾妥善地系泊或锚泊;③ 照管船舶方面并不存在疏忽。根据“天灾由受害人承担原则”,因不可抗力导致船舶的碰撞,其损失无例外的均由受损方自行负担。

2. 意外事故造成的碰撞

所谓意外事故是指船方已做到了通常的技术和谨慎,仍不能避免的事故。例如甲船为了避免与乙船相碰而立即倒车,但由于活塞突然失灵而使倒车未能成功,结果与乙船相撞。后经查明,甲船船员已恪尽职责,即对活塞已进行过合理的检查和维修,但仍未发现任何缺陷。意外事故必须符合四个要件:① 非有意行为;② 已尽合理的谨慎;③ 不可避免;④ 不可预测。

“通常的技术和谨慎”一般理解为:根据具体情况,采取了应当采取的防范措施,既没有违章,又运用了良好船艺。如,某船由于转弯时突然舵机失灵,撞沉了停泊岸边的他船,经检验是由于舵机内部金属部件有裂缝没有发现,在航行中断裂。如果船舶所有人及船长、船员已尽到合理地谨慎仍未能查出该缺陷,则对于由此导致地船舶碰撞不负责任(一因一果)。

欲援引意外事故进行抗辩的一方负有较重的举证责任,除证明自己已尽通常的谨慎和技术,没有过错外,还必须证明引起事故的原因属不可预见、不可避免的,是一因一果,还是多因一果的情况。如果是多因一果,必须证明诸因素中每一原因都是不可预见、不可避免的。例如某船进港时,有强风,航标临时移位,锚泊船又未点锚灯,结果碰撞了该锚泊船。上述每种原因都是不可预见的,且都有可能导致碰撞。

Inevitable Accident

"Inevitable accident" has been defined as a collision which a party could not possibly prevent by the exercise of ordinary care，caution and maritime skill. In other words，it was not intended and could not have been foreseen and avoided by the exercise of reasonable care and skill. The law does not demand an extraordinary degree of skill. What is demanded from those responsible for the navigation of vessels is the exercise of reasonable skill.

Well known examples of inevitable accidents are where the collision is caused by the force of the wind in parting the lines of a moored or anchored vessel. Obviously it is not easy to establish an inevitable accident in this case as some conditions must be fulfilled：the force of the wind could not have been anticipated，the vessel has been moored and anchored properly，there should be no negligence on the part of those in charge of the vessel.

In inevitable accident cases it is impossible for one vessel to impose liability on the other. The loss lies where it falls. Therefore where a collision results from inevitable accident no liability arises on either side. The burden of proof has to be discharged by the vessel alleging that the accident was inevitable.

In the Fames River Transport Inc. v. Nasenbulk two ships were lying at anchor in anchorage position designated by the harbour authority in Sasebo，Japan. During a 56-knot typhoon the ships collided after dragging their anchors. It was held that neither ship was at fault，and each should bear its own damages.

3. 原因不明的碰撞

所谓原因不明是指碰撞一方无法证明对方犯有过错，或无法证明其过错与碰撞之间存在因果关系，而他方又无法证明碰撞系不可抗力或意外事故所致的情况。如在一个风平浪静、能见度极好的白日里，两船竟莫名其妙地相撞后沉没，船员全部遇难，究系何方之责任亦无从查清。因此，在遇有原因不明的碰撞时，同意外事故和不可抗力所致的碰撞一样，损失自负。只不过此种情况极为罕见罢了。但其并不同于“过失程度难以判定的情况”，因为后者是在肯定双方互有过失的前提下，碰撞各方的过失究竟应占多大的比例难以确定的情形。

但是，在确定船舶碰撞属于以上任何一种原因所致时，主张方须负举证责任。在主张属于意外事故时，主张方应证明其已恪尽职责，运用了良好的船艺，采取了相应的防范措施，并遵守了避碰规则。如因机械故障，还应证明机械的缺陷是潜在的，是经合理谨慎也不能发现的，因而碰撞是无法避免的。在主张属于不可抗力时，主张方应说明自然灾害是不可预见的，船方已采取了哪些合理措施仍不可避免，管理船舶方面不存在过失，既遵守避碰规则又使用了良好船艺等。

第二节　确定船舶碰撞过失的标准

一、过失的概念和分类

（一）过失的概念

在民法中，过失是指行为人并不存在希望损害发生的意图，但对损害的发生应该或能够预见的却没有或没能预见，致使损害发生。可见民法中对过失的判断是以行为人的预见能力和预见范围为基础的。

在海商法中，通常所说的过失（fault，negligence）是指行为人具有过失心理状态时做出的行为，即过失行为，而不是单指过失的心理状态。船舶碰撞中的过失，应该采用上述主观标准还是客观标准？从长期的海事审判实践来看，船舶碰撞的过失标准采用的是客观标准，即在驾驶船舶、管理船舶过程中，具有通常技术和谨慎从事的航海人员，应该预见碰撞损害的发生而没有预见，或者应该防止碰撞损害而没有防止损害的发生或扩大，在此种情况下所做出的行为或不行为，即构成船舶碰撞中的过失。缺乏通常的技术和谨慎是构成碰撞过失的客观标准。这一标准，不仅适用于通常情况下，而且也适用于特殊情况下，即要求航海人员在特殊情况下，要履行适应特殊情况的通常技术和谨慎。这种做法与《1972年国际海上避碰规则》第2条的规定是一致的。该规则规定，“本规则各条规定并不免除任何船舶所有人……对海员通常做法或当时特殊情况可能要求的任何戒备上的疏忽而产生的各种后果的责任”以及“为避免紧迫危险而须背离本规则各条规定”。未尽上述义务，被认为有过失，对碰撞后果仍要承担责任。

释义

Definition of Fault

Fault implies negligence meaning a failure to exercise that degree of the skill and care which are ordinarily to be found in a competent seaman. It is negligence not to take all reasonable steps to avoid danger in navigation, and the nature of those steps must of course depend on the surrounding circumstances, and they may call for the utmost possible precautions.

（二）过失的分类

在船舶碰撞法中，过失可分为实际过失和推定过失两大类。推定过失又可分为法律推定 过失和事实推定过失。

1.实际过失

通过举证证明一方在驾驶船舶或管理船舶方面犯有某种或某些具体的过失，就是船舶碰 撞的实际过失。驾驶船舶的过失是指海员违反良好船艺（good seamanship）或避碰规则所引起的碰撞。比如，疏忽瞭望、雾中航行速度过快、没有或不正确显示锚泊号灯号型等，结果发生碰撞。管理船舶的过失是指作为一名合格船员，未尽合理谨慎义务或未能发挥应有的技能，以及船舶所有人未提供适航船舶，并保持船舶处于适航状态，因此碰撞他船。比如，船体、船上设备有缺陷、船员配备不足或不当、汽笛系统损坏或失灵、不适当的吃水差使船舶操纵有困难或有危险、应该使用拖船而没有使用或使用不足、号灯射程不符合要求等，由这些原因引起的碰撞，都可能归因于船员或船舶所有人的管船过失，从而使船舶所有人或光船承租人等直接或转承承担碰撞赔偿责任。

2. 法律推定过失

推定（presumption，inference）是一项法律原则，存在于成文法或司法实践之中。它是从已经确立的基本事实推断出假定事实的存在，直至这一推定遭到相反证据的反驳或否认。船舶碰撞法中的法律推定过失原则，其内涵是，如一船违反法定航行规则（包括国际性的或地方性的规则），除非该船能证明在当时情况下，背离航行规则是必要的，或者违反规则在当时条件下不可能导致船舶碰撞损害的发生，否则法律便推定违反航行规则的船舶犯有造成碰撞损害的过失。

法律推定过失原则曾在一些国家，特别是英国和美国，得以广泛适用，美国至今也没有从法律上加以废除。这一原则违背了侵权行为损害赔偿的过失与损害必须具有因果关系要件，给违反规则的一方带来了过重的、不合理的举证责任，因而是不合理的。《1910 年碰撞公约》第 6 条规定："有关碰撞责任的一切法律推定均应废除。"

3. 事实推定过失

所谓事实推定，是指从已经证实的基本事实中，推断出假定事实的存在。船舶碰撞法律中的事实推定系指船舶发生碰撞，如果受损一方能够证明其遭受损害的事实以及其他符合一定要求的基本事实，法庭就可以从这种基本事实推断出另一方犯有过失的假定事实。除非另一方能证明损害是不可避免的，或者自身没有过失，或者有过失并没有造成损害结果，否则便应负损害赔偿责任。

事实推定是人们借助因果关系的原理、逻辑规则或生活经验推断做出的。客观世界中存在这样一些事实，它们具有说明其自身发展趋势的特征，在拉丁文中称为"事物本身说明问题"（*res ipea loquitur*）。事实推定在处理船舶碰撞案中仍为各国所普遍采用。我国《海商法》虽然没有明确规定，但在司法实践中也是承认这一原则的。

二、船舶碰撞过失的确定

确定船舶碰撞过失遵循一般原则和特殊原则。前者适用于通常情况，后者仅适用于特殊 场合，在不同国家，特殊原则适用的情况也有所不同。

（一）确定船舶碰撞过失的一般原则

1. 确定驾驶船舶过失的一般原则

一起船舶碰撞案是否存在驾驶船舶的过失，其判定的一般原则是把碰撞的全过程分为几个不同航行阶段，即会遇—构成碰撞危险—形成紧迫局面—出现紧迫危险—碰撞，在每一阶段中均以合格船员的良好船艺和国际或地方的航行避碰规则为尺度来分析、判定是否构成碰撞过失。所有碰撞过失连接起来，便形成了碰撞的原因链。如果在一导致碰撞事故发生的"原因链"（chains of causation）中，始终有一个主导的原因在起作用，一旦有新的原因插入打断了"原因链"，法院就有可能判定这是两个不同的原因导致的两个独立的碰撞事故。

2. 确定管理船舶过失的一般原则

确定因管船过失造成的碰撞,应包括船员管船过失造成的碰撞和船舶所有人管船过失造 成的碰撞。衡量船员管船是否存在过失,其标准是:作为一名合格船员在管理船舶中是否已尽合理谨慎义务和发挥技能。船舶所有人管船过失范围较广,判断船舶所有人管船是否存在过失,其主要依据是国际公约或国内法。比如,有关船员资格、船员配备、船舶设备、船员和船舶管理、船舶适航性等国际公约或国内法的规定。违反其中的任何一种,都有可能构成管船过失。如果这种过失恰是导致碰撞的原因,那么过失方就要承担碰撞责任。

(二)确定船舶碰撞过失的特殊标准

只有确定碰撞过失的一般原则还不能完全满足司法实践的需要,在特殊场合还需要有特殊原则给予补充。此种原则因国而异,适用范围有一定的局限性。

1. “最后机会原则”(last opportunity rule)

英国称此原则为“避让机会原则”(clear chance rule)、“过失中断”(faults separate),美国叫作“最后避让机会”(last clear chance)。所谓“最后机会原则”,是指两船碰撞,如果双方都有疏忽,都要对碰撞负责,除非后来有疏忽的船舶知道或应该知道此前有疏忽,并有充裕的时间避免碰撞而没有避免,则该方应单方承担碰撞责任。

这一原则的不合理性在于给犯有严重疏忽的过失方提供了推卸责任的理论根据,削弱了国际避碰规则的作用,导致避碰行为的混乱。而且,用“最后机会”代替“因果关系”也不符合民事赔偿责任的构成要件。我国的法律和司法实践不承认这一原则。

2. “宾夕法尼亚规则”(Pennsylvania rule)

这一规则产生于1874年美国最高法院对“宾夕法尼亚”案所作的判决。1869年在新泽西州的Sandy Hook附近海域,两条悬挂英国国旗的船舶“玛瑞-超波”(Mary Troop)号帆船和2388吨级的“宾夕法尼亚”(Pennsylvania)轮在雾中航行相撞。经证实宾夕法尼亚轮雾中行驶速度过快,明显是碰撞的重要原因。“Mary Troop”船没有鸣放雾号而是施敲雾钟,违反了美国的地方航行规则,于是最高法院判决:“Mary Troop”船不能证明未鸣放雾号并不是导致碰撞的原因,因此推定其有过失,同宾夕法尼亚轮一样,各承担50%的责任。“宾夕法尼亚规则”由此而得名。该规则的实质是法律推定过失,也称起因推定,即一旦船舶违反航行规则,就推定此行为是造成碰撞的原因,违章船舶要解脱责任,必须证明此违章不是碰撞的原因。随着法律推定在世界范围内的废除,“宾夕法尼亚规则”的存在必然导致法律冲突。现在在美国,这一规则也开始受到严重的冲击,其作用在逐渐减弱。

The Pennsylvania Rule in the United States[①]

The United States, which is not party to the Collision Convention, adopted proportionate

① International Maritime and Admiralty Law, at pp. 242-244.

fault as a result of the Supreme Court decision in Reliable Transfer. Questions of presumptions of fault, responsibility for the fault of compulsory pilots and responsibility for innocent cargo, however, were not dealt with by the U. S. Supreme Court, so that American law is out of step with the law of almost all shipping nations and with the Collision Convention 1910 as well. This incompatibility is most evident in the survival, in United States admiralty law, of a very strong presumption – not of fault – but of causation, commonly known as the "Pennsylvania Rule".

The Pennsylvania Rule is a rule of the U. S. Supreme Court, rendered in its decision The Pennsylvania, where the Court stated that when one ship in a collision violates:

... a statutory rule intended to prevent collision, it is no more than a reasonable presumption that the fault, if not the sole cause, was at least a contributory cause of the disaster. In such a case the burden rests upon the ship of showing not merely that her fault might not have been one of the causes, or that it was not, but that is could not have been.

Many commentators and even a few judges have taken the position that the heavy presumption of causation embodied in the Pennsylvania Rule is incompatible with the comparative fault doctrine as established by the United States Supreme Court's decision in Reliable Transfer. There have also been judgments which, without suggesting that the Rule was overturned, have been highly critical of it. Most American judgments on the point, however, take the opposite view. The Pennsylvania Rule has been applied to stranding and allisions, as well as collisions. It has been applied to breaches of regulations as well as statutes. To rebut it requires "a clear and convincing showing of no proximate cause". In effect, this standard of proof represents a softening of the literal sense of the Pennsylvania Rule, which has been effected by American judges since 1929. The result is that the defendant today need not prove that his statutory or regulatory violation could not possibly have been a proximate cause of the collision, but need only prove that it could not reasonably have been its proximate cause.

---

3. 双方疏忽等效原则

碰撞双方均有疏忽，且此种疏忽一直持续到碰撞时刻，此时各自承担50%的碰撞责任。因为在这种情况下，很难区分谁的过失是主要的。对这一原则，我国《海商法》第169条第1款和海事司法实践都予以承认。

第三节　船舶碰撞损害赔偿

船舶碰撞本质上应为民事侵权行为，因此船舶碰撞所引起的损害赔偿原则、范围和计算方法等应适用民事侵权损害赔偿的一般规定。但因船舶碰撞又非一般的民事侵权行为，具有特殊性和复杂性，所以各国对船舶碰撞的损害赔偿原则、范围和计算方法等又有特殊规定。

一、船舶碰撞损害赔偿的要件

船舶碰撞责任的划分是基于当事船的过失，即当事船在驾驶或管理船舶过程中，缺乏通常技术和谨慎；碰撞责任比例的划分是基于过失船的过失程度，无论单方过失还是互有过失都围绕着过失。因此，过失是船舶碰撞损害赔偿的第一个构成要件。船舶虽犯有过失，如瞭望疏忽、超速航行等，但由于没遇到其他来船，或由于他船的避让而未发生任何碰撞（包括直接或间接碰撞），同样不得请求碰撞损害赔偿。因此，碰撞事实是船舶碰撞损害赔偿的第二个要件。仅有过失和碰撞事实而没有造成损害，碰撞损害赔偿仍不能成立，故损害事实是构成要件之三。在具备以上三个要件的同时，还须考察损害是否因过失所致，如果损害是因过失所致，船舶碰撞损害赔偿才能成立。因此，过失与损害的因果关系是构成要件之四。

总之，船舶碰撞事故发生后，受害方提出损害赔偿请求时，不仅应证明自己有损害发生，而且应证明加害方有过失，同时还应证明过失是损害的真正原因。只有在同时满足以上四个要件时，才能获得船舶碰撞损害赔偿。

二、船舶碰撞损害赔偿原则

船舶碰撞损害赔偿遵循民事侵权赔偿的一般原则，但又有其自身的特点。具体而言，包括以下几方面：

（一）恢复原状原则

恢复原状（*restitutio in integrum*）是碰撞损害赔偿的基本原则之一，在英美法中也称“完全赔偿权”（the right to a full and complete indemnity）。在船舶碰撞案件中，这是受害方追偿损害的尺度与标准。《1985年碰撞损害公约》第3条规定，“碰撞损害赔偿应使索赔方尽量接近索赔事故发生之前的状况”。这一原则长期来为各国处理船舶碰撞案所遵循，它冲破了严格限制赔偿范围的“遥远损失”（remoteness of damages）不赔的原则，体现了法律的公正性。因此，对受害方的利益起到了保护作用。应该指出的是，这一原则不单单是民法意义上的物质形态的恢复原状，多数场合体现于对受害方的金钱补偿。对于碰撞造成的人身伤亡，不适用于“恢复原状”原则。

（二）直接损失赔偿原则

《1985年碰撞损害公约》第5条规定，“除本公约另有规定外，碰撞直接造成的损害方可追偿。上述条文明确了能得到赔偿的损害必须是碰撞的直接后果。判断某一损失是否属于碰撞直接损失，不能狭义地理解，应把握如下几点。

1. 损失必须是碰撞的直接后果，如碰撞直接造成的船货损失或人身伤亡等。包括间接碰撞或浪损损失或人身伤亡等。

2. 损失必须是相继碰撞事故之后立即发生的后果（immediate consequence of the collision）。诸如继碰撞事故之后，相继产生的救助、拖航或打捞费用损失，修理期间的营运损失，均可作为直接损失向责任方追偿，但受损方不能追偿因营利损失而失去的投资、投标、贷款等机会的损失。这不能视为是相继碰撞事故之后立即发生的后果，从而作为直接损失索赔。

3. 损失必须是伴随碰撞事故的发生可合理预见的后果。换言之，损失虽不是碰撞事故的直接后果，也不是相继碰撞之后立即发生的后果，但是可合理预见的损失，此种损失也视为直接损失予以赔偿。比如，因船舶碰撞而使航次租船合同解除，对于本应赚得而没有赚得的运费等营运损失，以及渔船丧失捕捞季节的生产损失，受损方有权向责任方进行索赔。

（三）受害方应尽力避免损失扩大的原则

在船舶侵权损害发生后，无论是财产的受害人，还是人身伤亡的受害人，时常存在故意扩大损害的现象，以借机向加害方索取更多的赔偿。为平等地保护加害人和受害人的利益，在各国长期的海事司法实践中，逐渐形成了“受害人减轻损失的相应义务”，并以此作为确定船舶侵权损害赔偿范围的基本原则之一。受损方尽力减少损失之责的标准是：作为一个谨慎的船舶所有人当船舶发生碰撞后，是否会采取同样的措施。换句话说，就是“索赔方尽合理谨慎就会避免或减少的损害不得追偿”（《1985 年碰撞损害公约》第 4 条）。

实例研究

中国海运局所属的中国籍“红旗 138”号轮，于 1987 年 11 月 30 日在大连港水域与印度尼西亚贝尔航运有限公司所属的巴拿马籍“恩宝”号轮和美国金鹰航运公司所属的巴拿马籍“金鹰一号”号轮发生了碰撞。“金鹰一号”轮在大连卸货的 19 天里，“红旗 138”号轮船长和“恩宝”号轮代表均多次要求“金鹰一号”轮在大连就地检修，以减少碰撞损失，但金鹰航运公司执意驶往日本修理，仅修理费一项就比在大连修理多出 35 691.47 美元。事后三方对该笔额外支出的修理费应由谁负担产生了争议。

在碰撞中，赔偿无辜方的损害，这是过失方的责任；而无辜方也应尽一切可能减少过失方对其造成的损害，这是无辜方相应的责任。金鹰航运公司在大连不进行修理招标就前往日本修理，不符合方便原则和受害方应尽力减少损失的原则。因此，“金鹰一号”号轮在日本修理的费用超出在大连修理费用部分应由金鹰航运公司自负。

（四）责任限制原则

海事索赔责任限制原则是海商法所特有的并区别于民事损害赔偿的一般原则，是全部赔偿原则的例外。在船舶碰撞中，除非船舶碰撞是由责任人故意或者明知可能造成损失而轻率地作为或不作为所致，只要符合责任限制的规定，船舶侵害方即可依法限制其责任，在法定的限额内对外承担赔偿责任，以维护其自身利益。海事索赔责任限制制度是海商法的基本制度，同样适用于因船舶碰撞造成的人身或财产损害赔偿。

三、船舶损害赔偿的计算

船舶碰撞损害赔偿的计算方法，比较复杂的是双方或多方都有过失的碰撞。单方责任或双方无责任的碰撞很简单，只要根据赔偿原则和计算依据算出后，单方责任的由过失方负责赔偿，双方无责任的则由受害方自行承担即可。

（一）双方互有过失碰撞损害赔偿计算

双方互有过失的碰撞，假如双方过失程度相当或无法确定时，依平均分担原则，也不难计算。但是，双方过失的碰撞，在绝大多数情况下，双方的过失程度和损害结果大小都是有异的，因此，过失方均应按各自的过失比例负赔偿责任。如两船碰撞，双方互有过失，造成甲船上货损 100 万，乙船上货损 50 万。假如甲过失 20%，乙过失 80%，则甲船须赔付乙船货损 10 万（50 万 × 20% = 10 万），乙船须赔付甲船货损 80 万（100 万 × 80% = 80 万）。

互有过失的船舶，对造成第三者的人身伤亡，则负连带赔偿责任。此时，一船连带支付的赔偿超过其应负责任比例的，有权向其他过失船追偿。至于第三者则是指与碰撞双方之间不存在任何人身伤亡责任合同关系的自然人。在碰撞事故发生后，该自然人因受损或受伤即有权依连带责任原则向任何一过失船提起索赔，并获全额赔偿。

（二）美国船舶碰撞货物损害赔偿的特殊规定

根据提单有关公约的规定，提单条款通常都载有承运人免责条款。因此，载货船承运人依据该免责条款，在因本船过失与他船碰撞造成货损时概不负赔偿责任。但是，非载货船则应按其过失比例对货损负赔偿责任。与此相反的是，各过失船对第三者人身伤亡都负有赔偿责任，并且须负连带责任。据此，受害人或其家属均有权对任何一过失船要求索赔，并获得 100% 的赔偿。

但是应注意的是美国以往的碰撞法律规定，互有过失碰撞，实行平分过失原则，且双方对货物损害也要负连带责任。以上述例子，甲船货主可向乙船索赔 100 万的货损，乙船再向甲船追偿 50 万。可是，根据海上货物运输法律，船员的航海过失造成本船货物损害是免除承运人责任的。上述做法实际上是甲船间接地赔付了他本应免责的货损，甲船为了能从甲船货主那里追回这部分赔偿，便在提单或租船合同中普遍订有“互有责任碰撞条款”（Both to Blame Collision Clause）。所以去美国的船舶的承运人、船东为保障自己“航行过失免责”的权益，多订立此条款。

释义

Both to Blame Collision Clause

the United States did not adopt the Collision Convention 1910, and, therefore, when both vessels involved in a collision are to blame, the damage is apportioned equally, whatever the degree of blame. Also, the rule is that cargo-owners may recover in full from the non-carrying vessel if it is at fault. The non-carrying vessel may then claim from the carrying vessel one half of the amount paid.

The result is that cargo-owners prefer to sue in American courts, or at least to have the American rules applied. Shipowners sought to circumvent this result by including in their documents a “both to blame collision” clause to divide the damages on a proportionate and not on an equal basis. The validity of the clause was tested in *U.S. v. Atlantic Mutual Ins. Co.* where the Supreme Court held that the “both to blame collision” clause was null and void.

（三）双方责任碰撞的计赔方法

关于双方责任碰撞的计赔方法，国际上主要有“交叉责任说”（Cross Liability）与“单一责任说”（Single Liability）两说。

按单一责任制，碰撞事实既然是一个，那么，碰撞的侵权行为也是一个，由于损害而产生的债的关系也是一个债的关系。因此，双方责任相互冲抵后，只有受赔的船东才有向对方提出损害赔偿的请求权。所以，损害赔偿请求权也是一个。如：甲船船舶损失 80 万，负有 20% 的过失责任；乙船船舶损失 40 万，负有 80% 的责任。按照“单一责任说”，（80 万 × 80%）－（40 万 × 20%）＝ 56 万。

交叉责任制又称相互责任制，表示两船碰撞虽然是一次事故但双方都有过失，都是侵权行为者，又都是侵权行为的受害者，因此，双方都可以按照对方的过失程序，交叉行使损害赔偿请求权。如上例，按交叉责任制，计算时，首先须算出各自的金额和乙船赔偿甲船损失的 80% 金额，最后再相互冲销后，剩余部分再付给对方。甲船赔偿乙船船舶损失 8 万，乙船赔甲船 64 万。

【重要术语中英文对照】

中文术语	英文术语
碰　撞	collision
触　碰	allision
直接碰撞	direct collision
原因链	chains of causation
最后机会原则	last opportunity rule
交叉责任原则	cross liability principle
不明过失	inscrutable fault
间接碰撞	indirect collision
不可避免的事故	inevitable accident
近　因	proximate cause
宾夕法尼亚规则	Pennsylvania rule
单一责任原则	single liability principle

【思考题】

1. 什么是船舶碰撞？构成船舶碰撞的条件有哪些？
2. 如何区分直接碰撞与间接碰撞？
3. 什么是船舶碰撞赔偿责任？
4. 单方过失船舶碰撞的赔偿责任如何承担？
5. 双方互有过失船舶碰撞的赔偿责任如何承担？
6. 认定船舶碰撞赔偿责任的法律原则有哪些？我国海商法在在船舶碰撞损害赔偿上采用了哪些责任原则？

7. 如何确认船舶碰撞赔偿责任的范围？

8. 如何计算船舶碰撞损害赔偿责任？

【推荐阅读文献】

1. 曲涛:《船舶碰撞责任法原理》,人民交通出版社股份有限公司 2018 年版

2. 曲涛:《船舶碰撞损害赔偿责任研究》,法律出版社 2015 年版

3. 司玉琢:侵权法的发展对船舶碰撞法律制度的影响,载《中国海商法研究》2012 年第 1 期

4. 初北平:碰撞责任条款中"船舶碰撞"的含义,载《中国船检》2016 年第 1 期

5. 赵月林、张智勇:论船舶碰撞损害赔偿中的责任比例认定,载《中国海商法年刊》2011 年第 4 期

6. 曲涛:船舶碰撞致油污损害赔偿请求权的选择及分析,载《人民司法》2013 年第 15 期

7. 赵劲松、张鹏飞:重塑比例过失原则:《最高人民法院关于审理船舶碰撞纠纷案件若干问题的规定》评述,载《中国海商法年刊》2011 年第 1 期

8. 吕方园、马昕妍:无人船舶碰撞法律责任规制研究,载《大连海事大学学报(社会科学版)》2019 年第 4 期

【扩展阅读资料】

Classification of Fault①

Faults separated

If it is possible to draw a line between the initial fault of one vessel and the subsequent fault of the other, faults are separated. If one vessel is negligent for a considerable time and that negligence is apparent to the other, which could have avoided the collision by adopting proper measures, the latter may be the only one to blame.

In *The Boleslaw Chrobry* the stern of the *Boleslaw Chrobry* came into contact with the starboard side of the *Melide*. Serious damage was sustained by bothvessels. The *Boleslaw Chrobry* was not at fault in failing to see the *Melide* when she left the jetty, The *Melide* was about 1. 5 miles away, visibility was reduced by rain and there were other vessels in the vicinity of the *Melide*. But when the *Boleslaw Chrobry* had embarked on the turning manoeuvre it was her duty to keep a good look-out for any vessel going or coming up the river. When the *Melide* altered her course to port it was reasonable to expect that the *Boleslaw Chrobry* would be aware of the *Melide's* approach early enough to avoid collision by her action alone. The *Boleslaw Chrobry* was solely to blame for the collision.

Faults mixed

Faults are mixed when there is a considerable overlap between the faults of the two vessels involved in a collision.

① Samir Mankababy, Collion at Sea, North-Holland, 1978, pp. 9-13.

In *The Sabine* the Ore Prince went aground in the river Schelde on her way to Antwerp. Due to the failure of her steering gear the Sabine anchored up river, Late in the evening the Ore Prince was being assisted to refloat. The Sabine was also being assisted to turn in the river to proceed upstream and into Antwerp port. The Sabine was swinging round until after the Ore Prince had been refloated and was making headway up the river. The river had a width there of only around 900 feet. The Sabine herself was around 650 feet in length. The Ore Prince, instead of hanging back until the Sabine had completed her swing, tried to edge through the limited space between the Sabine's stern and the river's edge. She failed and the two ships collided. The dominant cause of the collision was the failure of those on board both vessels to keep a proper look-out. Both ships were equally to blame, so their fault cannot be regarded a separate fault.

In *The Hagen* the fault in going hard to starboard at the last moment was a consequence of a bad look-out and therefore it cannot be called a separate fault.

In *The Sea Star* the Sea Star, fully loaded with crude oil, collided with the *Horta Barbosa* in ballast in the Gulf of Oman. *The Sea Star* altered course to starboard and turned a safe situation into one of acute danger. This improper manoeuvre was the result of a defective look-out. The *Horta Barbosa* was at fault as well. Her second officer was not at his post just before the collision. Therefore the *Horta Barbosa* could not properly react to the position of danger created by the Sea Star. The faults of both ships were the consequence of other faults, thus they were not separated.

In *The Elazig* the court held that failure to keep a proper look-out was not a separate fault. Faults in keeping a speed of nine knots until far too late and in not going full astern at once were all interconnected.

Faults interlocked

This situation was described in *The Volute*. In certain situations the respective negligence of two vessels becomes so close that " the second act of negligence is so much mixed up with the state of things brought about by the first act, that the party secondly negligent...might invoke the prior negligence as being part of the cause of collision so as to make it a case of contribution" .

In *The Sestriere* both vessels had pilots on board and were manoeuvring to drop the pilots. The *Alonso* turned to a northerly heading and stopped her engines. The *Sestriere* was approaching the pontoon and the *Alonso* saw the possibility of a collision. The *Alonso* put her engines full ahead and went hard a-starboard. The *Alonso*'s owners blamed the *Sestriere* completely as she did not keep a proper look-out. And she failed to keep out of the way of the *Alonso* when it was on her starboard side. She was also blamed for not complying with the Collision Regulations (rules 19, 23, 27 and 29). The owners of the *Sestriere* counterclaimed that the *Alonso* was to blame in improperly going full ahead and hard a-starboard instead of either stopping her engines or going full astern. The basis of argumentfor greater blame of the

Sestriere was that it was her initial fault which created the risk of collision and the *Alonso*'s fault was in her negligent reaction to the risk created by the *Sestriere*. On the other hand for the defendants the *Alonso*'s fault was very important and the fault of the *Sestriere* was more excusable as the people on board her could not reasonably have foreseen that the *Alonso* would take such action. It was obvious that the initial fault of the *Sestriere* brought about the situation of danger but the *Alonso*'s action was completely wrong and made the collision inevitable. Therefore both vessels were guilty of unseamanlike action and of faults which caused the collision. Blame was divided equally.

Apportionment of Liability in Collision Cases

1. the 1910 Brussels Convention

The International Convention for the Unification of Certain Rules of Law with Respect to Collisions Between Vessels was signed at Brussels on 23 September 1910（the 1910 Brussels Convention）. It covers collisions between ships and also other casualties in which one ship by fault in her navigation causes damage to another ship or persons or property on board either，even though no collision occurs. Before the 1910 Brussels Convention there were three systems for allocating liability in collision cases. In the UK and the USA the rule of equal division of damages was used. In Belgium，Greece，Scandinavia and France loss was apportioned according to the degree or gravity of each party's fault. Other countries，such as Argentina，Chile，Italy，Germany，Mexico and Spain，permit neither of the two colliding vessels to recover damages. With the 1910 Brussels Convention the proportionate fault rule gained recognition. Article 4 of the convention provides that if two or more vessels are at fault the liability of each vessel is in proportion to its share of fault. With this rule the degree of fault becomes the proper basis for apportionment of liability.

2. the Lisbon Rules

There are no general rules for the apportionment of liability in collision cases. Maritime accidents happen in so many different circumstances and the assessment of degrees of fault depends on the particular circumstances of the given accident. The courts find it difficult to assess causative potency in terms of percentages. The difficulties in the apportionment of liability and division of damages under the 1910 Brussels Convention led the Comité Maritime International（CMI）to prepare another convention. The CMI abandoned the idea of a convention and instead recommended Rules which could be adopted by the parties. The aim of the CMI was to create a set of rules to ensure that claims arising out of collisions would be dealt with on a uniform basis. The Rules do not have the force of law and cannot be imposed on anyone. Although the Lisbon Rules are not binding，but may simply be agreed by the parties，it is possible that in some countries where there is not already a developed system for calculation of compensatory damages in collision cases, the Rules may be adopted as a matter of law. The Rules merely seek to put forward a model which the parties can agree to follow.

The Rules consist of three parts: first there is a set of definitions, then there is a set of basic lettered rules and a set of numbered rules. Within the Rules "rig or platform" is included under the definition of "vessel". The definition of "collision" includes an incident where there has in fact been no physicalcontact between two ships. Death and personal injury claimants were excluded from the definition of "claimant". These claims are going to be dealt under national legislatures.

3. Both to Blame Collision Clause

the United States did not adopt the Collision Convention 1910, and, therefore, when both vessels involved in a collision are to blame, the damage is apportioned equally, whatever the degree of blame. Also, the rule is that cargo-owners may recover in full from the non-carrying vessel if it is at fault. The non-carrying vessel may then claim from the carrying vessel one half of the amount paid.

The result is that cargo-owners prefer to sue in American courts, or at least to have the American rules applied. Shipowners sought to circumvent this result by including in their documents a "both to blame collision" clause to divide the damages on a proportionate and not on an equal basis. The validity of the clause was tested in U. S. v. Atlantic Mutual Ins. Co. where the Supreme Court held that the "both to blame collision" clause was null and void.

第九章 海难救助

学习目标

为了维护海上航行的安全,减少遇难船舶和人员的损失,很早以来就在海上运输领域适用对有救助效果的救助者给予救助报酬的海难救助制度。时至今日,海难救助法律制度已成为各国海商立法的必要组成部分,而且出现了若干有关海难救助的国际公约。其中尤以国际海事委员会的《1910年救助公约》和国际海事组织的《1989年国际救助公约》影响最大。

学习本章时,要掌握海难救助的构成要件、海难救助合同及其当事人的权利义务、特别补偿的含义及其适用等重要内容。

第一节 海难救助概述

一、海难救助的概念

海难救助(salvage at sea),又称海上救助,虽然各国法律各国的规定不尽相同,但基本含义是指在海上或与海相通的可航水域对遇难的人员、船舶和其他财产进行援助、救助的行为。

海难救助是海商法所特有的一种法律制度。救助人在海上或其他与海相通的可航水域,如能成功地使遇险船舶、货物或其他海上财产脱离危险,他即有权为自己的救助行为请求丰厚的救助报酬,并有条件地对获救财产享有留置权。海难救助的这一特点是陆地上的任何救助行为所不具有的,这是由海上特殊风险所决定的。航海贸易初期,海上风险大,人类抵御自然灾害的能力低,加之海盗盛行,“冒险事业”成了航海的代名词。为了发展航海贸易,从立法者的角度考虑,希望通过制定特殊的救助法律,达到鼓励人们去救助危难中的船舶的目的。从遇难船舶所有人的角度考虑,与其让天灾将船货吞没或让海盗将船舶掠走,不如请他人前来救助,救助成功给予高额的报酬,不成功则无任何报酬。这种习惯做法演变成习惯法,为中世纪的欧洲各国立法所沿用,并逐步发展成为近现代国际海难救助立法的完整体系。

海难救助，以其救助的不同对象又可分为对人救助和对物救助两种。广义上的救助应该是既包括对人的救助，也包括对物的救助。而狭义上的救助，则仅仅限于对物的救助，即对船舶或船上财产的救助。因为唯有对物的救助才产生救助报酬请求权，所以严格地说，海难救助是指对物救助。人命救助，国际上另有公约。各国海商法都是只对“对物救助”的报酬做出规定。故本章海难救助的概念，不含对人救助。唯一例外的情况是，救助海上财产或环境的同时又救助了人命，人命救助人有权分享救助款项中的合理份额。

Duty to Save Life①

It has been the traditional duty of seamen to save life at sea, although the moral obligations did not have a juridical base under the civil law. Now national legislation in many countries, as well as international conventions, impose on the master the obligation to save life and even property of those in distress at sea, and in particular following marine collisions, provided this can be done without serious danger to the ship or persons aboard. Breach of these duties can entail criminal sanctions (fines and imprisonment), but not civil liability.

二、海难救助的形式

海难救助是从纯救助(pure salvage)开始的，后发展成合同救助(contract salvage)。

(一)纯救助

纯救助是指船舶遇难后，未曾请求外来援救，救助方自行救助的行为。如果救助获得效 果，救助方有权获得救助报酬，救助未取得效果，不得获得救助报酬。

从以上概念可以看出，纯救助有如下两个特点：① 救助方与被救助方之间无须签订任何；② 实行“无效果，无报酬”原则(no cure, no pay)。

Voluntary Salvage

Voluntary salvage, also known as pure salvage or spontaneous salvage, means the salvage act which is rendered voluntarily by the salvor without any prior request of the ship in perils or in accident. The salvor rendering the salvage service is entitled to remuneration if he salves the property in whole or in part.

正因为存在纯救助制度，有的救助方为了获取救助报酬，不经遇险船舶所有人或船长的同意即自行救助，如果救助有效果，被救助方不得不支付报酬。因此，当遇险船舶不同意救助方前来救助时，必须明确地表示拒绝，否则就构成纯救助。我国《海商法》第

① William Tetley, International Maritime and Admiralty Law, Editions Yvon Blais, 2002, p.353.

186条第3项规定，救助方“不顾遇险的船舶的船长、船舶所有人或其他财产所有人明确的和合理的拒绝，仍然进行救助的”，不得请求救助报酬。国际公约和各国海商法也都有同样的规定。这一条款在多数情况下是为了保护被救助方的利益，赋予被救助方的一项“禁止救助权”，避免未经救助方同意自行救助或参与救助，或者救助获得成功后，继续进行救助作业的行为。当然，被救助方行使“禁止救助权”必须同时辅以条件，这就是禁止救助的指令必须“明确和合理”，否则可能会对救助方产生不公平。如救助行为已接近成功，被救船舶所有人或船长拒绝继续救助，使之不能得到救助报酬等情况。不合理地拒绝救助，尽管拒绝是明确的，但如有救助效果，救助方仍有权获得报酬。

纯救助的形式，早在罗马时代就很普遍，但因不签订救助合同，常常引发救助报酬争议，现已很少采用。只有在少数场合还可能采用纯救助，比如，遇难船上无人，过路船救助了此遇难船。

（二）合同救助

合同救助是指以“无效果，无报酬”为原则的救助协议进行救助的一种形式。这是当今 海难救助，特别是对海上财产的救助应用最普遍的形式。“无效果，无报酬”是海上救助法律制度的最著名的原则。《1910年救助公约》正式确认了这一原则，各国制定的救助合同格式上都印有“no cure，no pay”的字样。假如救助当事双方未签订书面合同，只要有口头约定，这一原则亦同样适用。

为避免当事双方在危难时刻因签订合同进行冗长的谈判，给被救方带来不利，出现了各种格式救助合同，使用最为广泛的格式合同就是英国劳合社的合同格式。该格式合同经过多次修改，现在使用的是“LOF2011劳合社救助合同标准格式”，该格式合同也以“无效果，无报酬”原则为条件，同时，还规定了救助报酬的支付方式、仲裁地点等其他内容。

中国海事仲裁委员会的格式救助合同格式与英国劳合社1910年格式救助合同格式没有原则上的差别，也是采用“无效果，无报酬”原则。航行在我国管辖水域的船舶遇险，可使用我国贸促会的格式合同，如在履行合同的过程中发生争议，应在我国仲裁。《1989年国际救助公约》生效后，中国海事仲裁委员会修改了上述格式救助合同，增加了“特别补偿条款”。

（三）雇佣救助（employed salvage service）

雇佣救助是指救助方依据被救助方的请求实施救助，不论救助成功与否，都按照约定的费用收取报酬的行为。雇佣救助，又称实际费用救助，它是我国实践中形成的一种习惯称谓。它不具有《1989年国际救助公约》和本章海难救助中无效果无报酬原则的构成要件，救助双方所签订的雇佣救助合同，本质上属于海上服务合同性质，不具有中国法下海难救助合同的法律属性。因此，雇佣救助合同不适用《1989年国际救助公约》和《海商法》第九章。依据雇佣救助合同的类型适用相应的法律，如雇佣救助合同是海上拖航性质，则适用《海商法》第七章“海上拖航合同”，如雇佣打捞合同，则适用《合同法》委托合同等。

雇佣救助的救助指挥权一般在遇险船一方，但这不是雇佣救助的必要条件。与“无效果，无报酬”合同救助比较，雇佣救助的救助方所承担的风险较小，所以雇佣救助费用较有效果情况下的救助报酬相对较低。因雇佣救助费用的性质不同于海难救助报酬，所以前者不能列为船舶优先权所担保的债权。

释义

The Sandefjord［1953］2 Lloyd's Rep. 557

The Master of a vessel stranded on the Goodwin Sands in charge of a pilot accepted the pilot's advice that offers of assistance by tugs should be rejected and that a kedge anchor should by laid by a lifeboat. The court found that the pilot's services were salvage services and upheld his claim for salvage. Not only did the pilot take a personal risk in giving this advice, because had his recommendations eventually proved disastrous he could have put his personal reputation and even job in jeopardy, but also he relieved the ship's owners of the almost certain alternative of a vast salvage award for tug assistance. The problem for any court in determining the right award in such circumstances is to make it big enough to compensate for the risk taken in that particular instance but at the same time not so big as actively to encourage pilots in future circumstances to take similar undue risks. Obviously, the basic, guiding and underlying reason for salvage awards is to encourage seafaring people to take reasonable risks for the purpose of saving maritime property danger.

第二节　海难救助的构成要件

海难救助行为与方式多种多样，判定一项救助行为是否构成法律上的海难救助，关键是看其是否符合海难救助的构成要件。

一、被救物必须为法律所承认

这一要件明确了两个问题：① 救助的标的是物，不包括对人的救助。即人命救助无报酬请求权。② 救助标的是法律所承认的(objects recognized by law)。换言之，不是法律承认的救助标的——海上特有财产，则无救助报酬请求权。我国《海商法》所承认的救助标的是船舶和其他财产。船舶是指《海商法》第 3 条所称的船舶和与其发生救助关系的任何其他非用于军事的或者政府公务的船艇。救助方和被救助方有一方为海船时，另一方才可以是小型船艇。《1989 年救助公约》无此限制。财产，是指非永久地和非有意地依附于岸线的任何财产，包括有风险的运费。海上已经就位的从事海底矿物资源的勘探、开发或者生产的固定式、浮动式平台和移动式近海钻井装置不在此列。

二、救助标的应当处于真实的危险之中

被救物一定是处于危险之中(in danger)，是构成海难救助的重要要件之一。何种危险构成海难救助的危险，国际公约没有统一规定，各国海商法一般也未明列。

Danger

Those who claim to have rendered a salvage service must establish that at the time when the services began, the property against which they claim was in real and appreciable danger. It need not be an imminent or actual danger but it must be something more than a remote possibility or mere chance of danger. It is the task of the person claiming salvage to show that at the time when the performance of the service commenced such real danger existed.

The danger may be to the ship, cargo, crew and/or passengers. The peril need not be imminent or actual; a reasonable apprehension of danger suffices. Dangers may result, not only from physical perils, but also from risks of major financial outlay, or from immobilization of the vessel in a place where it cannot be repaired. On the other hand, salvors can be held responsible for their fault and negligence during the salvage operation and may also be deprived of their reward, wholly or in part, if their fault made the salvage necessary (i. e. if they created or exacerbated the danger).

If the court considers that the degree of danger to the property was such that no reasonably prudent and skillful master would have refused the services offered to him, even if he knew that they were conditional upon payment of salvage remuneration, then it will find a sufficient element of danger to give rise to a salvage claim.

In every case, the court will determine the question of whether the property was in danger by considering all the circumstances of the case - including the location, the weather conditions, the prospects for self-help, the actual damage (if any) sustained and the probable consequences if no assistance had been forthcoming.

全面理解这一要件,应把握如下方面的内容。

(1) 危险必须发生在海上或与海相通的可航水域。我国《海商法》第 171 条明确规定,海难救助"适用于在海上或者与海相通的可航水域,对遇险的船舶和其他财产进行的救助"。《1989 年国际救助公约》第 1 条第 1 款也作了类似的规定,"救助作业系指在可航水域或任何其他水域发生的为救助处于危险中的船舶或任何其他财产而采取的行为或活动。"上述规定明确了海难救助所指的危险,必须是发生在海上或其他可航水域。如果船舶在修造船厂中修理或建造时发生了火灾,则不属海难救助所指的危险,海难救助的法律关系也就不能成立。

(2) 危险必须是真实存在或不可避免。船舶或其他财产只有存在真实危险,方有救助的必要,虚拟的危险不能构成海难救助,危险是否真实存在,是针对危险性质而言的,不考虑危险大小,即使危险很小,同样能构成救助的要件,只不过是要求采取的相应救助措施,应以合理为限。

案例释义

The Helmsman（1950）84 L1. L. Rep. 207

A tanker lay alongside a steamship which was in turn moored alongside a wharf on the Tyne. The former was transferring oil to the latter. The steamship's moorings broke and both ships drifted across the river at the mercy of the tide and a gale force wind. With the aid of tugs the ships were re-berthed. The steamship paid salvage but it was disputed that the tanker had ever been in danger.

Held：that the tanker，although adrift，could have used her engines and could have saved herself at any time. No salvage was payable in respect of any services to her.

危险要件不考虑起因，不要求对船货必须是共同的。海难救助的危险不论是自然灾害，还是意外事故，或是潜在缺陷所造成的，都不影响海难救助的性质，即使是被救方的过失或故意造成的危险，也不影响救助方请求救助报酬的权利。但是，由于第三方先行行为使被救方财产处于危险境地，然后该第三方进行的救助是个例外，如引航员将船舶引上浅滩，随即采取拖浅措施，这种行为不属于海难救助。救助的危险要件不要求对船货是共同的，仅对船舶或货物存在危险即构成危险。这一点与共同海损所要求的危险不同。

案例释义

***The Cythera*［1965］2 Lloyd's Rep. 454，NSW Supreme Court**

The auxiliary yacht *Cythera* was stolen off New South wales with the intention on the part of the thieves to sail her to South America. Subsequently the *Cythera* was sighted off Norfolk Island by the Master of the *Colorado del Mar*. The island's administration was informed but refused to send out a government launch due to the adverse weather conditions. They did，however，give permission for a police officer to accompany the *Colorado del Mar* if she should attempt recovery. The *Colorado del Mar* went in pursuit of *Cythera* and when the yacht took avoiding action a collision occurred. The thieves were thrown into the water and later taken on board *Colorado del Mar* but attempts by *Colorado del Mar* to take possession of *Cythera* were unsuccessful. The yacht was then unmanned and without power. The administration was again informed and a government launch was dispatched，the *Cythera* boarded and brought into Cascade Bay. The plaintiffs，the owners of *Colorado del Mar*，claimed a salvage reward on the grounds that they had recovered the *Cythera* from pirates. The defendants denied such a right，alleging negligence and counter-claimed for damage caused by the collision.

Held：that the plaintiffs were entitled to a reward. The Cythera was in danger，even it not physical danger，within the requirements of the salvage law and also the plaintiffs' endeavours were voluntarily undertaken. The act of collision was not sufficient evidence of negligence. The defendants' defence and counter-claim failed.

三、救助行为是自愿的行为

自愿原则是海难救助构成要件之一。自愿救助(voluntary salvage)是指救助方或被救助方在发生救助法律关系时，其作为或不作为完全出于自愿。这一原则对救助方来说，在救助海上财产时完全出于救助方的自愿。救助成功了，有权获得报酬，不救不承担任何责任。与此不同的是非自愿救助，即合同或法律规定的义务救助，救助即使获得成功也无权获得报酬，不救将承担合同或法律规定的责任。

释义

Voluntariness[①]

The requirement that the service must be given voluntarily does not preclude the salvor, i. e. the one who performs the service, from making the service the subject of an agreement and this in practice is often done (see Lloyd's Standard Form of Salvage Agreement in the Appendix to this chapter, page 545, post). To avoid the requirement of voluntariness and thus defeat a claim for salvage it must be shown beyond doubt that there existed a duty to render the service wholly and completely and, secondly, that that duty was owed to the owners of the property saved, e. g. a pilot on board or the crew of the ship in distress are usually unable to claim salvage unless the services rendered are outside or beyond the scope and bounds of their duties under contract. It may happen, and indeed has happened, that a pilot contracted to perform a pilotage service has acted over and above the call of duty and voluntarily to the extent of bringing his actions within the realm of salvage services independently of his contractual duties as a pilot.

案例释义

***The Texaco Southampton* [1983] 1 Lloyd's Rep. 94 (Australia).**

The vessel Texaco Southampton after being disabled was towed into Sydney Harbour under a towage contract. The crew of the tug claimed a salvage contract and the question was whether the crew were volunteers.

Held: Services rendered by a towing vessel to a distressed ship pursuant to a towage contract were not voluntary. They were not salvage services but towage services only, unless supervening events placed the service outside the scope of the contract and that exception was not fulfilled unless: ① the tow was in danger by reason of circumstances which could not reasonably have been contemplated by the parties; and ② risks were incurred or duties performed by the tug which could not reasonably be held to be within the scope of the contract. The work performed by the crew did not go outside the scope of their normal duties and exposed them to no risk which were not within the contemplation of their contract of employment. Even though the towage was performed under a sub-contract the crew were not volunteers and could not claim a salvage award.

① Christopher Hill, MaritimeLaw (Fifth Edition), LLP, 1998, p.313.

(一)法律约束的救助

法律约束的救助是指救助人提供的救助是履行法定义务,违反此项义务,应承担法定责任。法律约束的救助主要体现为对人的救助。根据《1910 年救助公约》第 11 条的规定,"对于海上发现的遭遇生命危险的每一个人,即使是敌人,只要对其船舶、船员和旅客不致造成严重危险,每一船长都必须施救。船舶所有人对违反前款规定的事项,不承担责任"。并在第 12 条规定,建议各缔约国通过立法禁止或防止违反上述规定情况的发生。这两条规定表明:① 船长对于遭遇海难的人有法定的救助义务;② 这种救助是以不危害船舶、船员和旅客的安全为条件;③ 违反人命救助义务,船长承担法律责任。船长救助人命的法定义务,还表现在船舶发生碰撞时,《1910 年碰撞公约》第 8 条规定,"碰撞发生后,相碰船舶船长在不致对其船舶、船员和旅客造成严重危险的情况下,必须对另一船舶、船员和旅客施救"。"违反上述规定,并不当然地将责任加于船舶所有人。"法律规定对海上人命的救助属于法定义务,不存在报酬请求权。但例外的情况是:① 在救助财产的同时,也救助了人命,人命救助人有权从救助财产的报酬中获得合理的份额;② 对海洋环境的救助或对妨碍航行安全的船舶(如沉船)进行救助,因涉及公共利益,往往也是法律规定的强制性救助,对于此种救助,应根据合同性质确定救助人是否有权获得特别补偿或救助报酬。

(二)合同约束的救助

合同约束的救助是指海难发生之前,救助方根据合同约定有履行救助的义务,违反此项义务应承担违约责任。它与自愿救助不同的是,自愿救助是指海难发生之后,救助方和被救助方出于自愿对被救助标的进行的救助作业,这种救助如未签合同就是前面提到的纯救助,签订合同就是合同救助。因此前述合同救助,同这里提及的合同约束的救助,不是同一概念。

合同约束的救助,包括如下情况:① 遇难船船员救本船。因为雇佣合同赋予船员对本船及船上财产有救助的义务,因而不发生报酬请求权。② 引航员在履行其职责范围内的救助。引航员执行引领任务,因引领疏忽等原因造成船舶遇险,如搁浅等,引航员采取脱险措施,这是他履行引领职责内的义务,无权请求救助报酬,只有他参与引领工作之外的救助工作方有权请求救助报酬。③ 遇难船上的旅客救本船。一般认为,旅客无权请求救助报酬,原因是旅客对船舶的航行安全同样负有义务,这是旅客运输合同所要求的。有学者认为,如果船舶遇险后,旅客已逃至岸上(或被救上他船)或者有机会优先离开遇难船保全自己生命,却回到或仍留在遇难船上提供救助,此时可请求救助报酬。[①] ④ 消防队员扑灭船上火灾。通常情况下属法律约束的救助,无报酬请求权问题。但我国台湾地区"商港法"规定,船舶在外海发生火灾,经港口当局允许进港靠泊,消防队员完成灭火作业后,有权请求救助报酬。对停泊在港口内的失事船舶提供灭火或其他服务,认为是履行其法定职责,不得请求救助报酬。

① 司玉琢主编:《海商法》(第四版),法律出版社,2018 年版,第 253 页。

Instances Where the Crew of a Ship in Distress Can Claim Salvage

No right to salvage accrues to crewmen as such and claiming as individual salvors unless their contract of employment has been actually or constructively terminated before the salvage service commenced, since it is implied in the terms and conditions of their contract of service that they shall use their best endeavours and strive to the best of their ability to save and preserve their ship in time of peril.

Termination of their employment contract could be brought about by: (1) the authorized abandonment of ship under the Master's authority (see *The San Demerrio*, below); (2) the Master's discharge of the crewmen concerned (see *The Warrior*, below); or (3) the capture of the vessel in hostile encounter (see *The Two Friends*, below and *The Beaver*, below).

The San Demerrio (1941) 69 L1. L. Rep. 5

A tanker was severely damaged in the North Atlantic by gunfire from a German warship. She was fully loaded with a cargo of petrol. The Master gave the order to abandon ship. The whole crew left in three lifeboats. Subsequently the tanker caught fire after being hit again. The following day the tanker, still on fire, was sighted again by one of the lifeboats. Under command of the second officer, the boats' crew reboarded the ship and, with great skill and courage, brought the vessel several hundred miles through bad weather to safety on the Clyde. The crew claimed salvage awards.

Held: that the vessel had been properly abandoned under the orders of her Master. Therefore under the circumstances the vessel's own crew were entitled to claim salvage.

四、救助行为原则上产生了救助效果

海难救助作为特殊的法律制度，主要体现在报酬的计算上，它实行“无效果，无报酬”原则，即救助人救助船舶或海上财产没有取得救助效果的，无权获得助报酬，取得救助效果的，方有权获得救助报酬。并且在报酬的计算和支付上体现了鼓励救助的目的。这是构成海难救助法律制度的本质特征。必须说明的是，救助作业并不一定非要有效果，但作为海难救助法律制度，不仅要满足救助作业的几个要件，还要遵循“无效果，无报酬”原则。

随着海上原油运输和化学品运输的迅速发展，海洋环境污损事故不断发生。对此种事故 的救助仍然实行“无效果，无报酬”的原则，对救助方来说很不利。以对油船的救助为例，因为：① 油价较低，救助报酬又要受到获救财产价值的制约和限制（见本章第三节）；② 救助油船成功的机会少，多系将油船拖到公海燃烧或炸沉。因此，救助方不愿救助油船。为了防止或减轻海洋环境污染，鼓励救助方救助可能或已经造成海洋环境损害的船舶，《1989年国际救助公约》和我国海事仲裁委员会1994年格式救助合同标准格式增加了“特别补偿条款”，实行“无效果，给补偿”原则。

The Salvage Service Must Be Successful If Only Partially①

The requirement that service must be successful can be summed up in this often used expression, "no cure, no pay". Success need not, however, be total. Partial success, however small, that is to say provided there is some measure of preservation to the owners, is sufficient. Arising out of this concept is the allied rule that salvage can in certain circumstances still be payable where the service to be rewarded has not actually contributed to the final saving of the property, as, for example, where another vessel answers a call for assistance but her efforts produce no success and indeed worsen the situation because perhaps the two ships come into collision through the fault of the salving vessel. This, in itself, may cause the salvor's claim to fail but if that fault has not occurred, a court may admit that the owners of the salving ship would have been entitled to an award.

The Rene [1955] 1 Lloyd's Rep. 101

A vessel answered a call for assistance but her efforts produced no success and indeed worsened the situation since the two ships collided through the fault of the salving vessel. This in itself caused the salvor's claim to fail; but had that fault not occurred the court admitted that the owners of the salving ship would have been entitled to an award.

That the ultimate outcome must be successful in some degree before a reward can be paid is based on the simple idea that a reward is paid out of the fund preserved as a result of the property having been saved. The concept is epitomized in the world-famous title to the Lloyd's Open Form of Salvage Agreement -the "No cure, no pay" document. Here is a good point to commence a study of that document.

The Master of a ship in distress has reasonably wide powers when faced with a case of urgency and necessity. As early as 1883 it was decided that he had the power to bind his owner by his actions in negotiating and fixing a salvage agreement, provided that he had no chance or means of communicating with them beforehand. This decision was made before the development of highly sophisticated and speedy means of communication when the Master was deemed to be acting in the capacity of what is sometimes called an "agent of necessity" both for the shipowner and the cargo-owner. Clearly such authority recognized legally as binding on his principals would be bound to give weight to the terms and conditions negotiated when subsequently a court, sitting to consider a reasonable salvage award, began its deliberations. In any case the actual sum to be paid in salvage is seldom, if ever, fixed before the start of operations even under the popular Lloyd's form of salvage agreement, but is left for subsequent assessment by some independent arbitrator or tribunal.

① Christopher Hill, Maritime Law (Fifth Edition), LLP, 1998, p.313.

第三节 海难救助合同

一、海难救助合同的概念

海难救助合同是指救助人与被救助人在救助开始前或进行中达成的由救助方对被救助方遇难的船舶或其他财产进行救助，而由被救助方支付救助报酬或救助费用的双方有偿合同。在现代各国海商法及相关国际公约中，海难救助合同关系仍是海难救助法律主要或基本的调整对象。在实践中，海难救助合同依救助费用的给付原则和方式不同可以分为雇用救助合同和“无效果，无报酬”救助合同两种。雇用救助合同是救助方对遇险之船舶、货物或其他财产施以救助而由被救助方依据救助方所付的人力及设备等支付一定救助费用的合同。雇用救助合同并不以效果原则为基础，即无论救助方的救助是否成功，被救方均应支付约定的救助费用。因为在雇佣救助合同中，被救助方负责指挥救助作业，且负担救助作业中发生的一切风险责任，救助方只需按合同约定予以救助即可，即处于从属地位，故为一种纯雇佣性质的合同。国际上通常认为，依据这类合同所提供的劳务仅为一般海上服务，而不为海难救助的法律调整对象。海商法所调整的海难救助合同为贯彻效果原则的“无效果，无报酬”的海难救助合同。

“无效果，无报酬”救助合同是救助方在对被救方遇难之船货或其他财产救助成功后，即可获得一定报酬的合同，它一般具有以下特征。

（1）“无效果，无报酬”救助合同为一种具有风险性质的双务合同，但与一般双务合同不同的是，救助方获得救助报酬的权利和被救助方支付报酬的义务不是在合同成立时就已存在，该债权债务关系真正建立是于救助有效果之后；

（2）在该救助合同中，救助作业由救助方负责，并对救助作业中的一切风险包括对第三方造成的人身伤亡或财产损失承担责任；

（3）该合同并不是在双方当事人完全自愿的基础上订立的。一方面，往往因救助合同大多在情况危急的情况下订立，救助方或被救助方一般没有充分的时间对合同条款予以公平协商；另一方面，作为救助合同重要内容的救助款项往往取决于多种因素，订立合同时的判断可能与实际情况不一致，会出现明显高于或低于合同约定救助款项的情况。为了协商当事人的利益，实现公平救助，法律一般允许当事方对约定的救助款项向法律或仲裁机构申请予以调整变更。

二、“无效果，无报酬”救助合同的订立与变更

（一）“无效果，无报酬”合同的订立

依各国海商法和国际公约的规定，“无效果，无报酬”救助合同为诺成合同，只要救助方与被救助方关于救助的意思表示一致，合同即可成立。因此，作为被救方的船东自然可以与救助方订立救助合同，至于船长是否可以依其身份直接与救助方订立船舶救助合同，在《1989年国际救助公约》通过以前，各国法律和《1910年救助公约》并未作出明确规定，因而实践中常常出现船长为了等待船舶所有人的同意而延误救助的情况。为此，《1989年国际救助公约》明确规定了船长签订救助合同的权利。我国《海商法》在第

175条第2款中也作了相同的规定,依该款的规定,遇险船舶的船长有权代表船舶所有人订立救助合同。遇险船舶的船长或者船舶所有人有权代表船上财产所有人订立救助合同。该条规定实际上赋予了船长在不征询委托人(船舶所有人和货物所有人)同意的情况下签订救助合同的权利。

(二)"无效果,无报酬"救助合同的变更

合同一经成立便对双方当事人具有法律约束力。当事双方不得任意解除,也不得随意变更合同的内容。但对于救助合同而言,其订立具有特殊性:首先,救助合同往往在遇险开始时签订,由于存在紧急危险情况,合同双方都难以正确及时地掌握有关海难救助的真实情况,也没有时间详细商讨合同条款,尤其是救助方可能利用优势作出欺诈、胁迫或乘人之危的行为;其次,救助款项是合同的主要内容,其数额确定取决于多种因素,危急情况下双方约定的救助款项可能会明显高于或低于实际提供的救助服务;最后,救助关系的利益双方通常不在事故现场,难以对有权代表他们订约的人的行为进行控制或作出指示,但都要对他们的行为甚至是不适当的行为后果负责,显然不合公平原则。据此,各国法律和相关国际公约均规定了相应的变更规则。如《1989年国际救助公约》第7条规定:"如有以下情况,可以废止或修改合同或其任何条款:(a) 在胁迫或危险情况下签订的合同,且其条款不公平;或(b) 合同项下的支付款项与实际提供的服务太不相称,过高或过低。"我国《海商法》第176条与《1989年国际救助公约》的规定基本一致,只是用语有所变化。

三、救助合同标准格式

救助一般发生在情势比较紧急的情况下,为了避免救助人与被救助人基于救助报酬、双方的权利义务、争议的解决等问题争论不休而延误救助,给双方带来不应有的经济损失,各国的有关航运组织均制定有自己的救助合同格式,其中使用最广泛的是英国的劳氏救助合同格式(Lloyd's Open Form,简称LOF)。

(一)英国劳氏救助合同标准格式

劳氏救助合同格式,是典型的"无效果,无报酬"合同,目前在世界上使用最广,已成国际惯例,对各国海事立法产生了重要影响。该合同格式最初是由英国律师威廉•威尔敦(Willian Walton)于1891年设计的。为了适应海难救助制度发展的需要,该合同格式曾先后于1924年、1926年、1953年、1967年、1972年、1980年、1990年和1995年进行了多次的修订,成为各种救助合同中的最佳格式。该合同格式的主要内容如下:(1) 由遇难船舶船长代表船舶、货物和运费所有人签订救助合同,船舶、货物、运费所有人有义务保证合同的执行,各负其责;(2) 救助成功,救助方获取报酬,因救助报酬引起的争议,或因执行合同而发生的其他争议,应提交英国劳氏委员会仲裁;(3) 救助方为了达到救助的目的,可合理地免费使用遇难船舶的某些设备,但不应使其遭受不必要地损坏;(4) 救助工作终了后,救助方应立即或尽早通知劳氏委员会,收取担保金,在收取担保金之前,救助方对获救财产享有留置权。

在劳氏救助合同的修订中,最具有影响力和变化最大的是1980年和1990年的修

订。1980年的重要修订是，对“无效果，无报酬”原则作了例外规定，救助方在救助遇险油轮时，只要无过失，油轮所有人就应向救助方支付救助费用和不超过该费用15%的附加费，即使救助不成功。同时，它还提出了环境保护的新概念。而1990年的修订则将特别补偿的适用范围由满载的油轮，扩展任何对环境构成污染威胁或损害的船舶或货物；将补偿数额由15%增加至30%甚至100%；将船上任何其他财产纳入救助标的的范围；要求救助方除了防止船舶漏油外，还要防止任何其他污染物质所致的环境损害。

（二）中国贸促会救助合同格式

中国贸促会救助合同格式是由中国国际贸易促进委员会制定的救助标准格式合同，经双方协商一致，在标准合同上签字，该合同即具有约束双方的法律效力。中国贸促会的救助合同格式与劳氏救助合同的内容基本一致，主要有以下内容。

（1）船长的代表权。规定船长得代表船舶所有人、货主和运费所有人签订救助合同。

（2）救助报酬。合同采用“无效果，无报酬”原则，在救助有效果时，应按双方约定的救助报酬的数额支付。如双方无约定，则应由海事仲裁委员会确定。

（3）保证金。规定被救船舶所有人应在救助结束后向贸促会海事仲裁委员会提交保证金。在未交付保证金以前，未经救助人或海事仲裁委员会主席的书面同意，获救船舶和财产不得从停泊地点移走。

（4）仲裁。规定与本合同有关的一切争议都应提交中国国际贸易促进委员会海事仲裁委员会仲裁解决。

四、海难救助当事人主要义务

救助方的主要义务包括：① 以应有的谨慎进行救助；② 以应有的谨慎防止或者减少环境污染；③ 在合理需要的情况下，寻求其他救助方援助；④ 接受被救助方合理的增加其他救助方的要求；⑤ 在安全地点如实移交获救财产。

作为被救助方，其应当与救助方通力合作，以应有的谨慎防止或者减少环境污染损害。当获救的船舶或其他财产已经被送至安全地点时，及时接受救助方提出的合理的移交要求。提供担保或支付救助款项。

第四节　海难救助报酬与特别补偿

一、海难救助报酬

（一）确定救助报酬应考虑的因素

救助报酬的确定是海难救助制度中最为复杂的事项之一。在救助合同无有关报酬的约定的情况下，或有关报酬的约定需要由法院或仲裁机构变更的情况下，各国法院或仲裁机构在确定救助报酬时考虑的因素不尽相同。我国《海商法》规定的确定救助报酬应考虑的因素与1989年《国际救助公约》的规定基本一致，依我国海商法第180条的规定，确定救助报酬，应当体现对救助作业的鼓励，并综合考虑下列各项因素。

（1）船舶或其他财产的获救的价值：即船舶和其他财产获救后的估计价值或者实际

出卖的收入，扣除有关税款和费用后的价值；

（2）救助方在防止或者减少环境污染损害方面的技能和努力：该项环境方面的因素是有关海难救助的最新发展，1989 年《国际救助公约》首次对此做出规定；

（3）救助方的救助成效：救助方的救助成效是“无效果，无报酬”原则的体现，救助人只有真正使遇难的财产获救了，才能获得救助的报酬；

（4）危险的性质和程度；

（5）救助方在救助船舶、其他财产和人命方面的技能和努力；

（6）救助方所用的时间、支出的费用和遭受的损失；

（7）救助方或者救助设备所冒的责任风险和其他风险：救助人所面临的风险责任越大，财产获救的价值可能越小，法规通过此项规定来鼓励救助人对风险大的遇难财产进行救助，以平衡救助人的利益；

（8）救助方提供服务的及时性；

（9）用于救助作业的船舶和其他设备的可用性和使用情况；

（10）救助设备的备用状况、效能和设备的价值。

第(9)项和第(10)项主要针对的是专业救助人，专业救助人一般用于救助作业的船舶及设备的价值比一般救助人所用的要高，专业救助人随时处于备战状态下，其救助成本也相应提高，救助报酬也应有所增加。依各国法律和救助公约之规定，救助报酬不得超过船舶和其他财产的获救价值，这是确定海难救助的一项基本原则。

（二）救助报酬的分配

船舶和其他财产的救助方在获取救助报酬后，应依一定的规则进行分配。若参加海难救助的为单一的救助方，则只发生在同一救助方内部的船舶所有人、船长和船员的救助报酬分配问题；若多方参加救助，那么救助报酬应首先在共同救助者之间分配，然后在救助方内部分配。

1. 共同救助者之间的救助报酬分配

在多个救助人参加海难救助的场合，依大多数国家和《1910 年救助公约》第 6 条、《1989 年救助公约》第 15 条之规定，救助报酬应由各方协议确定，协商不成，则由受理争议的法院或仲裁机构裁决。当事方在协商确定其应得的报酬或法院、仲裁机构裁决各方应得的救助报酬时，应依其法律所规定的确定报酬应考虑的因素决定。我国《海商法》第 184 条亦作同样规定。

2. 救助姊妹船的救助报酬分配

对于姊妹船救助，《1910 年救助公约》第 5 条规定，“属于同一船舶所有人的船舶之间的救助，也应给予报酬”。各国海商法也都作了类似的规定，包括我国《海商法》第 191 条。这是因为：① 两船都是独立的船舶，一般涉及不同的保险人，如船上有货物，还涉及货物保险人，彼此间并不存在救助义务，尽管两船所有权同属一个所有人；② 参与救助的船长及其他船员享有对救助报酬的合理份额享有请求权，这种权利不因被救船舶系属于同一船舶所有人而被剥夺。所以姊妹船之间的救助，救助的一方仍享有报酬请求权。

3. 救助报酬在同一船舶内部的分配

依《1910年救助公约》第6条第3款和《1989年国际救助公约》第15条第2款的规定，救助报酬在救助船船舶所有人、船长与船员之间的分配一般依船旗国法。船舶所有人在实施救助时虽然不在现场，但船舶所有人提供了救助的船舶及设备，也为船长及船员参与救助提供了机会，因此，一般各国的法律均允许船舶所有人参与救助报酬的分配，而且，船舶所有人所占的比例还较大。

释义

Award of Seamen[①]

Generally speaking, when a merchantman has rendered a salvage service, the court will give three quarters to the owners and one quarter to the master and crew, after allowing for the reimbursement of expenses incurred by the owners or their agents in the course of the service. When the services have called for special kill or exertions on the part of personnel, the proportions may be two thirds to the owners, and one third to the master and crew. Since the master bears a special responsibility, his share is often one third of that which remains after deducting the owners' share. But there is no rule to that effect and in each case it depends upon the circumstances. If asked to do so, the court will also apportion the remainder of the reward between the members of the crew. Their shares will usually vary according to their rating and their rate of pay. Any member of the crew who played a conspicuous part in the salvage service may be specially rewarded.

二、特别补偿

特别补偿制度是随着现代海难救助作业的发展，为鼓励救助人从事防止和减少海上环境污染损害的救助而出产生的一项新型法律制度，是相对于“无效果，无报酬”原则的一种特殊制度。

（一）特殊补偿权的构成要件

特殊补偿权是指救助人对构成环境污染损害危险的船舶或船上货物进行救助，无论成功与否，均依法享有从船舶所有人处获取特别补偿的权利。依《海商法》和1989年《国际救助公约》，救助人必须符合两个条件才能够获取特别补偿：（1）救助方须有救助行为；（2）依无效果无报酬原则未取得相当于特别补偿金额的救助报酬。

（二）特别补偿金额的确定与支付

当救助人对构成环境污染损害危险的船舶或船上货物进行救助，但未取得效果时，可以获得相当于救助费用的特别补偿金额；当救助人对构成环境污染损害危险的船舶或船上货物进行救助，并取得效果时，救助方应获取的特别补偿的金额可以另行增加，增加的幅度一般可至救助费用的30%，最高为救助费用的100%。在任何情况下，特别补偿，

① THOS. R. MILLER & SON, Handbook for Shipowners & Masters at p. 516.

只有在超过救助方依法能够获得的救助报酬时，方可支付，支付金额为特别补偿超过报酬的差额部分。

（三）特别补偿的承担者

特别补偿的承担者为船舶所有人，即使对环境构成污染损害的只是船上的货物，而不是船舶本身，亦由船舶所有人承担特别补偿的支付义务，但在船舶所有人承担支付特别补偿的责任后，有权对货物所有人进行全部追偿。船舶与船上货物共同对环境构成污染损害的，先由船舶所有人支付全部的特别补偿金额，再向货物所有人追偿超过其应承担的部分。

Special Compensation

Under art. 14 of the Salvage Convention 1989，salvors who have carried out salvage operations in respect of a vessel which，by itself or by its cargo，threatened to damage the environment may receive "special compensation"（art. 14（1））. This compensation covers the salvors' out-of-pocket expenses reasonably incurred in the salvage operation，together with a fair rate for equipment and personnel actually and reasonably used in the operation）（art. 14（3））. Furthermore，if the salvor's operations have succeeded in preventing or minimizing damage to the environment，the special compensation may be increased by up to 30% of the salvors' expenses，or even up to 100% of those expenses，if the tribunal deems it fair and just to do so，bearing in mind the criteria in art. 13（1）（art. 14（2））. The total special compensation is paid only if and to the extent that it is greater than the salvor's art. 13 reward，however（art. 14（4））. The salvor may also be deprived of special compensation，in whole or part，where his negligence has resulted in a failure to prevent or minimize environmental damage（art. 14（5））.

By virtue of a common understanding among States party to the 1989 Convention，it is not necessary for the court or arbitrator to fix a reward under art. 13 up to the maximum salved value of the vessel and other property before assessing the special compensation to be paid under art. 14.

第五节 有关海难救助的国际公约

一、《1910 年救助公约》

1910 年救助公约由国际海事委员会倡导和制定，1910 年在布鲁塞尔召开的第 3 届海洋法会议上签订，1913 年 3 月 1 日生效。该公约不仅体现了海难救助的传统原则，而且在国际上统一了各国有关海难救助的法律和实践，因而获得了广泛的承认和接受。该公约主要体现了以下原则。

（1）以人道主义救助人命原则。公约规定，对于海上遭受危险的人，即使是敌人，每个船长均须施救，只要对其船舶、船员和旅客不致造成严重危险。救助人命者对被救助人不得请求报酬，但国内法另有规定者除外。参与救助人命者可以参与因救助船舶、货物及其附属品可获报酬的公平分配。

（2）“无效果，无报酬”原则。公约规定，救助无效果者无权要求任何报酬；救助行为有效果者有权获得公平的报酬。在任何情况下，报酬不得超过被救助财产的价值。

（3）救助合同的公平原则。公约规定，在危险期间，并在危险威胁下订立的任何救助合同，经当事人一方请求，如果法院认为合同条款不公平，可以认定合同无效，或变更合同。在任何情况下，如合同存在欺诈或隐瞒，或所付的报酬与救助效果相比，显然过多或过少，经利害关系人请求，法院可以认定合同无效，或变更该合同。

（4）救助报酬确定的原则。根据公约规定，救助报酬金额由当事人协议确定。协议不成，由法院确定。确定救助报酬时，应考虑救助效果、被救助财产的价值等因素。

《1910 年救助公约》不适用于军用船舶或专门用于公务的政府船舶。这给公约的适用带来了不便。于是，国际海事委员会于 1967 年通过了修正公约的议定书，将公约的适用范围扩大至军舰或属于国家或其部门所有、经营、租用的任何其他船舶，不论这些船舶是提供救助，还是接受救助。

二、《1989 年国际救助公约》

（一）《1989 年国际救助公约》的产生背景

勘探和开发海底资源设备、浮船坞、海上仓库等海上财产的多样化，船舶的大型化、自动化、集装化和专用化，资本的高度集中必然带来风险的高度集中，救助方将面临较大的风险从事救助作业。另一方面，海上石油运输迅速增加，有毒有害物质运输相继出现，使海洋环境不安全因素变得格外突出。伴随各国对海洋环境污染的关注，传统的海难救助自愿原则也发生了变化。沿海国为保护其海岸线或有关利益方免遭污染或污染威胁，对救助方救助作业加以干预。而救助油轮风险大但成功概率低，且因油价低救助报酬相应也低，如果适应传统的“无效果，无报酬”原则体现不出鼓励救助的立法宗旨。

而“阿莫柯·卡迪兹”（Amoco Cadiz）案件的发生则直接加快了《1989 年国际救助公约》的出台。1978 年 3 月 16 日在英吉利海峡发生了一起历史上罕见的油污事件。利比里亚籍巨型油船“阿莫柯．卡迪兹”号，因舵机失灵而坐浅在法国西海岸布列塔尼（Brittany）附近的礁石上，23 万吨原油溢出，造成法国沿海水域的严重污染。在“阿莫柯·卡迪兹”案中，“太平洋”（Pacific）拖船要求签劳氏救助合同，遭船长拒绝，待美国船舶所有人同意时，已为时过晚。

事故发生后的 1979 年 9 月，国际海事委员会（CMI）受国际海事组织（IMO）的委托，成立了国际专门委员会，研究救助法律，起草救助公约草案。1989 年通过了《1989 年国际救助公约》。该公约已于 1996 年 7 月 14 日生效，同时对我国生效。

（二）《1989 年国际救助公约》的主要内容

与《1910 年救助公约》相比，《1989 年国际救助公约》对船舶、财产的概念和公约的适用范围等有了较大的变动，并增设了许多新条款，其中包括最引人注目的特别补偿条款。公约的主要内容有：

1. 公约的适用范围

公约适用于在可航水域或任何其他水域对船舶或任何其他海上财产进行的救助。这里的船舶是指任何船只、舰筏或任何能航行的构造物，亦即作为救助标的船舶不受形状、吨位和用途的限制，从而不限于海船或内河船舶。

2. 特别补偿条款

主要体现于公约的第 14 条：① 救助人如果救助了危及环境的船舶或货物，根据公约第 13 条规定获得的救助报酬低于救助人所花费用时，救助人有权获得由船舶所有人支付的相当于其他费用的特别补偿，即使救助不成功，或效果不明显，且未能防止或减少环境污染；② 救助人的救助作业如果防止或减少了环境污染，船舶所有人向救助人支付的特别补偿可增加至救助费用的 130%；③ 法院或仲裁机构如果认为公平合理，并考虑第 13 条第 1 款中所列的有关因素，还可将特别补偿增加至 200%。

适用特别补偿条款的前提条件是，补偿数额高于根据第 13 条确定的救助报酬，此时，特别补偿只支付超过报酬的差额。可见，报酬条款与补偿条款既存在本质的差别，又有着密切的内在联系。区别集中反映在报酬和补偿的性质上，前者主要体现为鼓励性质，后者主要体现为补偿性质。二者的内在联系见下表：

救助情况	根据第 13 条所得	根据第 14 条所得
救助作业成功，且保护了环境	可得救助报酬	救助费用（100% ～ 200%）扣除救助报酬的差额
救助作业成功，未能保护环境	可得救助报酬	可得救助费用扣除救助报酬的差额
救助作业未成功，但保护了环境	无救助报酬	可得救助费用（100% ～ 200%）
救助作业未成功 且未保护环境	无救助报酬	可得救助费用全额

3. 船长签订救助合同权

公约明确规定船长有权代表船舶所有人和载货所有人签订救助合同，从而使得实践中长期存在的船长订约权有了法律依据。应该注意的是，船长的这一权限并没有剥夺船舶所有人签订救助合同的权利，也不妨碍在时间允许的情况下，船长应征求其船舶所有人的意见。

除以上条款外，公约还增加了一些新规定，主要包括被救助方接受救助财产的义务、被救助财产所有人提供担保的义务、被救财产所有人先行给付的义务以及体现鼓励救助宗旨的评定救助报酬的标准。

实例研究

“东城丸”案

1965 年 2 月 25 日，25 000 吨的“东城丸”油船与意大利船发生碰撞后受损，一救助人的拖船前往施救并于 2 月 28 日和被救助人签订了“无效果，无报酬”劳埃德标准格式的救助合同。在救助服务过程中，由于救助人雇佣的从拖船上下水作业的潜水员的过失，使用电焊枪在舱内未排尽气体的船壳上进行焊接作业，致使“东城丸”发生爆炸，直接造成了331 767英磅的损害，为此被救助人要求救助人负责赔偿；同时，基于该服务在救助船舶和运费方面已实际取得的效果等，救助人也向“东城丸”船舶所有人要求获得一定的救助报酬。

此案先根据救助合同在伦敦进行仲裁，后因当事方上诉，直至1971年英国上议院作出终审判决。此案中，上议院认为，海商法中并不存在成功的救助人对由其过失造成的被救助人的损害不负责任的规定，故救助人因其救助中的过失造成损害者仍须负赔偿责任。该案中上议院推翻了上诉法院的所谓“害大于利”理论，认为：损害赔偿应为假定救助人无过失时的获救价值减去救助结束时的实际获救价值，救助报酬应为假定救助人无过失时本来应得的数额；然后，两者进行抵销，如果前者大于后者，由救助人赔偿差额，如果前者小于后者，则由被救助人支付差额。因使用电焊枪既不是管理拖船中的行为也不是在拖船上发生的行为，救助人无权就其过失造成的损害限制其赔偿责任。

但是，仲裁庭和上诉法庭认为该救助人有权限制其赔偿责任，只是前者认为损害赔偿应与救助报酬抵销后再限制责任，后者则认为先限制救助人的赔偿责任后再与救助报酬进行抵销。

此案给我们带来的启示就是，当既有获救财产，即救助成功，又因救助人过失造成被救物部分损害的情况下，如何确定救助人应得救助报酬和应承担的损害赔偿问题。“东城丸”案的判决对各国海难救助法的发展产生了重大的影响，有人称该案为海难救助案例史中的一个里程碑。

【重要术语中英文对照】

中文术语	英文术语
救助人	salvor
海难救助	salvage at sea
纯救助	pure/voluntary salvage
合同救助	contract salvage
雇佣救助	employed salvage service
无效果，无报酬	no cure，no pay
救助报酬	salvage reward
无效果，给补偿	no cure，some pay
特别补偿	special compensation
姊妹船	sister ships

【思考题】

1. 什么是海难救助？
2. 海难救助的成立要件有哪些？
3. 海难救助的种类有哪些？
4. “无效果，无报酬”合同的特点是什么？其与雇用救助的主要区别是什么？

5. 海难救助合同的当事人有哪些权利和义务？

6. 什么是救助报酬？如何确定救助报酬？

7. 什么是特别补偿？如何确定特别补偿？

【推荐阅读文献】

1. 朱玉柱:《海上搜寻与救助》,大连海事大学出版社 2017 年版

2. 王欣等:《海上救捞实务与法律》,大连海事大学出版社 2017 年版

3. 初北平:《海商法》下海难救助制度的架构完善,载《环球法律评论》2019 年第 3 期,第 39-53 页

4. 郭萍、李雅洁:海商法律制度价值观与海洋命运共同体内涵证成——从《罗得海法》的特殊规范始论,载《中国海商法研究》2020 年第 1 期,第 74-82 页

5. 徐峰:民商法视野下海难救助报酬制度之法理内涵与逻辑演进。载《浙江海洋大学学报(人文科学版)》2020 年第 2 期,第 9-16 页

扩展阅读资料

Basic Criteria of Salvage Rewards

The salvor is remunerated by way of a "reward", in money. He is not given ownership of the salved property, unless it is proven to have been abandoned by its owner. The amount of the reward is determined either by the salvage contract or by the court or arbitrator.

Under the 1910 Salvage Convention, the 1989 Salvage Convention and the Code, the salvage reward depends on seven basic factors: first, the extent and skill of the acts of the salvors; secondly, the dangers encountered; thirdly, the value of the salved property and the salving property at risk; fourthly, the time used in the salvage operations; fifthly, the expenses and losses incurred by the salvors; sixthly, the risks of liability and other risks run by the salvors; and seventhly, the measure of success attained (Article 180 (1)-(7) of the Code).

(1) Extent and skill of salvors' acts

Under the Salvage Convention 1989, the effort and skill of the salvors can only be estimated in a settlement agreement, by arbitrators or by a court. The effort and skill considered include those necessary to save life as well as property. The skill and efforts of the salvors in preventing or minimising environmental damage is a related criterion under the Salvage Convention 1989, art. 13 (1)(b) as well as the Code, art. 180 (2).

(2) Dangers encountered

The dangers encountered by the salved vessel, crew, cargo and passengers are also subject to estimation in a settlement or by arbitration or by a court. Under the Salvage Convention 1989, the nature and the degree of danger are both to be taken into account. Imminent, remote, certain and long-term danger may be considered, as well as danger resulting purely from the immobilization of the vessel, and even financial dangers (e. g. the possible exposure of the shipowner to costs of wreck removal or of major repairs to the ship).

Dangers faced by the salvor and their equipment are sometimes expressly mentioned as well.

(3) Value salved and value at risk

The value salved and the value of the property of the salvor at risk can be accurately calculated. By art. 172 (1) of the Code, "ship" here means any ship referred to in Article 3 of this Code and any other non-military, public service ship or craft that has been involved in a salvage operation therewith. And Article 172 (2) defines "property" as "any property not permanently and intentionally attached to the shoreline and includes freight at risk". Value salved includes the ship, her freight and cargo. No contribution is made by persons saved, but no doubt the fact that life has been saved is taken into consideration.

(4) Time, expenses, losses

Consideration must be given to whether the salvage was completed quickly or over a prolonger period of time. Expenses refer basically to out-of-pocket costs incurred by the salvor, but could also include continuing outlays for maintaining tugs, equipment and stores used in salvage work. Losses relate mainly to damages to the salvor's equipment and vessels.

(5) Risks

Risks of liability could include, for example, strict liability of the salvor, under some national legislation, for damages done during salvage, including strict liability for environmental damage. Risks of damage to cargo may also be considered. Other risks refer to risks of injury or damage to the salvor's employees, craft or equipment.

(6) Measure of success

The measure of success achieved has to do with how much of a "useful result" was actually attained through the salvor's exertions. Great efforts do not always procure great benefits; and, conversely, lesser efforts can sometimes result in significant benefits (e. g. where great impending harm is prevented).

The 1989 Salvage Convention provides three additional criteria: the promptness of the services rendered; the availability and use of vessels or other equipment intended for salvage operations; and the readiness and efficiency of the salvor's equipment and its value.

The SCOPIC Clauses

The SCOPIC clause constitutes a contractual device whereby salvors operating under LOF may enjoy a guaranteed remuneration for their exertions, including a margin of profit, whether or not the casualty concerned involves any threat of environmental damage, and whether or not their exertions prove successful in preserving any property.

SCOPIC guarantees the salvor payment of daily rates for the personnel, tugs, and equipment he uses in a salvation operation. These rates are assessed on a time and materials basis, for each day during which the salvage work is conducted under SCOPIC. The salvor is also entitled to recover his out-of-pocket expenses, together with a standard bonus of 25%.

To benefit from this guaranteed remuneration, the salvor must invoke the SCOPIC clause by sending a written notice to the shipowner, at any time of the salvor's choosing after the salvage operation commences. He may do so, regardless of the circumstances, and whether or not there is any threat of damage to the environment. The shipowner, through its P. & I. Club, must furnish security for the salvor's eventual SCOPIC claim within two working days of receipt of the salvor's notice invoking SCOPIC.

For the period of salvage operations before SCOPIC is invoked, the remuneration is calculated as usual, according to the no cure-no pay provisions of Article 13 of the Salvage Convention 1989. Indeed, even after SCOPIC is invoked, the Article 13 assessment continues to be made, together with the SCOPIC calculation. At the end of the salvage operations, if the total article 13 award (payable by the hull and cargo underwriters) proves to be lower than the total SCOPIC award (or if no article 13 award is payable because the operation was unsuccessful), the salvor will be entitled to remuneration under the SCOPIC clause (payable by the P. & I. Club of the salved ship). SCOPIC remuneration is only paid, however, to the extent that it exceeds the remuneration payable under article 13.

On the other hand, if the total article 13 remuneration exceeds the total SCOPIC remuneration, the article 13 reward is reduced. The reduction is a sanction, designed to penalize the salvor for invoking SCOPIC too early in the salvage operation. This "discount" is 25% of the difference between the total article 13 award and the amount of the "theoretical" full SCOPIC assessments (i. e. the SCOPIC remuneration that would have been payable had SCOPIC been invoked on the first day of the salvage operation).

The SCOPIC clause, like special compensation, therefore constitutes another breach of the traditional "no cure, no pay" salvage principle, because SCOPIC awards do not depend on the success of the salvage work. SCOPIC thus brings contract salvage closer in principle and practice to the traditional civilian concept of "assistance". It is intended to encourage more entrepreneurs to undertake salvage work, in both environmental and non-environmental casualties, even where the chance of success in salving property at risk is minimal.

第十章　共同海损

学习目标

共同海损是海上贸易运输中最古老同时发展得最为成熟的制度之一，其重要性不言而喻。海上风险难以避免，如果让船方或货方单独承受船舶或货物因海损事故造成的全部后果，既失之公平，也不利于当事人为船货共同利益与海损事故进行斗争。因此，根据民商法的公平原则，着眼于船货双方的共同利益，凡在海损事故中因共同海损行为而受益的各方利害关系人，应当公平地分担损失后果。故，共同海损的法理基础建立在为避免共同危险导致的损失，由受益各方共同分担。

通过本章学习，了解共同海损行为、共同海损损失、共同海损理算等基本概念，理解共同海损的构成要件，明确共同海损的制度构成，掌握共同海损理算的基本规程。

第一节　共同海损概述

一、共同海损的概念

共同海损（general average），是指在同一海上航程中，当船舶、货物和其他财产遭遇共同危险时，为了维护共同安全，有意而合理地采取措施所直接造成的特殊牺牲、支付的额外费用，以及在共同危险被解除之后为安全地完成航程所支付的必要而合理的费用，由各受益方按照受益财产的比例予以分摊的法律制度。所谓自然灾害系指自然力造成的灾害，即我们通常讲的不可抗力或天灾给船舶、货物所造成的损坏，如恶劣气候、地震、海啸、流冰、雷电等。意外事故系指船舶在航行中遭遇突然的、外来的、意料之外的事故，如船舶搁浅、触礁、碰撞、机器失灵和火灾等。特殊情况既不是自然灾害，又不是意外事故，但它的出现又足以威胁船舶和货物的共同安全，如船舶在逆风中航行、燃料消耗完毕，若不及时补救，船舶将无法继续航行。

释义

General Average

General average means the extraordinary sacrifice or expenditure intentionally and reasonably made or incurred for the common safety for the purpose of preserving from peril the vessel, goods or other property involved in a common marine adventure. Thus it has four features: (a) the marine perils must be common for the vessel, goods or other property; (b) the measures are intentionally and reasonably adopted by the master of the vessel; (c) the damage must be extraordinary and direct consequence of such measures; and (d) the measures must be effective.

Only such losses, damages or expenses which are the direct consequence of the general average act shall be allowed as general average. The loss or damage sustained by the vessel or goods through delay, whether on the voyage or subsequently including demurrage and loss of market as well as other indirect losses does not belong to the general average.

海损就其损失的后果可分为单独海损和共同海损。单独海损是指因自然灾害、意外事故或驾驶人员等的航海过失直接造成的船舶或货物的损失。这部分损失不能要求航海中各利害关系人来分摊，只能由各受害方自行承担，或按运输合同的有关规定进行处理。共同海损与单独海损的不同之处在于：① 损失发生的原因不同。单独海损完全由于意外事故、自然灾害或一方可免责的过失等原因直接造成的损失；而共同海损则是由于船舶和货物遭遇共同危险之后，为了船舶和货物的共同安全，有意地、合理地采取某种措施而造成的损失。② 承担损失的责任不同。单独海损由各受害方自行承担，如果是因某一方不可免责的过失造成，损失由责任方承担；而共同海损的损失是为了船货共同安全人为地、有意地造成的，所受损失应由受益方按照受益财产的比例进行分摊。

二、共同海损的构成要件

共同海损经常与单独海损交织在一起，要区分哪些损失和费用属共同海损并应由各受益 方分摊，哪些损失是单独海损而应由受害方自行承担，其中必须遵循一定的原则和条件。按照共同海损的定义，共同海损必须符合下列条件。

（一）同一海上航程中的财产遭遇了共同危险

这里所说的共同危险（common danger）包含双重含义：一是危险是同一海上航程中的财产所共同面临的，二是这种危险必须是真实存在的。

（1）危险是同一海上航程中的财产所共同面临的，即船舶、货物及该船所载其他财产应同时面临危险，若不及时采取措施，船舶和货物就有灭失或损坏的危险。从这种意义上来说，下列几种情况都缺少共同危险的要件：① 船舶在空载航行时所作出的牺牲；② 仅仅为了某一方的利益而作出的牺牲；③ 为了救助他船而作出的牺牲。

（2）危险是真实存在的。所谓真实危险（real peril），是指存在危及船、货和其他财产安全的客观事实。主观推断出的危险不是真正的危险。基于错误判断而采取的措施也不属于共同海损行为。但是，这里所说的真实危险，不能严格地解释为迫在眉睫的危险(immediate danger)。换言之，只要此种危险不排除就会始终威胁船舶和船上财产的安全，则为解除此种危险而采取的合理措施，亦属共同海损行为。

(二)采取的措施必须是有意而合理的

所谓有意采取措施，是指船长或船上其他有权负责船舶驾驶和管理的人员在主观上明知采取某种措施会导致船舶或货物的进一步损失，但是为了船货的共同安全，而故意地采取行动。例如，在船舶发生搁浅事故之后，为使船舶重新起浮而反复使用倒车，船长明知对机器的超负荷可能会使机器发生损坏，但限于当时的条件只能如此，这样的措施即属有意的措施。

所谓合理，指一个具有良好船艺的船长或船上其他负责船舶驾驶和管理的人员考虑了当时的客观情况、各种应急措施的可行性和客观效果等因素后，选择的能以较小的牺牲或费用获取共同安全的措施。一项措施是否合理并无绝对的标准，但可以参照的因素包括外部条件、方案的可行性和客观效果的大小等。当共同海损措施中含有不合理成分时，并不完全排除共同海损的分摊，而是应在分摊过程中将不合理的部分扣除。

(三)作出的牺牲和支付的费用必须是特殊的

所谓特殊，指由于共同危险，为了船货共同安全，船长或船上其他负责船舶驾驶和管理的人员采取措施所造成的牺牲、费用的支出或损失超出了正常范围之外的损失。如船舶搁浅，为使船舶得以脱浅，反复使用快进车、快倒车，以使船舶松动，最终得以脱浅。由于采取该措施而导致船舶主机的损害，应列入共同海损。在非正常情况下，船长在其应尽义务之外采取的措施而造成的损失和支付的费用，称为特殊牺牲和特殊费用(extraordinary sacrifices and expenditure)，此种牺牲和费用可以认作共同海损。例如，船舶遭遇海难事故以后进入避难港修理，如果该避难港不是原定挂靠港，则由于进入避难港而发生的港口费用就属于特殊的或额外的费用。但是，如果该避难港是原定挂靠港之一，则进入避难港的费用就不属于共同海损，因为即使不发生事故，该项费用也注定要支付。

(四)采取的措施必须有效果

所谓有效果(useful effect)，是指船长所采取的措施达到了使船、货或其他财产脱离危险的目的。否则，没有获救财产的价值，共同海损也就失去了赖以存在的基础。换句话说，没有获救财产，就无所谓分摊损失。当然，这里所说的有效果并非指财产一定要全部获救，即使只有部分财产获救，也不影响共同海损的分摊。共同海损分摊应以获救财产的价值为基础，如果某一项财产因海损事故而全部灭失，即说明该项财产的所有人并未因共同海损措施而受益，因此不能要求其用自己的其他财产分摊别人的损失。

以上是共同海损必须具备的四个要件，判断共同海损能否成立，必须以此为依据，全面衡量，不可偏废。

第二节　共同海损损失的表现形式

共同海损的表现形式多种多样，共同海损行为导致的各种损失常常交织在一起，但从性质上划分，主要有两种：一是为了解除海上财产面临的共同危险，由船长决定并有意采取的合理措施所造成的船舶和货物的特殊牺牲或者支付的额外费用，二是在船舶、货物和其他海上财产面临的共同危险被解除之后，为了完成未尽的航程所发生的合理费用。

Scope of General Average

The claimant is to establish that the loss or expense is allowable as general average. The following three types of losses or expenses are generally allowable as general average:

(1) When the vessel should enter a port or place of refuge after being damaged in consequence of accident, sacrifice or other extraordinary circumstances which render it necessary for the safe prosecution of the voyage, or when the vessel should return to its port or place of loading to enable the damage to the vessel repaired, then the port charges paid, the wages and maintenance of the crew reasonably incurred and the fuel and store consumed during the extra period of detention in such port or place, as well as the damages and charges arising from the discharge, storage, reloading and handling of the goods and other property in order to have the repair done are allowable as general average.

(2) Any extra expense incurred in place of another one which would have been allowed as general average, is treated as general average but its amount cannot exceed the general average expense so avoided.

(3) The special sacrifice or expenses caused by the event giving rise to the sacrifice or expenditure may have been due to the fault of one of the parties to the adventure are also allowable as general average.

一、共同海损牺牲

共同海损牺牲(General Average Sacrifice)，是指由于共同海损措施直接造成的船舶或货物或其他财产在形态上的灭失或损坏。这种牺牲包括船舶、货物、运费及船舶所载其他财产的牺牲。

(一)船舶牺牲

船舶牺牲是指由于采取共同海损措施给船舶或船用物料造成的损失。通常有以下几种情况。

1. 扑灭船上火灾

船舶发生火灾，危及船货的共同安全，为了解除船货的共同危险而必须采取喷水、灌水灭火或者使失火船舶搁浅等灭火措施。该措施必然导致船舶遭受损失，这一损失应列入共同海损。

2. 切除残损物

船舶发生事故后，船舶上的某部分已经损坏，但未离船，为了共同安全对这些残损部分的切除。如遭遇海难已损坏的舷墙、桅杆等残损物或其他部位的破损物，若原封不动地放置在原处，有可能威胁航行安全，切除残损物是为了航行的安全。切除这种已经损坏的残损物不作为共同海损处理，即使残损物还有一定的使用价值。但是，因切除残损物所造成货物的损失或船舶的进一步破损，以及切除残损物引起的费用是共同海损。

3. 有意搁浅

为了解除船货的共同危险，船长有意将船舶驶往比较安全的浅滩而使之搁浅的措施。因有意搁浅给船舶或货物造成的损失，应列入共同海损。

4. 船机的损失

在船舶搁浅并有危险的情况下，如经证明的确是为了共同安全，有意使机器、锅炉冒受损坏的危险而设法起浮船舶，由此造成任何机器和锅炉的损坏，应列入共同海损。但船舶在浮动状态下因使用推进机器和锅炉所造成的损失，在任何情况下不得作为共同海损受到补偿。

5. 属具、船用材料和物料的牺牲

在遭遇危险时，为了共同安全而卸下搁浅船舶的货物、船用燃料和物料时，其减载、租用驳船和重装(如果发生)的额外费用和由此造成共同航程中的财产的任何灭失或损坏，都应认作共同海损。

(二)货物牺牲

由于采取共同海损措施所引起船上所载货物的灭失或损害。主要有以下情况：

1. 抛弃货物

在船货遭遇共同危险的紧急情况下，将货物部分抛入海中以减轻船舶载重量。抛货原是共同海损中最重要、最典型的一种措施，此种情况在现代海运中已不多见，但鉴于海上情况的复杂性，仍有保留的必要。被抛弃货物如在甲板上，只要符合航运习惯装载于甲板上的货物，如生铁、木材等均应列入共同海损。未经申报或谎报的货物被抛弃，不能列入共同海损，但这些货物获救时，应分摊共同海损。

2. 货物的湿损

船舶遭遇意外事故后，在抢救船舶和货物过程中，货物被涌入或渗入货舱的海水浸湿，或在灭火过程中未被火烧的货物受到水湿而引起的损失等，均属共同海损牺牲。

3. 其他共同海损措施所引起的货物损失

船舶自动搁浅、切除残损货物、为修理船舶而将货物驳卸，在驳卸过程中部分货物落入水中受到的损失以及货物储存、搬运和重装等所引起的货物的牺牲和费用，均应列入共同海损。

(三)运费牺牲

运费是船方的收入，当运费是“到付”运费，也称待收运费或有风险的运费时，如果货物途中受到牺牲不能运到目的港，船方应收的运费也随之牺牲。如牺牲的货物被认作共同海损时，运费也应认作共同海损。

二、共同海损费用

共同海损费用(General Average Expenditure)，是指为了解除船舶货物的共同危险而采取的措施所引起的额外费用。共同海损费用通常有在避难港等地发生的额外费用、救助费用和代替费用等。它与共同海损牺牲的区别在于:共同海损牺牲是船舶或货物本身的灭失和损坏，而共同海损费用不牵涉船舶和货物的实际损失。

(一)在避难港发生的额外费用

我国的《海商法》第194条规定，船舶因发生意外、牺牲或其他特殊情况而损坏时，为了安全完成本航程，驶入避难港、避难地点或者驶回装货港口、装货地点进行必要的修理，在该港口或地点额外停留期间所支付的港口费用，船员工资、给养，船舶所消耗的燃料、物料，为修理而卸载、储存、重装或者搬移船上货物、燃料、物料以及其他财产所造成的损失、支付的费用，应当列入共同海损。

(二)代替费用

代替费用是指当船舶遭受意外事故时，为了共同利益和安全，船方为节省原应列入共同海损的费用而支出的另一笔较小的额外费用。代替费用本身虽然不直接具备共同海损费用的条件，但由于支付了该项费用，却可以节省或避免一项或几项原应列入共同海损的费用，这样的费用是为各受益方所欢迎的。因此，该费用可以列入共同海损。我国《海商法》第195条规定，为代替可以列为共同海损的特殊费用而支出的额外费用，可以作为代替费用列入共同海损；但是，列入共同海损的代替费用的金额，不得超过被代替的共同海损的特殊费用。

(三)救助费用

船舶遭遇海难，无法自行脱险，请求第三方进行救助，救助成功，应按获救的财产价值支付给救助方以救助报酬。如果救助的对象是船舶和货物，则各自合理支付的报酬可以列入共同海损。即航程中各有关方所支付的救助费用，不论救助是否根据合同进行，都应认入共同海损，但以使在同一航程中的财产脱离危险而进行的救助为限。

(四)修理费用

船舶因发生共同海损而进行修理时所支付的修理费用，可列入共同海损。船舶修理有两种形式。

一种形式是永久性修理(permanent repairs)，即对受损船舶按照技术规范的要求而进行的恢复船舶永久性适航能力的修理。如果船舶受损是由共同海损措施所造成，则修理费用应列入共同海损。在永久性修理的情况下，对于从船舶竣工之年的12月31日起至发生共同海损之日止船龄达15年或15年以上的船舶，在修理费用中作1/3以新换旧(new for old)的扣减(但对于绝缘设备、救生艇及类似的船艇及其航行器材和装备、机器及锅炉的扣减，则应按此类部件的规定使用年限计算)。

以新换旧只是对船体、船机和设备而言，对修理船舶期间所发生的船坞费、船台费、伙食费、物料费、修理费不进行扣减。例如，在修理船舶的过程中，可能要清洗及油漆船底，由于这些措施属于对船舶的正常维护，通常也不能列入共同海损，但如果在共同海损行为发生之日以前12个月内已经油漆过船底，则可将油漆费用的半数列入共同海损，因为如果不发生共同海损，则不可能在一年之内对船底进行多次清洗或油漆。

另一种形式是临时性修理（temporary repairs），这是指对受损船舶进行最低限度的以保持其在一定期限内适航性的修理。例如，为了安全地完成航程，在船壳体的裂缝处临时制作一个水泥箱，或者在船壳表面临时加焊一块钢板，待日后实行永久性修理时再行拆除。对于临时性修理，要以因此所节省的如果不在该港修理所要产生的共同海损费用为限。换言之，被认作共同海损的临时性修理费不得超过假如不在该港修理船舶时所应产生的共同海损费用。

（五）搁浅船舶减载费用以及因此而受到的损害（expense lightening a ship when ashore，and consequent damage）

如果因船舶搁浅而将货物、船用燃料和物料或其中任何一项，作为共同海损措施而被卸下，则减轻货载、租用驳船和重装（如曾发生）等额外费用以及由此所遭受的灭失或损害，均应认作共同海损。

（六）驶往和停留在避难港等地所消耗的燃物料

按照1994年及其以前的规则，对于驶往和停留在避难港等地所消耗的燃物料与船员工资，均应认作共同海损。在后面所述的《2004年规则》中，已将船员工资一项删除，但仍将在此期间消耗的船用燃物料认作共同海损。驶往和停留在避难港等地所消耗的燃物料费用应计算至该船恢复续航能力之日，如果该船已丧失航海能力或不放弃原定航次，则从丧失航海能力或放弃原定航次之日以后的燃物料费用，不得再列入共同海损，因为此时船舶和货物已经不是处在同一海上航程当中。如果在卸货完毕之前，该船已丧失航海能力或已放弃原定航次，则只有在卸货完毕之日前的船员工资与伙食才可以列入共同海损。

第三节　共同海损与当事人过失的关系

一、托运人的过失所致的共同海损

我国《海商法》第70条第1款规定："托运人对承运人、实际承运人所遭受的损失或者船舶所遭受的损坏，不负赔偿责任；但是，此种损失或者损坏是由于托运人或者托运人受雇人、代理人的过失造成的除外。"我国海商法在海上货物运输方面对托运人实行的是过错责任原则，即只有托运人的过失所造成的损失，托运人才负责赔偿；反之，则无须承担赔偿责任。如果共同海损是当事人过失所致，损失应由过失方承担，而另一方无须分摊此种损失。如果共同海损事故是在当事人没有过失的情况下发生的，则当事各方就应依照约定分摊共同海损损失。应该注意的是，违约赔偿与共同海损分摊是两个不同的概念，前者是指因当事人不履行或不适当履行合同，给对方当事人造成经济损失时所应承担的法律后果，而后者则是为了公平分担海上风险而在合同中约定的一种义务。从这个意义上来理解，在托运人的过失导致共同海损的情况下，既然损失要由托运人负责赔偿，那么也就不存在所谓的共同海损分摊问题了。共同海损分摊是合同义务，而损害赔偿则是一种违约责任。

二、承运人过失所致的共同海损

船舶和货物面临共同危险，船长为了船货的共同安全采取的共同海损行为所导致的共同海损的特殊牺牲和特殊费用，应由各受益方按各自财产的比例进行分摊。但在实践中，还有许多共同海损又是由于承运人的过失所引起的。根据我国《海商法》第 197 条规定："引起共同海损特殊牺牲、特殊费用的事故，可能由航程中一方的过失造成的，不影响该方要求分摊共同海损的权利；但是非过失方或者过失方可就此项过失提出赔偿请求或者进行抗辩。"这里过失又分为承运人可以免责和承运人不可免责的过失。

（一）承运人可以免责的过失所致的共同海损

所谓承运人可以免责的过失，是指承运人虽有过失，但根据海上货物运输合同和有关法律的规定又是可以免除赔偿责任的。《海牙规则》规定了 17 项承运人免责条款。对此，各国的航运和司法实践并未提出异议。但为了使承运人能够履行其最基本的义务，同时也为了防止承运人自行扩大免责范围，《海牙规则》第 3 条第 8 款中又规定："运输契约中的任何条款、约定或协议，凡是解除承运人或船舶由于疏忽、过失或未履行本条规定的责任与义务，因而引起的货物或与货物有关的灭失或损害，或以本规则规定以外的方式减轻这种责任的，都应作废并无效。"

然而，《海牙规则》第 5 条又规定："本规则中的任何规定，都不能被视为有碍于在提单中加注有关共同海损的任何合法条款。"由此可以得出，该条款是对《海牙规则》第 3 条第 8 款的一个例外规定，即在共同海损问题上可以不受第 3 条第 8 款的限制。按照这一例外规定，承运人要求货方分摊由于船长、船员的过失所导致的共同海损损失，并不违反《海牙规则》中关于承运人责任、义务方面的强制性规定。

（二）承运人不可免责的过失所致的共同海损

所谓不可免责是指按海上货物运输合同和有关法律规定的免责范围以外的过失。如引起共同海损特殊牺牲、特殊费用的事故，确实是由于航程中一方的不可免责的过失造成时，那么，该过失方不但要对全部共同海损负责，同时还要对其他方由此事故而引起的一切损失负责赔偿。

如果遇到不能确定是哪方的过失时，可以先在推定航程中的各方均无过失的情况下进行共同海损理算，然后，在决定共同海损分摊之时或之前，再确定该共同海损事故是否由于航程中一方的不可免责的过失引起的，如果是，其他非过失方就无须参与分摊共同海损，如果不是，其他非过失方则应按照我国《海商法》中有关共同海损的其他条款规定参与分摊共同海损。在此期间，非过失方或者过失方可以就此项过失提出赔偿要求或者进行抗辩。

此规定主要用于航程中有关方的过失处于不确定的状态时，将共同海损与共同海损分摊、提出赔偿请求以及进行抗辩等分开处理，其目的在于避免共同海损各当事方因共同海损事故责任争执不下导致财产损失的扩大及不必要的延迟，从而有利于共同海损事故的解决。①

释义

“新杰森条款（New Jason Clause）”

该条款规定：当船舶因船长、船员或引航员的过失发生事故而采取救助措施时，即使救助船与被救助船同属一个船公司，被救船仍须支付救助报酬，而且，该项救助报酬可作为共同海损费用，由各受益方分摊。

在新杰森条款中之所以要作出这样的规定，有两个方面的意义：首先，保护了船员的合法权益。按照海难救助法的要求，船员在救助自己所在的船舶时，是不能请求救助报酬的，因为按照雇佣合同的要求，船员有义务保养和维护船舶，当其所在的船舶发生危险时，也有义务参与救助，而且无权请求救助报酬。但是，如果船员在履行正常的雇佣合同之外，又救助了本公司所有的其他船舶，则超出了合同所规定的义务，因而有权请求救助报酬。但是，如果法律上不承认姐妹船救助的报酬问题，无疑等于剥夺了船员的正当权利。其次，实现了与保险责任相吻合。对船舶保险而言，保险人不仅要赔偿保险标的的单独海损损失，而且还要承担被保险人的共同海损分摊责任，如果法律不承认姐妹船救助的报酬可以列入共同海损，在实际上就掩盖了应该由保险人承担的责任，显然，这是有违立法宗旨的。从上述意义上来说，新杰森条款的出现，在某种程度上弥补了法律的漏洞。

第四节　共同海损时限与担保

一、共同海损时限

共同海损时限（time limit of general average），是指共同海损发生后，宣布共同海损和提供有关材料的期限。

关于宣布共同海损的时间，《中国国际贸易促进委员会共同海损理算暂行规则》（以下简称《北京理算规则》）中规定，如果船舶在海上发生事故，各有关方应在船舶到达第一港口后的48小时内宣布，如果船舶在港内发生事故，则应在事故发生后的48小时内宣布。

关于共同海损损失的证明材料，应在有关方收到材料一个月以内提供，而全部材料应在航程结束后一年内提供。如有特殊情况，应在上述期限内向中国国际贸易促进委员会海损理算处提出理由，经理算处同意，可以适当延长时间。如果有关方不按上述规定办理，共同海损理算处可以根据情况不予理算或根据已有材料进行理算。

① 对此，存在不同的观点：傅廷中：《海商法论》，法律出版社2007年版，第377–378页；胡正良主编：《海事法》，北京大学出版社2009年版，第367页。

在共同海损案件中，要求分摊的一方应当负责举证，表明其所作出的牺牲或支付费用依法应当列为共同海损。该条规定只是没有提及提出举证材料的时间限制。为此，《1994年规则》中的规则E增加了这样的规定：所有提出共同海损分摊请求的关系方，应于共同航程终止后12个月内将要求分摊的损失或费用，以书面形式通知海损理算师。如不通知或经要求后12个月内不提供证据以支持其索赔，或不提供关于分摊价值的详细材料，则海损理算师可以根据其所掌握的材料估算补偿数额或分摊价值。除非估算得明显不正确，否则不得提出异议。

二、共同海损担保

共同海损担保(general average security)，是为确保共同海损分摊，经有关方的请求而由各受益方作出的保证行为。共同海损往往是在航程结束时宣布的，若不采取一定的保证性措施，待船方将货物放行以后，一旦货方拒绝分摊共同海损，船方的利益将得不到保证。共同海损担保有如下几种形式。

(一)由货方提供海损保证金(general average deposit)

在提取货物之前，船方可以请求货方提供分摊共同海损的现金担保。保证金的提供、使用或退还，不影响各方的最终分摊责任。若保证金超过最后确定的分摊金额时，应将其金额退还给保证金交付人。

(二)由货物保险人提供海损担保函

共同海损担保函(general average guarantee)，是收货人向船舶所有人提供的经货物保险人签署的保证分摊共同海损的书面文件。根据担保函，货物保险人向船舶所有人保证，一定支付经过恰当理算的有关共同海损的损失和费用的分摊额。海损担保函有两种形式：一种是限额担保函(limited guarantee)，即保险人以对被保险人应当赔付的金额为限而出具的书面保证。根据限额担保函，若分摊金额与货物保险金额相等或比保险金额小时，则保险人就全额赔付货方应该摊付的共同海损分摊金额。若分摊金额大于保险金额时，保险人则按保险金额与分摊金额的比例赔付分摊金额，超过部分由被保险人自负。另一种是无限额担保函(unlimited guarantee)，是保险人出具的不论货物保险金额大小，保险人均对该项货物的共同海损分摊金额予以全额承担的书面保证。在无限额担保之下，若该项货物的共同海损分摊金额超过了货物的保险金额，则在保险人向船舶所有人承担了共同海损分摊金额以后，可向被保险人收回超过保险单责任的部分。保险人在提供无限额担保函时，会要求被保险人签署一份“反担保函”(counter guarantee)，保证将保险人超过保险单责任而赔付的共同海损分摊金额退还给保险人。

(三)签署海损协议书

海损协议书(Average Bond)是由船货双方签署的，保证分摊共同海损的书面文件。根据某些国家的法律规定，货物保险人只负担保责任，即只有在货方毁约的情况下，债权人(垫付了共同海损费用的船舶所有人)才能要求保险人承担责任。否则仅凭保险人的担保函，还不能直接或单独起诉保险人，故收货人除了要向船舶所有人出具经货物保险人签署的担保函外，还必须提供由其签署的海损协议书。

（四）签署不分离协议

所谓不分离协议（non-separation agreement），是指在发生共同海损以后，由船货双方共同签署的关于共同海损分摊的义务不因货物的转运而发生变化的书面协议。在因船舶在航程中发生共同海损无法将货物继续运往目的港情况下而将货物交由他船运输之前，签署一份不分离协议，可以保障船方的合法权益。

（五）行使货物留置权（lien on cargo）

当货方拒绝参加共同海损分摊并拒绝提供担保时，船方可以在合理的限度内留置其货物，并且可以申请拍卖货物或以其他方式出卖货物，以所得货款来抵偿其应该得到的共同海损分摊金额。当然，共同海损要经过较长时间的理算，一时难以确定分摊金额，船方可以通过估算的方式来确定留置货物的数量。

若上述几种方法均无实施的客观条件，则船舶如果参加了船舶所有人保赔协会，还可向协会请求赔偿。

第五节 共同海损理算

一、共同海损理算的概念

共同海损理算（adjustment of general average），是指由国家认可的具有一定资格的专业机构或人员，按照理算规则，对共同海损的损失和费用、各受益方的分摊价值以及各方应分摊共同海损的数额所进行的审核和计算工作。

（一）海损理算人

海损理算人（adjuster），是指具有专业资格的从事海损理算业务的机构或个人。目前，世界上主要的海运国家都设有海损理算机构，英国的海损理算机构在国际上影响最大，英国在世界许多国家和地区设有海损理算分支机构，因此，许多国家都愿意请英国的理算人进行共同海损理算。我国进行海损理算的机构是中国国际贸易促进委员会海损理算处。凡是在运输合同中规定共同海损在中国理算的，均由该理算处进行理算。

（二）共同海损理算程序

进行共同海损理算，先由申请人提出委托，然后由理算人进行调查研究，确定哪些项目属于共同海损，哪些属于单独海损。在此基础上，确定共同海损损失的项目和金额；计算出各受益方应分摊的价值和分摊的金额；制定各受益方应收付的金额和结算办法；最后由理算人编制出共同海损理算书。

（三）海损理算书的效力

海损理算书（G/A adjustment）是由接受委托的海损理算人对共同海损案件进行调查研究和审核计算以后所编制的理算报告。理算书的内容一般包括：事故情况概述，共同海损损失和费用划分表，共同海损分摊表和共同海损收付结算表。此外，还附有必要的证明文件。

由于海损理算机构属于一种民间组织，该机构所提供的理算书只为各受益方分摊共同海损提供一个科学依据，并无法律拘束力，有关当事方若对理算结果有争议，还可提请仲裁或起诉。

二、共同海损理算方法

（一）共同海损损失金额的确定

共同海损损失金额是按照采取共同海损措施给船舶、货物或其他财产所直接造成的特殊牺牲和支付的特殊费用的总和来确定的。我国《海商法》第198条详细规定了船舶、货物和运费的共同海损牺牲金额的确定方法。

1. 船舶共同海损损失金额的确定

确定船舶损失金额需要从以下几方面进行考虑。

（1）船舶受损后进行修理的，按照实际支付的修理费，减除合理的以新换旧的扣减额计算。所谓实际支付的修理费，应是实际合理的修理和更新的费用。所谓以新换旧，是指在修理时，用新材料、新部件或新设备更换了船舶因共同海损牺牲或受损的旧材料、旧部件、旧设备。以新换旧的准则是以合理为原则，否则将构成不当得利。

（2）船舶受损后尚未进行修理的，按照船舶牺牲造成的合理贬值计算，但不得超过估计的修理费。所谓估计修理费，应和实际支付的修理费一样，按标准进行确定。

（3）船舶发生实际全损或者修理费用超过修复后的价值的，共同海损的损失金额按该船在完好状态下的估计价值，减除不属于共同海损损坏的估计的修理费和该船受损后的价值的余额计算。

2. 货物共同海损损失金额的确定

货物灭失的，按照货物在装船时的价值加保险费加运费，减除由于损失而无须支付的运费计算。货物损坏的，在就货物损坏程度达成协议前出售的，按货物在装船时的价值加保险费和运费，与出售货物净得的差额计算。出售受损货物的净值为出售货物的货价减去为出售该货物所支付的费用。

3. 运费共同海损损失金额的确定

由于采取共同海损措施，货物被抛弃，或在驳卸过程中部分落入水中，而运费又是到付的情况下，承运人自然收不到运费。这种运费的牺牲应确定为共同海损。运费损失金额的确定应按照货物遭受损失造成的运费的损失金额，减去为取得此运费本应支付但由于牺牲而无须支付的营运费用来计算。

实例分析

货物共同海损损失金额的确定

按照《约克－安特卫普规则》第16条的规定，货物的共同海损损失金额应以所受损失在卸货时的价值为基础。所谓卸货时的价值是指包括货价、保险费和运费在内的全部价值。确定此项价值的依据是送交收货人的商业发票（commercial invoice）。如果没有商业发票，也可以根据起运价值（shipped value）确定，即根据货物在装货港的价值计算。

如果受损货物在发生共同海损之后、宣布共同海损之前已经被出售，则共同海损的损失金额应该是货物出售前的完好净值减去单独海损的损失(因为单独海损损失应由受害方自行承担,不应列入共同海损而请求其他人分摊),然后再扣除货物出售之后的净得数额。以下以CIF价格条件举例说明货物的共同海损损失金额的确定。

某批货物(100包)以CIF价格条件出口,其发票价格为10 000美元,途中发生了共同海损,损失程度为20%。在确定货物的共同海损损失金额时,货主可能面临下面三种情况。

第一种情况是货物在目的港的价格既未上涨也未下跌,即目的港市场价格与发票价格相吻合。本案中,由于货物损坏率是20%,共同海损补偿额即为2 000美元(10 000美元 × 20%)。

第二种情况是货物在目的港的价格上涨。例如,原来价值1万美元的货物,现已升值为12 500美元,上涨幅度为25%。此时,如果货主不将货物出售,而是直接按20%的损坏率(该项损坏率由检验师确定)请求各方分摊共同海损,理算师将直接按照商业发票的价格确定货物的 共同海损补偿额,而不必考虑价格上涨的因素。本案中由于货物损坏率是20%,则货主仍可得到2 000美元的共同海损补偿(10 000美元 × 20%)。但是,如果货主先行将货物出售,而后再请求分摊共同海损,情况就截然不同了,因为在扣除了20%的损坏之后,其余80%的货物按25%的升值率仍然可出售至1万美元。既然出售额已经达到发票所列的数额,货主便无损失可言,因而便得不到共同海损补偿。

第三种情况是货物在目的港的价格下跌。例如,原来价值为10 000美元的货物现已贬值为8 000美元。此时,如果货主不将货物出售而是按检验师确定的货物损坏率(20%)请求分摊共同海损,则根据发票价格只能得到2 000美元的共同海损补偿(10 000美元 × 20%),因为其中没有考虑货物降价的因素。但是,如果货主在共同海损理算之前选择将货物出售而后再请求分摊,则原本价值应为8 000美元的残留货物在扣除贬值率之后,只能售至6 400美元。此时再按商业发票的价格为基础请求分摊共同海损,就会得到3600美元的共同海损补偿(10 000美元 − 6 400美元)。

通过上述分析可以看出,在市场价格上涨的情况下,对于货主而言,如果先行出售货物而后再请求分摊,得到的补偿较少或者得不到补偿。但在不出售货物的情况下直接请求分摊,即可得到较多的补偿。但是,在货物价格下跌的情况下,不出售货物而直接请求分摊所得到的共同海损补偿较少,而出售货物之后再请求分摊,对货主而言却较为有利。

如果发票上所列价格为FOB价格,则应该以假定的CIF价格条件来确定货物在卸货地的价值,即在货价的基础上加上运费和保险费来计算。与前述的CIF价格条件一样,在市场价格上涨或跌落的情况下采取不同的处理方法,也会得出不同的结果。应该指出的是,在确定货物的共同海损损失金额时,如果运费不是由货主承担风险,则该项运费应予扣除。在海上运输中,运费的支付方式有两种基本形式:一种是预付运费,即在装货时或签发提单时支付运费。船舶所有人为了维护自己的利益,有时可能在合同中约定,不论货物在航程中灭失与否,预付运费概不退还。另一种是到付运费,即在货物到达卸货港时或在提取货物时支付运费。在到付运费情况下,船舶所有人有时也可能在合同中附加一个条款,即不论货物灭失与否,到付运费照付(此即所谓先付运费后处理索赔)。在这样两种情况下，运费的风险均由货主承担。反之，如果没有这样的规定，运费的损失就可能归于船舶所有人。因此，在计算货物的损失金额时，就不应再包括运费这一项。

（二）共同海损的分摊价值

船舶、货物和运费的共同海损分摊价值，是指船舶、货物和运费的所有人，因共同海损措施而分别受益的价值与因遭受共同海损而获得补偿的财产金额的总和。共同海损的分摊价值应以全部受益财产抵达目的港或航程终止港时的实际价值为基础，再加上共同海损的补偿额。凡因共同海损而受益的财产，都必须参加损失分摊。某些财产因共同海损措施而牺牲，但其中有一部分将从其他受益方得到补偿，这种补偿也应计算在分摊价值中。

1. 船舶共同海损分摊价值

船舶共同海损分摊价值，按照船舶在航程终止时的完好价值，减除不属于共同海损的损失金额计算，或者按照船舶在航程终止时的实际价值，加上共同海损牺牲的金额计算。

2. 货物共同海损分摊价值

货物分摊价值按照货物在装船时的价值加保险费加运费，减除不属于共同海损的损失金额和承运人承担风险的运费计算。如果说货物是在抵达目的港之前出售，应按出售净得的数额，加上作为共同海损应得到的补偿数额参加分摊。

3. 运费共同海损分摊价值

运费分摊价值，按照承运人承担风险并于航程终止时有权收取的运费，减除为取得该项运费而在共同海损事故发生后，为完成本航程所支付的营运费用，加上共同海损牺牲的金额计算。

（三）共同海损分摊金额

共同海损分摊金额，系指因共同海损而受益的船舶、货物、运费等，按其各自分摊价值的大小，应承担的共同海损损失的数额。在理算时，首先以共同海损损失总额除以共同海损分摊价值的总额，再乘以百分之百，得出共同海损百分率，然后以船舶、货物、运费的分摊价值分别乘以共同海损百分率，即可得出每一项财产的分摊金额。

简言之，各受益方应分摊的共同海损金额可按下列公式计算：

共同海损百分率（损失率）= 共同海损损失总金额 ÷ 共同海损分摊价值总额；

船舶共同海损分摊金额 = 船舶共同海损分摊价值 × 共同海损百分比（%）；

货物共同海损分摊金额 = 货物共同海损分摊价值 × 共同海损百分比（%）；

运费共同海损分摊金额 = 运费共同海损分摊价值 × 共同海损百分比（%）。

第六节 共同海损理算规则

共同海损理算规则，是由共同海损理算机构制定的关于共同海损理算的实务性章程。理 算规则中规定了共同海损的成立条件、共同海损损失和费用的范围以及分摊共同海损的标准。理算规则作为一种实务规则，供有关当事人在运输、保险合同中协议适用。当前在国际上适用最广泛的是《约克－安特卫普规则》（York-Antwerp Rules），另外，各海运国家的共同海损理算机构也分别制定了自己的理算规则，为共同海损理算提供了指南。国内的理算规则即中国国际贸易促进委员会制定的《北京理算规则》。

一、《约克－安特卫普规则》

在 1860 年由英国社会科学促进会发起的英国格拉斯哥共同海损会议上，与会的理算师、保险界和航运界的代表制订了有 11 条关于共同海损理算的格拉斯哥决议。该决议是根据各国的共同海损的立法与习惯比较相一致的地方制定的。此后，又于 1864 年和 1877 年在英国的约克城和比利时的安特卫普城开会，修改并增订了格拉斯哥决议，增加了第 12 条，正式命名为"约克－安特卫普规则"。其后，为了进一步满足理算规则的要求，国际上对规则进行了调整，形成了《1890 年约克－安特卫普规则》。该规则列举出了共同海损的项目，但并未规定共同海损的定义和基本原则。

该规则自制定以来，随着航运事业和保险业的迅速发展，科学技术的进步，先后经过 1890 年、1924 年、1950 年、1974 年、1990 年、1994 年、2004 年和 2016 年的多次修改，使其内容不断完善，以适用海运实践中进行共同海损理算的需要。这些规则同时并存，供各方自由选用。

《1924 年规则》首次将规则条文划分为字母规则和数字规则。字母规则共 7 条，按英文字母顺序排列，规定共同海损的原则。数字规则共 23 条，按罗马数字顺序排列，规定共同海损的项目和具体办法。但两部分规则的内容又有不吻合之处，《1924 年规则》并未明确规定在理算中到底先适用哪部分规定，实践中因此发生了很多争议。

The Numbered Rules①

The numbered York/Antwerp rules provide the specifics of general average losses, damages and expenditures. They include detailed norms on the allowances for jettison（Rule Ⅰ）; loss or damageby sacrifices for the common safety（Rule Ⅱ）; extinguishing shipboard fires（Rule Ⅲ）; cutting away wreck（Rule Ⅳ）; voluntary stranding（Rule Ⅴ）; salvage（Rule Ⅵ）; machinery and boiler damage（Rule Ⅶ）; lightening a ship ashore and consequential damage（Rule Ⅷ）; use of cargo, ship's materials and stores for fuel（Rule Ⅸ）; port of refuge expenses（Rule Ⅹ）; wages and maintenance of crew and other port of refuge expenses（Rule Ⅺ）; damage to cargo in discharging, etc.（Rule Ⅻ）; deductions from repair costs（Rule ⅩⅢ）and temporary repairs（Rule ⅩⅣ）. The remaining numbered rules deal with different aspects of general average adjustments（Rules ⅩⅤ to ⅩⅫ）.

《1950 年规则》对《1924 年规则》进行修改时，单列了一条解释规则来明确字母规

① William Tetley, International Maritime and Admiralty Law, Editiona Yvon Blais, 2002, pp.383－384.

则和数字规则的关系。“解释规则”规定，共同海损的理算，适用字母规则和数字规则，凡与这些规则相抵触的法律和惯例都不适用。同时还规定，除数字规则已有规定外，共同海损应按字母规则理算。简言之，数字规则优先于字母规则，只有在数字规则没有具体规定的情况下，才适用字母规则。

《1974年规则》对《1950年规则》进行的修改和完善，主要是简化了两项确定共同海损损失的方法，即火烤和烟熏造成的损失不得列入共同海损，以及不论船舶是否势将搁浅，只要是为了共同安全有意搁浅，其损失可以作为共同海损得到补偿。目前普遍适用的是《1974年规则》。

《1994年规则》是在《1974年规则》基础上修改而成的，目前也已生效。其主要修订表现在：① 增加了“首要规则”。“首要规则”规定：牺牲或费用，除合理作出或支付者外，不得受到补偿。首要规则优先于数字规则和字母规则。② 在“字母规则”有关不属于共同海损的规定中，规则C进一步明确规定：环境损害或因同一航程中的财产漏出或排放污染物所引起的灭失或损害或费用不得列入共同海损。在有关提出共同海损的内容中，增加了有关时效的内容。③ 在数字规则中增加了有关环境损害救助费用的具体内容，规则十一规定，可以作为防止或减轻环境损害采取措施引起的费用列入共同海损的有三：一是为了共同安全而请求第三方救助产生的救助报酬；二是船舶驶入驶出避难港或避难地点产生的费用；三是船舶为了安全地完成航程而在避难港或避难地点额外停留期间合理产生的船长、高级船员和一般船员的工资、给养、所消耗的燃料、物料及港口费用。但如实际已有污染物漏出或排放，则为了防止或减轻污染或环境损害而采取任何额外措施的费用不得作为共同海损受偿。

《2004年规则》由四组不同性质的条文组成，全文共32条，其中的主要修改之处有：① 规则6将大部分救助报酬排除在共同海损之外（在能够区分清楚的条件下，对船舶和货物的救助报酬应由各方自行支付而不必混在一起再进行分摊，除非支付救助报酬的当时无法分清）；② 规则11规定，船舶在避难港停留期间的船员工资和给养不得被认作共同海损；③ 规则14将临时修理费用确认为共同海损，但应减除船方因此而被节省的费用；④ 规则20规定，对共同海损费用不再给予手续费；⑤ 规则21规定，对共同海损费用采用浮动年利率计算利息；⑥ 规则23增加了共同海损分摊请求权的时效规定。

《2016年规则》的修改主要体现在如下方面。

（1）将救助报酬重新认作共同海损。根据“规则6”，航程中各有关方支付的救助费用，不论救助是否根据契约进行，均应认作共同海损，但以同一航程中的财产脱离危险而进行的救助为限。但规定了附加条件：① 在后续航程中发生了事故或其他情况致使财产遭受灭失或损坏，进而导致获救价值和分摊价值之间有显著的差异；② 在获救财产中有数额很大的共同海损牺牲；③ 获救价值明显不正确且救助费用的分摊也明显有误；④ 获救的一方已经支付了应由另一方承担的大部分救助费用；⑤ 大部分关系方已经认可了救助索赔。

（2）对于将临时性修理费用认作共同海损的问题做了简化处理。其中包括三个层次的内容：① 如果船舶为了共同安全或者对共同海损牺牲所造成的损坏在装货港、停靠港或者避难港进行临时修理，则此项修理费用应认作共同海损；② 如果为了完成航程而对损坏进行了临时修理，则此项修理费应认作共同海损而无须考虑对其他有关方有无节省，但其数额应以因此所节省的假如不在该港进行临时性修理而本应支付并可以认作共同海损的费用为限；③ 可以认作共同海损的临时修理费用，不应做“以新换旧”的扣减。

（3）将提供的有关款项认作共同海损。为筹措共同海损的费用而变卖货物致使货主遭受的资金损失和共同海损费用垫款的保险费也应认作共同海损。

（4）确定了共同海损损失利息的具体计算办法。对于共同海损费用、牺牲和受偿项目应给与利息，计算至共同海损理算书发出后三个月之日为止，对于由各分摊方预付的或者从共同海损保证金内先行拨付的一切款项也应给与利息。每一日历年用于计算利息的利率应为理算所使用的货币在该日历年一月一日公布的 12 个月的伦敦同业拆借利率加上 4%。如果理算所使用的货币没有伦敦同业拆借利率公布，则使用 12 个月的美元伦敦同业拆借利率。

（5）明确了共同海损保证金的处理方式。如果海损理算师就货方应摊付的共同海损、救助费用或特别费用向货方收取了现金担保，此项保证金应汇给海损理算师，并以理算师的名义存入特别账户，以便尽可能地获得利息。

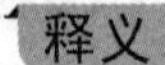

Specific Matters Addressed by the Lettered Rules①

1) Five general principles

The five basic principles of general average are found in Rule A. There must be an extraordinary sacrifice or expenditure, which is intentionally and reasonably made against a peril in order to benefit the common venture.

Apart from the foregoing principles, the lettered rules also address a number of issues of a more particular nature, which might more logically have been the object of numbered rules. Because these questions are covered by lettered rules, the Interpretation Rule makes the provisions concerned subject to the numbered rules.

2) Delay

Loss or damage sustained by the ship or cargo through delay, whether on the voyage or subsequently, such as demurrage and anyindirect loss whatsoever, such as loss of market, is not admitted in general average.

3) Pollution

By an amendment to Rule C made at Sydney in 1994, no general average allowance is made for losses, damages or expenses incurred in respect of damage to the environment or in consequence of the escape or release of pollutant substances from the property involved in the common adventure. This provision is, however, subject to several overriding numbered rules.

① William Tetley, International Maritime and Admiralty Law, Editions Yvon Blais, 2002, pp.376–378.

4) Towage

Rule B of the York/Antwerp Rules 1994 provides that there is a common maritime adventure when one or more vessels are towingor pushing another vessel or vessels, provided that they are allinvolved in commercial activities and not in a salvage operation (first para.). The Rules apply to measures taken to preserve the vessels and cargoes, if any, from a "common peril" (second para.). The third paragraph of the new Rule B adds an important qualification:

A vessel is not in common peril with another vessel or vessels if by simply disconnecting from the other vessel or vessels she is in safety; but if the disconnection is itself a general average act the common maritime adventure continues.

5) Substituted expenses -Rule F

Ageneral average situation may be addressed, in some cases, by methods looked upon as an alternative to the course of action usually followed in similar situations. For example, a damaged vessel may be towed to its destination with its cargo aboard, which avoids incurring, at the port of refuge, the costs of discharge, storage, permanent repairs and reloading (all of which expenditures would be allowed in general average if the usual course of action were followed). Recourse to the alternative method therefore benefits all partiesto the common venture, while entailing some extra, "substituted expenses". Rule F provides for the allowance in general average of "substituted expenses" as follows:

Any additional expense incurred in place of another expense which would have been allowable as general average shall be deemed to be general average and so allowed without regard to the saving, if any, to other interests, but only up to the amount of the general average expense avoided.

二、《北京理算规则》

《北京理算规则》是《中国国际贸易促进委员会共同海损理算暂行规则》的简称，该规则于 1975 年 1 月 1 日公布实施，是中国国际贸易促进委员会海损理算处进行共同海损理算的主要依据。规则包括前言和 8 条规定：① 共同海损的范围；② 共同海损理算的原则；③ 共同海损损失金额的计算；④ 共同海损的分摊；⑤ 共同海损利息和手续费；⑥ 共同海损担保；⑦ 共同海损时限；⑧ 共同海损理算的简化。

由于共同海损理算所涉及的问题十分复杂，《约克-安特卫普规则》和《北京理算规则》都只能对理算问题作出原则性的规定，而不能解决所有的问题。为了使那些未予规定的细节问题能够得到统一，各国的海损理算机构往往还要制定各自的实施细则(rule of practice)，从而使共同海损理算能够得到很好的运作。

【重要术语中英文对照】

中文术语	英文术语
单独海损	particular average
共同海损	general average
共同海损行为	general average act
共同海损损失	general average loss
共同海损牺牲	general average sacrifice
共同海损费用	general average expenditure
避难港费用	expenses in port of refuge
修理费用	repairing expenses
永久性修理	permanent repairs
临时性修理	temporary repairs
以新换旧	new for old
代替费用	substituted expenses
理算费用	adjustment fee
新杰森条款	New Jason Clause
共同海损疏忽条款	general average negligence clause
共同海损担保	general average security
理算人	adjuster
共同海损理算	general average adjustment
共同海损分摊	general average contribution
约克-安特卫普规则	York-Antwerp Rules

【思考题】

1. 什么是共同海损？其构成条件有哪些？
2. 共同海损损失金额应如何确定？
3. 共同海损分摊价值和分摊金额应如何确定？

【推荐阅读文献】

1. 蒋跃川:《共同海损》,法律出版社 2009 年版
2. 杨建国:《海损理算实务》,大连海事大学出版社 2016
3. 胡正良:《海事法》,北京大学出版社 2009 年版
4. 王丹:试论期租合同项下的共同海损分摊,载《中国远洋海运》2019 年第 9 期
5. 张永坚:共同海损的成立基础,载《地方立法研究》2018 年第 3 期
6. 陈琦:海盗行为所致损失在共同海损制度下的认定——兼评英国最高法院最新判例“The Longchamp”案,载《大连海事大学学报(社会科学版)》2017 年第 6 期

【扩展阅读资料】

General Average Adjustment①

1. Declaration，claims and security

The process of adjusting a general average sacrifice or expenditure begins with the "declaration" of general average，which is ordinarily made by the shipowner through his underwriters.

General average claims must be submitted in writing to the average adjuster within 12 months of the date of termination of the common maritime adventure. Failing such notification，the average adjuster may estimate the allowance or the contributory value on the basis of information available to him. He may do the same where no evidence is provided in support of a claim or no particulars are given in respect of a contributory interest within 12 months of a request for such material.

Where cargo has been sacrificed，the shipowner must obtain security from other cargo before delivering it. Such security normally takes the form of a "general average bond"（often a Lloyd's Average Bond）or an undertaking from a cargo underwriter.

2. The adjustment process

Absent any clause on general average in the contract of carriage，general average is ordinarily adjusted at the place where the voyage terminates，according to the law applicable there. The contract，however，usually provides that the adjustment is conducted according to the York/Antwerp Rules，unless the parties choose another mode of adjustment，Rule G of the York/Antwerp Rules 1994 provides in part：

General average shall be adjusted as regards both loss and contribution upon the basis of values at the time and place when and where the adventure ends.

This rule shall not affect the determination of the place at which the average statement is to be made up.

The value of property sacrificed for the common safety and the corresponding contributory values of the ship and remaining cargo are measured as at the date of discharge at the port of destination or as of the date on which the voyage was broken up. The same rule applies to expenditures. More detailed provisions on computing the value of cargo lost or damaged by sacrifice are given at Rule XVI，on the loss of freight at Rule XV and on the assessment of damage to the ship，at Rule XVIII. Contributory values are calculated according to Rule XVII. Special rules also deal with undeclared or wrongfully declared cargo（Rule XIX）and with mails，passengers' luggage，personal effects and accompanied private motor vehicles（Rule XVII，last para.），as well as with commissions and interest（Rules XX and XXI）.

① William Tetley, International Maritime and Admiralty Law, Editions Yvon Blais, 2002, pp.384–388.

3. The G. A. statement

The actual adjustment is usually carried out by a professional average adjuster, usually at the shipowner's request. The general average is apportioned by multiplying the value of each contributory interest by a fraction, composed of the value of all the general average expenses, divided by the sum of the contributory values. These calculations can become very complex, with the result that it can take years, in some cases, for the adjustment to be completed and a final "general average statement" to be issued by the average adjuster.

The issuance of the general average statement does not, in itself, give rise to a cause of action, however. The statement is merely: "…an expression of opinion by a professional man as to what are the appropriate sums payable to one another by the various parties interested in ship and cargo." In consequence, unless the parties have agreed on the quantum owing, the contributions must be quantified by a court judgement or arbitral award.

4. General average liens

True maritime liens for general average contributions owed by the ship exist under international conventions and national laws, especially in civilian countries and in the United States. In the United Kingdom and British Commonwealth, however, there is only a statutory right *in rem* against the ship for general average. The ship has a possessory lien for the general average contribution payable by cargo in most jurisdictions.

第十一章　海事赔偿责任限制

学习目标

海事赔偿责任限制制度,也是海商法特有的而且历史悠久的法律制度。它不同于民法的民事赔偿责任及于民事违法行为造成的全部损害的性质,而是将海事赔偿责任人的海事赔偿责任限制在一定范围之内,超出该范围的海事损害,海事赔偿责任人不承担赔偿责任。该制度既可以降低海上运输和各种海上作业的责任负担,维持海上运输市场的正常发展,同时,也有利于鼓励海难救助。目前,国内法和国际公约已对海事赔偿责任限制制度有了较为全面的规定。

通过本章的学习,了解海事赔偿责任限制的基本概念以及意义,知晓海事赔偿责任限制制度的核心内容,熟悉有关海事赔偿责任限制的国际公约的发展状况,掌握我国海商法有关海事赔偿责任限制的法律规定。

第一节　海事赔偿责任限制概述

一、海事赔偿责任限制的概念

指在发生重大海损事故时,对事故负有责任的船舶所有人、救助人或其他人,依据法律规定,对于受害人提出的损害赔偿请求,在没有主观故意造成的情况下,只在法律规定的最高限度内,承担损害赔偿的责任制度。海事赔偿责任限制制度是海商法一项特有的制度,与民法中的损害赔偿制度颇有差异。在民事损害赔偿责任下,无论责任人是侵权还是违约,也不管其主观上是故意还是过失,只要对受害人造成损害,就应全额赔偿。海商法允许船舶所有人(包括船舶经营人、承租人等)、救助人把自己的损害赔偿责任限制在特定的范围内,若超出该范围,其不再赔偿。另外,海事赔偿责任限制与海上货物运输合同中的承运人的责任限制也存在区别。前者是一种综合责任限制,其针对的责任可以是人身伤亡的责任,也可以是财产损害的责任,此种赔偿请求可以是依合同关系提出的,也可以是依侵权关系提出的;而后者则只适用于海上货物运输合同的承运人对提单项下每一件或每一单位货物的赔偿责任限制。

释义

Limitation of Liability for Maritime Claims

One of the unique features of maritime law is the principle that a shipowner may limit its liability to persons suffering loss or damage, or even personal injury or death, as a result of the operation of the ship. The owner's liability is limited to a maximum sum per occurrence, which the claimants share out of a "limitation fund", established by way of judicial "limitation proceedings", initiated by the shipowner.

The right of a shipowner to limit its liability is questioned more and more today. Like any limitation system which protects even the negligent, shipowners' limitation has been contested. Nevertheless shipowners' limitation is likely to be a principle of international maritime law for the foreseeable future, because it spreads large risks among the parties to the maritime venture and to their underwriters.

The difference of the right to limit liability for maritime claims from the right to limit liability on the carriage of goods by sea is that the former provides a maximum amount of damages recoverable by claimants against the ship, whether for death or personal injury, damage to the other ship in a collision, or to other property, as well as to cargo, while the latter provides a minimum level of responsibility, which carriers may not reduce by contract, in respect of claims for loss or damage to cargo carried under a contract of carriage.

Limitation of liability for maritime claims was originally devised to promote shipping. Nevertheless, common law jurisdictions and civil law jurisdictions had different concepts of shipowners' limitation. In common law countries, limitation is exclusively the product of statute. Common law systems, with the exception of that of the USA, are characterized by a limit based upon the tonnage of the ship before the liability-producing event occurred. In civil law jurisdictions, the limitation fund was based on the value of the ship after the incident which brought about liability. In the civil law, there were two theories of limitation: abandonment and execution. By virtue of abandonment, a shipowner, while personally liable, was able to absolve himself of all claims by relinquishing his ship as well as any pending freight. Under the execution approach, the shipowner was not personally liable; instead in rem claims were launched against the ship and pending freight and these claimants received priority by virtue of maritime liens.

二、海事赔偿责任限制制度的形成和发展

海事赔偿责任限制由来已久，但具体始于何时，无史料可寻。不过可以确知在古罗马时期规定船东债务及侵权行为要负无限责任，而13世纪意大利巴塞罗那《海事法汇编》(Consulat de la Mer)明确规定了船舶共有人以其所认缴的股份为限度承担民事责任，这就是责任限制制度的例证。此后，各国的近代海事立法逐步正式确立了这一制度。

近现代各国海商法，依据其具体国情和经济政策，对船舶所有人的责任限制作出了各具特色的规定，总的来说主要有以德国为代表执行制度、以法国为代表的委付制度、以英国为代表的金额制度和以英美为代表的船价制度。

1. 法国的委付制度

法国的委付制度，又称拉丁制度，是指船舶所有人对船舶所产生的债务的清偿责任原则上与一般债务相同，应以船舶所有人的全部财产承担无限清偿责任，但在法定条件下，可以将船舶和本航次运费委付给债权人，不再承担清偿责任。该制度最早规定于法国《海事条例》中，后被拿破仑商法典采纳。

鉴于委付制度存在诸多缺点，法国现已放弃委付制，采纳以船价制度和执行制度为主、以金额制度为辅的综合制。现今，只有希腊、罗马尼亚、日本、墨西哥以及除巴西以外的中南美国家采纳委付制度。

2. 德国的执行制度

德国的执行制度，又称物的执行制度，依该制度，船舶所有人的债务和船舶的债务被明确分开，对于因船舶所发生的债务，债权人只能对船舶所有人的海上财产请求强制执行，对船舶所有人的其他财产则无强制执行请求权。德国早在1644年的汉撒敕令（The Hansetic Ordinance of 1644）就对船舶所有人的责任限制作出了规定："货主对经过售船之后的债，无权再诉。"德国商法典将其进一步发展为执行制度。

执行制度下，债务的清偿范围只能以船舶所有人的海上财产为限，因此船舶所有人明确其责任范围，债权人亦预先知道其债权的担保范围。但执行制不利于保护债权人的利益，因而德国于1957年签署船舶所有人责任限制统一公约，抛弃执行制度，采纳金额制度。

3. 英美的船价制度

船价制度，是船舶所有人以船价和运费的金额之和限制其赔偿责任的制度。其中英国的船价制度是事故主义，船舶所有人据此承担的有限赔偿责任，适用于船舶遭遇的某一特定事故产生的各种损失。美国采取的船价制度则是航次主义。据美国《1851年船舶所有人责任法》之规定，无论为美国船舶还是非美国船舶，在遭受海难而发生人身或财产损害时，船舶所有人应以本航次终了时的船舶价值和运费为限，对债权人承担有限赔偿责任。

在船价制度下，债权人和船舶所有人在对船价评估上极易引起争执和纠纷，不利于法律关系的稳定。因此，英国后来变船价制度为金额制度，美国则采用合并了船价制度和金额制度的综合制度。

4. 金额制度

金额制度，又称吨数制度，是船舶所有人对每次发生的海上事故均以船舶登记之净吨位乘以每一船吨的赔偿额为船舶所有人赔偿之最高限额。英国首开金额制度之先河，英国《1894年商船法》首次把海难造成的人身伤亡请求列入责任限制范围内，并把对人的损害和对物的损害分开，规定不同的赔偿限额。金额制度较其余三种制度具有明显的优越性，已为多数国家所接受。

Limitation-Two Different Concepts①

1）The common law-limitation by tonnage

In common law countries，limitation is exclusively the product of statute. Under English common law，and English maritime law，for example，there was no limitation on shipowners' liability，just as there was no such limitation for other transport operators. The beginnings of limitation in England can be traced to 1734，while the first limitation statutes in the U. S. A. appeared early in the nineteenth century. Common law systems，with the exception of that of the U. S. A.，are characterized by a limit based upon the tonnage of the ship before the liability-producing event occurred.

2）The civil law-limitation by value

In *civil law jurisdictions*，by contrast，limitation is an ancient concept，with roots stretching as far back as the eleventh century. The limitation fund was based on the value of the ship after the incident which brought about liability，much like the present-day American system. In the civil law，there were two theories of limitation：abandonment，best associated with France，and execution，applied in Germany and Scandinavia. By virtue of abandonment，a shipowner，while personally liable，was able to absolve himself of all claims by relinquishing his ship as well as any pending freight. Under the execution approach，the shipowner was not personally liable；instead *in rem claims* were launched against the ship and pending freight，and these claimants received priority by virtue of maritime liens.

三、海事赔偿责任限制制度的意义

海事赔偿责任限制制度作为海商法中的一项特有的制度，对于海上运输业及其相关产业的正常发展发挥了重要的保障作用。

1. 它有利于保障海运业的稳定发展

虽然随着现代航海通信工具的发展和应用，海上运输的风险已大大降低。但海上的危险仍是陆上运输所无法比拟的，尤其是海上油污、核扩散等新风险的不断出现，从而，通过海事赔偿责任限制制度来限制船舶所有人、经营人的赔偿责任，可以使投入海运的资本得到保护。在此基础上，对于保持本国商船队的发展，维护本国海运市场的稳定，促进国家的政治、经济及军事等都具有重要意义。

2. 符合“公平原则”的要求

在海运实践中，基于船舶所有人、经营人与船长、船员实际占有和驾驶船舶相分离的情况，处理船舶营运中致人损害的后果，是一个复杂的问题。如果仅让船长、船员负赔偿责任，对受害人来说是不公平的。但若要求作为被代理人或雇主的船舶所有人或经营人负无限赔偿责任，尤其是因船长、船员个人的疏忽或过失导致的损失则也未必公平，因

① William Tetley, International Maritime and Admiralty Law, Editions Yvon Blais, 2002, pp.273-274.

此，限制海事赔偿责任是一种公平合理的解决方案。

3. 有利于鼓励海上救助

海上救助是建立海上正常运输秩序的必要措施，为此，根据海事赔偿责任限制的规定，救助方在救助作业中，也可以享受责任限制，从而，可以鼓励海上救助的实施。

4. 适应着海上保险的发展要求

海上保险，尤其是船舶责任保险的产生和发展，与海事赔偿责任制度的存在和完善不可分离。通过海上保险，船舶所有人或经营人将海事赔偿责任转移给保险人，使受害人的索赔有可靠保障。显然，若没有海事索赔责任限制，船舶责任保险也就无所依存。

第二节　海事赔偿责任限制制度的基本内容

一、适用责任限制的主体范围

责任限制的主体是指依海商法规定享受赔偿责任限制权利的人。对此问题，相关国际公约和各国国内立法的规定不尽相同，但一个总的趋势是责任限制主体的范围逐步扩大。按照我国《海商法》的规定，责任限制的主体包括船舶所有人、承租人、经营人、救助人以及上述主体对其行为、过失负有责任的人和责任保险人。

1. 船舶所有人

在海上营运中，当船舶所有人作为承运人时，其船舶造成海损事故，船舶所有人作为合法所有权人自然应当针对受害人的海事赔偿请求承担赔偿责任。故其应依法享受责任限制。

2. 船舶承租人和船舶经营人

在现代海运市场上，船舶所有权与船舶经营权相分离的情况是比较普遍的，即船舶所有人并不直接从事海上营运，而是由船舶承租人或船舶经营人对船舶行使营运权，成为海上营运中的承运人，从而，他们基于这一身份应对其经营或承租的船舶造成的损害承担赔偿责任，故《海商法》确立其为责任限制主体。这里的船舶承租人是指光船租赁、定期租船和航次租船或以其他合法方式进行租赁的承租人。经营人则包括承运人、经纪人、多式联运人等。

3. 救助人

救助人在海上对遇难船舶施行救助，有利于建立正常的海运秩序，但由于救助过程中的情况复杂，可能会因救助人的过失行为致使被救助船舶遭受更大的损失。为此，救助人应针对被救助人提出的赔偿请求，承担赔偿责任。所以，为了鼓励海上救助行为，法律应当保护善意救助人的合法利益，将其列入责任限制的主体范围。

4. 船舶所有人、承租人、经营人、救助人对其行为、过失负有责任的人员

这些人员具体包括船长、船员及其受雇于船舶所有人、承租人、经营人或救助人的其他服务人员。基于上述人员与船舶所有人、承租人、经营人、救助人之间的雇佣关系，他们的过失责任最终将由船舶所有人等承担。将上述人员纳入责任限制主体的范围，可以避免海事请求人避开船舶所有人等责任限制的规定，转而向其雇佣人提出赔偿请求，

从而更充分地保护船舶所有人、救助人等的合法权益。

5. 责任保险人

通过责任保险，船舶营运人（所有人、承租人、经营人等）可以将因发生海损事故而承担的赔偿责任的风险转移给保险人。既然被保险人可以享受责任限制，那么实际承担海事赔偿的保险人自然也应享受。

案例

***The Tojo Maru*（*1972*）**

A diver，attached by his air and life-lines to a salvage tug，negligently caused damage to a vessel in the course of salvage work. His employers were not able to limit liability by reference to the tonnage of the tug. The diver was not on board at the time. He was not navigating. Despite the specialized purpose of the vessel from which he had been working，he was not engaged in the "management" of it.

二、适用责任限制的船舶范围

适用责任限制的船舶，是指有关海事赔偿责任限制的法律规定所适用的船舶。即换言之，因哪些船舶引起的海事索赔，船舶所有人、经营人等可根据海事赔偿责任限制的法律限制自己的赔偿责任。

我国《海商法》第十一章所规定的海事赔偿责任限制的限额是以 300 总吨以上的船舶为起点的。同时，对于 300 总吨以下的船舶、从事沿海运输和沿海作业的船舶以及从事中华人民共和国港口之间的海上旅客运输的船舶的责任限制的限额，《海商法》授权国务院交通主管部门另行规定。

实例研究

内河船舶在海上航行是否适用海事赔偿责任限制制度[①]

"湘张家界货 3003" 轮所有人为韩某某，总吨 2 071 吨，该轮持有长江中下游及其支流省际普通货船运输许可证、内河船舶适航证书，准予航行 A 级航区，作自卸砂船用。2016 年 5 月 9 日，"湘张家界货 3003" 轮在闽江口 D9 浮返航进港途中，与 "恩基 1" 轮发生碰撞，造成 "恩基 1" 轮及船载货物受损。韩某某向法院申请设立海事赔偿责任限制基金。

厦门海事法院一审认为，韩某某系 "湘张家界货 3003" 轮的登记所有人，该轮虽为内河船舶，但根据其提供的《内河船舶适航证书》，该轮航行区域为长江中下游及其支流省际内河航线，而且发生涉案事故时，正航行于闽江口，属于国务院批准施行的《关于不满 300 总吨及沿海运输、沿海作业船舶海事赔偿责任限额的规定》（以下简称《责任限额

① 韩某某申请设立海事赔偿责任限制基金案：【一审案号】（2016）闽 72 民特 90 号；【二审案号】（2016）闽民终 1587 号【再审案号】（2018）最高法民再 453 号。

规定》)第四条规定的“300总吨以上从事中华人民共和国港口之间货物运输或者沿海作业的船舶”。一审裁定准许韩某某提出的设立海事赔偿责任限制基金的申请。相关利害关系人不服一审裁定,提起上诉。

福建省高级人民法院二审认为,涉案船舶“湘张家界货3003”轮虽为内河船舶,但其在沿海海域从事航行作业属于《责任限额规定》第四条所规定的从事沿海作业的船舶,依法可以申请设立海事赔偿责任限制基金。二审裁定驳回上诉,维持一审裁定。相关利害关系人不服二审裁定,提起再审。

最高人民法院再审认为,“湘张家界货3003”轮持有长江中下游及其支流省际普通货船运输许可证、内河船舶适航证书,准予航行A级航区,为内河船舶。涉案船舶碰撞事故发生在福建闽江口,并非“湘张家界货3003”轮准予航行的航区。“湘张家界货3003”轮的船舶性质及准予航行航区不因该船实际航行区域而改变。“湘张家界货3003”轮作为内河船舶,不属于《责任限额规定》适用的船舶范围。再审撤销一、二审裁定,驳回韩某某设立海事赔偿责任限制基金的申请。

海商法第3条规定的船舶仅限于海船,关于内河船舶在海上航行是否适用海事赔偿责任限制制度,司法实践中存在争议。国务院批准施行的《责任限额规定》源于海商法第210条的授权,其规定的“从事中华人民共和国港口之间货物运输或者沿海作业的船舶”仍应限定为海船。受利益驱动,近年来内河船舶非法从事海上运输的问题非常突出,严重威胁着人员、财产和环境的安全。最高人民法院在该案中进一步明确,内河船舶性质及准予航行航区不因该船实际航行区域而改变,对于规范航运秩序、统一类似案件裁判尺度具有积极意义。

三、丧失限制责任权利的情形

丧失限制责任权利的情形,指责任主体不得援引责任限制的法律规定限制其赔偿责任的情形。如《1957年公约》规定,若损害是船舶所有人的“实际过失或参与”(actual fault or privity)所引起的话,则其不能限制其赔偿责任。而《1976年公约》则规定,如经证明,损害是由于责任人本人的故意造成损害或明知可能造成损害仍轻率地作为或不作为造成的话,则责任人不得限制其赔偿责任。

对此,我国《海商法》第209条规定:“经证明,引起赔偿请求的损失是由于责任人的故意或者明知可能造成损失而轻率地作为或者不作为造成的,责任人无权依照本章规定限制赔偿责任。”

四、限制性债权

责任限制的主体只有在法定范围内享有责任限制的权利,而非对所有的海事赔偿请求都能以责任限制予以对抗。其中责任主体可以享受责任限制的海事赔偿请求权称为限制性债权。哪些海事请求属限制性债权取决于法律的明确规定,一般主要包括船舶在营运中发生的某一事故所造成的人身伤亡及财产的灭失和损坏及其后续损失。

我国《海商法》第207条规定的限制性债权有以下四类:① 在船上发生的或者与船

舶营运、救助作业直接相关的人身伤亡或者财产的灭失、损坏，包括对港口工程、港池、航道和助航设施造成的损坏，以及由此引起的相应损失的赔偿请求；② 海上货物运输因迟延交付或者旅客及其行李运输因迟延到达造成损失的赔偿请求；③ 与船舶营运或者救助作业直接相关的，侵犯非合同权利的行为造成其他损失的赔偿请求；④ 责任人以外的其他人为避免或者减少责任人依照本章规定可以限制赔偿责任的损失而采取措施的赔偿请求，以及因此措施造成进一步损失的赔偿请求。但是，上述第④项涉及责任人以合同约定支付的报酬，责任人的支付责任不得援用本条赔偿责任限制的规定。

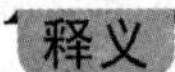

Claims Subject to Limitation

Subject to Article 207 of the Maritime Law of PRC，the following claims，whatever the basis of liability may be，shall be subject to limitation of liability.

（1）claims in respect of loss of life or personal injury or loss of or damage to property（including damage to harbour works，basins and waterways and aids to navigation），occurring on board or in direct connexion with the operation of the ship or with salvage operations，and consequential loss resulting therefrom；

（2）claims in respect of loss resulting from delay in the carriage by sea of cargo，passengers or their luggage；

（3）claims in respect of other loss resulting from infringement of rights other than contractual rights，occurring in direct connexion with the operation of the ship or salvage operations；

（4）claims of a person other than the person liable in respect of measures taken in order to avert or minimize loss for which the person liable may limit his liability in accordance with this law，and further loss caused by such measures.

五、非限制性债权

非限制性债权，是指不得适用海事赔偿责任限制的法律规定限制赔偿责任的海事请求。所谓非限制性债权，基本上都是对前述限制性债权所做的除外规定。对于这些被除外的海事请求，责任主体不得援引海事赔偿责任限制的法律规定限制其赔偿责任。对此，国际公约和各国海商法一般都规定，救助报酬、船方共同海损分摊、船员劳动合同下的赔偿请求等海事请求属于非限制性债权。主要原因在于，对于救助报酬，一方面为鼓励海上救助，另一方面因有关海上救助的法律对救助报酬已规定了最高的限额。而对于船方共同海损分摊，则主要考虑货方已在同样条件下分摊了海损。对于船员劳动合同下的赔偿请求，主要是为了保护船员的利益。对于因油污或核能损害引起的索赔，因为此类责任产生的损害后果损失面广，损失数额计算较为复杂，且适用不同的规则条件和免责要求，有专门的国际公约或内国法调整，因此一般也被规定为非限制债权，不适用海事赔偿责任限制的规定。

我国《海商法》第 208 条规定的非限制性债权如下：① 救助款项或者共同海损分摊的请求；② 中国参加的国际油污损害民事责任公约规定的油污损害的赔偿请求；③ 中国参加的国际核能损害责任限制公约规定的核能损害的赔偿请求；④ 核动力船舶造成的核能损害的赔偿请求；⑤ 船舶所有人或者救助人的受雇人提出的赔偿请求，根据调整劳务合同的法律，船舶所有人或者救助人对该类赔偿请求无权限制赔偿责任，或者该项法律作出高于本法第十一章规定的赔偿限额的规定。

六、责任限额

责任限额，即责任主体依法对限制性债权承担的最高赔偿金额。对此，各国立法和国际公约的规定不尽相同。其中多数国家采用吨位金额制，并对人身伤亡的赔偿请求和非人身伤亡的赔偿请求适用不同的计算方法。用金额制来确定责任限额，首先需要明确船舶的吨位、每一吨位的赔偿额及货币的种类等问题。此外，还会涉及采用“航次制度”或“事故制度”的问题。前者是指一个航次一个限额，而后者则是指一次事故一个限额。这在一个航次中发生了两次或两次以上事故时，显得尤为重要。对此，大多数国家都采用了“事故制度”。我国《海商法》采用了事故制度，根据该法第 210 条和第 211 条的规定，责任主体的赔偿限额适用于特定场合（a distinct occasion）发生的事故所引起的请求的总额，也就是通常所说的“一次事故，一个限额”。

关于责任限额，我国《海商法》主要从如下几个方面进行了规定。

（1）对于 300 总吨以上的船舶，人身伤亡和财产损害的赔偿额按船舶总吨位分级计算。人身伤亡的赔偿限额分五级，财产损害的赔偿限额分四级。300 吨至 500 吨的船舶，人身伤亡的赔偿限额为 33.3 万 SDR，财产损害的赔偿限额为 16.7 万 SDR。对于 500 吨以上的船舶，500 吨以上的吨位分级增加一定的数额，详见下表：

我国《海商法》规定的责任限额

<table>
<tr><th>船舶总吨位</th><th>人身伤亡</th><th>财产损害</th></tr>
<tr><td>300～500</td><td>333 000 SDR</td><td>167 000 SDR</td></tr>
<tr><td colspan="3">每吨增加</td></tr>
<tr><td>501～3 000</td><td>500 SDR</td><td rowspan="2">167 SDR</td></tr>
<tr><td>3 000～30 000</td><td>333 SDR</td></tr>
<tr><td>30 000～70 000</td><td>250 SDR</td><td>125 SDR</td></tr>
<tr><td>70 000 以上</td><td>167 SDR</td><td>83 SDR</td></tr>
</table>

2. 对于不满 300 总吨的船舶及沿海运输、沿海作业船舶的责任限额，根据《海商法》授权国务院交通主管部门制定的于 1994 年 1 月 1 日施行的《关于不满 300 总吨船舶及沿海运输、沿海作业船舶海事赔偿限额的规定》的规定：① 超过 20 总吨，21 总吨以下的船舶，人身伤亡的赔偿限额为 54 000 SDR，财产损害赔偿限额为 27 500 SDR；超过 21 总吨的船舶，超过部分的人身伤亡的赔偿限额每吨增加 1 000 SDR，财产损害的赔偿限额每吨增加 500 SDR；② 沿海运输、沿海作业的船舶，不满 300 总吨的船舶，赔偿限额按本规定确定的赔偿限额的 50% 计算；300 总吨以上的船舶，按《海商法》规定的赔偿限额的

50%计算；③ 同一事故中的当事船舶的海事赔偿限额，有适用《海商法》或者本规定的，其他当事船舶的海事赔偿限额应当同样适用。

实例研究

同一事故中当事船舶的海事赔偿限额的适用①

2017年3月9日，中燃航运（大连）有限责任公司（以下简称中燃公司）所有的中国籍“中燃39”轮与朝鲜籍“昆山”轮（M.V KUM SAN）在中国连云港海域发生碰撞造成损失。“中燃39”轮为沿海运输船舶，总吨2 548吨，中燃公司就船舶碰撞引起的可以限制赔偿责任的非人身伤亡海事赔偿请求，向大连海事法院申请设立海事赔偿责任限制基金，基金数额按照《关于不满300总吨及沿海运输、沿海作业船舶海事赔偿责任限额的规定》（以下简称《责任限额规定》），为254508特别提款权所换算的人民币数额及其利息。“昆山”轮所有人朝鲜金山船务公司没有向法院申请设立海事赔偿责任限制基金，其与“昆山”轮所载货物的收货人大连欧亚贸易有限公司就设立基金提出异议，认为应当按照海商法第210条的规定确定基金数额。

大连海事法院认为，“中燃39”轮总吨2 548吨，从事中国港口之间的运输，依照海商法第210条第2款关于“总吨位不满300吨的船舶，从事中华人民共和国港口之间的运输的船舶，以及从事沿海作业的船舶，其赔偿限额由国务院交通主管部门制定，报国务院批准后施行”的规定，“中燃39”轮的赔偿限额应适用《责任限额规定》。但根据该规定第5条，同一事故中当事船舶的海事赔偿限额，有适用海商法第210条或者本规定第3条规定的，其他当事船舶的海事赔偿限额应当同样适用。与“中燃39”轮发生碰撞的“昆山”轮所有人虽然没有向法院申请设立海事赔偿责任限制基金，但该轮总吨5 852吨，从事国际运输，其海事赔偿限额应当适用海商法第210条的规定，故“中燃39”轮作为同一事故的其他当事船舶，海事赔偿限额也应当同样适用海商法第210条的规定。综上，法院裁定准许中燃公司设立海事赔偿责任限制基金，基金数额为非人身伤亡赔偿限额509016特别提款权所换算的人民币数额及其利息。一审裁定现已生效。

依照国务院批准施行的《责任限额规定》，不满300总吨及沿海运输、沿海作业船舶的海事赔偿限额，为从事国际运输及作业船舶海事赔偿限额的50%，但也存在例外情形，即同一事故中的当事船舶应适用同一海事赔偿限额的规定，且以较高的限额规定为准。中燃公司主张，只有在同一事故中的当事船舶权利人均主张享受海事赔偿责任限制或均申请设立海事赔偿责任限制基金时，才能适用上述“同一事故中的当事船舶适用同一规定”的规则。由于“昆山”轮所有人没有向法院申请设立海事赔偿责任限制基金，故本案不适用上述规则。法院认为，同一事故中当事船舶的海事赔偿限额有应当适用海商法第210条规定情形的，其他当事船舶的海事赔偿限额也同样适用海商法第210条的规定，而不考虑权利人是否实际申请设立海事赔偿责任限制基金。法院正确解读“同一事故中当事船舶适用同一规定”的规则，平等保护了中外当事人的合法权益，充分体现

① 中燃航运（大连）有限责任公司申请设立海事赔偿责任限制基金案：【案号】（2017）辽72民特104号。

了中国法院公正审理涉外海事案件的态度。

不以船舶进行救助作业或者在被救助船舶上进行救助作业的救助人，其责任限额按照总吨位为 1 500 吨的船舶计算。

海上旅客运输的旅客人身伤亡的赔偿限额，按照 46666SDR 乘以船舶证书规定的载客定额计算赔偿限额，但是最高不超过 25000000 SDR。

对于中华人民共和国港口之间的海上旅客运输人身伤亡的赔偿限额，根据《海商法》授权国务院交通主管部门制定的于 1994 年 1 月 1 日起施行的《港口间海上旅客运输赔偿责任限额规定》的规定：① 旅客人身伤亡的，每名旅客不超过 4 万元人民币；② 旅客自带行李灭失或者损坏的，每名旅客不超过 8 000 元人民币；③ 旅客车辆包括该车辆所载行李灭失或者损坏的，每一车辆不超过 3 200 元人民币；④ 上述第 2 项和第 3 项以外的旅客其他行李灭失或者损坏的，每千克不超过 20 元人民币。此外，该规定一方面允许承运人与旅客以书面形式约定高于 4 万元人民币的赔偿限额，另一方面规定海上旅客运输的旅客人身伤亡赔偿责任限制，按照 4 万元人民币乘以船舶证书规定的载客定额计算赔偿限额，但是最高不超过 2 100 万元人民币。

七、责任限制基金的设立

根据我国《海事诉讼特别程序法》的规定，船舶所有人、承租人、经营人、救助人、保险人在发生海事事故后，依法申请责任限制的，可以向海事法院申请设立海事赔偿责任限制基金。设立责任限制基金的申请可以在起诉前或者诉讼中提出，但最迟应当在一审判决作出前提出。当事人在起诉前申请设立海事赔偿责任限制基金的，应当向事故发生地、合同履行地或者船舶扣押地海事法院提出。

值得注意的是：① 责任人申请设立责任基金，并不意味着对责任的承认；② 设立责任基金并不是援引责任限制的前提条件；③ 责任人在有管辖权的法院设立了责任基金后，该次事故的所有限制性债权人均不得对责任人的任何财产再行使任何权利；已设立责任限制基金的责任人的船舶或者其他财产已经被扣押，或者基金设立人已经提交抵押物的，法院应当及时下令释放或者责令退还。

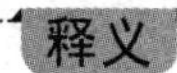

Limitation of Liability Without Constitution of a Limitation Fund

Under English law it has always been possible to plead limitation of liability as a defence to a claim brought in the English courts. When a person pleads limitation as a form of defence in an action against him there is no obligation to constitute a limitation fund prior to judgment being given. This procedure is appropriate only where an incident gives rise to one single claim, as, for instance, in the case of damage to a bulk cargo on board the limiting vessel. Because when limitation is used as a defence to an ordinary liability action it does not concentrate all claims against that same person arising out of that same incident into one jurisdiction. Therefore if another claimant brings another action against the same person in respect of loss or damage arising out of the same incident the defendant may be found liable to pay the limitation figure over again, assuming that the loss or damage was in excess of the limitation figure. Another method under English law of pleading limitation of liability is to institute a limitation action. Under this method the person who takes this action is entitled to limit his liability against all persons who may claim in respect of the loss or damage which has arisen out of that particular incident.

Article 10 of the 1976 Convention provides for a situation where liability is limited without a limitation fund being constituted. Under this Article limitation of liability may be invoked even though no limitation fund has been constituted. If limitation of liability is invoked in these circumstances the provisions for the distribution of that fund apply correspondingly. Questions of procedure must be decided in accordance with the national law of the state party in which action is brought.

八、责任限制基金的分配

责任基金指经责任主体申请和法院准许，由责任人依据法律规定在法院设立的用于分配给所有限制性债权人的基金。责任基金也称(责任)限制基金(limitation fund)。

对于责任基金的分配，各国一般都规定了相应的方式，如将责任基金分为两个部分：一个称为“人身基金”，专门用于有关人身伤亡索赔的偿付；另一个称为“财产基金”，专门用于有关财产损害索赔的偿付。同时还规定，当“人身基金”不足以清偿所有人身伤亡的索赔时，不足部分可与所有财产索赔，按索赔数额的比例分配“财产基金”，用分得的“财产基金”加上原有的“人身基金”建立新的“人身基金”，专门清偿人身伤亡的索赔。各人身伤亡索赔人相互之间及各财产索赔人相互之间，仍按索赔额的比例平等受偿。但在有的国家，财产损害索赔人中的因码头、港口工程设施受损害而提出索赔的人，可优先于其他财产损害索赔人受偿。

对此，我国《海商法》不仅规定当“人身基金”不足以清偿全部人身伤亡的索赔时，不足部分可与非人身伤亡的赔偿请求按比例分配“财产基金”，同时还规定，在不影响人身伤亡的赔偿请求的情况下，就港口工程、港池、航道和助航设施的损害提出的赔偿请求，应当较其他财产赔偿请求优先受偿(《海商法》第 210 条第 3 项、第 4 项)。

值得特别注意的是，只要某一责任人，如船舶所有人(含船舶承租人和船舶经营人)或救助人或责任保险人，依法设立了责任限制基金，则应视为是为上述所有责任人设立的，否则将出现重复设立基金的情况，违背责任限制制度的立法目的。

九、海事赔偿责任限制与承运人责任限制的关系

当责任主体基于运输合同运输货物或旅客及行李，如果发生损害，其作为运输合同的承运人可以享有运输合同下的承运人责任限制。如果承运人同时属于海事赔偿责任限制的主体，则其可基于海事赔偿责任限制制度限制自己的赔偿责任。二者分属海商法的不同法律制度。如某船发生了事故，除造成了他船人身伤亡及财产损害外，也造成了

根据提单承运的船上所载货物的灭失或损坏。根据调整运输合同的法律可以确定出承运人对提单持有人的赔偿限额。同时，根据“海事赔偿责任限制”的有关规定，还可给作为承运人的责任主体确定一个对提单持有人的赔偿限额。二者不一致时，大多数国家规定，若前者小于后者，则以前者为准；若前者大于后者，则以后者为准。此时，前者被称为一次限制，后者被称为二次限制。我国《海商法》对此虽未作明确规定，但上述两次限制的原则仍是可以适用的。

十、相互索赔的冲抵

相互索赔的冲抵，是指在当事人双方互为责任人和索赔人的情况下，责任限额是分别适用于各自的索赔额还是仅适用于双方的索赔额相互冲抵后的差额的问题。前者在保险法中被称为“交叉责任限制”（cross liability limitation），也被称为“先限制，后冲抵”原则；后者在保险法中则被称为“单一责任限制”（single liability limitation），也被称为“先冲抵，后限制”原则。大多数国家采用的是后者。我国《海商法》第 215 条采用的是“先冲抵，后限制”的原则。

释义

Counterclaims

In collision cases one incident may give rise to cross-claims. Where both ships are to blame and both are damaged the question arises as to whether one of the parties applies limitation of liability and each party claims the other's limitation fund or whether limitation is applied only to the balance after setting off one claim against the other. Under English Admiralty practice where, as a result of collision, there were counterclaims, the established procedure was to set them off. The shipowner was entitled to limit his liability on the balance. Since the decision of the House of Lords in *The Khedive* thishas been the law in England in the case of a collision. The 1957 Limitation Convention, Article 1 (5), followed this practice, and similarly shipowners entitled to limit their liability under the 1976 Convention are entitled to set off their limited liability against any claim which the claimant may have against them. This is dealt with by Article 5 of the Convention which provides as follows: "where a person entitled to limitation of liability under the rules of this Convention has a claim against the claimant arising out of the same occurrence, their respective claims shall be set off against each other and the provisions of this Convention shall only apply to the balance, if any." Thus the provisions of the Convention apply only to the balance. So the claims, unaffected by any entitlement to limit, have to be decided in the first place and then, if there is a balance, the Convention applies only to that. This practice will be relevant only if the shipowner is the party liable to pay the balance after the set-off. As stated above, Article 5 of the 1976 Convention provides that claims and counterclaims arising out of the same occurrence must be set off against each other and limitation is to be applied only to the balance, if any, payable. All persons entitled to limitation of liability are entitled to set off if they have a counterclaim.

The only problem in respect of counterclaims may arise if there is a counterclaim by a shipowner in respect of negligence in the performance of salvage services. As Article 5 applies to claims which are both the subject of limitation of liability it is suggested that this Article does not apply to cases where there is a requirement to set off the salvage award and the claim for damages before applying limitation of liability. In order to apply limitation to the balance of the claims it should be possible to claim limitation for both claims if the balance is a claim against which limitation of liability is not applicable, in which case the practice under Article 5 does not make sense. Therefore it is said that under the true construction of the 1976 Convention Article 5 applies only claims within the ambit of Article 2, because only in such circumstances does a party need to strike any balance in order to determine which party may be entitled to limit his liability.

第三节　海事赔偿责任限制的国际公约

为了统一各国有关海事索赔责任限制的法律，国际社会先后制定了三个公约：《1924 年关于统一海上船舶所有人责任限制若干规则的国际公约》《1957 年船舶所有人责任限制国际公约》和《1976 年国际海事赔偿责任限制公约》。第一个公约未生效，后两个公约已经生效。

一、《1924 年关于统一海上船舶所有人责任限制若干规则的国际公约》

该公约是国际海事委员会制定，于 1924 年在布鲁塞尔举行的外交会议上通过的。公约在船东责任限制上采用船价制、执行制和金额制并用制度。该公约对一些国家的海商法有所影响，但并未能为主要海运国家所接受。并且由于公约适用不同的制度，会导致赔偿过程中的矛盾，并未能统一责任限制和金额计算，故迄今未生效。

二、《1957 年船舶所有人责任限制国际公约》

该公约系国际海事委员会起草，于 1957 年 10 月在布鲁塞尔召开的第十届海洋法外交会议上通过。公约是国际上有关船东责任限制方面第一个生效的国际公约，它使船舶所有人责任限制作为一项法律制度，在国际上得到了初步统一。公约采用单一的金额制，并且，以与黄金挂钩的金法郎作为计算单位。责任限额按船舶吨位计算，责任限制以事故次数为标准，同一航次有数次事故的，亦须按次数负责任。

（一）责任主体

公约明确了责任限制的适用主体，其范围较 1924 年国际公约更为广泛，具体扩大为两类：第一类为船舶所有人和承租人、经理人、经营人，但是，在“实际过失或知情”的情况下，不能享受责任限制；第二类为船长、船员及为船舶所有人、承租人、经理人或经营人服务的其他船上人员。同时还规定，当以船舶本身为被告时，责任主体也可引用公约的规定。

（二）适用的船舶

公约适用的船舶为“海船”（sea going Ships），同时还规定，300“公约吨”以下的船舶，以300“公约吨”为基数。同时，允许缔约国对300“公约吨”以下的“海船”以及其他种类的船舶是否适用本公约的问题作出保留，在国内法中另行规定。

对于“公约吨”的确定，公约规定了两种情况，即蒸汽机船及其他机动船，以船舶的净吨加上为确定净吨而从总吨中减去的机舱容积为准；其他类型的船则以净吨为准。

（三）限制性债权和非限制性债权

1. 限制性债权

公约规定了三大类限制性债权，并允许缔约国对第三类作出保留。这三类限制性债权为：（1）船上所载人员的人身伤亡及船上所载财产的灭失或损坏。（2）由船舶所有人须对之负责的船上人员或非船上人员的行为、疏忽或不履行义务所造成的其他人员的人身伤亡，不论发生在陆上或水上，以及任何其他财产的灭失或损坏或对任何权利的侵害。（3）有关清除残骸的法律所规定的以及因起浮、清除或销毁沉船、搁浅船或被弃船（包括船上任何物品）所产生的任何义务或责任，以及因损坏港口工程、港池及航道所产生的任何义务或责任。

2. 非限制性债权

公约规定了两类非限制性债权：（1）因救助报酬及共同海损分摊提出的债权；（2）根据调整船舶所有人与其受雇人之间的雇佣合同的法律规定，船舶所有人不得限制责任或虽可限制但限额高于本公约规定的。

（四）丧失限制责任权利的情形

公约对两类责任主体分别规定了不同的情形，即如果导致损害发生的事故是由于第一类责任主体的“实际过失或参与”所引起的话，则责任主体不得限制责任；当导致损害发生的事故是由于第二类责任主体的“实际过失或参与”所引起时，责任主体仍可限制责任。但当第一类 责任主体与第二类责任主体竞合时，如船长同时又是船舶所有人，则仅当导致损害发生的行为、疏忽或违反义务系作为责任主体的船长、船员在履行相应职责中的行为、疏忽或违反义务时，责任主体才可限制责任，否则就不能限制责任。此外，公约还规定，对于非缔约国或在缔约国无经常居住地或无主要营业处所或有关的船舶未悬挂缔约国的国旗的责任主体，缔约国有权完全或部分不适用本公约的规定。

（五）责任限额及基金分配

公约规定，对于单纯的人身伤亡索赔，按每“公约吨”3 100金法郎建立责任基金（最高赔偿额），各索赔人按比例分配该基金。对于单纯的财产损害索赔，则按每“公约吨”1 000金法郎建立责任基金，各索赔人按比例分配该基金。当某一事故同时造成人身伤亡和财产损害时，则分别按每“公约吨”2 100金法郎和1 000金法郎建立人身伤亡基金和财产损害基金。并且当人身伤亡基金不足以清偿实际发生的人身伤亡索赔时，不足部分与实际发生的财产损害索赔按比例分配财产损害基金，各人身伤亡及财产损害索赔人将分别按比例分配新确定的人身伤亡基金及财产损害基金。

（六）责任基金的设立地点

公约规定，责任基金应在下列地点之一设立，即：① 发生损害索赔事故的港口；② 如事故发生在港外，则在事故发生后，当事船第一到达港；③ 如系人身伤亡或货物损坏的索赔，则在旅客离船地或卸货地港口。此外，公约还规定，一旦在上述地点设立或提交了责任基金或其他形式的担保，所有限制性债权人都不得再另行申请法院扣押责任主体的船舶或其他财产，已经扣押的，法院应予以释放。

（七）准据法

公约规定，有关责任基金的设立、分配及诉讼时效等程序性问题适用基金设立地法，即在哪个国家法院设立责任基金，有关的程序性问题就适用该国的法律。此外公约还规定，对于船舶所有人的"实际过失或参与"的举证责任问题，适用法院地法。对于相互索赔的冲抵问题则规定，如果责任主体因同一事故，有权向索赔人提出反索赔，则公约的规定仅适用于相互索赔冲抵之后的差额。

三、《1976年国际海事赔偿责任限制公约》

《1957年公约》生效之后，由于国际航运中发生了一系列新情况，在这种背景下，国际海事组织经过充分的协商和讨论，制定了新的公约草案，并于1976年11月在伦敦召开的外交大会上获得了通过。随后英国、法国、挪威和日本等12个海运国家很快就批准了该公约。该公约系国际海事组织制定，于1976年11月在伦敦召开的外交会议上通过的，该公约于1986年12月1日起生效。

与1957年公约相比，该公约的变化在于：① 将救助人和责任保险人纳入责任限制主体范围内。② 明确了对于船长、船员或船舶经营人、承租人作为责任人的起诉，其与船东一样，享有责任限制。从而使船东责任限制制度演变为今天的海事赔偿责任限制制度。③ 将1957年公约规定的责任限制构成条件——一般过失不享受责任限制改为重大过失或故意不享受责任限制，更有利于保护船东。④ 采用特别提款权作为责任限额的计算单位以及按船舶吨位"超额递减金额制度"。但是，如果缔约国为非国际货币基金组织成员国而本国法又不允许使用特别提款权时，仍可采用与金法郎等值的货币单位，每一货币单位相当于纯度为100%的65.5毫克的黄金。⑤ 大幅度提高了责任限额。

《1976年公约》采用了"事故制度"及超额递减的"金额制度"，并以"特别提款权"作为计算单位，以《1969年国际船舶吨位丈量公约》确定的总吨作为计算责任基金的吨位。此外，还对以下几个方面的问题作了明确的规定。

（一）适用的船舶

公约适用的船舶为"海船"。同时，还规定不适用于气垫船及航空运输工具及用于海床或底土的自然资源探测或开采的浮动平台。此外，还有两项特别规定：① 对于内河船及300总吨以下的船舶，缔约国可在国内法中另行规定；② 对于钻井船或用于从事钻井的船，如果缔约国已在国内法中规定了高于公约的责任限额或已加入有关这类船舶责任限制的国际公约，则本公约不适用于这类船舶。

释义

Ships Subject to Limitation

Only seagoing vessels were governed by the 1924 Convention. The 1957 Convention was also limited to seagoing ships, although contracting states reserved to themselves the right to decide what other classes of ship would be treated as seagoing for the purposes of the Convention.

Under the 1976 Limitation Convention, the right to limit exists in respect of claims relating to seagoing ships. States party may, however, establish a system of limitation for inland navigation vessels. National limitation systems may also regulate limitation for vessels of less than 300 tons. The Convention, however, exempts floating platforms constructed for the purpose of exploring or exploiting the natural resources of the seabed or its subsoil, as well as air-cushion vehicles. The 1976 Convention may not be applied to drilling ships by courts of a state party if that state has established, by national legislation, a higher limit of liability than the Convention limitation, or if the state has become a party to an international convention regulating the system of liability of such ships. National limitation systems may also be established with respect to claims in cases in which interests of nationals of other states party are not involved.

（二）责任主体

公约规定的责任主体为船舶所有人、承租人、管理人、经营人、救助人和责任保险人。同时还规定，当诉讼是针对船舶本身或船舶所有人及救助人应对之负责的人提起时，责任主体也可援引限制责任的规定。但当上述责任主体在申请责任限制时，在缔约国没有经常居住地或主要营业处所，或当事船未悬挂缔约国国旗时，缔约国可完全或部分不适用本公约的有关规定。

释义

Who May Limit?

The 1924 Limitation Convention benefited the shipowner alone. The 1957 Limitation Convention benefited the shipowner, charterer, manager and operator of the ship, as well as the master, members of the crew and other servants of the owner, charterer, manager or operator acting in the course of their employment. The 1976 Convention specifically benefits shipowners, salvors, charterers, managers, operators and insurers of a seagoing ship, as well as the vessel itself and "any person for whose act, neglect or default the shipowner or salvor is responsible".

（三）丧失限制责任的权利的情形

公约规定，如经证明，损害是由于责任人的"故意或明知可能造成却采取漫不经心的行为或不为”所致，则责任主体不得限制责任。

（四）限制性债权

除公约另有规定外，不论何种原因产生的责任，责任人对下列索赔均可限制赔偿责任：（1）发生在船上或与船舶营运或救助作业直接有关的人身伤亡以及财产灭失、损坏（包括对港口工程、港池、航道及助航设施的损坏）及其后续损失（consequential loss）；（2）有关海运货物、旅客及其行李的延误造成的损失；（3）与船舶营运或救助作业直接有关的因侵害非合同权利造成的损失；（4）有关使沉船、残骸、搁浅或被弃船（包括船上的任何物品）得以起浮、清除、销毁或使之无害；（5）有关使船上货物得以清除、销毁或使之无害；（6）非责任人为避免或减少根据本公约可限制责任的人须负责的损失而采取的措施及该措施造成的进一步损失。

值得注意的是，公约第 18 条规定，缔约国可以就前述第 4 项和第 5 项限制性债权做出保留。该公约目前大约有五十多个缔约国，但对前述第 4 项和第 5 项限制性债权做出保留的国家或地区只有 7 个（包括中国香港特区）。

（五）非限制性债权

公约规定，下列索赔不适用公约的规定：（1）救助报酬或共同海损分摊；（2）《1969年油污损害民事责任公约》及其生效议定书规定的油污损害；（3）调整或禁止核损害责任限制的国际公约或国内立法规定的债权；（4）向核动力船舶所有人提出的核损害索赔；（5）根据调整船舶所有人或救助人与其受雇人之间合同的法律规定，船舶所有人或救助人不得限制责任或虽可限制但限额高于本公约规定的。

Claims Exempt from Limitation

Art. 2 of the 1924 Convention provided for three types of claim which did not qualify for limitation of shipowner's liability: ① obligations arising out of acts or faults of the owner of the vessel; ② obligations arising out of contracts and transactions made by the master within the scope of his authority away from the vessel's home port and which were necessary for the preservation of the vessel or the continuance of the voyage; and ③ obligations relating to the engagement of the crew and other persons in the vessel's service. The right of action of crew members and other servants of the vessel against the carrying ship in case of bodily injury or death was determined by the “national law of the vessel” and the limitation of liability provisions did not apply to such claims. Nor could the owner/master invoke limitation for his own acts or faults, other than faults of navigation and faults of persons in his service.

Exclusions in the 1957 Convention include: ① claims for salvage and general average contributions; and ② claims of masters, crew members or servants (and their heirs or personal representatives or dependents) if the law governing the employment contract did not provide for limitation or established a higher limit than did the Convention.

The owner, charterer, manager and operator, who was also the master or a crew member of the ship，could not invoke limitation in respect of his own acts，neglect or default，unless they were committed in his capacity as master or crew member.

Art. 3 of the 1976 Limitation Convention provided that the Convention shall not apply to：① claims for salvage or general average contributions；② oil pollution damage claims within the meaning of the CLC Convention 1969 or any of its amendments or protocols；③ nuclear damage claims governed by an international convention or national legislation on limitation；④ nuclear damage claims against the owner of a nuclear ship；⑤ claims by servants of the shipowner or salvor whose duties are connected with the ship or the salvage operations（or their heirs or dependants）if the law governing the employment contract does not permit limitation or establishes a higher limitation than does the Convention.

The 1996 Protocol also excludes claims for special compensation under art. 14 of the Salvage Convention 1989.

The 1976 Convention permits states party to make a reservation，so as to exclude from the application of the Convention claims for wreck removal（the raising，removal，destruction or the rendering harmless of a ship sunk，wrecked or abandoned，and of anything that is or has been on board it）and claims for the removal，destruction or rendering harmless of the cargo of the ship. The 1996 Protocol permits Convention States to exclude claims for damage within the meaning of the International Convention on Liability and Compensation for Damage in Connection with the Carriage of Hazardous and Noxious Substances by Sea，1996 or any amendment or protocol thereto.

（六）责任限额及基金分配

1. 对于一般情况下发生的索赔，按船舶吨位分级计算。人身伤亡分五个等级，财产损害分四个等级。500 吨以下（包括 500 吨）的船舶按 500 吨计算。人身伤亡的赔偿以 333 000 SDR 为基数，财产损害的赔偿以 167 000 SDR 为基数。500 吨以上的吨位分级增加一定的数额，详见下表：

《1976 年公约》规定的责任限额

船舶吨位	人身伤亡	财产损害
1～500	333 000 SDR	167 000 SDR
每吨位增加		
501～3 000	500 SDR	167 SDR
3 001～30 000	333 SDR	
30 001～70 000	250 SDR	125 SDR
70 000 以上	167 SDR	83 SDR

对于单纯的人身伤亡索赔，用上表“人身伤亡”部分建立基金；对于单纯的财产损害，则用上表“财产损害”部分建立基金；当人身伤亡和财产损害同时发生时，则先用上

表中的“人身伤亡”部分及“财产损害”部分分别建立责任基金，如人身伤亡责任基金不足以清偿实际发生的人身伤亡索赔总额，不足部分可与实际发生的财产损害索赔总额，按比例分配财产损害部分建立的基金，然后用上表确定的人身伤亡责任基金加上“不足部分”分得的款额组成新的人身伤亡责任基金；用实际发生的财产损害索赔总额分的财产损害责任基金作为新的财产损害责任基金；各人身伤亡索赔人按比例分配新的人身伤亡责任基金；各财产损害索赔人则按比例分配新的财产损害责任基金。但须指出的是，公约还规定，对于损害港口工程、港池、航道及其他助航设施的财产损害索赔，缔约国可以在其国内法中规定，在不影响人身伤亡索赔清偿的前提下，这类财产损害索赔可优先于其他财产损害索赔而受偿。我国虽然没有加入该公约，但前述规定被写入我国《海商法》第210条中。

2. 对于非船救助方及在被救船上进行救助作业的救助方造成的损害，公约规定，不按上述办法计算，一律按1 500总吨计算责任限额，即人身伤亡责任基金为883 000 SDR，财产损害责任基金为334 000 SDR。所谓非船救助方，一般是指不在任何船上（包括救助船和非救助船）实施救助作业的救助方，如在飞机上或水中实施救助作业的救助方等。在被救助船上实施救助作业的救助方则是指在实施救助作业造成损害时，处在被救助船舶（遇难船）上实施救助作业的救助方。此时既不能用救助船的吨位，也不能用被救助船的吨位，公约规定，一律按1 500总吨计算。如果救助方在实施救助作业造成损害，是在救助船上的，则仍按一般情况对待，亦即仍按救助船的实际吨位计算责任限额。

3. 对于旅客人身伤亡的索赔，公约规定，不按船舶吨位计算，而按船舶的载客定员乘以46666 SDR计算，最高额不得超过25 000 000 SDR。

（七）责任基金的设立地点

公约规定，责任基金应在下列地点之一设立：① 事故发生的港口，若在港外发生，则在第一到达港；② 若系人身伤亡索赔，则在伤亡人员的离船港；③ 若系货物损害的索赔，则在卸货港；④ 实施（船舶）扣押的国家。

公约同时规定，一旦在上述地点设立或提交了责任基金或其他形式的担保，所有限制性债权人都不得再另行申请法院扣押责任主体的船舶或其他财产，已经扣押的，法院应予以释放。

（八）准据法

公约规定，除本公约另有规定外，有关责任基金的设立、分配等程序性问题，适用基金设立地法。

最后，《1976年公约》还对其他一些问题作出了规定，如反索赔的冲抵问题。对此，公约规定，若责任主体因同一事故有权向索赔人提出反索赔的话，则本公约的有关规定仅适用于相互冲抵之后的差额。再如，公约还规定，未设立责任基金，也可申请责任限制，但缔约国可在国内法中规定，当限制性债权人在本国法院提起诉讼时，责任主体仅在已按本公约的规定设立了责任基金或在申请责任限制时设立了责任基金，才可享有责任限制的权利。

释义

The Limitation Fund

1. Constitution of the Fund

The Limitation Convention 1924 contains no provisions referring expressly to a "limitation fund". The 1957 Convention permits the constitution of a limitation fund for claims arising on any "distinct occasion" where they exceed the Convention limits.

The 1976 Convention permits any person alleged to be liable to constitute a limitation fund. When the fund has been constituted, it is deemed constituted for all persons who could be liable. The fund is constituted before the court of the State Party where legal proceedings are instituted in respect of all claims subject to limitation. The fund is available only to pay such claims, so that claims exempt from limitation must be asserted separately. The fund is formed by a cash deposit or by the filing of a guarantee with the court or other competent authority "under the legislation of the state party where the fund is constituted".

The 1976 Convention also permits a defendant to invoke his right to limit liability without constituting a limitation fund unless national law otherwise provides, under procedures governed by national law. The 1976 Convention thus preserves the right to invoke limitation as a defence without prior constitution of a limitation fund. A state party, by national law, may require, however, that a person constitute such a fund before invoking the right to limit, where an action is brought in its courts to enforce a claim subject to limitation.

2. Effects of Constitution of the Fund

The constitution of the limitation fund results, under national law, in the court ordering: ① a stay of proceedings in any actions already begun in respect of the casualty concerned; and ② the filing of all claims relating to the casualty in the limitation proceedings, in accordance with the principle of concursus.

3. Distribution of the Fund

The 1924 Convention requires that the ranking of claims against the fund take account of the order of liens. Other matters affecting distribution are presumably left to national law as part of "modes of procedure" or "methods of execution".

Both the 1957 Convention and the 1976 Convention provide for the distribution of the fund in proportion to "established claims". No lien or privilege confers any priority over other claimants against the fund.

三、修改《1976年公约》议定书

1996年4月举行的IMO外交大会对《1976年公约》议定书草案进行了研究讨论，并最终通过了该议定书草案。

该议定书大大提高了一次事故可获得的赔偿数额，具体限额见下表：

《1976 年公约》议定书规定的责任限额

船舶吨位（总吨）	人身伤亡赔偿请求	其他赔偿请求
不超过 2 000	2 000 000 SDR	1 000 000 SDR
每吨位增加		
2 001～30 000	800 SDR	400 SDR
3 000～70 000	600 SDR	300 SDR
70 000 以上	400 SDR	200 SDR

该议定书已于 2004 年 5 月 13 日生效，目前有 49 个缔约国。

【重要术语中英文对照】

中文术语	英文术语
综合责任限制	global limitation of liability
海事赔偿责任限制	limitation of liability for maritime claims
船东责任限制	limitation of liability of shipowners
限制性债权	claims subject to limitation
非限制性债权	claims excepted from limitation
限制基金	limitation fund
设立基金	constitution of fund
基金分配	contribution of fund
单一责任制	single liability limitation
交叉责任制	cross liability limitation

【思考题】

1. 什么是海事赔偿责任限制制度？
2. 海事赔偿责任限制与民事赔偿责任的异同是什么？
3. 我国海商法规定的责任限制主体有几类？责任主体是否在任何情况下均能限制责任？
4. 依我国海商法的规定，哪些债权可以成为限制性债权？
5. 我国《海商法》上的非限制性债权包括哪些债权？
6. 海事赔偿责任限制与《海牙规则》中的单位责任限制有哪些不同？
7. 我国海商法在海事赔偿责任限制的责任限额上与 1976 年《海事索赔责任限制公约》有哪些不同的规定？
8. 为什么有关共同海损的债权不能成为限制性的债权？

【案例练习】

案例一：某外轮为 12 万总吨，在中国某港口发生海事，同时造成了人身伤亡和财产损害。其中人身伤亡的索赔总额为 36000000 SDR，财产损害索赔总额为 20000000 SDR。

【讨论】根据中国《海商法》的规定，该轮的人身基金及财产基金分别为多少 SDR?

案例二：某外国公司所有的一艘散货船在我国沿海触礁，导致燃油泄漏造成海洋污染，该公司为此在我国海事法院申请设立了海事赔偿责任基金。我国海事局在对泄漏的燃油组织清污后，向海事法院提起诉讼，请求判令该外国公司赔偿清污费损失，但被告抗辩其可以依据《海商法》第十一章的规定限制其赔偿责任。

【讨论】① 燃油泄漏造成的海域污染是否属于《海商法》第 207 条规定的限制性债权？如果是，是该条第 1 款规定的第几项限制性债权？② 清污费是否属于《海商法》第 207 条规定的限制性债权？如果是，是该条第 1 款规定的第几项限制性债权？

【推荐阅读文献】

1. 何丽新、谢美山:《海事赔偿责任限制研究》，厦门大学出版社 2008 年版

2. 夏元军：海事赔偿责任限制权力的扩张与平衡，载《上海大学学报（社会科学版）》2017 年第 2 期，第 17 页

3. 余晓汉：论海事赔偿请求限制性与非限制性之识别，载《国际法研究》2017 年第 4 期，第 183 页

4. 俊尹：海事赔偿责任限制程序制度之重构，载《中国海商法研究》2019 年第 1 期，第 31 页

5. 傅廷中：海事赔偿责任限制与承运人责任限制关系之辨，载《中国海商法研究》2018 年第 2 期，第 71-72 页

【扩展阅读资料】

Distinct Occasion and Aggregation of Claims

The 1976 Convention applies once and for all global aggregation of claims. Once a shipowner seeks to limit his liability under the 1976 Convention any claimant who is not a party to the limitation proceedings misses out altogether. This principle is provided under Article 9 of the 1976 Convention as the limits of liability applying "… to the aggregate of all claims which arise on any distinct occasion…" against the shipowner or other person entitled to limit liability under Article 1. Under Article 9（2）there is separate aggregation for passenger claims subject to the limits of Article 7. Therefore once a person is defined as a passenger it is not possible for that person to have a share in that ship's Article 6 funds to the extent that he has claims unsatisfied because of the limits under Article 7.

Article 9 states that the limits of liability determined under Article 6 apply to claims which arise on any distinct occasion. The expression "on any distinct occasion" is a matter for determination by the relevant court. In cases where one collision occurs at the beginning of the voyage and another at the end each collision constitutes a distinct occasion. And there is a limitation fund for each occasion. But if a ship is successively involved in a number of incidents problems may arise. In *The Rajah* a ship struck a tug and also the tow. It was held that there was one act of negligence，one distinct occasion and therefore one limitation fund.

In The Schwan it was stated that the important point was not the passage of time between the two incidents but whether the second loss resulted from the same act of negligence. Obviously the approach set out in The Schwan is easy to follow if the court can draw a line between the two acts of negligence, but in some cases like *The Calliope* the court was unable or not prepared to draw such a line. In this case it was again stated that the 12 hours difference between the two incidents alone was not decisive as the wording required an examination of the causation issue. As a general principle it was stated that a second incident may not be wholly distinct from the first. The onus of proving that the damage did not arise on distinct occasions rests with the ship that is seeking to limit its liability to a single occasion. In other words the owner has to prove that there is only one distinct occasion giving rise to a claim. The courts may allow more than one limitation fund where the occasions are separate but the causative acts of negligence are not completely distinct.

【指导性案例】

中海发展股份有限公司货轮公司申请设立海事赔偿责任限制基金案①

【裁判要点】

（1）对于申请设立海事赔偿责任限制基金的，法院仅就申请人主体资格、事故所涉及的债权性质和申请设立基金的数额进行程序性审查。有关申请人实体上应否享有海事赔偿责任限制，以及事故所涉债权除限制性债权外是否同时存在其他非限制性债权等问题，不影响法院依法作出准予设立海事赔偿责任限制基金的裁定。

（2）《中华人民共和国海商法》第210条第2款规定的“从事中华人民共和国港口之间的运输的船舶”，应理解为发生海事事故航次正在从事中华人民共和国港口之间运输的船舶。

【相关法条】

（1）《中华人民共和国海事诉讼特别程序法》第106条第2款。

（2）《中华人民共和国海商法》第210条第2款。

【基本案情】

中海发展股份有限公司货轮公司（以下简称货轮公司）所属的“宁安11”轮，于2008年5月23日从秦皇岛运载电煤前往上海外高桥码头，5月26日在靠泊码头过程中触碰码头的2号卸船机，造成码头和机器受损。货轮公司遂于2009年3月9日向上海海事法院申请设立海事赔偿责任限制基金。货轮公司申请设立非人身伤亡海事赔偿责任限制基金，数额为2 242 643计算单位（折合人民币25 442 784.84元）和自事故发生之日起至基金设立之日止的利息。

上海外高桥发电有限责任公司、上海外高桥第二发电有限责任公司作为第一异议人，中国人民财产保险股份有限公司上海市分公司、中国大地财产保险股份有限公司上海分公司、中国平安财产保险股份有限公司上海分公司、安诚财产保险股份有限公司上

① 最高人民法院审判委员会讨论通过2013年1月31日发布。

海分公司、中国太平洋财产保险股份有限公司上海分公司、中国大地财产保险股份有限公司营业部、永诚财产保险股份有限公司上海分公司等7位异议人作为第二异议人，分别针对货轮公司的上述申请，向上海海事法院提出了书面异议。上海海事法院于2009年5月27日就此项申请和异议召开了听证会。

第一异议人称："宁安11"轮系因船长的错误操作行为导致了事故发生，应对本次事故负全部责任，故申请人无权享受海事赔偿责任限制。"宁安11"轮是一艘可以从事国际远洋运输的船舶，不属于从事中国港口之间货物运输的船舶，不适用交通部《关于不满300总吨船舶及沿海运输、沿海作业船舶海事赔偿限额的规定》（以下简称《船舶赔偿限额规定》）第四条规定的限额，而应适用《中华人民共和国海商法》（以下简称《海商法》）第210条第1款第(2)项规定的限额。

第二异议人称：事故所涉及的债权性质虽然大部分属于限制性债权，但其中清理残骸费用应当属于非限制性债权，申请人无权就此项费用申请限制赔偿责任。其他异议意见和理由同第一异议人。上海海事法院经审理查明：申请人系"宁安11"轮登记的船舶所有人。涉案船舶触碰事故所造成的码头和机器损坏，属于与船舶营运直接相关的财产损失。另，"宁安11"轮总吨位为26 358吨，营业运输证载明的核定经营范围为"国内沿海及长江中下游各港间普通货物运输"。

【裁判结果】

上海海事法院于2009年6月10日作出(2009)沪海法限字第1号民事裁定，驳回异议人的异议，准许申请人设立海事赔偿责任限制基金，基金数额为人民币2 5442 784. 84元和该款自2008年5月26日起至基金设立之日止的银行利息。宣判后，异议人中国人民财产保险股份有限公司上海市分公司提出上诉。上海市高级人民法院于2009年7月27日作出(2009)沪高民四(海)限字第1号民事裁定，驳回上诉，维持原裁定。

【裁判理由】

法院生效裁判认为：根据《最高人民法院关于适用〈中华人民共和国海事诉讼特别程序法〉若干问题的解释》第83条的规定，申请设立海事赔偿责任限制基金，应当对申请人的主体资格、事故所涉及的债权性质和申请设立基金的数额进行审查。货轮公司是"宁安11"轮的船舶登记所有人，属于《海商法》第204条和《中华人民共和国海事诉讼特别程序法》第101条第1款规定的可以申请设立海事赔偿责任限制基金的主体。异议人提出的申请人所属船舶应当对事故负全责，其无权享受责任限制的意见，因涉及对申请人是否享有赔偿责任限制实体权利的判定，而该问题应在案件的实体审理中解决，故对第一异议人的该异议不作处理。

鉴于涉案船舶触碰事故所造成的码头和机器损坏，属于与船舶营运直接相关的财产损失，依据《海商法》第207条的规定，责任人可以限制赔偿责任。因此，第二异议人提出的清理残骸费用属于非限制性债权，申请人无权享有该项赔偿责任限制的意见，不影响法院准予申请人就所涉限制性债权事项提出的设立海事赔偿责任限制基金申请。

关于"宁安11"轮是否属于《海商法》第210条第2款规定的"从事中华人民共和国港口之间的运输的船舶"，进而应按照何种标准计算赔偿限额的问题。鉴于"宁安11"轮营业运输证载明的核定经营范围为"国内沿海及长江中下游各港间普通货物运输"，涉案事故发生时其所从事的也正是从秦皇岛港至上海港航次的运营。因此，该船舶应认定为“从事中华人民共和国港口之间的运输的船舶”，而不宜以船舶适航证书上记载的船舶可航区域或者船舶有能力航行的区域来确定。为此，异议人提出的“宁安11”轮所准予航行的区域为近海，是一艘可以从事国际远洋运输船舶的意见不予采纳。申请人据此申请适用《海商法》第210条第2款和《船舶赔偿限额规定》第4条规定的标准计算涉案限制基金的数额并无不当。异议人有关适用《海商法》第210条第1款第(2)项规定计算涉案基金数额的主张及理由，依据不足，不予采纳。鉴于事故发生之日国际货币基金组织未公布特别提款权与人民币之间的换算比率，申请人根据次日公布的比率1:11.345计算，异议人并无异议，涉案船舶的总吨位为26 358吨，因此，涉案海事赔偿责任限额为〔(26 358 − 500) × 167 + 167 000〕× 50% = 2 242 643特别提款权，折合人民币25 442 784.84元，基金数额应为人民币25 442 784.84元和该款自事故发生之日起至基金设立之日止按中国人民银行同期活期存款利率计算的利息。

第十二章　船舶污染损害赔偿

学习目标

海上油污损害是海商法领域的特殊海上侵权行为。随着海上运输事业和海上石油开采业的发展，海上油污损害事件频繁发生，诸如大型油轮触礁搁浅或者船舶碰撞导致所运载的原油泄漏，由此造成的油污损害后果日益严重，对海洋环境构成重大威胁，这引起了世界各国和国际社会的高度重视。为此，从20世纪60年代以来至今，在国内法、国际公约、民间协定中进行了不少有关防止船舶污染及其损害责任的规定，在海商法领域已经建立起较为完善的调整船舶污染的法律制度。

通过本章学习，掌握规范船舶污染海洋环境的国际公约的主要内容，联系我国船舶污染海洋环境的立法现状，明确我国防治船舶污染的立法方向。

船舶污染为海洋环境污染的主要类型之一，是一种新型的特殊海上侵权行为。这是随着20世纪50年代以后的石油工业、化工工业的发展以及油类、有毒货物海运量的大大增加而逐渐成为当代危害沿岸各国居民身体健康、损害财产和资源、危害海洋环境、破坏海洋生态平衡、威胁人类的主要污染源之一的。据有关资料统计，现代海洋环境污染中有35%的污染为船舶污染。有鉴于此，自20世纪60年代始，国际上、区域内和各沿海国国内都为防止和减少船舶污染损害作出了不懈的努力和各方面的尝试，逐步建立、完善了防止船舶污染和船舶污染损害责任的法律制度。本章以防止船舶油污为中心，结合有关国际规定和国内立法研究船舶污染侵权行为的法律问题。

第一节　船舶污染损害赔偿概述

一、船舶污染概述

（一）船舶污染的概念及特征

海洋环境污染由多方面原因造成，就污染源而言，主要有陆源污染、船舶污染、海洋石油勘探与开发污染、海岸工程污染、倾倒废物和大气污染。其中，船舶污染是最重要的类型之一。船舶污染是指船舶逸漏或排放污染物于海洋，产生损害海洋生物资源、危害人体健康、妨害渔业和其他海上经济活动、损害海水使用质量、破坏环境优美等有害影响。根据这一概念，船舶污染有四个方面的基本特征：

第一，船舶污染必须是船舶逸漏或排放污染物于海洋，而不是通过船舶专门将陆上有害物质倾倒于海洋。这一特点强调污染物是从船舶中排放或逸漏，亦即污染物来自营运过程中的船舶，有别于通过船舶将陆上产生的污染物倾倒于海洋的行为。所谓逸漏是指自船体慢慢地逸出。

第二，船舶污染的污染物质通常是运输中的有害物质和船舶清除垃圾、船上人员生活污水，但主要是油类物质。

第三，船舶污染是一种特殊的海上侵权行为，属于环境侵权行为。在这种侵权行为关系中，与污染船舶有关的当事人为侵权人，包括船舶所有人、经营人、承租人和对环境污染事件负有直接责任的人员，如船长、船员。但在通常情况下，侵权人为船舶所有人，由船舶所有人承担责任。污染受害人为沿海国家、当地政府、居民、渔民和企业。船舶污染侵权行为的后果往往是损害海洋生物资源、危害人体健康、妨害包括渔业在内的各种海上活动、损害海水使用质量、破坏自然环境景物等。船舶所有人对其船舶逸出或排放的油类所造成的损害，无论其本人、船长、船员或其他受雇人员是否有过错，均须承担赔偿责任。

第四，船舶污染具有跨国性或国际性，容易引发复杂的国家管辖问题。这一特点是船舶的移动性和海洋的自然流动性所决定的。如船舶污染行为发生在船舶上，应归船旗国管辖，而当船舶航行于另一国领海、专属经济区或停泊在另一国港口时，其污染行为或后果又会处于该国管辖范围内，这样就容易发生国家之间的管辖权冲突。

（二）船舶污染的性质

传统的民法理论认为，侵权行为的构成要件有四，即：损害事实的客观存在、致害行为的违法性、侵权行为与损害事实之间具有因果关系以及致害人的过错。但是，船舶污染所造成的损害后果往往是受害者不堪承担的，因此，国际公约和各国立法一般对船舶污染采用无过错责任原则，即规定：船舶所有人，对船舶逸出或排放的污染物造成的污染损害，除少数依法可免责的情形外，不论其本人、船长、船员或其他受雇人员是否有过错，均须承担赔偿责任。船舶污染侵权行为的构成要件有三个。

（1）船舶污染行为具有违法性。对行为的违法性不能作片面的理解，不能仅归之于违反排污标准。

（2）船舶污染造成的损害事实。船舶污染的损害事实是指船舶逸漏或排放污染物质，致使他人的人身或财产因污染而遭到损坏或灭失的客观事实。根据有关的国际公约，一般包括船舶逸出或排放的污染物直接造成的财产损失或人身伤害、为防止或减轻污染损害而采取合理措施的费用以及采取补救措施所造成的进一步灭失或损害。

（3）损害行为与船舶污染的因果关系。这种因果关系应是一种直接的因果关系，即损害是非法侵害的直接后果。例如，油污事件损害了某地的旅游资源，那么作为对旅游资源恢复而产生的费用以及旅游业主要使用价值（如沙滩海岸风景点等）减少的经济补偿，油污责任者应加以赔偿。至于旅游资源损害，从而导致旅游业衰败，造成旅客客源减少，亦使铁路、航空公司营业收入降低，虽然这也是经济损害，但与油污毕竟没有内在的直接因果关系，所以不能列为油污责任者的赔偿范围。

二、船舶污染损害赔偿立法概述

（一）船舶污染损害赔偿立法特点

船舶油污损害赔偿具有下列不同于其他海事损害赔偿的特点：① 严格责任原则。装运散装持久性油类货物的船舶所有人，对船舶逸出或排放的油类所造成的油污损害，除免责情况外，不论其本人、船长、船员或其他受雇人或代理人是否有过错，均须承担赔偿责任。② 高额赔偿责任限制。虽然船舶所有人在一定情况下，对油污损害的赔偿可享受责任限制，但其责任限额通常大大高于一般海损赔偿责任限额。③ 货主分摊油污损害。进口或接受海运石油超过一定数量的人须交付摊款，设立特别基金，参加油污损害的分摊。④ 船舶污染损害赔偿责任实行强制保险，受害人可直诉责任保险人，这是船舶污染损害赔偿的共同特点。

（二）船舶污染损害赔偿立法现状

由于船舶污染具有国际性，因而要有效地防止船舶污染，准确地确定污染责任，必须在一个国际的水平上采取行动。在国际海事组织等国际组织的推动下，国际上陆续出现了一系列有关船舶污染损害赔偿的国际公约，海洋环境污染损害赔偿责任机制已经基本形成。已经生效的有《1969 年国际油污损害民事责任公约》（International Convention on Civil Liability for Oil Pollution Damage，1969，以下简称《1969 年民事责任公约》及其议定书，《1971 年设立国际油污损害赔偿基金的国际公约》（International Convention on the Establishment of an International Fund for Compensation for Oil Pollution Damage，1971，以下简称《1971 年基金公约》）及其议定书，《1992 年国际油污损害民事责任公约》及其 2000 年议定书（以下简称《1992 年责任公约》《1992 年设立国际油污损害赔偿基金国际公约》及其 2000 年议定书（以下简称《1992 年基金公约》）《2001 年船舶燃油污染损害民事责任公约》（以下简称《2001 年燃油公约》），尚未生效的有《1996 年国际海上运输有毒有害物质损害责任和赔偿公约》（以下简称《1996 年有毒有害公约》）及其 2010 年议定书。这些国际公约的制定和实施，标志着国际船舶污染损害赔偿制度进一步趋于完善。我国参加了《1992 年责任公约》和《1992 年基金公约》（后者仅对香港地区生效），但由于我国在处理民商事国际公约与国内法的关系上，附以“涉外因素”的限制条件，因此，我国即使将来也参加其他国际公约，上述公约对我国也只适用于具有涉外因素的船舶载运货油污染、船舶燃油污染、船舶载运有毒有害物质造成的污染损害赔偿。国际公约适用的局限性表明：单凭加入相关的国际公约，还不能解决船舶污染损害赔偿的全部法律问题，还必须从我国国情出发，建立起完善的船舶污染损害赔偿机制。

1967 年“托利•堪庸”号油污事件引起了公众舆论的强烈反响，油船船东和石油企业迫于压力，不得不制定计划通过一系列民间协定的方式得以实施，如《1969 年油船所有人自愿承担油污损害责任的协定》和《1971 年油船油污损害责任暂行补充协议》以及此后的逐次修正案。

我国除加入了《1992 年责任公约》外，在国内立法上，我国尚没有关于船舶污染损害赔偿的专门立法，国内相关立法主要有《民法通则》《海商法》《海洋环境保护法》《防治船舶污染海洋环境管理条例》。

第二节　船舶污染损害赔偿一般理论

一、船舶污染损害赔偿一般规定

船舶油污损害赔偿、船舶燃油污染损害赔偿和海上运输有毒有害物质损害赔偿的国际公约，适用于不同物质造成的污染损害，但其基本制度是相通的。

（一）适用范围

三个国际公约均适用于在缔约国领土、领海和专属经济区内发生的船舶污染损害，以及不论在何处采取的防止或者减轻此种损害的预防措施。包括由于采取预防措施而造成的进一步的灭失或损害。

（二）责任基础

三个国际公约对船舶污染损害均实行严格责任，也就是说，只要造成了污染损害，除存在法定的免责事由外，船舶所有人都要承担赔偿责任，不管其是否存在过错。法定免责事项包括：① 由于战争行为、敌对行为、内战、武装暴动，或特殊的、不可避免和不可抗拒性质的自然现象所引起的损害。② 完全是由于第三者有意造成损害的行为或不行为所引起的损害。“完全”指造成油污损害的唯一原因是第三人有意的行为或不行为，“有意”指故意，不包括过失。因此，如果一艘船舶在航行中因过失碰撞锚泊中的油船并造成油船溢油污染海洋环境，油船所有人仍须对油污损害负责，但不妨碍其向过失船舶所有人追偿。③ 完全是由于负责灯塔或其他助航设施管理的政府或其他主管当局在履行其职责时的疏忽和其他过失行为造成的损害。此项仅指负责助航设施管理的政府或其他主管当局在助航设施维修保养方面的过失行为，不包括本应在某一危险物上设置助航设施而没有设置或错误设置等情况。④ 损害全部或部分是由于受害人的故意或过失行为所引起，在船舶所有人能够举证证明的情况下，可以全部或部分免除其对该受害人的责任。

（三）责任主体

船舶所有人是船舶污染损害赔偿的责任主体。这一规定表明，船舶污染损害事故一经发生，污染受害人索赔污染损害只能向直接造成污染损害的船舶所有人提出。

污染损害赔偿请求，不得对下列人员提出，除非损害是由于他们的故意或者明知可能造成这种损害而轻率地作为或不作为所引起：① 船舶所有人的受雇人或者代理人；② 引航员或者为船舶提供服务的非属船员的任何其他人；③ 船舶承租人、船舶管理人或者船舶经营人，但《2001 年燃油公约》有例外规定（公约第 3 条第 1 款）；④ 经船舶所有人同意或者根据主管机关的指令进行救助作业的任何人；⑤ 采取预防措施的任何人；

⑥ 第③④⑤项所述人员的受雇人或者代理人(《1992 年责任公约》第 4 条 2 款、《HNS 公约》第 7 条第 5 款)。这一规定进一步表明船舶油污损害的赔偿只能向船舶所有人提出。

(四)责任限制权利的丧失

对于责任限制权利丧失的规定,三个公约的规定都是相同的,即"如经证明,船舶污染损害是由于船舶所有人的故意或者明知可能造成此种损害而轻率地作为或不作为所造成,则船舶所有人无权援引各自公约规定的责任限制"。

(五)强制保险

出于对海洋环境和人命安全的保护,强制保险制度越来越多地出现在相关的国际公约之中,本章所涉三个国际公约,均规定船舶所有人就污染损害赔偿责任实行强制保险或财务担保制度。

(六)直接诉讼

在实行强制保险的同时,三个公约还规定,污染的受害方可以直接对承担船舶所有人污染损害赔偿责任的保险人或财务担保人提起诉讼,这样才能最大限度地保护油污受害方。同时规定保险人或财务担保人可以享受相应的责任限制(使船舶所有人不能享受责任限制的情况也不例外),可以援引船舶所有人有权援用的所有抗辩理由以及油污损害是由船舶所有人故意或重大过失所致的抗辩理由,但不得以船舶所有人已告破产或关闭以及船舶所有人在向他提起诉讼中有权援用的抗辩理由进行抗辩。

(七)连带责任

当发生涉及两艘或者两艘以上船舶的事故并造成污染损害时,相关船舶的所有人除可免除赔偿责任外,应对所有无法合理分开的污染损害承担连带赔偿责任。相关船舶的所有人对污染损害承担连带赔偿责任的条件是:(1) 船舶所有人不能依法免责;(2) 两船或者多船皆漏油或者不能确定是一船还是两船或多船漏油;(3) 漏油船各自造成污染损害的程度无法合理分开。这一连带赔偿责任的规定,既适用于相同污染物造成的污染损害,也适用于不同污染物造成的污染损害。

当两种或者两种以上污染物造成混合污染时,被请求人的责任限制适用本章各节的相应规定。例如,如果请求是向本章第二节规定的油污船舶所有人提出,则适用《1992 年责任公约》的规定,如果请求是向本章第三节规定的燃油污染船舶所有人提出,则适用《2001 年燃油公约》的规定。

二、船舶污染损害赔偿相关定义

除上述基本制度相同外,三个公约对适用的船舶和责任主体以及污染损害等的定义基本相同,但也存在不同之处。

(一)船舶污染损害赔偿相关定义的相同之处

(1)"船舶"。除《1992 年责任公约》对船舶给出特别的定义外,本章船舶定义与《海商法》第 3 条"船舶"具有相同的含义。

(2)"船舶所有人"。上述三个公约就船舶所有人的定义比我国《海商法》第 9 条更明确、更具有可操作性。《1992 年责任公约》第 1 条第 3 项和《HNS 公约》第 1 条第 3 项将“船舶所有人”界定为“依法登记为船舶所有人的人，或者，如无登记，是指实际拥有船舶的人，或者，对国家所有的船舶，是指依法取得法人资格由国家授予经营管理船舶的公司”。在《2001 年燃油公约》中，船舶所有人还包括光船承租人、船舶管理人和船舶经营人(《2001 年燃油公约》第 1 条第 3 项)。

(3)“污染损害”。是指：(1) 由于船舶溢出或者排放油类货物、燃油或者有毒有害物质，而在运输这些油类货物、有毒有害物质或者船用燃油的船舶之外因污染而造成的财产的灭失或损害，以及造成船上或者船外的人身伤亡。但是，对环境损害的赔偿，除这种损害所造成的利润损失外，应限于实际采取或者即将采取的合理措施的费用。(2) 预防措施的费用和因预防措施而造成进一步的灭失或者损害。

在“污染损害”的定义中，除第(1)项中“以及有毒有害物质在运输船上或船外所造成的人身伤亡”的规定系出自《HNS 公约》第 1 条第 6 项的规定外，其余内容与《1992 年责任公约》第 1 条第 6 项、《2001 年燃油公约》第 1 条第 9 项和《HNS 公约》第 1 条第 7 项中预防措施的定义相同。

(4)“事故”。是指具有同一起因的、造成污染损害或者促成此种损害严重和紧迫威胁的任何一个或一系列事件。

(5)“预防措施”。是指事故发生后，为防止或者减轻污染损害而由任何人所采取的合理措施。“预防措施”可以由任何人采取，因而责任人可自行采取预防措施。如前所述，“污染损害”包括预防措施的费用和因预防措施而造成进一步的灭失或者损害。因此，责任人自行采取的预防措施费用和因预防措施而造成进一步的灭失或者损害，亦可从责任限制基金中受偿。①

(二)船舶污染损害赔偿相关定义的不同之处

三个公约有关定义的最大不同之处在于责任限额。《1992 年责任公约》和《HNS 公约》有自己的独立限额，此限额将与海事赔偿责任限额并行存在。如载运散装货油的船舶或载运有毒有害物质的船舶发生海难，每一船舶都将存在两个并行独立的限额。油船的两个限额是：依据《1992 年责任公约》确定的责任限额和依据国内法或海事赔偿责任限制的国际公约(如 1976 年海事赔偿责任限制公约)确定的责任限额。运送有毒有害物质船舶的两个限额是：依据《HNS 公约》确定的责任限额和依据国内法或海事赔偿责任限制的国际公约确定的责任限额。而《2001 年燃油公约》不同，它没有独立的限额，而是与海事赔偿责任限制的国内法或国际公约共享一个限额。当一船发生燃油污染事故，同时造成他人船舶或货物损害，燃油污染损害受害人的债权将与其他财产损害的债权按比例分享该船所适用的海事赔偿责任限制的限额。

---

① 因此，《1992 年责任公约》第 5 条第 8 款规定，“对船舶所有人主动防止或者减轻污染损害而引起的合理费用或者做出的合理牺牲所提出的索赔，应与其他索赔方在基金分配中处于同等地位”。该条还就污染损害索赔的代位权和代位索赔在责任限制基金中的预留作出规定。

Difference Between Preventive Measures and Threat Removal Measures[①]

Threat removal measures are, by the very sound of the phrase, those measures which would be taken in the very first instances before there has been a natural escape or discharge of oil but where there is apparently a grave and immediate danger of there being such an escape. Preventive measures are measures taken after an incident has occurred and there has been an escape of oil. The main purpose of preventive measures would be with a view to preventing any further pollution damage or any further escape or discharge of oil from the ship. The distinguishing between what are preventive measures on these lines and what is in fact a salvage operation could be difficult and in order to make that distinction it will be necessary to determine whether the measures taken were directed towards the prevention of further pollution damage or further escape or discharge of oil and not taken for the wider reasons of ensuring the safety of the tanker itself, its crew and/or its cargo. Measures taken with the latter and wider purposes in mind would be classed as salvage services and would therefore be outside the scope of the oil pollution treaties or agreements.

第三节　船舶油污损害赔偿

一、《1969年民事责任公约》及《1971年基金公约》

（一）《1969年民事责任公约》

《1969年民事责任公约》，是1969年11月29日由国际海事协商组织主持在布鲁塞尔召开的海上污染损害法律会议上通过的，于1975年6月19日生效。我国于1980年1月30日交存核准书，同年4月29日对我国生效。

《1969年民事责任公约》主要有以下内容。

1. 适用范围

公约适用于在缔约国登记的载运2000吨以上散装油类货物的任何类型的海运船舶和海上船艇，但军舰或其他为国家所有或经营，且在当时仅用于政府非商业性服务的船舶除外。油类指任何持久性油类，如原油、燃料油、重柴油、润滑油和鲸油。适用的地域为缔约国领土（包括领海）。

2. 责任主体

责任主体为船舶所有人，船舶所有人的代理人或工作人员对油污损害不负赔偿责任。船舶所有人包括以下公司和人员：登记为船舶所有人的人；没有登记的，指拥有该船舶的人；船舶为国家所有，而由在该国登记为船舶经营人的公司所经营的，船舶所有人为

① Christopher Hill, Maritime Law (Fifth Edition), LLP, 1998, p.429.

这种公司。

3. 民事赔偿责任与例外

只要有关船舶逸出或排放油类并污染了缔约国领域，船舶所有人即应负赔偿责任。多船溢出或排放的油类而造成损害时，有关船舶所有人应对不能合理区分的损害承担连带责任。船舶所有人承担油污损害赔偿责任的范围包括在缔约国领土或领海上发生的污染所造成的灭失或损害，采取补救措施的费用以及由于采取补救措施而造成的进一步灭失或损害。

Damages

The Convention defines pollution damage as loss or damage caused outside the ship carrying oil by contamination resulting from the escape or discharge of oil from the ship, wherever such escape or discharge may occur, and includes the costs of preventive measures and further loss or damage caused by preventive measures.

船舶所有人证明损害是由于下列原因造成的，不负赔偿责任；战争行为、敌对行为、内战、武装暴动，或特殊的不可避免的和不可抗拒的自然现象；完全由第三人故意的作为或不作为造成的；负责灯塔或其他助航设施管理的政府或其他主管当局履行其职责时的疏忽或过失造成的。此外，如果损害是由受害人的故意或疏忽行为造成的，则船舶所有人对故意引起的损害不负责任，对疏忽引起的损害可全部或部分免责。

Exemptions from Liability

Under the 1969 CLC the shipowner is strictly liable subject to various exceptions which the shipowner must prove. By Article 3（2）:

“No liability for pollution damage shall attach to the owner if he proves that the damage:

（a）resulted from an act of war，hostilities，civil war，insurrection or a natural phenomenon of an exceptional，inevitable and irresisitible character，or

（b）was wholly caused by an act or omission done with intent to cause damage by a third party，or

（c）was wholly caused by the negligence or other wrongful act of any Government or other authority responsible for the maintenance of lights or other navigational aids in the exercise of that function.”

4. 责任限额与限制基金

船舶所有人有权将其对任何油污事故的赔偿总额限定为按船舶吨位计算每吨 2 000 金法郎，但这种赔偿总额在任何情况下不得超过 2. 1 亿金法郎。船舶所有人实际过失或私谋造成损害的，无权享受责任限制。船舶所有人为取得责任限制权，应向任何油污发生地的缔约国法院或其他主管当局设立相当于责任限制总额的基金。

5. 强制保险与保证

缔约国登记载运2000吨以上的散装油类货物的船舶所有人必须进行保险或取得其他财务保证，以便履行公约规定的其对油污损害应负的责任。缔约国应向每一船舶签发证书以证明其已进行保险或取得其他财务保证。对油污损害的任何索赔，可直接向保险人或财务保证人提出。

释义

Compulsory Insurance

It was a feature of the 1969 CLC that every ship registered in a Contracting State and carrying more than 2,000 tonnes of oil in bulk as cargo, shall maintain insurance or other form of security to cover the sum arrived at by applying the limitation of liability calculations provided for elsewhere in the Convention's text. This requirement is retained in the same form in the 1992 Convention and can be found in Article Ⅶ.

The requirement is in practice attested to by a certificate issued to the vessel by the appropriate authority of the Contracting State once that authority has satisfied itself that adequate insurance or alternative security is in place. Such insurance will normally be provided by a P & I which includes within its ordinary third party risk cover, oil pollution to the extent and limit of the Convention's provisions.

It is specially provided (Article Ⅶ, section 8) that any claim for compensation for damage caused by oil pollution may be brought directly against the insurer or whoever provides the security and means that the insurer thus becomes guarantor and is exposed to direct action. He may, however, *in his own right*, limit his liability regardless of whether the shipowner himself has lost or retained his own right to limit.

The limitation fund may only be used for the satisfaction of claims allowed under the Convention.

A measure of uniformity and flexibility is introduced by Article Ⅶ, section 7 whereby certificates which are issued or certified under the authority of a particular Contracting State will be accepted by other Contracting States and shall be regarded by other Contracting States as having the same force as certificates issued or certified by them, even if issued or certified in respect of a ship not registered in a Contracting State. This section also allows a Contracting State to consult with the issuing or certifying State if it considers that the insurer or guarantor named in the certificate is not in fact financially capable of meeting the obligations which are imposed by the Convention.

Article Ⅶ, section 10 makes the strict provision that a Contracting State shall not permit a ship under its flag to which Article Ⅶ applies to trade, unless a certificate has been issued in pursuance of Article Ⅶ and furthermore, section 11 requires each Contracting State to ensure that insurance or some other form of security required by Article Ⅶ is in force in respect of any ship, wherever it may be registered, when it enters or leaves a port in its territory or arrives at or leaves an off-shore terminal in its territorial sea provided, of course, that that ship actually carries more than two thousand tonnes of oil in bulk as cargo.

By the close of 1996 some 19 countries including the UK, had signified adoption of 1992 CLC but to obtain details of current ratifications and the names of the countries, those interested should contact the Institute of Maritime Law which publishes such statistics.

（二）《1971 年基金公约》

尽管《1969 年民事责任公约》规定船东对油污损害承担严格责任，而且在此基础上还规定了较高的责任限额(《1969 年民事责任公约》规定的船东对油污损害的责任限额是《1957 年船舶所有人责任限制公约》中规定的一般海损赔偿限额的两倍)，但对于危害性极强的油污而言，仍然显得不够，正是在这种情形下，《1971 年基金公约》应时而生。

《1971 年基金公约》主要有以下内容。

1. 赔偿基金的目的与法律地位

设立基金的目的有二：一是在《1969 年民事责任公约》不能对受害人提供充分保护时，提供污染损害赔偿；二是对《1969 年民事责任公约》加予船舶所有人的额外经济负担提供补偿，但这种补偿必须满足为保证符合海上安全和其他公约规定的条件。

赔偿基金在各缔约国应被认为是法人，能按照该国法律享受权利承担义务，并能在该国法院的诉讼中作为一方当事人，基金及其资产在缔约国享受税收减免、豁免。

2. 基金摊款

赔偿基金的款项由缔约国中在其领土内的港口或油站接受海运石油总计 15 万吨以上的任何人摊款组成。

3. 基金的赔偿与补偿

（1）赔偿基金对遭受油污损害的人因下列原因不能按照《1969 年民事责任公约》的规定得到全部或足够的损害赔偿时给予赔偿：依照《1969 年民事责任公约》不产生损害赔偿责任；船舶所有人无力履行依据《1969 年民事责任公约》承担的义务，或者他的保险所得以及/或者财务保证本身是不充分的；损害价值超过了船舶所有人依据 CLC 公约承担的责任限额。

基金对每一油污事件应付的赔偿金合计金额予以限制，即该合计金额加上按《1969 年民事责任公约》对缔约国领土上造成的油污损害所实际付出的赔偿金额，包括赔偿基金依本公约补偿给船舶所有人的余额在内，不应超过 4. 5 亿法郎。由于特殊的不可避免的和不可抗拒性质的自然现象而造成的油污，赔偿基金应付的赔偿金合计金额不应超过 4. 5 亿法郎。由于已发生的事故造成的损失额变化与币值变化，基金大会可以决定变更上述 4. 5 亿法郎，但变更后的金额不能超过 9 亿法郎或低于 4. 5 亿法郎。

（2）基金对船舶所有人的补偿。基金对船舶所有人及其保证人进行补偿的部分的限额为：超过相当于按船舶吨位每吨 1 500 金法郎计算的金额，或者总额 1. 25 亿金法郎，以两者中较小者为准，不超过相当于按船舶吨位每吨 2000 金法郎计算的金额，或总额

2.1亿金法郎，以较小者为准。当致损原因中含有船东的有意识的不当行为时，基金不须给予补偿。

（3）基金不予赔偿的情形。基金不予承担赔偿义务的情形主要包括：油污损害是由战争、敌对行为、内战或者武装暴动造成的，或者是因军舰或政府所有的非商用船舶逸漏或排放油类造成的；索赔人无法证明损害是由油污事故造成的，不论该事故涉及一船或者多船。

二、《1992年民事责任公约》及《1992年基金公约》

《1969年民事责任公约》及《1971年基金公约》有力维护了油污受害人的合法权益，共同构筑起了油污损害赔偿领域国际法的基础。但随着海上活动的日益复杂和多样化，特别是随着人们对自身生存环境的日益重视，公约需要不断修订，两公约均于1976年、1984年及1992年制定出了议定书。两公约的1984年议定书均未生效，现行有效的是1992年议定书。

（一）《1992年民事责任公约》

与《1969年民事责任公约》相比，《1992年民事责任公约》规定的损害赔偿范围更广，责任限额更高。根据公约，油污损害不仅包括污染直接造成的灭失或损害，还包括为避免或减少可能因溢漏或排放油类导致损害发生的严重威胁而采取合理措施的费用以及由于采取此种措施而导致的损害。就责任限额而言，根据《1992年民事责任公约》，油污损害的责任限额为：对于不超过5 000总吨的船舶，每次事故的限额为300万特别提款权；对于超过5 000总吨的船舶，限额为在300万特别提款权基础上，每超过一吨，增加420特别提款权，但最高不超过5 970万特别提款权。

此外，与更高的限额相适应，打破限额以及船东被剥夺这一有价值的权利的条件也发生了改变，索赔者剥夺船东享有的责任限制的权利相比过去而言要困难得多。回顾《1969年民事责任公约》中关于船东享有责任限额的例外的规定，为实际过失或知情，而《1992年民事责任公约》则规定为船东的故意或疏忽的作为或不作为；以及对可能导致污染损害的明知。应当说，1992年议定书规定的责任限额与公约的最初规定相比，有了很大的提高。

然而，面对1997年发生在日本沿海的Nakhodka事故与1999年12月发生在法国沿岸的Erika事件带来的灾难后果，现有的赔偿限额仍显得救济乏力。2000年10月，国际海事组织提出议定书修正案，将责任限额提高了50%。具体而言，5 000总吨以下（含5 000总吨）的船舶，赔偿限额为451万特别提款权；5 000总吨以上的船舶，每增加1吨，增加631特别提款权，但最高不超过8 977万特别提款权。值得注意的是，此次提高责任限额没有采取单独议定书的形式，而是以1992年议定书修正案的形式提出的。如果在2003年11月1日以前，没有1/4的缔约国表示反对，这项修正案将生效，并将约束所有缔约国，包括表示反对的国家，除非该国退出1992年议定书。

（二）《1992年基金公约》

与《1971年基金公约》相比，《1992年基金公约》的实质性变化亦主要在于赔偿限额的提高：一次油污事件的责任限额为1.35亿特别提款权，其中包含了依据《1992年民事责任公约》偿付的金额。无论何时，只要三个公约缔约方国内的货油企业经销油类总量的总和在前一日历年度达到或超过6亿吨，那么一旦发生基金负有义务的污染事件，最高限额可以提高到2亿特别提款权。

但是，《1992年基金公约》取消了对船舶所有人的补偿。而且，该公约的免责规定对《1971年基金公约》第4条第3款有所改变，规定，"如经本基金证实，油污损害的全部或部分是由于受害人故意的行为或不为或疏忽所致，则本基金可全部或部分地免除对此种人员的赔偿义务。在任何情况下，本基金的赔偿责任均应在根据《1992年责任公约》第3条第3款规定船舶所有人可免除其赔偿责任的范围内被免除。但就预防措施而言，不免除本基金的此种责任"。这一免责的规定同《HNS公约》的规定是完全一致的。

三、《国际海事委员会油污损害指南》与《基金索赔手册》

（一）《国际海事委员会油污损害指南》

《1969年民事责任公约金公约》和《1971年基金公约》得到国际社会的广泛认同，建立了国际油污损害赔偿机制，并为建立国际统一的油污损害赔偿责任制度创造了条件。但是，到了90年代，随着国际社会与各国对油污责任问题的日益关注，各国加强国内立法，并在油污损害赔偿标准与数额问题上，采取与以往不同的法律规定。为了制订油污损害赔偿责任的国际统一法律规范，在《1969年民事责任公约》和《1971年基金公约》基础上建立一套符合现代要求的统一的油污损害赔偿标准，在既考虑各国法律与实践认可的赔偿范围，又适当考虑国际油污赔偿基金所确定的标准，国际海事委员会于1994年10月2日至8日在悉尼召开的第35届国际会议上通过了《国际海事委员会油污损害赔偿指南》（以下简称《CMI油污损害指南》）。

该指南由三部分内容组成，即序言与总则、经济损失和预防措施、清除及复原费用。

1. 序言与总则

在序言中，阐明了制定本指南的原因、背景、通过情况、涉及的事项和目的，指出本指南有关油污损害赔偿请求的认可与计算，不涉及人身伤亡的请求。总则部分阐述在国际上保持对油污损害赔偿请求的统一处理的重要性，规定应当对未采取合理措施以避免或减轻灭失、损害或费用的油污损害赔偿请求人的赔偿予以减少或拒绝。

2. 经济损失

指南规定的经济损失包括后继经济损失（consequential economic loss）和纯经济损失（pure economic loss）。后继经济损失也称附属损失，是指请求人因油类污染造成财产的有形灭失或损害而遭受的资金损失。纯经济损失是指请求人因财产的有形灭失或损害以外的原因而遭受的资金损失。后继经济损失原则上应当予以赔偿。纯经济损失的赔偿须符合一定的条件，即该项损失是由污染本身所引起的，但仅证明该项损失与引起油污的事故之间有因果关系是不够的，还必须证明污染与损失之间存在合理程度的近因。指南具体规定了在判定是否存在近因时应当考虑的因素，如请求人的活动与污染区之间在地理上的距离、请求人在经济上依赖于受损的自然资源的程度等。如果经济损失可以得到赔偿，则请求人为避免或减轻经济损失而采取合理措施所支出的费用可以得到赔偿，某项措施是否合理应依据指南规定的标准判断，通常需满足下列条件：措施的费用是合理的；措施费用与要避免或减少的损失相适应；措施是适当的，且有成功的把握；在市场竞争情况下，措施应符合市场规律。

3. 预防措施、清除和恢复原状费用

预防措施费用与清除费用的赔偿原则是：预防（包括清除与处理）措施本身和支付的费用在当时的情况下是合理的。恢复措施费用的赔偿原则是：环境污染损害赔偿（利润损失除外）应限于实际采取的或将要采取的合理复原措施的费用，根据理论模型计算的抽象的损害赔偿数额的请求不予赔偿。合理复原措施所产生的费用不限于清除溢油的费用，可以包括促使受损环境恢复原状或有助于环境自然恢复的适当措施费用。在此基础上，指南具体规定了判定措施是否合理的标准和各项措施的具体赔偿项目。

（二）《基金索赔手册》

国际油污基金管理委员会先后编制了《1971 年基金索赔手册》和《1992 年基金索赔手册》（以下简称《索赔手册》），是一个用于向《1971 年油污基金》或《1992 年油污基金》提出污染索赔而编制的实用指南，有基金公约的实施细则之称。《索赔手册》不断修改和完善。最新的一次修改是 2013 年，基金管理委员会对 2008 年出版的 1992 年《索赔手册》进行了修改与完善，其主要内容如下。

1. 赔偿原则

赔偿原则主要有：① 实际发生的费用和损失；② 预防措施所涉及的费用经确认是适当和合理的；③ 索赔所涉及的费用、损失或损害必须与溢油导致的污染之间存在因果关系；④ 只有索赔人遭受了可量化的经济损失时方有权获得赔偿；⑤ 索赔人必须出示相关文件和证据，证明其损失或损坏金额。

2. 赔偿范围

（1）清污费用。基金积极鼓励人们采取措施，减少对环境的污染和破坏。但应注意，对那些可以预见无效的措施而产生的费用索赔，基金不予受理，对已发生的费用与已获得的利益或期待利益之间应该是合理的。在某些情况下，救助行为可能含有预防措施的成分。《索赔手册》认为，只有初始目的是防止污染损害的救助作业方能获得赔偿，救助船舶或货物的费用不予受理。如果救助作业具有防止污染、救助船舶或货物的双重目的，且无法确定救助作业的最初目的，此时，产生的救助费用将在防止污染和海难救助之间按比例分摊。

（2）恢复措施费用。对环境损害的赔偿，限定在由于此种损害而引起的利润损失和已采取或即将采取的合理恢复措施费用的范围内。清污措施往往具有减少环境污染和恢复环境的双重作用。采取恢复措施而产生的费用索赔，应满足下列条件方予受理：其一，恢复措施可望明显加快自然恢复进程；其二，恢复措施旨在防止事件可能造成进一步损害；其三，恢复措施应尽可能避免导致其他栖息地的退化或对其他自然或经济资源的不良后果；其四，采取的恢复措施在技术上是可行的；其五，采取恢复措施发生的费用应与损害的程度和持续时间及可能收益的程度成比例；其六，对于由环境损害引起的可量化的经济损失索赔，采用与评估其他经济损失一样的方式。

对于按照理论公式，抽象化得出的环境损害，基金不予受理，根据这一原则，基金只赔偿经济损失（利润损失），如海洋环境污染造成的捕鱼量或者养殖物的减少带来的经济损失、观光旅游区的经济损失，基金都予以赔偿。但是基金不赔偿资源损失。红树林受到污染损害，不是赔偿红树林本身的价值（因无法确定），而是赔偿红树林补栽等恢复措施的费用；海鸟或野生动物受到污染，不是赔偿海鸟或野生动物本身的价值，而是赔偿清除鸟类或野生动物身上的油污的费用损失，如果证明采取的救助措施是有效的，可以赔偿有效救助鸟类或野生动物的费用。对于依据行为过失程度得到的惩罚性罚款而提出的赔偿请求，基金也不予受理。

（3）财产损失。财产损失主要指设备损失，但赔偿设备的费用应该做以新换旧的扣减。

（4）渔业、海水养殖业和渔业加工业的经济损失。基金赔偿的渔业损失不是指渔业资源的损失，而是指直接依赖于渔业和海水养殖业的业主的经济损失。经济损失不是通过计算公式推算而出，而是依据索赔期的实际经济状况和以往收入的比较，如事故三年的审计账目或纳税申报单。

（5）旅游业的经济损失。此类经济损失只有当其损失或损害是由污染所致方予以受理。例如，直接向游客出售物品或提供服务的索赔人可以得到赔偿，而不直接向游客出售物品或提供服务的索赔人，如批发商、生产商、旅店的洗衣工等，所遭受的损失不存在足够的因果关系，不予受理。

（6）环境损害的赔偿。如前所述，环境损害赔偿仅限于该损害引起的利润损失和已采取或即将采取合理的恢复措施费用索赔。

（7）研究费用。研究工作通常是在发生重大油污事故后，并显现有明显的环境损害的情况下进行。基金不支持一般性或纯属科研性质的研究工作所发生的费用。基金管理委员会应该受到邀请参与研究方案的制订，并对实施过程予以监督。研究结果应公正地提供给基金管理委员会。

（8）评估费用。基金只赔付一份评估费用，通常由自己的专家或基金聘请的专家进行评估。

四、国际保赔协会船舶油污损害赔偿协议

国际油污损害赔偿的民事责任公约和基金公约构成了油轮船舶所有人和其货主共同承担油污损害赔偿责任的有效机制。这一机制的最新发展是在国际保赔协会集团的努力下，通过并实施了《1992年基金公约》的《2003年补充基金议定书》《2006年小型油轮油污赔偿协议》（Small Tank Oil Pollution Indemnity Agreement, STOPIA 2006）和《2006年油轮油污赔偿协议》（Tank Oil Pollution Indemnity Agreement, TOPIA 2006）。

（一）《2003年补充基金议定书》

该基金议定书制订的初衷是，在提高《1992年责任公约》下船舶所有人的最低责任限额的同时，对油污损害赔偿提供《1992年责任公约》和《1992年基金公约》之外的额外保障——第三层次的保障，以避免对现行的《1992年责任公约》和《1992年基金公约》进行修改。

从2002年5月24日起，《1971年基金公约》已经废止，从2003年11月1日起，《1992年责任公约》的2000年议定书已将船舶所有人的最高赔偿责任提高到8 977万特别提款权（第一层次保障），《1992年基金公约》的2000年议定书最高责任限额调高到2.03亿特别提款权（第二层次保障）。该补偿基金议定书的最高补偿限额为7.5亿特别提款权。该数额包括第一、第二层次保障的数额。同样，第二层次保障的数额也包括第一层次保障的数额。

（二）《2006年小型油轮油污赔偿协议》

为了使三个层次保障机制的全部费用能够在船舶所有人和作为基金摊款的货主之间得到合理的均摊，经多方协调，最终形成了两个协议草案：《2006年小型油轮油污赔偿协议》和《2006年油轮油污赔偿协议》。

《2006年小型油轮油污赔偿协议》的主要内容是，将《1992年责任公约》下吨位在29 548总吨以下的油轮的责任限制，提高到2 000万特别提款权（该公约的2000年议定书5 000总吨以下船舶的责任限额为451万特别提款权）。这是29 548总吨以下的油轮船舶所有人之间订立的协议，旨在向《1992年基金公约》补偿按照《1992年责任公约》下船舶所有人的责任限额与2 000万特别提款权之间的差额。这种补偿仅在油轮溢油影响到《1992年基金公约》缔约国并且船舶所有人根据《1992年责任公约》应承担责任时发生，与船舶的船旗国和货物的所有人无关。如果船舶所有人的责任超过其在《1992年责任公约》下的责任，该协议就要作出补偿。由于这种补偿是支付给1992年基金的，因此所有1992年基金的摊款人都会从中受益。

《2006年小型油轮油污赔偿协议》规定了修订机制：从2006年2月20日起前10年（以后则每5年），如果在三个层次保障机制下，船舶所有人和货主任何一方承担的索赔比例超过55%，就可能修订该协议，如果比例超过60%，就必须修订该协议。

（三）《2006年油轮油污赔偿协议》

《2006年油轮油污赔偿协议》与《2006年小型油轮油污赔偿协议》基本相同，主要区别在于：① 在《2006年油轮油污赔偿协议》下，当有任何索赔由2003年补充基金支付时，船舶所有人承诺向2003年补充基金补偿其中的50%。②《2006年油轮油污赔偿协议》适用于所有油轮，不论其吨位大小。③《2006年油轮油污赔偿协议》适用于2003年补充基金议定书缔约国，而《2006年小型油轮油污赔偿协议》适用于《1992年基金公约》缔约国。

此外，《2006年油轮油污赔偿协议》规定了与《2006年小型油轮油污赔偿协议》相同的修订机制，当船舶所有人和货主分摊的油污索赔不平衡时，可以修订《2006年油轮油污赔偿协议》或《2006年小型油轮油污赔偿协议》，或者两者都修改。

上述两个协议已在2006年2月底召开的国际油污基金大会上获得批准。从2006年2月20日起，按照国际保赔协会集团现行保险条款的规定和其与会员达成的保险承保条件，对于运输持久性油类货物且吨位不超过29 548总吨的油轮船舶所有人将参加《2006年小型油轮油污赔偿协议》，对于运输持久性油类货物的油轮船舶所有人将参加《2006年油轮油污赔偿协议》。这些协会对于其会员按照《2006年小型油轮油污赔偿协议》对 1992 年基金的补偿责任，按照《〈2006 年油轮油污赔偿协议》对 2003 年补充基金的补充责任将根据其条款及其与会员达成的保险方案予以承保。可以预见，由公约和油轮油污赔偿协议共同构成的油污损害赔偿机制，将在一个相当长的时期内有效适用并发挥积极的作用。

第四节　船舶燃油污染损害赔偿

船舶燃油污染损害（bunker pollution damage from ships）是指不论发生于何处的船上燃油溢出或排放，导致了污染，造成的船舶以外的损失或损害以及采取预防措施的费用及预防措施引起的进一步损失或损害（《2001 年燃油公约》第 1 条第 9 款）。对于环境损害，除赔偿利润损失外，应仅限于实际采取或行将采取的合理恢复措施的费用。

一、《2001 年燃油公约》产生的背景

油污民事责任公约及基金公约的制定、生效，使油污受害者在遭受船载散装货油污染时，能得到较为充分的赔偿。然而油污民事责任公约及基金公约并没有解决船舶燃油污染问题。由于造船技术的不断进步，船舶越来越大型化，船用燃油的污染问题日益得到国际社会的广泛关注。[①]1996 年，国际海事组织在第 73 届法委会上将制定关于燃油污染损害赔偿公约作为优先议题。在第 75 届法委会上，受国际海事组织的委托，澳大利亚、加拿大、芬兰、挪威、南非、瑞典、英国和爱尔兰 8 个国家提交了《燃油污染损害民事责任国际公约（草案）》供法委会讨论。经过第 76 届至第 82 届法委会的讨论修改，2001 年 3 月 19 日至 23 日，在伦敦 IMO 总部召开的外交大会上，最终审议并通过了《燃油污染损害民事责任国际公约》（以下简称《2001 年燃油公约》）。该公约已于 2008 年 11 月 21 日生效。我国政府于 2008 年 11 月 17 日批准加入该公约，2009 年 3 月 9 日对我国生效。截至 2014 年 12 月，该公约成员国已达 78 个。

二、《2001 年燃油公约》的主要内容

（一）适用范围

《2001 年燃油公约》所指的“船舶”除任何类型的海船外，还包括从事海上运输的任何类型的艇筏。与《1992 年民事责任公约》相比，后者所指的“船舶”仅包括装运散装油类货物的远洋船舶和海上艇筏。可见，《1992 年民事责任公约》的适用范围小于《2001 年燃油公约》。

《2001 年燃油公约》所指的“燃油”，是指任何用来或者可以用来操纵和推进船舶的烃类矿物油，包括润滑油，以及这些油的残渣，它并未将“燃油”限定在持久性油类的范围内，而《1992 年民事责任公约》强调的“油类”仅指持久性油类。可见，“燃油”与

① 据加拿大提交给国际海事组织法律委员会的一份材料显示，燃油污染具有多发性，已经占全球油污的 35%左右。在货油和有毒有害物质污染的国际赔偿机制业已建立的情况下，燃油污染损害赔偿问题显然是一个立法的缺失。

《1992年民事责任公约》中的“油类”范围不一样。总之,《2001年燃油公约》与《1992年民事责任公约》是两个相互平行、独立的公约,二者不能相容。

值得注意的是,根据《2001年燃油公约》第4条第1款规定:“本公约不适用于油污民事责任公约规定的污染损害,不论该种损害根据该公约能否被赔偿。”因此,当符合《民事责任公约》调整的船舶上的燃油造成污染时,应优先适用《民事责任公约》而不是《2001年燃油公约》。当《民事责任公约》调整范围之外的“任何海船和任何类型的海上航行器”上的燃油造成污染时,则应适用《2001年燃油公约》。

(二)责任主体

责任主体为船舶所有人,包括船舶登记所有人、光船租船人、船舶经营人和管理人。船舶登记所有人是指登记为船舶所有人的人,如果没有登记,则是指拥有船舶的人;但是船舶为国家所有并由在该国登记为船舶经营人的公司所经营,“船舶登记所有人”即是这种公司。与《1992年民事责任公约》相比,《2001年燃油公约》中的“船舶登记所有人”与《1992年民事责任公约》中的“船舶所有人”是同一概念。可见,《2001年燃油公约》公约扩大了污染赔偿责任主体的范围。

需要注意的是,《1992年责任公约》和《HNS公约》都有由货主分摊费用建立船舶污染损害赔偿基金,用于补偿受害人因船舶所有人享受责任限制而未能得到充分赔偿的部分损失,或者在船舶所有人无力提供相应赔偿或根本找不到船舶所有人,又没有责任保险人或财务保证人的情况下,向受害人提供一次性更大范围的赔偿。但《2001年燃油公约》下的燃油不是货物,是船舶所有人或承租人为船舶营运准备的燃料,难以要求货主分摊赔偿责任,无法设立类似于船舶油污或运输有毒有害物质的赔偿基金。因而没有货主第二次分担赔偿机制作补充。

(三)赔偿责任限额

《1992年责任公约》与《HNS公约》规定的强制保险金额都是与其特定的责任限制数额挂钩的,就特定的船舶而言,其投保的金额是固定的。而《2001年燃油公约》没有自己的特定责任限额,其限额是适用有关国际公约或国内法,但在任何情况下,此限额都不超过《1976年责任限制公约》及其议定书规定的限额。[①] 由于强制保险涉及港口国检查,因此,船舶投保不能仅考虑船旗国国内法或其加入的国际公约,还应考虑船舶营运区域内相关国家的内国法或其加入的国际公约。

(四)强制保险

公约规定,船舶登记所有人在一缔约国内登记拥有1 000总吨以上的船舶,必须进行强制保险或取得合适的经济担保;保险和担保的数额应当等于被适用的国内法或国际法律制度所规定的赔偿责任限额,但是不得超过经修订的《1976年责任限制公约》所规定的限额。船舶在进行保险或取得其他经济担保后,缔约国的主管当局应当向船舶颁发一份证明保险或其他经济担保的有效证书。

① 该公约第6条规定,本公约的规定不影响船东和提供保险或财务担保的人根据任何国内法或国际机制,比如1976年《海事索赔责任限制公约》及其议定书应享有的责任限制权利。

第五节　船舶运输有毒有害物质污染损害赔偿

一、《1996 年 HNS 公约》的产生背景

1967 年 3 月发生的“Torrey Canyon”油污案使国际社会认识到，IMO 应承担起建立对运送油类及其他有毒有害物质，造成污染损害赔偿的公约体系的任务。1996 年 4 月 15 日至 5 月 3 日召开的伦敦外交大会上通过了《1996 年 HNS 公约》，并于 1996 年 10 月 1 日至 1997 年 9 月 30 日在伦敦开放并供签字，此后继续开放供加入。公约的生效需要满足下列条件之时起 18 个月后生效：① 12 个国家接受公约，其中有 4 个国家的船舶总吨位不小于 200 万吨；② 成员国内负有支付普通类分摊款的进口商 / 收货人在前一个日历年度内收到的分摊货物总量不少于 4 000 万吨。该公约目前尚未生效。针对公约存在的问题，国际海事组织召开外交大会，于 2010 年 4 月 30 日通过了《1996 年 HNS 公约》的 2010 年议定书。根据该议定书第 18 条规定，经本议定书修正的《1996 年 HNS 公约》第 1 条至第 44 条和其附则一、附则二，连同本议定书第 20 条至第 29 条被称作《2010 年 HNS 公约》。

二、《1996 年 HNS 公约》的主要内容

（一）有毒有害物质损害赔偿的概念

1. 有毒有害物质

“有毒有害物质”是指在船舶上作为货物运输的具有毒性或者危害性的物质、材料和物品(《HNS 公约》第 1 条第 5 项)。但公约对燃油、放射性物质、煤炭及其他低险散货排除适用。

有毒有害物质是个十分复杂的物质群，清晰地界定其范围是很困难的。《HNS 公约》依照现行较公认的有毒有害物质清单确定其适用范围，这些物质包括在 IMO 下述各有效文件中：① MARPOL 73/78 公约附则 I 所列的散装运输的油类；② MARPOL 73/78 公约附则 II 中规定的散装有毒液体物质；③ 经修改的《1983 年国际散装运输危险化学品船舶构造和设备规则》第 17 章所列的散运危险液体物体；④《国际海运危险货物规则》(IMDG Code)中所包括的包装形式的危险、危害和有毒物质、材料和物品；⑤《1983 年国际散装运输液化气体船舶构造和设备规则》第 19 章所列的液化气体；⑥ 散装运输的闪点不超过 60P（闭杯试验)的液体物质；⑦《固体散装货物安全操作规则》附录 B 中所包括的具有化学风险的固体散装材料，依据国际危规的规定这些物质当以包装形式运输时；⑧ 前述物质散装运输的残渣。

2. 损害

“损害”是指有毒有害物质的毒性或者危害性造成的下列损害：① 污染损害；② 人身伤亡(包括船员及其他第三方)；③ 运输这些物质的船舶之外的财产的灭失或者损坏(包括其他 船及其船上货物)；④ 预防措施所产生的费用；⑤ 采取预防措施所造成的进一步灭失或损害(《HNS 公约》第 1 条第 6 项)。其中人身伤亡的赔偿请求应优先于其他赔偿请求受偿，但人身伤亡的赔偿请求的累计金额超过按照本公约确定的总额的 2/3

的,超过部分应与其他赔偿请求比例受偿(《HNS公约》第11条)。这是有毒有害物质造成的人身伤亡赔偿请求优先受偿的规定,优先受偿的人身伤亡的赔偿请求数额,以不超过有毒有害物质所造成的损害赔偿的责任限制金额的2/3为限。

3. 有毒有害物质损害赔偿

"有毒有害物质损害赔偿基金",是指为了使有毒有害物质受害人的损失得到充分赔偿,而由有毒有害物质货物所有人摊款筹集的款项。但有毒有害物质损害赔偿不包括下列索赔:① 任何海上旅客或者货物运输合同引起的赔偿;② 与其他法律、法规有关工人赔偿或者社会保障制度的规定不一致的索赔;③ 本章第二节和第三节中规定的油污损害的索赔;④ 放射性物质造成的损害的索赔。

(二)《1996年HNS公约》的双重保护机制

1. 第一层保护机制——船舶所有人的赔偿责任

(1) 船舶所有人承担严格责任。有毒有害物质在海运过程中所造成的损害由船舶所有人承担严格的赔偿责任,只有在发生战争行为、自然灾害、第三方发动的国际行动以及政府的错误行动时,方可免责。公约规定仅由船舶所有人承担责任,禁止对其受雇人、代理人、船员、引航员、承租人、救助人提起诉讼。

(2) 船舶所有人的赔偿责任有较高限额。该限额高于现在普通限制体系下的责任限额,具体为:总吨位不超过2 000吨的船舶,赔偿限额为1 000万特别提款权(SDR);总吨位为2 001～5 000吨的船舶,在1 000万SDR的基础上,每总吨增加1 500 SDR,总吨为50 001至100 000的船舶,每总吨增加360 SDR;总吨位为10万吨以上的船舶(含10万吨),最高限额为1亿SDR。

船舶所有人为了享受责任限制的权利,须在损害发生国的法院设立责任限制基金。该船 舶所有人的责任保险人也享有设立责任限制基金,享受责任限制的权利。限制基金设立后,设立人(责任人)的财产在所有公约成员国内免于扣押。

《2010年HNS公约》对散装有毒有害污染损害的赔偿责任限额保持不变,对包装有毒有害污染损害的赔偿责任限额在散装有毒有害污染损害的赔偿责任限额的基础上提高了15%,即:不超过2000总吨位的船舶为1 150万SDR;超过2 000总吨位的船舶,在1 150万SDR基础上,增加下列金额:总吨位在2 001～50 000吨的船舶,每增加一总吨位,增加1725 SDR;超过50 000总吨位的船舶,每增加一总吨位,相应增加414 SDR;累计金额在任何情况下不应超过1. 15亿SDR。

(3) 船舶所有人的免责。船舶所有人的免责事项包括:其一,《1992年责任公约》第4条第2款规定的三项免责事项;其二,损害是由于托运人或任何其他人没有提供有关所运物质的危害性和毒性的信息,从而全部或者部分地造成损害,或者使船舶所有人无法按第12条取得保险,但以船舶所有人、其受雇人或者代理人均不知道或者无法知道所运物质的危害性和毒性为条件;其三,船舶所有人证明损害全部或者部分系由遭受损害的人故意造成损害的行为或不为,或者由于该人的疏忽造成,可以全部或者部分免除船舶所有人对此人的赔偿责任。

(4) 船舶所有人就上述责任实行强制保险。为了保证从事有毒有害物质运输的船舶所有人能够履行赔偿责任,公约强制规定其进行投保责任险。船上须载有保险证书,在对该船作登记记录的主管机关处须保存该证书的副本。

(5)公约参加国的选择权利。对于公约参加国来说,有权决定在其国内港口间仅以包装形式从事有毒有害物质运输,总吨位为200吨及以下的船舶不适用于本公约。公约同时允许两个相邻国家进一步协商对于两国港口间从事上述运输200总吨以下的船舶享有相同的权利。

(6)公约独立于1976年海事赔偿责任限制等公约。公约与现存有效的责任限制公约并行。在大会讨论时,由于要找到满意的挂钩方式以确定各公约时的关系是相当困难的,为了避免因此问题使公约夭折而最终决定《HNS公约》与这些公约不挂钩。

2. 第二层保护机制——设立基金

(1)设立基金的场合。其一,船舶所有人对于产生的损失不负责任。例如,如果船舶所有人未被告知此运输是有毒有害物质运输或者损害事故是由战争行为所致,船舶所有人免于承担赔偿责任。其二,船舶所有人因财政原因不能完全履行依据公约应承担的义务,而且提供的现金担保不能涵盖或者不能使损害赔偿的请求得到满足的情况。其三,损害已超出了本公约规定的船舶所有人应负的赔偿责任。

单由船舶所有人一方赔偿,很难使运输有毒有害物质可能产生的损害得到充分赔偿,引入第二层保护机制,即HNS基金作为补充,一旦损害赔偿请求数额超过第一层限额时,其差额将从第二层保护——基金中支付,直至总赔偿额达到2.5亿SDR。

(2)基金不予赔偿的情形。《1996年HNS公约》第14条第3款规定,下列情形国际有毒有害物质基金不负赔偿义务:是基金证明损害系由战争、敌对、内战或者暴乱行为造成,或者系由军舰或者由国家所有或使用、再发生事故时仅从事政府非商业服务的其他船舶溢出或者排放的有毒有害物质所致;是索赔人不能证明损害系由一艘或多艘船舶的事故造成的合理可能性;是基金证明损害全部或者部分系由遭受损害的人故意造成损害的行为或不为,者由于该人的疏忽造成,则基金可以全部或者部分免除对此人支付赔偿的义务。但对于预防措施,不得免除其赔偿义务(第14条第4款)。应当注意的是,《2010年HNS公约》增加规定,如果公约成员国不履行公约规定的摊款货物报告义务,对其领域内发生的有毒有害物质污染损害的受害人将得不到赔偿,人身伤亡除外。

(3)HNS基金的管理及摊款。全体成员国由执行董事领导的秘书处共同组成大会,每年召开一次。秘书处制作年度预算,指派咨询人员并提供资金来帮助各成员国避免或减少损害。该秘书处对大会负责。各成员国应收集有关其领海内分摊基金货物摊款情况的数据,递交给基金执行董事,否则基金大会可以责令该国自行支付这一分摊额。

第六节 我国防治船舶污染海洋环境的相关立法

我国作为一个海洋大国,早在70年代就开始注重和防止船舶污染和保护海洋环境,并以法律形式调整环境侵权关系。到目前为止,我国已初步形成了一个保护海洋环境和防止海域污染的法律体系。但是随着形势的变化和法律法规本身存在的缺陷等原因,在某些方面它已经不能适应我国海洋事业可持续发展、防治船舶污染保护海洋环境的需要了，尤其是关于船舶污染的一些法律法规至今没有制定出来，不少问题无法可依、无章可循。而已经制定的法规由于在内容和形式上均有不足，缺乏严格的规范性，亦需要修订和完善。因此，加强我国船舶防治污染立法，建立和完善我国的海洋环境体系，仍是一项迫切而重要的任务。

2016年《海洋环境保护法》（以下简称《海环法》）第66条规定："国家完善并实施船舶油污损害民事赔偿责任制度，按照船舶油污损害赔偿责任由船东和货主共同承担风险的原则，建立船舶油污保险、油污损害赔偿基金制度。实施船舶油污保险、油污损害赔偿基金制度的具体办法由国务院规定。"

我国除加入了《1992年责任公约》外，在国内立法上，我国尚没有关于船舶污染损害赔偿的专门立法，国内相关立法主要有下述几种。

一、《民法通则》

该法第117条第2款和第3款规定："损害国家的、集体的财产或者他人财产的，应当恢复原状或者折价赔偿。受害人因此遭受其他重大损失的，侵害人并应当赔偿损失。"第124条规定："违反国家保护环境防止污染的规定，污染环境造成他人损害，应当依法承担民事责任。"可见，《民法通则》仅对污染损害赔偿问题作了原则性的规定，并不能满足船舶污染损害的实际需要。

二、《海商法》

《海商法》没有对油污损害赔偿作出专门的规定，在第十一章"海事赔偿责任限制"中提及有关油污损害赔偿问题。第207条是关于限制性债权的规定，第208条是关于不能依据该章规定享受责任限制的债权，其中第2项为"中华人民共和国参加的国际油污损害赔偿民事责任公约规定的油污损害的赔偿请求"。

可见，有关油污损害赔偿责任问题，如果属于我国参加的有关油污损害赔偿国际公约（《1992年责任公约》）规定的范围，责任主体不能依据第十一章的规定对油污损害享受责任限制，而是适用此种公约规定的责任限制。但是对不适用于此公约的油污损害和油污事故产生的其他不属于此公约调整的财产损害或人身伤亡，仍然应当依据第十一章规定的责任限额确定，因为此种索赔也属于海事索赔。同时《海商法》第210条规定："总吨位不满300吨的船舶，从事中华人民共和国港口之间的运输的船舶，以及从事沿海作业的船舶，其赔偿限额由国务院交通主管部门制定，报国务院批准后施行。"对此，1994年1月1日交通部制定施行了《关于不满300总吨船舶及沿海运输、沿海作业船舶海事赔偿限额的规定》。我国接受《1992年责任公约》后，交通部海事局于2000年1月4日以海船舶字〔2000〕15号文下发了《关于我国国际航线油轮执行〈1992年国际油污损害民事责任公约〉的通知》，规定了国际航线船舶执行《1992年责任公约》。但是，该通知精神明显与《海商法》规定有抵触，《海商法》第268条规定，有涉外因素的油污案件，国内法与我国参加的油污民事公约有不同规定的，国际公约优先适用。我国国际航行的船舶，造成我国沿海油污，并无涉外因素，缺乏适用国际公约的法律依据，这将带来法律适用上的混乱。

从事沿海运输及沿海作业的我国船舶，当发生无涉外因素的油污损害事故时，在没有油污专门立法之前，应当依据交通部1994年的规定予以责任限制。

三、《海洋环境保护法》

2016年11月7日第十二届全国人民代表大会常务委员会第二十四次会议通过了对1999年《海环法》的修改，修订后的《海环法》于同日起生效。该法第89条第1款规定："造成海洋环境污染损害的责任者，应当排除危害，并赔偿损失；完全由于第三者的故意或者过失，造成海洋环境污染损害的，由第三者排除危害，并承担赔偿责任。"从这一条规定可以看出，《海环法》对油污责任主体的规定同其归责原则是矛盾的，油污实行的是"严格责任"的归责原则，只有该法第91条的三项免责和本条"完全由于第三方的故意"属严格责任下的免责，如果因第三方的"过失"也可免责的话，就不是严格责任了，而变成了"过失责任"。本条的"责任者"应指油污侵权法律关系的肇事者，即"谁漏油，谁负责"，而不是碰撞侵权法律关系的责任者——碰撞当事方。这是两个不同的侵权法律关系，分别由不同的专门法律来调整。

四、《防治船舶污染海洋环境管理条例》

《防治船舶污染海洋环境管理条例》第七章专门就船舶污染事故损害赔偿的民事责任做了规定。主要有以下几方面内容。

（1）责任主体。造成海洋环境污染损害的责任者，应当排除危害，并赔偿损失；完全由于第三者的故意或者过失造成海洋环境污染损害的，由第三者排除危害，并承担赔偿责任（第50条）。

（2）除外责任。完全属于下列情形之一，经过及时采取合理措施，仍然不能避免对海洋环境造成污染损害的，免于承担责任：① 战争；② 不可抗拒的自然灾害；③ 负责灯塔或者其他助航设备的主管部门，在执行职责时的疏忽或者其他过失行为（第51条）。

（3）赔偿限额。船舶污染事故的赔偿限额依照《海商法》关于海事赔偿责任限制的规定执行。但是船舶载运的散装持久性油类物质造成中华人民共和国管辖海域污染的，赔偿限额依照中华人民共和国缔结或者参加的有关国际条约的规定执行。以上所称持久性油类物质，是指任何持久性烃类矿物油（第52条）。

（4）强制保险。在中华人民共和国管辖海域内航行的船舶，其所有人应当按照国务院交通运输主管部门的规定，投保船舶油污损害民事责任保险或者取得相应的财务担保。但是1000总吨以下载运非油类物质的船舶除外。船舶所有人投保船舶油污损害民事责任保险或者取得的财务担保的额度应当不低于《海商法》、中华人民共和国缔结或者参加的有关国际条约规定的油污赔偿限额。承担船舶油污损害民事责任保险的商业性保险机构和互助性保险机构，由国家海事管理机构征求国务院保险监督管理机构意见后确定并公布（第53条）。

（5）办理证书。已依照本条例第53条的规定投保船舶油污损害民事责任保险或者取得财务担保的中国籍船舶，其所有人应当持船舶国籍证书、船舶油污损害民事责任保险合同或者财务担保证明，向船籍港的海事管理机构申请办理船舶油污损害民事责任保险证书或者财务保证证书(第 54 条)。

(6) 清污费用优先受偿。发生船舶油污事故,国家组织有关单位进行应急处置、清除污染所发生的必要费用,应当在船舶油污损害赔偿中优先受偿(第 55 条)。

(7) 建立油污损害赔偿基金。在中华人民共和国管辖水域接收海上运输的持久性油类物质货物的货物所有人或者代理人应当缴纳船舶油污损害赔偿基金。船舶油污损害赔偿基金征收、使用和管理的具体办法由国务院财政部门会同国务院交通运输主管部门制定。国家设立船舶油污损害赔偿基金管理委员会,负责处理船舶油污损害赔偿基金的赔偿等事务。船舶油污损害赔偿基金管理委员会由有关行政机关和缴纳船舶油污损害赔偿基金的主要货主组成(第 56 条)。

(8) 争议处理。对船舶污染事故损害赔偿的争议,当事人可以请求海事管理机构调解,也可以向仲裁机构申请仲裁或者向人民法院提起民事诉讼(第 57 条)。

条例的积极意义在于填补了船舶油污强制保险制度的缺失,明确了船舶油污损害赔偿限额的计算标准。但可能产生的问题在于:(1) 载运的散装持久性油类物质的船舶,不分国际国内运输,也不分船舶吨位大小,均按我国参加的《1992 年责任公约》计算限额(第 52 条),即以 5 000 总吨、451 万 SDR 为责任限制的下限,这对于我国沿海 70% 以上的小油轮(吨位都在 1 000～2 000 总吨),将是个沉重的负担。(2) 清污费用优先受偿(第 55 条)没有上位法的依据,施行中可能会遇到障碍。(3) 基金管理委员会的性质有待明确。

此外,《海洋倾废管理条例实施办法》第 36 条至第 40 条和《防止拆船污染环境管理条例》第 23 条至第 25 条都涉及船舶污染海洋环境损害赔偿的规定。

The Amoco Cadiz[①]

In concluding this chapter, a brief description of the facts and circumstances of the Amoco Cadiz casualty and of the financial liabilities arising from it will not only be of interest, but will also, as being one of the worst disasters to date involving an oil spill from an oil carrier, serve well to illustrate the operation of the Civil Liability Convention 1969 and the Cristal fund –a neat combination of international law and a voluntary scheme.

On 16 March 1978 the fully-laden tanker suffered steering failure in heavy weather off the North Brittany coast. In answer to a radio call for assistance, when the tanker's Master realized he was beyond self-help, the tug *Pacific*, owned by Bugsier, proceeded to assist. After agreeing the terms and conditions on which the tug should take the vessel in tow, the tanker's Master signed a Lloyd's Open Form of Salvage Agreement. Much difficulty and delay was encountered in securing a tow line. It broke and had to be resecured. It soon became apparent, as ship and tug were being swept dangerously close to the shore, that the tug could not hold the ship. Anchors were dropped but these too failed to hold the ship and she struck

① Christopher Hill, Maritime Law (Fifth Edition), LLP, 1998, p.446.

rocks about 12 hours after the initial steering gear failure.

The tanker quickly broke up，spilling its entire cargo of 221，000 tons of light crude oil and polluting the Brittany coast over a 60-mile stretch. Arrangements for clean-up operations were laid on by the French government with assistance from the British government，and the ship's owners themselves helped by providing special clean-up equipment.

France has implemented the 1969 Convention and under its provisions a limitation fund of the French currency equivalent of US$16. 35 million was formed and provided. The fund was deposited in two banks within the jurisdiction of the Court of Brest（France）. The cargo was owned by a Cristal member（the Shell Co）and thus the fund was increased（bearing in mind that the spill occurred before the latest amendments（described above）to the Cristal scheme）up to the maximum Cristal figure of US$30，000，000，subject to the ship's owners being permitted to limit in accordance with the 1969 Convention.

Proceedings were later instituted in Illinois（USA）on behalf，inter alios，of French hoteliers and fishermen for loss of business/livelihood，followed very soon by the French government itself instituting proceedings in the New York courts for pollution damages. The ship's owners commenced counter-proceedings to limit their liability. The registered owners of the ship were，however，only one of the defendants named in the US litigation，two others being Standard Oil（the parent）and Amoco International Oil Co（another wholly owned subsidiary of Standard）. The US litigation seemed on the face of it to be in defiance of the 1969 Convention which provides that the courts of the country where the fund is constituted should have sole jurisdiction and that other，possibly exposed defendants，viz. ship's managers，should not be independently pursued. During the revising of this book a judgment on liability has been given in Illinois. Liability was found against the ship's registered owner，against Standard and against AIOC；Standard because of its overall responsibility for its subsidiaries and AIOC because of the special responsibility it bore for the maintenance，repair and crewing of the vessel. The basis of liability was the negligence of AIOC，Standard's vicarious responsibility for the negligence of its subsidiaries（which amounted under the circumstances to its *personal* liability）and the registered owner's privity to this negligence which of itself deprived them of any limitation rights they might have had under US law.

An award of damages was deferred to a future date but has now been made and is said to be in excess of US$250 million.

【重要术语中英文对照】

中文术语	英文术语
强制责任保险	compulsory insurance
直接诉讼	direct action
预防措施	preventive measure
严格责任	strict liability

续表

中文术语	英文术语
污染造成的灭失或损害	loss or damage by contamination
环境损害	impairment of the environment
经济损失	economic loss
纯经济损失	pure economic loss
相继经济损失	consequential loss
船舶燃油污染损害	bunker pollution damage from ships

【思考题】

1. 什么是海上油污损害？海上油污损害有哪些特点？

2. 什么是海上油污损害赔偿责任？海上油污损害赔偿责任的构成条件有哪些？

3. 什么是海上油污损害责任限制基金？如何设立海上油污损害赔偿责任限制基金？

4. 什么是国际海上油污损害赔偿基金？如何设立国际海上油污损害赔偿基金？

【推荐阅读文献】

1. 付本超:《船舶油污损害赔偿法律问题研究》,法律出版社 2017 年版

2. 徐国平:美国近三十年船舶油污损害赔偿法律适用及借鉴意义,载《浙江海洋大学学报(人文科学版)》2019 年第 1 期,第 7-12+29 页

3. 李雯雯、胡正良:中国船舶油污损害赔偿基金制度的不足与完善,载《中国海商法研究》2018 年第 3 期,第 33-40 页

4. 韩立新、朱作鑫:我国船舶油污损害赔偿基金亟待明确的几个问题,载《政法论丛》2018 年第 2 期,第 81-90 页

5. 帅月新、冀文颖:我国船舶油污强制责任保险实施现状及立法改进探析,载《上海保险》2017 年第 2 期,第 47-50 页

【扩展阅读资料】

Tanker Collision Leads to Oil Spill in China Sea

On the evening of 6 January 2018, an Iranian oil tanker, *Sanchi*, collided with a Chinese bulk freighter, the *CF Crystal*, in the East China Sea 300 kilometers (186 miles) east of Shanghai, China. The Iranian tanker exploded and burned. All 32 crewmembers of the *Sanchi* were reported missing and later presumed dead. One week after the collision, while Chinese authorities were racing to clean up a massive oil spill from the wreckage, the *Sanchi sank.*

The *CF Crystal* was inbound carrying grain from the United States to China. All crewmembers onboard were rescued safely.

The *Sanchi* was carrying 136,000 metric tons (about 1 million barrels) of condensate, an ultra-light highly flammable crude oil, and was en route to South Korea at the time of the incident. The tanker also had 1,900 metric tons（14,375 barrels）of heavy bunker fuel on board. A large oil slick appeared initially around the sunken ship covering 120 square kilometers（46 square miles）. The spill has been described as massive，but the actual volume of oil released is unknown at this time.

Environmental activist group Greenpeace says that the sinking and spill occurred in "an important [fish] spawning ground". There were no initial reports of harm to aquatic or terrestrial wildlife. An exclusion zone stretching 20 nautical miles（37 kilometers）from the site of the wreck was established and fishing is prohibited in the area.

An investigation into the collision is underway. The Iranian government is evaluating the black box data recorder from the *Sanchi* for clues as to the cause of the accident.

Both South Korea and the southern islands of Japan share the East China Sea with China. Japanese officials were quick to dismiss the possibility of oil reaching their shores，but models from the University of Southampton and the National Oceanography Centre（NOC）in the United Kingdom plotted the path of the spill and believed it could reach Japan "within a month". Black oil clumps began to wash ashore on the Japanese island of Amami Oshima within just a few weeks of the spill. If it is in fact oil from the stricken *Sanchi*，then it arrived with alarming speed.

The Japanese region impacted is famous for pristine beaches and reefs and there is concern that the oil could impact the abundant marine life，shoreline，and fishing grounds. The Japanese government has established a new department to monitor information about the oil spilled from the *Sanchi* and the black，oily substance drifting ashore in southwestern Japan. "[It] seems likely that the oil we are seeing [washing ashore in Japan] is from *Sanchi*. In order to confirm，it needs to be analytically 'fingerprinted' against a sample of the fuel oil taken from the site where the tanker went down", explained Paul Johnston，principal scientist of Greenpeace's International Science Unit. "Cetaceans and birds are at high risk of exposure，and fish may be contaminated as well", Johnson noted.

"Cleanup operations in and around the Amami Oshima area have been taking place. Right now，there is no official confirmation yet that the oily substances are from the tanker，but we'll continue to monitor the situation", Yuta Nishikawa，a Japanese Coast Guard spokesperson，said. "We're also discussing the possibility of conducting our own survey", explained Japanese fishing agency spokesperson Masahiko Mori. "At the moment we have no reports from local fishing unions that there has been damage to the fishing grounds. But future damage is possible."

Meanwhile cleanup at the accident site near Shanghai has gone well according to Chinese authorities. In the immediate aftermath of the incident，response vessels were deployed to spray chemical dispersants over the oil slick and more than 225 square nautical miles（770 square kilometers）of affected water "has been restored" according to the Chinese Ministry of Transport. The Chinese Ministry of Agriculture claims that from over 100 marine samples "no abnormalities" have been found so far. They will continue to monitor the ecosystem closely.

The *Sanchi*'s registered owner is listed as Hong-Kong based Bright Shipping Ltd. The ship, built in 2008, has been operated by the National Iranian Tanker Company under a variety of ship registries and names. This is the second collision for a ship from the National Iranian Tanker Company in about a year and a half. In August 2016, a National Iranian Tanker vessel collided with a Swiss container ship in the Singapore Strait. Both ships were damaged but no oil was spilled and no injuries were reported in that incident. [①]

"威望"号油轮沉没事件之后的国际油污立法

就海上油污损害赔偿责任制度而言，每一次重大的油污事件都会引起国际立法方面的变革，这成为20世纪中叶以来国际油污立法的一种趋势。例如，发生于1967年3月的"托利•堪庸"油轮的泄漏事件[②]，催生了1969年《国际油污损害民事责任公约》、1971年《设立国际油污损害赔偿基金国际公约》和1973年《国际防止船舶造成污染公约》。1978年3月的"阿莫科•卡迪兹"号船的油污事件[③]，促使1969年《国际油污损害民事责任公约1976年议定书》《经1978年议定书修正的1973年国际防止船舶造成污染公约》、1969年《国际油污损害民事责任公约1984年议定书》和1984年《基金公约议定书》的问世。1989年3月的"埃克森•瓦尔德兹"号船原油泄漏事件[④]，导致1990年《国际油污防备、反应和合作公约》、1992年《国际油污损害民事责任公约》、1992年《基金公约》和1996年《国际海上运输有责有害物质损害责任及赔偿公约》等国际立法的产生。

此后，2002年11月13日晚，发生在西班牙西北海岸的"威望"号油轮沉没事件也将成为引起国际立法变革的又一次重大油污事件。是晚，载有7.7万吨燃料油的巴哈马

① For more information, see *https://tinyurl.com/y8wh4kwm*; *https://tinyurl.com/ycordcvx*; *https://tinyurl.com/ycqrnou9; and https://tinyurl.com/ycwa33cf.*

② 1967年3月18日，利比亚籍油轮"托利•堪庸"(Torry Canyon)号在英吉利海峡触礁，船体断裂，货油舱大面积破损，船上所装载的12万吨原油溢人大海，造成英国南海岸、法国北海岸和何兰西海岸大面积污染，损失达1 500万美元。

③ 1978年3月16日，利比里亚注册的美国石油运输公司的超级油轮阿莫科•卡迪兹(Amoco•Cadiz)号(总吨位223 690吨)满载22万吨轻质原油驶往西欧时遭遇风泰，船舶因龙机失灵而失去控制，在法国布列塔尼岸外搁浅沉没。22万吨原油和4 000多吨燃油流入大海中，法国400多公里的海岸和渔场水域受到污染。

④ 1989年3月23日夜，"埃克森•瓦尔德兹"号油轮满载着约5 500万加仑原油，从美国阿拉斯加的瓦尔德斯石油口岸出发，向南经由威廉王子海峡，开始其第28次航行。但是，由于该油轮没有安装"自动感应礁石报警系统"，又离开常规航线航行，加之船长贪杯离岗等因素，触礁沉没。原油泄人大海。据统计，此次油污事故约有3 000万加仑的原油泄路，污染波及1 900公里的海岸线，不仅清理费用高达20亿美元，共有25万只海鸟、2 800只海水獭、300只斑海豹、250只秃鹰、22只虎鲸以及亿万条三文鱼受污致命。甚至20年后，科学家发现，原本居住在该地区的346种候鸟只剩下7种，其余的或是死亡或是离开。

籍的希腊油轮“威望"号行驶到距离西班牙西北部加利西亚大区海岸9公里时搁浅，由于恶劣的风暴天气和船只过于陈旧，船体裂开一个35米长的大裂口，燃油大量泄露，形成一条长5公里，37公里长的污染带。到19日，“威望”号油轮的船体断为两截，连同6万吨燃油沉入了海底。此次燃油泄漏直接污染了西班牙所属海域近400公里海岸。

由于此次油轮沉没事件具有极大的复杂性，涉及西班牙、希腊、巴拿马等诸多方面，尤其是导致油轮破损的真正原因尚是个未知数，该油污事件的有关当事国西班牙、希腊（船长国籍所属国）、巴拿马（船旗国）和有关受害国，如法国、葡萄牙以及欧盟委员会等均没有进行公开的调查，国际海事组织、国际油污赔偿基金组织、国际船级社协会和国际保赔集团也未展开专业调查。因此，虽有确认责任归属的一系列诉讼在西班牙、美国、法国等若干国家进行，但“威望”号船案件只恐要成为一桩“无头案”。不过，该油污事件又一次引起国际立法变革，2003年5月，国际海事组织制定通过了《关于油污损害赔偿的基金公约补充议定书》，并于2005年3月3日生效。石油业和有关航运组织共同协作，推动1996年《国际海上运输有毒有害物质损害责任及赔偿公约》的批准通过，并使其提前至2005年年底之前生效。2003年，国际海事组织制定了《国际海事组织避难地指南》等。而欧盟亦通过一系列的指令，包括关于推广双壳油轮或者改造单壳油轮设计要求的指令、修改关于海上安全和防止船舶污染的指令、决定设立“海洋安全及防止船舶污染委员会”的法令等。

珠海海事局诉广西浩骏公司、人保平潭公司船舶污染损害责任纠纷案

原告珠海海事局提出诉讼请求：浩骏公司和保险公司连带支付原告清污防污费等费用1 950 799. 60元及其利息。浩骏公司辩称其没有过错，不应承担责任，根据保险合同应由保险公司承担支付相关防污清污费用的责任。保险公司辩称，珠海海事局无权直接索赔，应由具体的清污公司索赔，另外主张费用不合理，特别是清污船舶费用。

审理查明，“浩骏”轮的所有人浩骏公司，其向保险公司投保了沿海船舶燃油污染责任保险，保险金额320万元，保险期间涵盖事发时间。2014年9月16日，“浩骏”轮因受台风“海鸥”影响，航行至珠海三灶机场南海域，货舱进水后倾覆沉没，船上燃油泄漏入海，造成事故海域污染。9月17日，珠海海事局就本案沉船事故造成的油污指定安和公司立即参与防污、清污行动，还指定海粤珠海分公司派遣船舶到沉船现场监控油污泄漏情况。由此产生的费用，两公司均确认由珠海海事局统一索赔。原告主张如下费用：“华盛油3”轮租用20日共80万元。保险公司认为该轮日租金极高，因为船舶光租租金2年才12万元。租船期租合同显示：安和公司向珠海市盛泰船舶燃料有限公司期租“华盛油3”轮，每天租金4万元，盛泰公司保证船舶配备有效的船舶证书，使船舶处于适航状态，配备合格的船员并支付工资和购买社保，租期从2014年9月18日起至“浩骏”轮清污工作完成时止。光船租赁登记证明书载明，船舶出租人为黄石市鄂东海运公司，承租人为盛泰公司，租金12万元，租期2年。除上述争议费用外，其他费用法院认定为365 324. 50元。

广州海事法院认为：本案是一宗船舶污染损害责任纠纷。根据《海洋环境保护法》

第七十一条第一款的规定，珠海海事局作为海事行政主管部门，在海洋环境因船舶沉没而面临重大污染的情形下，可以安排清污公司采取避免或者减少污染损害的措施。由于参与清污的两家公司均由珠海海事局指派，该两家公司亦同意由珠海海事局统一索赔，珠海海事局就此可向油污责任人索赔。根据海事诉讼特别程序法第九十七条第一款的规定，原告可直接向被告保险公司请求支付保险金。法院参照最高人民法院提审的申请人交通运输部南海救助局与被申请人阿昌格罗斯投资公司等海难救助合同纠纷一案的情况和行业的实际情况，最终确定使用费为 293 040 元。外加其他费用 365 324. 50 元，共计 658 364. 50 元，浩骏公司作为船舶所有人应予赔偿，保险公司作为油污险保险人应在保险金额范围内承担支付责任。

在实践中，由于没有统一的清污船收费费率，各方争议很大，案件审理中费率的确定也因人因案而异，不利于类案类判。本案参照最高人民法院提审的交通运输部南海救助局与阿昌格罗斯投资公司等海难救助合同纠纷一案的情况，深入了解行业的实际情况，咨询专业人士，参照紧急救助合同和拖航的费率，最终认定珠海海事局主张的费率过高，将其调整至作业费率每小时每马力 3 元，待命费率为作业费率的一半。本案的审理为将来油污事故索赔提供了指引，亦为类似案件的审理提供了可参照的标准，可能会成为此类案件审理参考标准。本案的成功处理，很好地平衡了海事行政机关和责任方的利益，为将来类似事故处理提供了依据，促进了海洋生态环境的保护。

第十三章　海上保险合同

学习目标

海上保险是适用于海上活动领域内的保险关系的统称，是保险制度的必要组成部分，而且，从保险制度的发展过程来看，海上保险是现代保险制度的源头，具有悠久的历史。同时，海上保险通过其特有的经济补偿职能，成为海上运输领域中普遍用的风险转移手段，对于维持正常的海上运输程序起着“稳压器”的作用。因此，海上保险是海商法不可或缺的组成部分。目前，在国际上尚无有关海上保险的国际公约，调整海上保险法律关系的依据主要是各国国内法的有关规定。

通过本章学习，了解海上保险的基本内容，重点掌握我国《海商法》第十二章对海上保险合同的规定以及几种主要海上保险合同，即海上货物运输保险合同、船舶保险合同和保赔保险合同。

第一节　海上保险概述

一、海上保险的概念和特征

财产保险的固有职能是分摊损失和经济补偿，并受其资金特殊运作规律和内在机制的支配，具有投资和防灾防损两种派生职能。被保险人通过与保险人签订保险合同并交纳保险费，将本应自行承担的海上风险转嫁给保险人，而保险人通过保险经营行为再将这些风险转移和分散给各个被保险人共同分担。由此可见，海上保险是转移和分散海上风险，降低损害后果的有效手段。

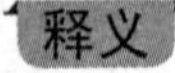

Insurable Property in Marine Adventures

Marine insurance covers insurable property that is exposed to maritime perils in a marine adventure. This insurable property is the ship, goods or movables, and the adventures are those where insurable property is exposed to maritime perils. In particular, they include any situation where：a）the earning or acquisition of any freight，commission，profit or other pecuniary benefit，or the security for any advance，loan or disbursement is endangered by exposure of the insurable property to maritime perils；and b）any liability to a third party incurred by the owner of，or other person interested in or responsible for，insurable property.

海上保险属于财产保险的范畴，是指保险人对于承保财产因海上风险所造成的损失给予经济补偿的制度。海上保险作为保险的具体类型之一，基于自身的特定内容具有以下特征。

（1）承保风险的综合性和复杂性。海上保险所针对的风险主要是航海中所遇到的自然灾害和意外事故。由于海上地理环境和自然条件的特殊性，使得航海风险大于陆上风险，致损原因也更为复杂。它可以来自台风、海啸等自然灾害，也可以是船舶本身的缺陷导致船舶碰撞、触礁、搁浅、沉没等，甚至航海事故可以起因于海盗、船员的不法行为或者有关当局对船舶扣押等人为灾难。海上保险的承保风险不仅具有复杂性，而且以综合性为特点。这是因为，它所承保的风险不限于在海上发生，也包括与海上航行有关的发生于内河或者陆上的事故。随着国际多式联运和集装箱运输综合保险的发展，海上保险承保风险综合性的特点更为突出。

（2）承保标的的多样性和流动性。海上保险的保险标的具有多样性，具体包括船舶、货物、运费、法律责任（诸如船舶碰撞或漏油污染等事件引起的赔偿责任）及其相关的经济利益。海上保险合同主要是围绕船舶和运输的货物，为海上运输活动提供保障，而这些船舶或运输货物往往是处于流动状态的，因而海上保险的承保标的以流动性为特色。

（3）承保内容的多变性和国际性。海上保险是与海上货物运输紧密相连的，从而要受海上运输活动的影响。由于在海上运输中经常会出于贸易经营的需要而转让提单、转让或出售船舶、将船舶予以抵押等，相应地海上保险合同也会发生转让。这对于保险人来说，意味着承保对象的变化。与此同理，海上运输是为国际贸易提供服务的，从而决定了海上保险合同具有国际性。

二、海上保险的种类

海上保险的种类很多，从不同的角度可以进行不同的分类。

（1）依保险标的划分，海上保险主要可以分为货物保险、船舶保险、运费保险和保赔保险等。货物保险的对象主要是贸易商品。船舶保险承保货船、客船、拖船、油轮等各种类型的船舶的船壳、机器、设备、船舶费用及碰撞责任等。运费保险承保班轮运输中的运费和租船运输中的运费风险，一般而言，只有“到付运费”才是此种保险的保险标的。保赔保险是指由船东互保协会承保的风险，此种风险一般保险公司是不予承保的。

（2）依保险价值划分，可将海上保险分为定值保险和不定值保险。定值保险指保险人与被保险人对保险标的事先约定一个价值，并依该价值确定保险金额，依该保险金额收取保险费并支付保险赔偿的保险。不定值保险即保险人与被保险人不约定保险价值，保险合同中只载明保险金额，在出险后，再核定保险标的的价值，并依该价值进行赔付的保险。一般而言，海上运输货物均采用定值保险，船舶保险则采用不定值保险。

（3）依海上保险的期间，可以分为航程保险、定期保险、混合保险、船舶停泊保险和船舶建造保险。航程保险，即保险在规定的航程范围内有效。航程保险是从空间角度来限制责任人的责任期间的，即明确规定起运港和目的港。定期保险即保险合同的有效期是以时间来限制的。定期保险不能笼统地写明保险期为“半年”或“一年”，而应写明具体的起止时间。保险合同一般写明自中午十二时起至中午十二时止，如不写明，则以当天的零时为准。混合保险即同时以时间和空间两方面来限制保险合同的期间。船舶停泊保险承保船舶在停泊期间的风险。船舶在停泊期间其风险的程度远远低于船舶在航运中的风险程度，其保费也往往会便宜许多。船舶建造保险专门承保船舶在建造期间的各种风险。其承保的期间为从船舶开始建造起至船舶下水为止。

（4）依承保的方式，可以分为逐笔保险、流动保险、总括保险和预约保险。逐笔保险即由保险人与被保险人针对某一保险标的逐笔商定承保项目的保险，多数保险合同属于这一类。流动保险指在保险合同中约定保险人承担的最高责任限额，由保险人按约定的办法预收保费，被保险人定期向保险人报告保险标的的实际价值，在发生损失时，保险人在其最高责任限额内予以赔偿的保险。总括保险指在保险期限内，当发生保险责任内的损失时，保险人均予以赔付，但每次赔付的金额应在保险总金额内扣除的保险。在保险金额被扣完时，保险人的责任即解除。预约保险是由保险人与被保险人事先签订一个保险合同，规定在约定的范围内的风险，均由保险人自动承保，最后由双方结账的保险。

第二节　海上保险合同概述

一、海上保险合同的概念和特点

我国《海商法》第 216 条第 1 款规定：“海上保险合同，是指保险人按照约定，对被保险人遭受保险事故造成保险标的损失和产生的责任负责赔偿，而由被保险人支付保险费的合同。”保险人和被保险人是海上保险合同的双方当事人。保险人是指在保险事故发生时对被保险人承担赔偿义务并享有保险费请求权的人。被保险人是指在保险事故发生时享有保险赔偿（保险金）请求权的人。被保险人作为投保人（applicant）时，负有支付保险费的义务。保险人可以委托保险代理人代其接受保险业务，出立保险单，检验和/或理赔。保险经纪人代被保险人投保，但一般由保险人向其支付佣金。根据《海商法》第 216 条第 2 款的规定，“保险事故”是指保险人与被保险人约定的任何海上事故，包括与海上航行有关的发生于内河或者陆上的事故。如海上货物运输保险合同的责任期间已扩展为“仓库到仓库”（warehouse to warehouse），保险人的责任包括海运两端向内地延伸期间的风险。

海上保险合同是海上保险关系的法律表现形式，其具有如下特点。

（1）海上保险合同是双务有偿合同。海上保险合同的双务性在于就被保险人而言，是以支付保险费为义务而取得保险保障的权利；就保险人而言，是以履行损失补偿责任为义务而取得收取保险费的权利。双方的权利和义务是相互关联、互为条件的。

（2）海上保险合同是保障性合同。海上保险是为了保障海上风险造成保险标的的损失这一目的而订立的。被保险人向保险人支付保险费，其目的在于通过保险保障其对保险标的的经济利益，而保险人以收取保险费为条件，当保险标的遭受损失时，由保险人向被保险人提供赔偿。

（3）海上保险合同是最大诚信合同。最大诚信是订立海上保险合同最为重要的原则之一。保险合同双方当事人必须本着最大诚意和信用来订立合同。任何合同的签订，都必须以当事人的诚信为基础，如果当事人一方以欺诈为手段，诱使他方签订合同，一旦发现，他方则可据此解除合同；如有损害，并可要求对方予以赔偿。因此，被保险人在要求保险人对保险标的进行保险时，必须向保险人诚实地、毫不隐瞒地提供有关保险标的的各项资料，对保险人的询问，必须如实陈述，并严格遵守合同的条件；如被保险人没有履行此项义务，有意隐瞒情况，即使在保险合同订立之后，保险人仍可解除合同。

二、海上保险合同的基本原则

（一）最大诚信原则

最大诚信原则（Principle of Utmost Good Faith）是被保险人和保险人订立海上保险合同的基本原则之一。保险合同双方当事人必须本着最大诚意和信用来订立合同。任何合同的签订，都须以合同当事人的诚信作为基础。如果当事人一方以欺诈为手段，诱使他方签订合同，一旦发现，他方则可据以解除合同。如有损害，并可要求对方予以赔偿。对此，英国《1906年海上保险法》第17条规定："海上保险合同是建立在最大诚信基础上的，如合同任何一方不遵守这一规定，另一方可宣布合同无效"。

对被保险人来说，最大诚信原则包含如下两方面内容。

（1）告知。告知（Disclosure）是指被保险人在投保时将其所知道的有关保险标的的重要情况告诉保险人。我国《海商法》第222条规定："合同订立前，被保险人应当将其知道的或者在通常业务中应当知道的有关影响保险人据以确定保险费率或者确定是否同意承保的重要情况，如实告知保险人。"所谓重要情况，是指一切可能影响一位谨慎的保险人作出是否承保，以及确定保险费率的有关事项。这种重要情况大体包括两类：一是被保险人实际知道的事实或信息，另一类是被保险人在业务活动中应当知道的事实或信息。

合同订立后，保险人发现被保险人违反告知义务的，保险人有权解除合同。我国《海商法》第223条对被保险人故意和非故意违反告知义务的情况，做了不同规定。如果被保险人的不告知是故意所为，保险人有权解除合同，并且不退还保险费；合同解除前发生保险事故，造成损失的，保险人不负赔偿责任。如果被保险人的不告知不是故意所为，保险人有权解除合同或者要求相应增加保险费。保险人解除合同的，对于合同解除前发生保险事故造成的损失，保险人应当负赔偿责任，但是，未告知或错误告知的重要情况对保险事故的发生有影响者除外。

（2）保证。保证（Warranty）是最大诚信原则的另一重要内容。所谓保证是指保险人与被保险人在海上保险合同中约定被保险人担保对某一事项做或不做，或者担保某一事项的事实性。应注意的是保证不同于告知，告知仅须实质上正确即可，而保证则必须严格遵守。

保证可分为明示保证和默示保证，明示保证（Express Warranty）是以书面形式在合同中明文规定或作为特别条款附加于合同中的保证条款。英国《1906年海上保险法》第35条规定，明示保证可以以任何文字形式来说明保证意图；明示保证必须包含在或写进保险单，或包括在并入保险单的某些文件之中。默示保证（Implied Warranty）是指在保险单内虽未明文规定，但是按照法律或惯例，被保险人同样应严格遵守的保证。默示保证的法律效力同明示保证一样，不能违反。

释义

Warranty

Warranty means a promissory warranty，that is to say，a warranty by which the assured undertakes that some particular thing shall or shall not be done，or that some condition shall be fulfilled，or whereby he affirms or negatives the existence of a particular state of facts.

A warranty may be express or implied. An express warranty is one which is contained in the policy or in a document referred to by the policy. That is，the warranty must be actually written，typed，impressed or printed in the policy or document so that it can be physically read. An express warranty is a condition which overrides anything in the policy with which it is inconsistent. It does not exclude an implied warranty，except where it is inconsistent therewith.

An implied warranty is a warranty which is understood by law to exist in the contract without being stated. The implied warranty must be literally complied with in the same manner as an express warranty，so that in event of non-compliance the insurer is discharged from liability as from the date of the breach.

（二）保险利益原则

保险利益，是指投保人或者被保险人对保险标的所具有的法律上或事实上的利益。保险合同的成立，以投保人具有保险利益为前提条件。投保人对保险标的不具有保险利益的，保险合同无效。保险利益原则可以防止道德危险发生，避免将保险变成赌博性质，同时在保险利益价值确定的情况下，可作为赔偿的最高限额。

释义

Insurable Interest[①]

The insured must have an “insurable interest”，in the ship，goods or other insurable property，or at least an expectation of acquiring such an interest，at the time of the loss. An insurable interest means an interest in the marine adventure. Such an interest exists where a party has any legal or equitable relation to the adventure or to any insurable property at risk in it，in consequence of which he may either benefit by the safety or due arrival of insurable

① William Tetley, International Maritime and Admiralty Law, Editions Yvon Blais, 2002，pp. 593-595.

property or，alternatively，be prejudiced，or incur liability，by its loss，damage or detention. A partial interest suffices.

Insurable interests may be defeasible or contingent，terms which relate primarily to the interests of buyers in sales of goods. Insurable interests include those of the owner in his insurable property；the lender of money on bottomry or respondentia in respect of the loan；the master and crew members in their wages；anyone who has advanced freight not repayable in case of loss of the goods；and the mortgagor in the value of the mortgage and the mortgagee in sums due or to become due under the mortgage. The insurer also has an insurable interest in the risk he insures，which interest he may reinsure.

An insurable interest may be assigned，although doing so does not transfer to the assignee any rights under the insurance contract，absent an express or implied agreement with the assignee to that effect.

（三）损害赔偿原则

损害赔偿原则(Principle of Indemnity)是海上保险合同最基本的原则之一。海上保险合同是补偿性合同。海上保险的主要目的就是当被保险人因保险标的发生保险责任范围内的事故而遭受损失时，按保险合同规定从保险人处得到相应的补偿。换言之，被保险人的财产受损后，保险人应按合同规定履行赔偿义务，使被保险人得到相应的补偿，但这种补偿仅限于保险事故实际损失的价值，并仅以保险金额和被保险人应有的保险利益为限，即被保险人不得因保险事故的赔偿而获得额外利益，以防止被保险人投机取巧，因祸得福。

（四）近因原则

近因原则(Principle of Proximate Cause)是保险理赔中必须遵循的又一项基本原则，是指保险人对于承保范围的保险事故作为最直接的、最接近的原因所引起的损失，承担保险责任，而对于承保范围以外的原因造成的损失，不负赔偿责任。在各国保险法律实务中，通常都采用“近因原则”来判断承保危险与保险标的损害之间的因果关系。

虽然近因原则在海上保险中广泛适用，但是如何认定致损的近因尚无统一标准，具体的论证方法有多种多样，主要的有三种：一种是最近时间论，它将各种致损原因按发生的时间顺序进行排列，以最后一个作为近因；二是最后条件论，它区别于前一方法，是将致损所不可缺少的各个原因列出，以最后一个作为近因；三是直接作用论，即将对于致损具有最直接最重要的原因作为近因，这一方法为大多数人所认可。

Proximate Cause

Proximate causation is a key concept in marine insurance，which requires the court to determine what is the “effective” or “dominant” cause of any given loss or damage，and not necessarily the last in time. Losses in marine insurance are generally recoverable only where they are "proximately caused by a peril insured against", including those caused by such a peril that would not have happened but for the misconduct or negligence of the master or crew. The insurer is not liable for losses attributable to the wilful misconduct of the insured or to delay, ordinary wear and tear and a number of other causes.

The insured must shoulder the burden of proving that the cause of the loss is a peril insured against, and where the evidence is inconclusive, the insurer is not liable.

三、海上保险合同的法律适用

我国是属民商法合一的国家,《保险法》和《海商法》皆是民法的特别法。我国将海上保险合同(marine insurance contract)作为海事合同(maritime contract)的一种,《海商法》即专设第十二章对海上保险合同作出规定。就海上保险合同而言,《海商法》第十二章海上保险合同的规定相比《保险法》,属于海上保险的特别法,因此,《海商法》有规定的,适用《海商法》的规定;《海商法》没有规定的,适用《保险法》的规定;《海商法》和《保险法》均未作规定的,海上保险合同应适用《合同法》和《民法总则》和其他民事法规。此外,对上述国内法无明文规定的涉外海上保险合同关系,根据我国《海商法》第 268 条第 2 款的规定,可以适用与我国法律原则没有冲突的国际海上保险惯例。综上所述,海上保险合同法的法律形式,按效力高低依次为:(1)《海商法》;(2)《保险法》;(3)《合同法》《民法总则》及其他民事法规;(4) 相关的国际惯例。

四、海上保险合同的主要内容

按照我国《海商法》第 217 条的规定,海上保险合同的主要内容有:保险人与被保险人名称;保险标的;保险价值;保险金额;保险责任和除外责任;保险期间;保险费等。

(一)保险人与被保险人名称

保险人,是指与投保人签订保险合同,并承担赔偿或者给付保险金责任的保险公司,是保险合同的一方当事人。在我国,保险人均为保险公司,其他任何单位和个人不得经营保险业务。

被保险人,保险合同的另一方当事人。我国《保险法》第 9 条第 2 款规定,投保人是指与保险人订立保险合同,并按照保险合同负有支付保险费义务的人,投保人可以是法人,也可以是自然人。

(二)保险标的

保险标的(Subject Matter Insured)是指保险人与被保险人在海上保险合同中约定给予保险的财产、责任或利益。保险标的的范围很广,主要有船舶、货物以及其它与航海有关的财产和利益。

(三)保险价值

保险价值(Insured Value)是指保险责任开始时保险标的实际价值和保险费的总和。在实际保险业务中,被保险人在投保时,要正确确定保险标的的实际价值是困难的,无论是对设备异常复杂、国际市场价值变动不定的现代船舶，还是对品种繁多、运杂费不易准确计算的货物来说，都是如此，所以通常都是由保险人与被保险人来议定约束双方的保险标的的价值。

（四）保险金额

保险金额（Insured Amount；Sum Insured）指保险人与被保险人约定在保险单中载明对保险标的所受损失给予赔偿的最高数额。其约定应以不超过被保险人对保险标的所具有的可保利益为限。如此金额与保险价值一致即为全额保险。如果保险标的因保险事故遭受全损，保险人应按保险金额赔偿。如果被保险人只投保保险价值的一部分，这种保险叫不足额保险。在不足额保险条件下，被保险人应对保险金额和保险价值之间的差额自行负责，保险人对此不负赔偿责任。

（五）保险责任和除外责任

保险责任（Insurance Liability）指海上保险合同成立后，保险人只对发生在保险责任范围内的保险事故造成保险标的损失负责赔偿。

除外责任（Excluded Liability）指根据法律规定或约定，保险人不承担赔偿责任的风险范围。在不同的海上保险合同中，除外责任的风险范围是不同的。我国《海商法》第242条、243条和244条规定了保险人在货物、船舶保险责任中的除外责任。

（六）保险期间

保险期间（Insurance Period）又称保险期限，指保险合同的有效期间，即明确规定海上保险合同效力发生和终止的期限。不同的保险合同有着不同的保险期限。它一方面是计算保险费的依据，另一方面又是保险人与被保险人履行权利和义务的责任期限。

（七）保险费

保险费（Premium）是保险合同的对价。双方当事人关于保险费条款必须达成一致，合同方能成立，否则，保险合同不能成立。合同成立后，如果被保险人拒绝交纳保险费，保险人仍有权解除合同。

五、海上保险合同的订立、转让与解除

（一）海上保险合同的订立和变更

海上保险合同是保险人对被保险人的承保证明，也是规定保险人与被保险人权利和义务的依据。海上保险合同的订立过程，可能包括要保（application）、核保、保险费报价、暂保、签发保险单和缴纳保险费六个环节。保险合同在双方意思表示一致，即就海上保险合同的条款达成协议时成立，如保险人签署投保单（application form）或承保条（slip）、签收保险费（receipt of premium）或出具正式的保险单（policy）。在英、美等国，保险合同由被保险人通过保险经纪人作为代理人来签订。保险经纪人出具承保单，保险人在承保单上签字，合同即告成立。根据我国《合同法》第10条和第12条的规定，口头海上保险合同有效。海上保险合同的内容只求具体确定，不求完整。

海上保险合同的变更是指保险合同在签订后履行的过程中，由于情况发生一些变

化，对合同内容进行的修改与补充。一般来说，海上保险合同签订后，如果其内容发生变化，被保险人必须及时向保险人申请变更或修改，任何细小变更也必须经保险人同意，并出立批单，酌情增减保险费。海上保险合同内容的变更主要指保险标的的变更，保险金额的变更，保险责任的变更等。

（二）海上保险合同的转让

海上保险合同的转让，一般是指被保险人将其合同让与给第三人，而由受让人取代被保险人地位的法律行为。根据国际海上保险的惯例，允许海上保险合同的转让。不过，海上货物运输保险合同和船舶保险合同的转让条件是不一样的。

海上货物保险合同的转让是指货物起运后在运输途中发生所有权转移的情况下，货物保险合同也随着货物所有权的转移而转移，但必须要经过原被保险人在保险合同上加以批注或以其他文件表示货物转让的意思，保险合同的权利和义务才可以转让。对此，我国《海商法》第 229 条规定："海上货物运输保险合同可以由被保险人背书或者以其他方式转让，合同的权利、义务也随之转移。合同转让时尚未支付保险费的，被保险人和合同受让人负连带支付责任。"货物保险合同的转让，并不需要保险人的同意，原因在于此种情况下，货物尚在运输途中处于承运人的监管之下，因而，被保险人的变更对承保风险没有任何影响。而且这一做法可以便利交易各方利益，促进商品迅速流转，保障国际贸易的正常往来。

各国法律对于船舶保险合同的转让规定十分严格，原因是船舶所有权转移有可能改变船舶的管理状况，从而影响到保险人的承保风险及其保险费率的确定。所以，各国法律一般都规定，船舶保险合同的转让，需经保险人同意。我国《海商法》第 230 条第 1 款明确规定："因船舶转让而转让船舶保险合同的，应当取得保险人同意。"具体方法是由保险人在保险单上批注或附贴批单，确认合同的转让。"未经保险人同意的，船舶保险合同从船舶转让时起解除。"

（三）海上保险合同的解除

海上保险合同的解除有保险责任开始前的解除与保险责任开始后的解除。

1. 保险责任开始前的解除

我国《海商法》第 226 条规定："保险责任开始前，被保险人可以要求解除合同，但是应当向保险人支付手续费，保险人应当退还保险费。"保险人承担赔偿责任是以收取保险费为对价的，所以在保险责任开始前，应允许被保险人解除合同并由保险人退还保险费，保险人仅收取一定的退保手续费。

2. 保险责任开始后的解除

我国《海商法》第 227 条第 1 款规定："除合同另有约定外，保险责任开始后，被保险人和保险人均不得解除合同。"该条第 2 款又规定："根据合同约定在保险责任开始后可以解除合同的，被保险人要求解除合同，保险人有权收取自保险责任开始之日起至合同解除之日止的保险费，剩余部分予以退还；保险人要求解除合同，应当将自合同解除之日起至保险期限届满之日止的保险费退还给保险人。"

第三节　海上保险合同当事人权利和义务

一、被保险人的义务

在海上保险合同履行过程中，被保险人的法定义务有：① 及时交纳保险费的义务；② 严格遵守保证的义务；③ 防灾防损的义务；④ 危险增加时的通知义务；⑤ 出险时的通知义务；⑥ 出险后的施救义务。

（1）及时缴纳保险费（premium）的义务。除海上保险合同另有约定外，保险人应在合同成立后立即支付全部保险费，否则保险人可要求被保险人交付保险费及其利息。此外，保险人还可以通过留置保险单，催促被保险人及时付清保险费。在海上货物运输保险合同发生转让时，被保险人和受让人对未付清的保险费要承担连带责任。

（2）严格遵守保证的义务。保证是保险合同的基础之一。被保险人违反保证，不论其是否有过失，是否与保险标的的损失或责任之间有因果关系，保险人得选择解除合同，对违反保证后发生的损失或责任不负保险赔偿责任，或要求修改承保条件，增加保险费。我国法律上默示的保证只有合法性保证一项。明示保证取决于每一保险单的具体规定，现行《中国人民保险公司船舶保险条款》第 6 条第 2 款规定了船级社、船级、船旗、船舶所有人、管理部门、光租和被征用等多项保证。此外，还可能规定航区保证等。

（3）防灾防损义务。被保险人应当遵守国家有关部门制定的关于消防、安全、生产操作和劳动保护等规定，维护劳动者和财产的安全。保险人可以对保险标的的安全情况进行检查，如发现不安全因素，应及时向被保险人提出消除不安全因素的合理建议，被保险人应及时采取措施消除。否则按《保险法》的规定，保险人有权要求增加保险费或解除合同。

（4）危险增加时的通知义务。保险标的如果变更用途或者增加危险程度，被保险人应当及时通知保险人，在需要增加保险费时，应当按规定补交保险费。被保险人如不履行此项义务，由此引起保险事故造成的损失，保险人不负赔偿责任。

（5）出险时的通知义务。一旦保险事故发生，被保险人有义务立即通知保险人。出险通知对保险人非常重要，他可以及时安排检验，初步确定受损的范围，掌握有关的证据，指示如何减小损失和采取财产保全、证据保全措施，以便向第三人追偿等，故在保险条款中一般对此种义务又予以强调和明确。

（6）出险后的施救义务（sue and labour）。一旦保险事故发生，被保险人除应立即通知保险人外，还应采取必要的合理措施，防止或减少损失。被保险人收到保险人发出的有关采取防止或者减少损失的合理措施的特别通知的，应当按照保险人通知的要求办理。被保险人若有违反，对因此而造成的扩大的损失，保险人不负赔偿责任。另外，所发生的施救费用，保险人应在保险标的损失赔偿之外另外支付给被保险人。双方所采取的施救措施，与委付无关，也无损于双方的其他权利。

此外还有前已述及的海上保险合同成立前被保险人的告知义务和本章下节述及的被保险人维护保险人的代位求偿权和协助保险人追偿的义务。

二、保险人的责任

（一）赔偿责任

保险人的首要义务和责任，就是在发生保险事故后，及时向被保险人支付保险赔偿。保险人收到被保险人要求赔偿的单证后，根据保险合同的规定，核定应否赔偿。在与被保险人达成有关赔偿金额的协议后，应在10天内偿付。保险人如果不及时偿付，就应承担违约责任，或赔偿被保险人由此遭受的损失。

（二）赔偿限度（measurement of indemnity）

财产损害保险的保险人赔偿保险事故造成的保险标的的损失，以保险金额为限，而且保险金额不得超过保险价值，超过部分是无效的。因此，确切地说，保险人的赔偿限度是保险价值而非保险金额。但在具体保险合同中，存在被保险人未足额投保的情况，保险人的实际赔偿责任限于实际保险金额与其保险价值之比在赔偿限度中所占的比例部分。例如，保险价值为100万美元，保险金额为80万美元，发生保险事故导致的损失为20万美元，被保险人最高可以索赔100万美元（此为赔偿限度），但在本案中实际上只能得到16万美元的保险赔偿，因为并未发生全损，而且存在不足额保险。责任保险的保险赔偿限度须依合同约定。

释义

Measure of Indemnity[①]

The term "measure of indemnity" is in common use in the practice of marine insurance. It means "the extent of the liability of the insurer for loss", that is the maximum amount which the insurer must pay in event of a claim under the policy. Subject always to the adequacy of the sum insured the maximum amount recoverable under an unvalued policy is the insurable value, and the maximum amount recoverable under a valued policy is the insured value. Obviously, where the loss is a proportion of the whole, only a proportion of the above limit is recoverable under the policy.

（三）不足额保险的适用

在海上保险中，不足额保险的适用因保险赔偿请求的种类不同而异：① 对于共同海损分摊，如果保险金额低于共同海损分摊价值，按照保险金额同分摊价值的比例赔偿共同海损分摊。在现行《中国人民保险公司船舶保险条款》中，按同样的原则处理保险人对救助费用的责任。② 对于施救费用，如果保险金额低于保险价值，保险人按照保险金额同保险价值的比例赔偿施救费用，但允许海上保险合同做不同的约定。现行人保财险船舶保险条款对此无不同的规定。③ 对于保险标的的其他部分损失，如果保险金额低于保险价值，保险人按保险金额同保险价值的比例支付部分损失。我国《海商法》

① Robert H. Brown, Marine Insurance Vol.1.– The Principles, 4th edition, witherby & Co Ltd, 1978, at p. 119.

没有规定保险合同可做不同的约定，现行人保财险船舶保险条款也没有涉及这一问题④ 对于保险标的的全损，如果保险金额低于保险价值，保险人的赔偿责任以保险金额为限。⑤ 对于责任，不存在不足额保险的适用问题，但现行人保财险船舶保险条款规定，保险人对船舶碰撞责任的保险赔偿责任，以保险金额为限。

（四）连续损失（successive losses）

所谓保险人赔偿保险事故造成的损失，以保险金额（等于或低于保险价值）为限，是基于事故原则，即一次保险事故一个赔偿责任限额。在保险期间，可能发生多次保险事故，皆造成保险标的的损失，不应将这些损失加起来，以一个保险金额为限来减轻保险人的赔偿责任。但是，如果发生部分损失，没有进行修复，其后又发生了全损（无论是否是由保险事故造成的），保险人不应再承担此前发生的部分损失，因为被保险人并未实际支付修理费用，其全损赔偿（不论是否可依据本保险得到赔偿），也未因此前的部分损失而减少。在其后发生推定全损时，如果被保险人选择修理，按部分损失索赔，保险人就仍应赔偿此前发生的连续损失。

释义

Successive Losses

The insurer under a marine policy is liable for successive losses even though the aggregate of such losses may exceed the sum insured by the policy. This does not generally apply to cargo because the damage is assessed at destination and the policy pays either a total loss or single partial loss. The principle does, however, apply to a hull time policy where the measure of indemnity for partial loss is simply the reasonable cost of repairs without any reference to the insured value. The insurer pays the cost of all repairs to make good damage from an insured peril, subject only to the limit of the insured value and the policy deductible in respect of any one accident or occurrence. Thus, in a time policy successive claims for repairs may possibly in the aggregate exceed the insured value. If damage is not repaired and a total loss occurs the insurer is liable only for the total loss. If the total loss is proximately caused by an uninsured peril the insurer is not liable for either the unrepaired damage or the total loss.

（五）施救费用（sue and labour）

施救费用是指被保险人为防止或减少根据保险合同可以得到赔偿的损失而支出的必要的合理费用，包括为确定保险事故的性质、程度而支出的检验、估价的合理费用以及为执行保险人的特别施救指示而支出的费用。施救费用不包括保险人自行采取措施避免或减少保险标的的损失而发生的任何费用。施救费用必须是由承保危险引起的，必须是必要的和合理的。

Suing and Labouring

Marine insurance requires the insured to mitigate his loss by taking reasonable measures for the purpose of averting or minimizing a loss. Marine policies normally include a "sue and labour clause", which is regarded as supplementary to the insurance contract, and which permits the insured who has taken such measures to claim reimbursement for the expenses so incurred under the policy.

Sue and labour measures may include such outlays as expenditures made under a salvage agreement to salve the ship and the cost of reconditioning damaged goods or forwarding them in another vessel in order to save freight. These costs are "particular charges", and the "sue and laobur clause" normally gives the insured a right to recover them fro the underwriter.

The "sue and labour clause", does not, however, permit recovery of general average losses and contributions or "salvage charges", or expenses to avert losses not covered by the policy.

保险人应在保险标的的损失赔偿之外另行支付施救费用。这是一项法定的赔偿义务,即使保险单中没有一个施救条款,保险人也应对施救费用负责。

保险人对施救费用的赔偿责任以单独的一个保险金额为限。凡能够作为单独海损、共同海损或救助费用的,不能以施救费用的名义向保险人索赔。

(六)被保险人的故意行为(intent act)

法律不允许任何人因自己的错误而得利,故保险人不负责赔偿被保险人故意造成的损失,这一原则不仅适用于海上保险合同,也适用于其他保险合同。合同中即使有相反的约定,也是无效的。保险人以此理由拒赔时,负有很重的举证责任,因为故意是一种心理状态:明知可能造成损害的后果而仍然希望或放任其发生。故意行为必须是被保险人本人的,不包括船长、船员的不法行为(barratry),因此在船舶保险中,如果船舶所有人和船员合谋将船弄沉骗取全损保险金,而以船员的不法行为来向保险人索赔,保险人就很难找到船舶所有人故意的充分证据。道德风险依然是保险人面临的一个难题。

在现行人保财险船舶保险条款中,还约定保险人对被保险人的疏忽造成的损失不负赔偿责任,对被保险人过于苛刻,应对疏忽作严格限制性的解释。

(七)海上货物运输保险人的除外责任

除海上货物运输保险合同另有约定外,保险人对因下列原因造成的损失、损害或费用,不负赔偿责任:航行迟延、交货迟延或行市变化;货物的自然损耗、本身的缺陷和自然特性;包装不当。2009年版人保财险海洋运输货物保险条款将这些除外责任皆约定在内。

(1) 迟延(delay)。即使迟延是由承保危险造成的,对迟延引起的损失(包括行市下跌),保险人不负责任,除非保险单中有明确的相反的约定。根据英国法,迟延除外也适用于船舶保险,但在我国法律中这一点并不明确,现行船舶保险条款也未予以澄清。

（2）本身缺陷（inherent vice）。常见的有自燃（spontaneous combustion）、生病（disease）、腐烂（decay）、发酵（fermentation）或发霉（mildew），经常争论的问题是：是货物内部的水分过高，还是外来进入的淡水或海水。包装不当或不足，也属于本身的缺陷。自然损耗常见于散装的货物由于扬尘、粘连等造成的损失，在保险单中保险人常规定一定百分比的免赔量来免除对此种损失的责任，否则对“正常的”自然损耗量就会有争议。

（八）船舶保险人的除外责任

除合同另有约定外，船舶保险人对下列原因之一造成的被保险船舶的损失不负赔偿责任：船舶开航时不适航，但在船舶定期保险中被保险人不知道的除外；船舶自然磨损或者锈蚀。运费保险的除外责任比照适用上述法律规定。

（1）自然磨损（ordinary wear and tear）。船舶的自然磨损或者锈蚀所造成的损失是必然要发生的确定的损失，不含有任何意外因素，不构成风险，故除非在保险合同中有相反的约定，保险人对此损失不负赔偿责任。现行船舶保险条款进一步明确，保险人对船舶的正常维修保养，如除锈、涂漆、更换磨损的轴瓦、缆绳等，皆不负责。

（2）船舶不适航（unsea worthiness）。与英国法不同，我国有关海上保险的法规中，对航次保险不存在船舶适航的默示保证（implied warranty）。保险人若想援用此免责事项拒赔，须证明被保险船舶损失是由船舶开航时不适航造成的，即两者之间要有因果关系。如果损失是开航后的不适航造成的，保险人不能免除责任，普通法中阶段适航的原则不应适用。如果是定期保险（船舶保险大多是定期保险），拒赔的保险人还须证明保险人知道船舶开航时不适航。现行《中国人民保险公司船舶保险条款》规定，在定期保险时，除了被保险人实际知情外，如果被保险人应该知道造成损失的船舶在开航时的不适航，保险人也可免责。对“应该知道”应从严予以解释。

被保险人知道的船舶开航时有不适航、船员配备不足等情况。船舶没有船级证书不一定表示船舶不适航，但如果船级方面有问题，保险人可以凭船级保证条款拒赔。

根据我国《保险法》第17条的规定，订立保险合同时，保险人应当向投保人说明保险合同的条款内容。对除外责任条款，则须明确说明，否则该条款不产生效力。这是一条重要的规定。

第四节　海上保险赔付

一、保险标的的损失和委付

（一）保险标的的损失

在海上保险中，损失分全损（total loss）和部分损失（partial loss）。部分损失又可分为单独海损（particular average loss）、救助费用（salvage）和共同海损分摊（general average contribution）。全损又分为实际全损（actual total loss）和推定全损（constructive total loss）。另外，船舶失踪视为实际全损。

1. 单独海损

单独海损是自然灾害或意外事故直接造成的损害，由各受损方自己承受，如风暴造成的船舶损害、火灾造成的货物损害和部分货物灭失毁坏造成的运费损失等。在实务中，困难的问题是将承保危险引起的单独海损与正常磨损等自然原因引起的损失分开。共同海损包括共同海损牺牲（G. A. sacrifice）和共同海损费用（G. A. expenditure），这些应由各受益方按照各自的分摊价值的比例分摊，而保险人所承担的是被保险人对共同海损的分摊责任（liability towards G. A. contribution）。

2. 实际全损

实际全损是指保险标的在发生保险事故后灭失，或者受到严重损坏完全失去原有形体、效用，或者不能再归被保险人所拥有。例如，被保险船舶沉入深海，与礁石相撞后断裂为碎片，或者战时被敌舰捕获；被保险货物全部被火烧成灰烬，全部腐烂变质；由于航次受阻，在开航前船舶灭失、货物全损或失去商销性（unmerchantable）等原因而使承运人收不到运费等。

释义

Actual Total Loss

An actual total loss can occur in three ways. (1) where the subject matter is completely destroyed. (2) where the subject matter ceases to be a thing of the kind insured. (3) where the assured is irretrievably deprived of the subject matter, although it has retained its specie. A missing ship is deemed an actual total loss when it has been posted as "missing".

3. 推定全损

我国《海商法》明确规定了船舶的推定全损和货物的推定全损。船舶的推定全损是指被保险船舶发生保险事故后，认为实际全损已不可避免，或者为避免发生实际全损所需支付的费用超过了被保险船舶的保险价值。货物的推定全损是指被保险货物发生保险事故后，认为实际全损已经不可避免，或者为避免发生实际全损的费用与继续将货物运抵目的地的费用之和超过了被保险货物的保险价值。

释义

Constructive Total Loss

There is a constructive total loss where the assured is deprived of the possession of his ship or goods by a peril insured against, and (a) it is unlikely that he can recover the ship or goods, as the case may be, or (b) the cost of recovering the ship or goods, as the case may be, would exceed their value when recovered; or in the case of damage to a ship, where she is so damaged by a peril insured against that the cost of repairing the damage would exceed the value of the ship when repaired; or in the case of damage to goods, where the cost of repairing the damage and forwarding the goods to their destination would exceed their value on arrival.

在实际全损和推定全损之间并无精确的或绝对的分界线。一般说来，如果还有一定的残存价值而且可能获得，就只能成立推定全损。鉴于海上保险合同是赔偿合同，在绝大多数全损案件中，被保险人都只能按推定全损索赔全损，因而有向保险人发出委付通知(notice of abandonment)的义务，使保险人有机会选择是否接受委付。在实际全损的情况下，被保险人无须委付。

4. 船舶失踪

船船失踪后，因为原因不明，被保险人很难证明是保险事故引起的，而且即使能够证明，也要等待很长一段时间才能向保险人主张全损，这对被保险人是很不利的。我国《海商法》第248条规定："船舶在合理时间内未从被获知最后消息的地点抵达目的地，除合同另有约定外，满两个月后仍没有获知其消息的，为船舶失踪。"现行《中国人民保险公司船舶保险条款》将作出同样的规定，极大地保护了船舶所有人的利益。

（二）委付

推定全损是海上保险中特有的对被保险人有利的一种制度。如果保险标的构成推定全损，被保险人得向保险人委付(abandon)被保险船舶而索赔全损。委付(abandonment)是海上保险中所特有的一种法律行为，是指保险标的发生推定全损时，被保险人单方面明确表示将其对保险标的全部权利和义务转移给保险人，而请求支付全部保险金额的行为。

委付是基于保险标的发生推定全损时产生的。委付时，被保险人必须向保险人发出委付通知，经保险人接受后方能生效。保险人可先取得保险标的的物权，然后赔付全部保险金额。

委付不是推定全损的构成要件，但被保险人选择向保险人索赔全损时，必须先无条件地将保险标的委付给保险人。保险人在收到被保险人的委付通知后，可以自行决定是否接受委付，但应将其是否接受委付的决定，在合理的时间内通知被保险人。保险人一旦接受了委付，就不得撤回，在享有对保险标的的权利的同时，还承担了从保险事故发生时起附在保险标的上的义务，如打捞沉船、清除油污的责任等。保险人不接受委付本身，不影响推定全损的成立。被保险人能否按全损索赔，还是要看是否满足推定全损的法定或约定构成要件。被保险人对保险标的的施救措施以及保险人对保险标的所采取的施救行动，皆不能视作某一方对委付的放弃或接受。

在推定全损发生时，被保险人也有权选择救助和修复保险标的，不委付保险标的，而向保险人索赔部分损失，但最高索赔额以保险金额或保险价值中较低者为限。

应注意的是，有权委付保险标的者限于被保险人或其特别授权的代理人。委付的意思表示没有法定的形式，但现行人保财险船舶保险条款要求被保险人发出委付通知。被保险人须委付的时间无明确规定，合理时限取决于个案的具体情况，一方面，被保险人有权等待一段时间以获得对损害的全面评估，再决定是否委付。另一方面，被保险人不得无限期等待，静观其变，以便作对自己最有利的决定。

委付成立后，可委付保险标的权利自发生委付的原因出现之日开始转移，保险人对保险标的产权、利益和义务必须同时接受。如委付的保险标的船舶在事故发生时或事故发生后应收取的运费，均为保险人所有，但其中发生的费用应予扣除。如船舶因沉没而影响航道，需要清除，清除费用也应由保险人负责承担。由于保险标的产权已转移，保险人在处理保险标的时如所得到的利益超过所赔偿的保险金，应属保险人所有。同时，如对第三者有损害赔偿请求权，其索赔金额超过其给付保险金，也同样归保险人所有。

释义

Abandonment[①]

In the case of a constructive total loss (of a ship or of goods), the insured may treat the loss as a partial one or "abandon" the property to the insurer, treating the loss as an actual total loss. 190 Abandonment is "… a cession or transfer… from the owner to the underwriter, and of all his property and interest in it, with the claims that may arise from its ownership, and all the profits that may arise from it. " It is an unconditional relinquishing of all the insured's rights in the property concerned to the underwriter.

The insured must give a notice of abandonment if he wishes to collect from the insurer for the loss under the policy. The notice may be given orally or in writing or partly orally and partly in writing, in any terms indicating the insured's intention to abandon his insured interest in the subject-matter in question unconditionally to the underwriter. It must be given with "reasonable diligence" after the receipt of reliable information of the loss. Notice of abandonment need not be given, however, for an actual total loss, or where the insurer has waived notice, or where, when the insured receives information of the loss, there would be no possible benefit to the insurer if notice were given to him.

Acceptance of the notice of abandonment by the insurer may be either express or implied from his conduct, although silence is not acceptance. Acceptance of the notice renders the abandonment irrevocable and constitutes for the underwriter a conclusive admission of liability for the loss and of the sufficiency of the notice.

A valid abandonment entitles the insurer to take over the insured's interest in whatever remains of the subject-matter insured, and all incidental proprietary rights, as well as freight being earned and earned subsequently to the casualty, less expenses of earning it incurred after the casualty. The insurer is also entitled, by the abandonment, to a reasonable remuneration for the carriage of goods subsequent to the casualty where the ship is carrying the owner's goods.

二、保险赔偿的支付

保险事故发生后，被保险人有权向保险人请求保险赔偿，但必须提供必要的文件，供保险人审查是否是保险人的责任以及保险赔偿的金额。保险人在赔付被保险人保险

① William Tetley, Inernational Maritime and Admiralty Law, Editions Yvon Blais, 2002, pp. 612-613.

赔偿后，取得对保险标的的代位权。海上保险中的代位权，是指保险人赔偿被保险人因保险事故遭受的经济损失后，在保险人赔偿范围内，保险标的的有关权利转让给保险人行使。代位权包括狭义的对债权的代位求偿权（right of subrogation）和物上代位权。我国《海商法》第225条还规定了保险人提前终止保险合同的一项特殊权利。

（一）保险索赔文件

被保险人因保险标的的损失、损害或责任，根据海上保险合同要求保险人赔偿时，保险人有权要求被保险人提供与确认保险事故性质和损害程度有关的证明和资料，因为被保险人有义务证明其要求保险人赔偿的损失，根据具体海上保险合同，是在保险人的赔偿责任范围之内，以及损失的确切程度和请求赔偿的具体金额，按我国《保险法》第25条的规定，保险人自收到保险赔偿材料之日起60日内，对保险金不能最终确定的，应先支付可确定的最低数额。具体需要向保险人提供哪些证明和资料，取决于个案中保险事故的种类和保险合同的要求等情况。例如，船舶发生碰撞事故后，船舶所有人向船舶保险人请求损害赔偿时，通常应提供下述文件：① 事故报告；② 海事声明；③ 损害检验报告；④ 航海日志、轮机日志及海图、车钟记录、自动航向记录（如有）；⑤ 对方船的航行资料；⑥ 修理费用账单；⑦ 修复后的检验报告；⑧ 对方船的损害检验报告、索赔及其支持文件；⑨ 双方碰撞责任比例的裁决书、判决书或协议；⑩ 船舶的有关证书；⑪ 保险单正本等。现行《中国人民保险公司海洋运输货物保险条款》规定，被保险人向保险人索赔时，必须提交下列单证：保险单正本、提单、发票、装箱单、磅码单、货损货差证明、检验报告及索赔清单等。

（二）保险人代位求偿权

保险人代位求偿权，是指保险人在其保险责任范围内赔付被保险人保险标的的全部或者部分损失后，在赔偿金额范围内享有的向海上保险事故的责任方请求赔偿的权利。保险人代位求偿权既是一种实体权利，也是一种程序上的权利。其依据在于，保险合同为损失补偿合同，被保险人所得赔偿不得超过其保险利益，不能因保险关系而获得额外的利益，这与保险合同的补偿性质相违背。被保险人如从保险人处获得赔偿后，就应将赔偿请求权转移给保险人。我国《海商法》第252条规定："保险标的发生保险责任范围内的损失是由第三人造成的，被保险人向第三人要求赔偿的权利，自保险人支付赔偿之日起，相应转移给保险人。"

释义

Subrogation[①]

As in insurance generally, so too in marine insurance: the insurer who has paid a claim under the policy is subrogated to the rights of the insured. In the case of a total loss of the whole (or, in the case of goods) of an "apportionable part", the insurer becomes entitled to take over the insured's interest in whatever may remain of the subject matter paid for. He is then subrogated to all the insured's rights and remedies in respect of that subject matter, from

① Robert H. Brown, Dictionary of Marine Insurance Terms, Witherby & Co Ltd, 1983, p. 380.

the time of the casualty.

不管保险人赔偿的损失是全损还是部分损失，保险人都具有法定的基于债权代位的代位求偿权。但是，保险人的代位求偿权是传来取得的权利，严格地限于被保险人原有的对第三人的权利，不能由于代位求偿而得到被保险人本没有的权利。

被保险人有义务尽力协助保险人向第三人追偿，向保险人提供必要的文件和其所需要知道的情况。被保险人无权擅自放弃向第三人要求赔偿的权利。被保险人未经保险人同意放弃向第三人要求赔偿的权利，或者由于过失致使保险人不能行使追偿权利的，保险人可以相应扣减保险赔偿。另外，根据《保险法》第 61 条的规定，在保险事故发生后，保险人取得代位求偿权前，被保险人放弃向第三人追偿的权利的，保险人不承担赔偿保险金的责任。在保险人取得代位求偿权后，被保险人放弃向第三人追偿的权利的行为无效。这一规定进一步明确了代位求偿权作为法定债权转移的性质。被保险人已经从第三人取得的赔偿，视为被保险人为保险人的利益而保存，保险人支付保险赔偿时，可以从应支付的赔偿额中相应扣减被保险人已经从第三人取得的赔偿。

保险人取得代位求偿权的时间是他赔付被保险人之日，从此时起，保险人可以而且应该以自己的名义向第三人要求赔偿，无须被保险人同意转让(assign)这一权利，这一点与英国法不同。保险人也无须通知第三人，不受《合同法》第 80 条关于债权约定转移的制约。

对于保险人代位求偿权的行使名义，我国《海事诉讼特别程序法》针对以下几种情况分别作出了规定。

(1) 保险人得以自己的名义提起代位求偿诉讼。在保险人作出实际赔付后，被保险人如果未向第三人提起索赔诉讼，保险人应当以自己的名义向第三人提起代位求偿诉讼。

(2) 保险人得以向法院提出变更当事人的请求，以自己的名义行使代位求偿权。根据《海事诉讼特别程序法》第 95 条第 1 款的规定，保险人作出实际赔付取得代位求偿权之前，被保险人已经以自己的名义对第三人提起索赔诉讼的，保险人支付保险赔偿后可以向受理案件的法院提出变更当事人的请求，并进而以自己的名义行使代位求偿权。

(3) 保险人得以作为共同原告向第三人请求赔偿。依据《海事诉讼特别程序法》第 95 条第 2 款的规定，被保险人如果因为投保不足额保险、协议取得的保险赔偿不足以弥补损失、保险合同约定有免赔额等原因未能从保险人处取得足以弥补第三人造成损失的保险赔偿，保险人和被保险人可以作为共同原告向第三人请求赔偿。

此外，为保障保险人代位求偿权的行使，《海商法》第 253 条的规定，被保险人未经保险人同意放弃向第三人要求赔偿的权利，保险人可相应扣减保险赔偿。由于被保险人的过失或过错致使保险人不能行使代位求偿权的，保险人可以相应扣减保险赔偿金。

(三) 物上代位权

在部分损失的情况下，保险人无权取得全部保险标的或保险标的的一部分的物权。但是，在保险人赔付全损保险赔偿的情况下，除对债权的代位求偿权外，保险人还取得被保险人对保险标的的全部物权。保险人所取得的物上代位权，不受保险人所支付的保险赔偿的限制，但是在不足额保险的情况下，保险人也只能按保险金额与保险价值的比例取得对保险标的的部分物上权利。

（四）保险人提前终止保险义务的选择权

我国《海商法》第 255 条赋予保险人一项特殊的权利，即发生保险事故后，保险人有权放弃对保险标的的权利，全额支付合同约定的保险赔偿，以解除对保险标的的义务。对保险人行使这一权利的限制，是保险人应自收到被保险人有关赔偿损失的通知之日起 7 日内通知被保险人，而且被保险人在收到通知前，为避免或者减少损失而支付的必要的合理费用，仍然应当由保险人偿还。依据这一规定，保险人得选择在被保险人提出全损索赔之前，主动做出全损赔付，以解除对保险标的的义务。保险人做出这一选择的主要动机是减少施救费用的赔偿和管理费用。在实务中，保险人的这一权利可能与被保险人在推定全损发生时选择按部分损失索赔的权利相冲突。保险人行使这一权利的另一代价是必须放弃对保险标的的权利，不得再主张对保险标的的物上权利。

第五节　海上货物运输保险合同

一、海上货物运输保险概述

人保财险“海洋运输货物保险条款”分为主险（principal risks）条款和附加险（additional risks）条款两大类。按现行“海洋运输货物保险条款”，主险分为平安险、水渍险和一切险。

附加险不得单独投保，须在投保主险后向同一保险人另外选择投保。附加险又分为普通附加险、特别附加险和特殊附加险（战争险、罢工险）。每一种附加险有相应的保险条款。附加险条款与主险条款存在抵触时，以附加险条款为准。

普通附加险有时也简称附加险，主要有偷窃提货不着险、淡水雨淋险、短量险、混杂玷污险、渗漏险、碰损破碎险、串味险、受潮受热险、钩损险、包装破裂险、锈损险等。上述普通附加险都是在一切险的责任范围内，主险若投保了一切险，就没有必要另外投保上述普通附加险。

特别附加险不在一切险的责任范围之内，主要有进口关税险、舱面险、恶意损害险、融化险、拒收险、黄曲霉素险、虫损险和港内存仓火险等。

特殊附加险是指战争险与罢工险，按保险惯例也不在一切险的责任范围之内，从其客观投保的要求和实际承保的层面来讲，均大大超过其他附加险。

二、主险的责任范围

主险，有时也被人称为基本险别，其含义是可以独立投保，不是附加在某一险别项下。海上货物运输保险的主险长期以来一直分为三种：平安险（free from particular average, F. P. A）、水渍险（with particular average, W. A. ）和一切险（all risks），现行“海洋运输货物保险条款”仍保留这一传统，但从 1983 年 1 月 1 日起，程敦海上保险市场上已采用新的协会货物保险条款(institute cargo clause, ICC),分为A条款、B条款和C条款,即用抽象的称谓取代了传统的术语,保险责任亦皆有一定的变化;2009年1月1日修订的英国协会条款仍然保持为ABC条款。

(1)平安险。该险别刚开始时保险人只负责赔偿全损,即为全损险(total loss only),但后来经实践中不断修订补充,平安险的责任范围已经大大超出了全损险的责任范围,也不是对所有的单独海损皆不负赔偿责任。简言之,平安险的责任范围包括因自然灾害造成的全损和部分意外事故造成的损失和费用。

具体地讲,保险人的赔偿责任包括下列九项:① 被保险货物在运输途中由于恶劣气候、雷电、海啸、地震、洪水等自然灾害造成整批货物的损失。被保险货物用驳船运往或运离海船的,每一驳船所装的货物可视做一个整批。对于这些自然灾害造成的部分损失,保险人不负责赔偿。② 火灾、爆炸造成的全损损失;由于运输工具遭受搁浅、触礁、沉没、互撞、与流冰或其他物体碰撞等意外事故造成被保险货物的全损或部分损失。即使失火、爆炸意外事故未及于运输工具,保险人也有责任赔偿。③ 在运输工具已经发生搁浅、触礁、沉没、焚毁这四种意外事故的情况下,货物在此前后又在海上遭受恶劣气候、雷电、海啸等自然灾害所造成的部分损失。如果被保险货物发生部分损失的原因,既可能是自然灾害,又可能是运输工具遭受意外事故,或者两者皆有,保险人就须负责赔偿,大大减轻了被保险人的举证责任,并可避免争议。④ 在装卸或转运时由于一件或数件整件货物落海造成的全部或部分损失。⑤ 被保险人对遭受承保责任内危险的货物采取抢救、防止或减少货损的措施而支付的合理费用,即施救费用。⑥ 运输工具遭遇海难后,在避难港由于卸货所引起的损失。⑦ 在中途港、避难港由于卸货、存仓、重新装船以及运送货物的特别费用(转运费用)。⑧ 被保险货物遭受的共同海损牺牲,应承担共同海损分摊责任和应分担的救助费用。在共同海损分摊前,如果保险人已赔偿了被保险货物的共同海损牺牲(如为共同安全而抛弃的货物),对此共同海损牺牲要求分摊的权利就由保险人享有。救助费用如果不能作为共同海损费用,如因货物获救后在抵达目的地前灭失,保险人仍旧赔偿应由被保险人承担的救助费用。⑨ 运输合同中订有"船舶互撞责任"条款的,根据该条款规定应由货方偿还船方的损失。保险人不得以被保险人已根据美国等国的法律从对方船取得全部损失赔偿为由,在其后被保险人依其与载货船(carrying vessel)之间的运输合同中的"船舶互撞责任"条款(both to blame collision clause),须补偿载货船赔付对方船的本船过失比例部分的本船货损责任的情况下,拒绝赔偿被保险人这一部分损失,而使被保险人最终不能通过保险合同获得全部赔偿。

(2)水渍险。水渍险是在平安险的责任范围的基础上,保险人还负责赔偿平安险所不赔的由于自然灾害造成的被保险货物的部分损失,而不限于整批货物的全损。

(3)一切险。一切险的责任范围,除了上述平安险和水渍险的各项责任外,还包括被保险货物在运输途中由于外来原因所致的全部或部分损失。对"一切险"也不能从字面上去理解,不是任何损失都由保险人包赔。例如,承运人无单放货造成的经济损失,不是"一切险"货物保险人的责任。实际上在一切险条件下,保险人仍享有若干项除外责任,且不说被保险货物的损失必须是意外性质的(否则根本不构成"风险")。被保险人投保一切险,仍有必要选择投保战争险、罢工险和特别附加险。投保一切险的好处是承保面大，因为“外来原因”是一个很广义的词，应非“水渍险加11种普通附加险”，而且在举证责任方面，被保险人要容易得多。而投保平安险或水渍险，被保险人须证明损失是某项列明危险造成的，因运输是在他人控制之下，有时举证非常困难。

三、主险的除外责任（Exclusions）

依据现行人保财险海洋运输货物保险条款，保险人对下列损失不负赔偿责任：① 被保险人的故意行为或过失造成的损失。被保险人故意造成的损失较少见，偶尔有被保险人明知货物禁止运往某一国家等情况。对被保险人的过失，似应解释为限于重大过失，如在装载时明知船舶不适航或不适于装运该货物。② 属于发货人责任所引起的损失。最常见的是货物的包装不足或不当（这也可归于货物的本质缺陷）。此外，还有标志不清、混票等情况。③ 在保险责任开始前，被保险货物已存在的品质不良或数量短差所造成的损失。这在实务中称为原残，如粮产品已发霉、有虫蚀，钢铁露天堆放已生锈，实际装船重量不足等情况。④ 被保险货物的自然损耗、本质缺陷、特性以及市价跌落、运输迟延引起的损失。⑤ 人保财险海洋运输货物战争险条款和罢工险条款规定的责任范围和除外责任。除外责任条款优先适用，但举证责任在保险人一方。

四、保险期间

现行人保财险海洋运输货物保险条款将保险期间（duration/period of insurance）规定在第3条“责任起讫”中，由两款组成。第1款是所谓“仓至仓”条款（“warehouse to warehouse” clause，W/W），第2款是由“延伸”条款（“extended cover” clause）和“运输合同终止”条款（“termination of contract of carriage” clause）合并而成。

（1）“仓至仓”条款。它规定保险人的责任从被保险货物运离保险单所载明的起运地的仓库或储存处所开始运输时生效，在正常运输过程中持续，即在从上述起运地直接由通常的方式和路线运抵保险单所载明的目的地过程中不间断，包括海上、陆上、内河和驳船运输在内，包括通常的迟延、存仓和转运，直至发生下述四种情况之一时终止：① 到达保险单所载明目的地收货人的最后仓库或储存处所；② 到达被保险人用作分配或分送货物，或者非正常运输的过程中的存储的其他储存处所；③ 在最后卸货港全部卸离海船后满60天；④ 在最后卸货港全部卸离海船后，开始转运至非保险单所载明的目的地时。

（2）“延伸”条款，又称“扩展责任”条款，在伦敦协会货物保险条款中其含义是：在被保险人无法控制的非正常运输发生时，本保险仍然有效，被保险人无须及时通知保险人或加付保险费，虽然根据上述“仓至仓”条款本保险不能持续，但现行人保海洋运输货物保险条款将其并入了“运输合同终止”条款，使得在被保险人无法控制（通常如此）的非正常运输发生时，被保险人也有义务及时通知保险人，并在必要时加付保险费，本保险才继续有效。

（3）“运输合同终止”条款。原称“航程终止”条款（“termination of adventure” clause），限于海上运输，现修改为包括其他运输，以与“仓至仓”条款相配合。根据这一条款，在被保险人无法控制的情况下，被保险货物在运抵保险单所载明的目的地之前，运输合同在其他港口或地点终止的，或者由于其他原因航程在运输条款规定的责任截止期之前终止的，如果被保险人及时将获知的情况告诉了保险人，且在必要时按保险人的要求同意加付保险费，保险合同可以继续有效，直至下述情况之一发生时终止：① 在全部卸离海船的卸载港届满 60 天；② 货物在上述卸载港出售并交付给新的货主。但如果被保险货物在上述 60 天期限内转运到原目的地或其他目的地，则保险责任的终止仍按上述“仓至仓”条款的规定。至于被保险人控制的改变目的港等航程变更（change of voyage），则属于双方须协议修改保险合同内容的范围，要对保险单进行批改（endorsement）。

第六节　船舶保险合同

船舶保险合同是最复杂的保险合同之一。现行（2009 年报备版）人保财险的船舶保险条款主要有四套：①“船舶保险条款”，用于从事涉外运输的船舶投保；②“沿海内河船舶保险条款”，用于承保从事沿海运输的机动船舶与非机动船舶，但不包括钻井船和渔船等；③“船舶建造保险条款”，承保船舶建造人的风险；④“沿海内河渔船保险条款”，用于承保在中国沿海内河从事捕鱼的船舶。本节主要介绍上述第一套“船舶保险条款”及其附加险“船舶战争、罢工险条款”。

一、责任范围（risks covered）

责任范围是指保险人所承保的风险范围。责任范围与被保险人投保的险别直接相关。

（一）全损险与一切险

船舶保险的主险险别分为“全损险”和“一切险”，皆为列明危险，区别在于全损险只约定承保被保险船舶由于列明危险所造成的实际全损和推定全损（须注意保险人对施救费用的责任是法定的，在全损险条件下，保险人仍应负责赔偿为避免船舶全损而发生的施救费用），而一切险还约定承保被保险船舶由于列明危险所造成的单独海损、共同海损牺牲及分摊、救助费用和施救费用，此外，还额外承保被保险船舶碰撞他船或物体的法律责任。

（二）列明危险（perils insured against）

列明危险共有 11 种。

（1）地震（earthquake）、火山爆发（volcanic eruption）、闪电（lightning）或其他自然灾害。这几种危险之间并无相关联的共同因素，但都不属于海上灾害。根据这一规定，保险人需负责赔偿闪电引起的船舶（主要是油船）爆炸、清除火山爆发落在船上的灰尘的费用及地震引起海啸造成的船舶倾覆等损失。

（2）搁浅（stranding）、碰撞（collision）、触碰任何固定或浮动物质（contact with any fixed or floating objects）或其他海上灾害（perils of the seas）。海上灾害仅指海上的意外事故，不包括风浪的通常作用。在非恶劣天气海况条件下，船舶遇难，很难依海上灾害向保险人索赔。搁浅、碰撞等常涉及人为疏忽，但造成被保险船舶损失的原因还是这些海上灾害。

（3）火灾（fire）或爆炸（explosive）。火灾是较常发生的事故，包括热辐射对火源附近的东西造成的损害、灭火或为避免火灾采取的行动所引起的损害。爆炸危险不限于在被保险船舶上发生者。

（4）来自船外的暴力盗窃（violent theft by persons from outside the vessel）或海盗行为（piracy）。"暴力"的构成，不要求对人实际实施暴力，对物实施暴力或以暴力相威胁就已足够，但不包括秘密行窃、小偷小摸。海盗原是作为战争危险，但因与来自船外的暴力盗窃有时很难分开，现在在船舶保险条款中就明确规定为非战争危险，但在我国现行货物保险条款中仍作为战争险。

（5）抛弃货物（jettison of goods）。由于抛弃货物这种行为造成的被保险船舶的损失，也是保险人的责任。

（6）核装置或核反应堆发生的故障或意外事故（breakdown of or accident to nuclear installations or reactors）。保险人负责清除核污染的费用，不包括核装置或反应堆本身损坏的更换或修理，除非损坏是由合同规定的其他危险（如碰撞）造成的。

（7）装卸或移动货物或燃料时发生的意外事故（accidents in loading，discharging or shifting cargo or fuel）。保险人不负责货物或燃料装上船后对船舶造成的损害（如腐蚀等）。

（8）船舶机件或船壳的潜在缺陷（latent defect）。潜在缺陷包括设计不足。保险人承保的是潜在缺陷造成的其他部件的损失，不包括有潜在缺陷的部件本身的修理或更换费用。

（9）船长、船员有意损害被保险人的不法行为（barratry）。例如，船员喝醉酒把机器弄坏，船员故意在船上纵火或打开海底阀门将船弄沉等。更可怕的是船舶所有人与船员合谋将船弄沉以骗取全损保险赔偿，保险人很难证明船舶所有人存在故意。

（10）船长、船员和引航员、修船人员及租船人的疏忽行为（negligence）。"殷其玛瑞"条款（inchemaree clause）即因轮机员的疏忽而出现。保险人要负责的是这些人员的疏忽造成被保险船舶的损失或损害，不包括完成这些人员本应已经做好的工作所产生的费用。

（11）任何政府当局为防止或减轻因承保风险造成被保险船舶损坏引起的污染、所采取的行为（pollution hazard）。保险人承保的风险不是船舶污染损害赔偿，而是政府干预行动造成的被保险船舶的损失或损害起因于"托利－堪庸"案和《1969 年国际干预公海油污事件公约》。

值得注意的是，后五项危险造成的损害，必须是非因被保险人、船舶所有人或经理人"未恪尽职责"（want of due diligence）引起的，例如船舶所有人在任用船员方面不能未恪尽职责，否则保险人可不负赔偿责任。

（三）碰撞责任（collision liability）

船舶保险本为财产损害保险，但为了船舶所有人投保方便，船舶保险条款附加承保船东的碰撞责任，包括船舶之间的碰撞责任和被保险船舶触碰固定或浮动物体的责任。除另有约定外，船舶碰撞责任包括为避免碰撞而引起的没有实际接触的间接碰撞，但不包括浪损。

保险人承保的碰撞责任须为法律上规定的侵权责任（tort liability），而且不是全部责任。一方面，保险人不负责赔偿下述责任：（1）人身伤亡或疾病；（2）被保险船舶所载的货物或财产或其所承诺的责任；（3）清除障碍物、残骸、货物或任何其他物品；（4）任何财产或物体的污染或玷污（包括预防措施或清除的费用），但与被保险船舶发生碰撞的他船或其所载财产的污染或玷污不在此限；（5）任何固定的、浮动的物体以及其他物体的迟延或丧失使用的间接费用。另一方面，保险人承担的碰撞责任以保险金额为限。

在被保险人和保险人之间，如果碰撞是船舶双方有责的，而且没有任何一方援用责任限 制，则应按交叉责任原则（principle of cross liability）来计算保险人应承担的责任，就如同各个船舶所有人不得不被迫相互支付对方的损失，以赔偿本方应承担的责任比例部分一样，因为一方面，如前所述保险人并未承担全部碰撞责任，另一方面保险人对被保险船舶的船期损失并无代位求偿权，按法律上的单一责任原则（principle of single liability）计算，常常对保险人或被保险人不公平。

保险人的责任还包括由于船舶碰撞引起的法律费用，因为它不属于施救费用，故须在条款中予以明确。

（四）共同海损（general average）和救助（salvage）

对被保险船舶的共同海损牺牲（G. A. sacrifice），保险人按单独海损赔偿被保险人，然后代位向其他利益方要求分摊。对共同海损费用（G. A. expenditure），保险人承担的是被保险人的分摊责任，故须待共同海损理算（G. A. adjustment）完成，保险人才予赔付。保险人还负责救助费用中应由被保险人分担的部分。共同海损的理算应按有关合同规定或适用的法律或惯例理算，如无此约定，应按《北京理算规则》或其他类似规则（如《1974年约克-安特卫普规则》）办理。空载航程也可能向保险人索赔共同海损，但对空载航程的结束有严格的规定。

（五）施救费用（sue and labour）

船舶保险条款的规定与我国《海商法》的规定一致。

二、除外责任（exclusions）

保险人不负责下列原因所致的损失、责任和费用。

（1）被保险船舶不适航，包括人员配备不当、装备或装载不妥，但以被保险人在船舶开航时，知道或应该知道此种不适航为限。与我国《海商法》的有关规定相比较，“船舶保险条款”对被保险人有利的地方是：在航次保险中，保险人得免除责任，也是以被保险人知道或应该知道船舶开航时不适航为前提条件。根据我国《海商法》的规定，只要损失是船舶开航时不适航造成的，保险人就可拒赔，而根据英国法，在船舶航次保险中，被保险人默示保证船舶开航时适航，对被保险人更加不利。同时，“船舶保险条款”可能加重了船舶定期保险的被保险人的责任，虽然被保险人实际不知道船舶开航时不适航，但如果他应该知道这一事实，对此种开航时不适航造成的损失，保险人仍可拒赔。

（2）被保险人及其代表的疏忽或故意行为。被保险人的代表（alter ego）是指被保险人的业务主管，不包括代理人、船长、船员和普通雇员。此处之疏忽，应从严解释为重大过失，因为在第1条“责任范围”中已对列明承保的危险作了分类，只有后五项危险才受被保险人的恪尽职责的限制。我国《海商法》仅明确规定，对被保险人故意造成的损失，保险人不负赔偿责任。

（3）被保险船舶的正常磨损、锈蚀、腐烂或保养不周或材料缺陷包括不良状态部件的更换或修理。被保险船舶的正常维修保养不是意外的损失，不属于保险人赔偿的范围。对潜在缺陷造成的其他部件的损失，保险人负责赔偿，但不包括有潜在缺陷的部件本身的更换或修理费用。

（4）人保财险战争和罢工险条款承保和除外的责任范围。凡属于“船舶战争罢工险条款”项下的保险责任或除外责任，就不得根据“船舶保险条款”要求保险人赔偿。

三、免赔额（deductible）

免赔额是保险单中规定的被保险人的自负额，其额度有增加的趋势。有了免赔额的规定，可以节省理赔费用，从而保险费可以相应降低，而被保险人对小额损失一般也有能力自行承 受，但免赔额不适用于全损、碰撞责任、救助、共损和施救费用的索赔。

为了鼓励被保险人谨慎从事，避免更大的风险，特规定对船舶搁浅后看船底的费用不扣除免赔额，即使看船底后证实并不存在搁浅损害。

对单独海损，每次保险事故要扣除一个免赔额。恶劣气候造成两个连续港口之间单独航程的损失索赔视为一次意外事故，只扣除一个免赔额。

四、海运（navigation）

如果被保险船舶用作专业拖船或救助船，与他船（非港口或沿海使用的小船）在海上直接帮靠装卸货物，为拆船或为拆船出售目的而航行，保险人对因此而造成的损失和责任均不负 责，除非事先征得保险人的同意，并接受修改后的承保条件和所需加付的保险费。如此规定的理由是，被保险船舶用于这些操作和服务时，风险比通常海上运输服务时要大，保险费和其他保险条件应作相应调整。

五、保险期限（duration of insurance）

船舶保险绝大多数为定期保险，起止日期在保险单上载明，但最长不得超过1年。如果保险期限届满时，被保险船舶尚在航行中或处于危险中，或在避难港或中途港停靠，被保险人可提前通知保险人，要求按日比例加付保险费，直至该船抵达目的港为止，保险人不得拒绝或要求更多的保险费，但如果被保险船舶在延长时间内发生保险人须赔付的全损，被保险人需加交6个月的保险费。

船舶航次保险中航次的起止因船上是否有货载而别：空载航次自起运港解缆或起锚时开始，至目的港抛锚或系缆完毕时终止；载货航次自起运港装货时开始，至目的港卸货完毕时终止，但自船抵目的港当日午夜零点起最多不得超过30天。我国《海商法》和“船舶保险条款”对绕航（deviation）、迟延（delay）、驶往不同的目的港（sailing for different destination)、改变航程(change of voyage)、多个卸港(several ports of discharge)等皆未作规定,如何适用国际海上保险惯例有待司法实践的检验。

六、保险终止(termination of insurance)

被保险船舶的船级社(ship class society)、船级(ship class)、所有权(ownership)、船旗(flag/nationality)、管理人(manager)、光租(demise/bare-boat charter)和被征购、征用(requisition)等实际上是明示保证(特款规定),若有破坏,除非事先取得保险人的书面同意,保险人可视保险合同已自动终止,对此后发生的任何损失费用和责任,皆拒绝赔偿。但船舶当时有货载或正在海上时,经被保险人及时提出要求,保险合同可延续至船舶抵达下一港口或最后卸货港或目的港,保险人不得提出附加条件。

在货物(cargo)、航程(voyage)、航行区域(trading limit)、拖带(towage)、救助工作(salvage service)或开航日期(sailing date)方面有违特款规定(warranty)时,可以通过"续保"(held covered)使保险合同继续有效,即要求被保险人在知悉此类违反后,立即通知保险人,并同意接受修改后的承保条件,以及同意所需加付的保险费。否则船舶保险合同从违反保证时起自动终止。

七、保险费和退费(premium and return of premium)

被保险人应在承保时付清全部保险费,即使保险人同意分期支付,在发生全损时,剩余保险费亦应立即付清。故除合同另有约定外,保险人无权因被保险人欠费而解除合同。

航次保险自保险责任开始一律不办理退保和退费。

定期保险,被保险船舶退保或保险合同非因违反特款规定而终止时,从保险终止之日起,按净保费的日比例计算退还给被保险人。净保费是扣除保险经纪人佣金等折扣后保险人实收的保险费。

被保险船舶在港区内连续停泊30天以上,保险人退还停泊期间净保费的一半给被保险人。

八、被保险人的义务(duty of the assured)

被保险人负有出险通知、施救、协助追偿等义务,与我国《海商法》的有关规定一致。此外,被保险人在与有关方面确定被保险船舶应负的责任和费用时,应事先征得保险人的同意。

九、招标(ship repair tender)

被保险船舶发生保险事故后进行损害修理,被保险人要像一个精打细算未投保的船舶所有人那样,进行修理招标,以接受合理的报价,否则保险人有权否决被保险人决定的修理地点或修理厂商,或者从赔款中扣除由此而增加的任何费用。

保险人还有权自行安排修理招标,或要求被保险人再次招标,此类投标经保险人同意而被接受时,从发出此类招标之日至接受投标期间所发生的船舶维持费用,包括燃料、物料、船长和船员的工资及给养,由保险人额外补贴被保险人,但最高不超过船舶保险价值的 30%。

十、索赔和赔偿(claim and indemnity)

本条规定的内容包括:(1) 不作"以新换旧"(new for old)的折减;(2) 保险人不负责被保险人的索赔费用和修船监督费用,除非事先取得保险人的认可;(3) 姊妹船之间发生碰撞或提供救助服务,保险人的赔偿责任不变,但没有代位求偿权;碰撞责任或救助报酬,如果存在争议,按国际惯例,应提交独任仲裁员裁决;(4) 损害修理(保险索赔项目)与船舶所有人自修项目或例行入坞同时进行时,如果损害修理不是紧急的,对干坞费用保险人承担一半;如果损害修理是紧急的,保险人承保全部干坞费用,但因船舶所有人自修项目或例检而增加的干坞时间及费用,由船舶所有人自行承担。

十一、争议的处理(settlement of disputes)

如不能和解,诉讼(suit)或仲裁(arbitration)都规定在被告方所在地。

十二、"船舶战争、罢工险条款"(2009 年版)的主要内容

"船舶战争、罢工险条款"(hull war &strikes clauses)是"船舶保险条款"(hull insurance clauses)的附加险条款,如果二者之间有抵触,以本保险条款为准。被保险船舶如同时有其他保险,任何索赔应由其他保险负责时,本保险不负赔偿责任。

本保险条款原则上其实只保和平时期的战争险,故保险人保留随时通知被保险人终止合 同的权利,通知期只有 7 天,而且在下列情况发生时保险合同自动终止,即:① 任何原子弹、氢弹或核武器的敌对性爆炸发生;② 联合国安理会常任理事国(中国、俄罗斯、美国、英国和法国)之间爆发战争(无论宣战与否);③ 船舶被征用或出售。战争时期的战争险一般只有船旗国政府才愿意承保。

保险人的责任范围为下列原因造成的被保险船舶的损失、碰撞责任、共同海损和救助或施救费用:① 战争(war)、内战(civil war)、革命(revolution)、叛乱(rebellion)或由此引起的内乱 (civil strife);② 捕获(capture)、扣押(seizure)、扣留(arrest)、羁押(detainment)、没收 (confiscation)或封锁(blockade),但这种赔案必须从发生之日起满 6 个月才能受理;③ 各种战争武器,包括水雷(mines)、鱼雷(torpedoes)、炸弹(bombs);④ 罢工(strikes)、被迫停工(lockouts) 或其他类似事件;⑤ 民变(civil commotion)、暴动(riots)或其他类似事件;⑥ 任何人怀有政治动机的恶意行为(malicious acts)。

所列明的战争危险和罢工危险与海洋货物运输战争险条款和罢工险条款中列明者并不完全一致。

保险人不负责下列原因引起的被保险船舶的损失、责任或费用:① 原子弹(atomic bombs)、氢弹(hydrogen bombs)或核武器(nuclear weapons of war)的爆炸;② 由被保险船舶的船籍国或登记国的政府或地方当局所采取的命令的捕获、扣押、扣留、羁押或没收;③ 被征用或被征购;⑤ 联合国安理会常任理事国之间爆发战争(无论宣战与否)。

第七节 保赔保险合同

一、船东保赔协会

“船东保赔协会”全称为“船舶保障与赔偿协会”（Shipowners' Protection and Indemnity Association），又称“船东互保协会”，是船东们自己的组织，其实质是船东们自己组织起来，靠自己的共同力量，分摊保险公司不承保的责任。船东保赔协会与传统的保险公司的不同之处在于船东保赔协会是一种非营利性组织，并无外来资金，仅靠作为协会成员的船东缴纳的保险费。协会成员既是投保人，也是保险人。

保赔协会会员向协会缴纳的保险费是由协会根据该会员保的险别、船型、船级、航区、前5年的赔款记录、管理水平及会员自己承担的免赔额多少等因素与会员船东分别议定的。协会根据每个会员上一年的赔偿记录进行检查分析，并对下一年的保费进行相应的调整。每一保险年度计收两次保费。年初计收一次，按约定的费率计收100%，称为预收保费。财务年度结束前再根据总平均赔付率计收一次，增收保费的百分之几或退还部分保费。每个会员所分摊的预收费率不一定相同，但增收部分的费率全部一样。

保赔协会是由船东们自愿参加的，因此会员船东可随时退出。如果会员在保险年度结束前中途要求将其部分或全部船舶退出协会，应增付一定百分比的保费，作为解除船东付费责任的追加保费。这项保费是根据该船东过去几年的赔付记录确定的。退出后所保船舶的责任自然终止。此外，在船舶发生全损或者转让时，保赔责任自然终止。如果所保船舶被本国或外国政府征用，保赔合同即行中止，待征用结束后再继续生效。

目前世界上95%以上的远洋商船都参加了互保协会，保赔保险成了海上保险中的重要险种之一，是船舶保险的必要补充。1984年1月1日，由船舶所有人自己组织的中国船东互保协会在北京正式成立，主要入会船是中国船东所有的船舶。中国船东互保协会每年修订其保险条款，增加了巨灾额外加费等规定，管理体制亦与国际做法接近。2016年，其管理总部迁至上海市，入会船舶总吨位超过4 000万。目前，部分远洋国轮参加了中国船东互保协会，部分在中国人民财产保险股份有限公司各分公司和其他财产保险公司投得保赔保险，还有一些船舶在国外主要船东互保协会投保。

P&I Insurance[①]

“Protection and indemnity (P&I) clubs”, rather than syndicates or insurance companies, provide liability insurance throughout the world for third-party liability risks to which ships belonging to their member-shipowners are exposed by virtue of their operations. These “clubs” are really shipowners' mutual assurance organizations, which operate according to rules adopted by the member-shipowners. There are only fourteen such clubs operating in the world, usually based in England, Scandinavia or in the Caribbean. P&I insurance is mutual insurance, which is funded through “calls” which the “club” concerned makes each

① William Tetley, Inernational Maritime and Admiralty Law, Editions Yvon Blais, 2002, pp.591-592.

year on the shipowners belonging to it. Because P&I insurance is one of "indemnity" rather than of "liability", the club rules require the insured owner to pay the third-party's claim as a condition of being reimbursed by the club.

The U. K. Marine Insurance Act and similar marine insurance statutes regulate P&I insurance, as "mutual insurance". The statutory rules on premiums, however, do not apply to mutual insurance, although a guarantee or some other arrangement agreed by the parties may be substituted for the premium. The statutory provisions may also be modified by the marine policy issued by the "association" (i. e. the P&I club) or by the association's rules and regulations.

Typical risks covered by P&I insurance include personal injury and death claims (including maintenance and repatriation); passenger liability (including luggage); liability for cargo loss and damage (including extra handling costs); collision, wreck removal (where necessitated by law), pollution, loss of property on the insured vessel, damage to fixed and floating objects, towage, and general average. The club, under its rules, also usually provides a legal defence to its members when they are sued.

二、保赔保险合同承保的风险

保赔保险所承保的风险是船舶保险人不承保的风险，范围很广，主要包括对人的责任、对物的责任、对费用的责任、油污责任、清理沉船沉物的责任和根据拖带合同产生的责任等。美国互保协会的章程和保险条款各不相同，承保的风险也不尽一致，但大同小异。

（1）人身伤亡和疾病（personal injury or death, illness）。由于入会船舶或与入会船舶营运有关的任何人员的疏忽而导致船东对于人员伤亡、疾病而承担的责任或支付的费用。人命伤亡的责任包括船员、船上人员及为船舶提供劳务或相关人员的人身伤害。船东会员对于人命伤亡的赔偿责任可以是侵权责任、契约责任或者雇主责任。保赔协会对于船东的人身伤亡赔偿责任的补偿均受协会章程规定的限额的限制。

（2）1/4 的碰撞责任。为了使船舶所有人对其所有的船舶加强管理，船舶保险人一般在碰撞责任上只保 3/4 的碰撞责任，其余的 1/4 的碰撞责任由船舶所有人自负。而船舶所有人往往将这 1/4 的责任向保赔协会投保。另外，船东还可就一般船舶保险人不予承保的超额碰撞责任向协会投保。所谓超额碰撞责任（excess collision liability），是指超过了保单承保的船舶的保险金额或 3/4 的保险价值的责任。

（3）码头及其他固定或浮动建筑物的损坏赔偿责任（damage to fixed or floating objects）。由于船舶保险承保的碰撞责任严格限于船舶间的碰撞，因此，为了与这种普通碰撞责任条款相衔接，保赔协会承保因入会船舶与非船舶的任何固定物、浮动物碰撞而引起的法律赔偿责任。这些固定或浮动物包括港口设备、码头、栈桥、防波堤、浮筒、浮标、潜水艇、海底电缆、水上飞机等。

（4）清除残骸的费用（liabilities relating to the wreck of the entered vessel）。入会船舶

在承保期间因海事而成为残骸，船舶保险人拒绝接收委付，会员因法律的强制规定而不得不处理残骸而发生的费用。这些费用包括对于残骸强制施行起浮、移动、清除、拆毁及设置照明、标记等所支出的费用或由此而产生的责任，也包括残骸的存在或漂移而引起船东的法律责任。这些费用可能很高，且根据某些国家的法律不能享受责任限制。

保赔协会承保的这种残骸责任也包括船舶所载的货物或财产，但通常不允许转让残骸的利益，而且残值的价值应归属于协会或从应支付的赔款中予以扣除。

（5）油污赔偿费用以及罚款。油污损害所引起的赔偿可能是巨大的，因此，对此部分赔偿保险公司是不负责任的。此费用及罚款由保赔保险承担。协会承担的赔偿责任通常是无限的，但油污损害赔偿责任除外，油污损害赔偿责任限制在5亿美元之内。然而，自1996年2月20日起，某些保赔协会已为其会员提供了每次风险为20亿美元责任限额的保险。

（6）共同海损的货物分摊额。共同海损的牺牲和费用应由受益的各方共同分摊，当货物承运人由于违反了《海牙规则》的规定不能从货主那里取得共同海损的分摊时，此笔共同海损的牺牲和费用可以由保赔保险负责承担。另一种情况是由于被保险船舶的分担价值高于保险价值而不能在船舶险保单下获得赔偿的共同海损分担，保赔保险可以进行赔偿。

（7）为处理难民及偷渡者所支出的费用（liabilities in respect of stowaways or persons saved at seas）。当船上发现难民或者偷渡者时，如继续航行，到达目的港后会引起很多麻烦，例如，港口会对此进行罚款，此外，由于偷渡者无旅行证件不能上岸，所以需要支出费用派当地的警察24小时看管。如将其送回起运港，又会构成不合理的绕航。对于因偷渡者引起的损失，船东互保协会可以负责赔偿。

（8）对于财产损害的赔偿责任（damages in respect of damage to or loss of property）。船东保赔协会通常还协议承保人会船舶所承担的对于任何第三方的财产赔偿责任，这包括人会船舶营运过程中所导致财产和私人物品的损失，也包括入会船舶所载的任何非属于会员船东的任何集装箱、设备、燃料、物料或其他财产的灭失。对于私人物品中的现金、饰品、贵重物品一般不予赔偿。

（9）各种罚款。由于下列原因引起的使船东受到各种罚款的处罚时，这些费用可向保赔协会索赔，如违反有关船舶安全的法律规定，未能在船上保持安全的工作条件；船舶所载的货物情况单证上列明的不一致，或短卸、溢卸；船舶违反海关和移民法则的规定；油污罚款或危险品排放而引起的罚款；船员或船舶代理在履行职务中的疏忽或错误；等等。

（10）诉讼费用。诉讼费用包括律师的费用，被保险船舶由于进行海事调查和被政府港口有关当局扣留引起的费用等。

（11）检疫费用。保赔协会对于入会船因发生传染病而产生的额外费用予以赔偿。这些费用包括检疫、消毒费用和其他额外的燃油、物料、伙食、保险、船员工资、津贴、港口费，等等。

三、保赔保险合同的除外责任

船东保赔协会对下列损失和责任一般不予承保。

（1）入会船舶进行非法营运。任何由于入会船舶违法进行营运而发生费用与责任，协会概不负责。违反营运包括承运违禁品、偷越封锁线、从事非法贸易或任何其他不安全、不适当、不合法的贸易和运输。

（2）双重保险。入会船东就保赔协会承保的风险向其他保赔协会或保险人进行重复保险从而构成双重保险的。保赔协议不予赔偿，但协会经理协议同意的不在此限。

（3）船舶保险人可以承保的风险。即从船舶保险单已经获得保障，或可以获得承保的风险，保赔保险人不承担赔偿责任。船舶保险单包括通常船壳水险保单以及战争、罢工保单。

（4）船东的故意或恶意行为。被保险人故意行为所引起的损失，任何保险人均不承担责任。保赔保险也不例外。

（5）任何由于延迟所引起的营运损失。包括利息和船期损失、租金损失、运费与滞期费的损失等。

（6）船东故意或重大过失地违反运输合同而产生的责任和发生的费用。

四、互保协会附加承保的其他风险

除了传统的保险与赔偿保险外，随着船舶所有人责任的增多，客观上要求互保协会提供新的保险。互保协会在其普通保险责任范围的基础上，发展了许多新的险别，供会员船舶所有人额外支付保险费来投保。中国船东互保协会 2015 年标准保险条款承保的风险已很广泛，远不止传统保赔保险的范围，但仍可与会员单独协议承保其他风险。国际上常见的需要附加投保的险别有以下几种。

（1）抗辩费用险（freight, demurrage & defence），简称 F. D. & D. 或 FDD。该险承保因索赔或抗辩运费、滞期费、租金、货损、救助、共损、船舶买卖、抵押等所引起的法律费用，并提供法律建议，即使争议本身不在通常的保赔责任范围之内。

（2）战争保赔保险和特别战争保赔保险。目前国际上船东互保协会一般不单独另行承保船舶保赔战争保险，船东一般是通过船舶战争险保险人来扩大承保，而且常常是免费的，但国内各船舶保险人尚未见提供此项业务。船东互保协会通过“战争险扩展条款”（war risks extention clause）提供的特别战争保赔保险（special P & I war risks cover）是一种超额责任保险。

（3）联运保赔保险。由于集装箱、集装箱装卸设施、运输工具昂贵，而且集装箱运输旨在提供“门到门”（door to door）的海陆空联运服务，所要求的保险是传统船舶保险和船舶所有人保赔保险所没有的。为了适应这一要求，一方面补充、修订传统的船舶保险条款和保赔保险条款，另一方面出现了一家专门承保集装箱运输财产保险和保赔保险业务的“联运互保协会”（through transport mutual insurance association limited），简称 TT Club。该 TT Club 开办了数个险种，由投保人按其业务性质和实际需要来选择，其会员包括船舶所有人、承租人、集装箱码头和堆场经营人、多式联运经营人（无船承运人）、货物转运人、国际拖车及仓库经营人、集装箱出租人。

（4）承租人责任保赔险。随着承租人的迅速增多和承租人责任的不断增加，船东互保协会设立专门的承租人责任保险条款，还出现了专门承保承租人责任的互保协会“承租人互保协会”（Charterers Mutual Insurance Association）。承租人责任保赔险主要承保承租人以下四个方面的赔偿责任：① 作为承运人对货物承担的赔偿责任；② 在装卸货物过程中造成人身伤亡的责任；③ 指定不安全港口或泊位对船舶所有人应承担的责任；④ 提供错误单证而产生的责任。

【重要术语中英文对照】

中文术语	英文术语	中文术语	英文术语
海上保险	marine insurance	保险人	insurer
被保险人	insured，assured	保险利益	insurable interest
保险事故	perils covered	保险标的	subject-matter insured
保险价值	insured value	保险金额	insured amount
足额保险	full insurance	不足额保险	under insurance
超额保险	over insurance	重复保险	double insurance
再保险	reinsurance	保险费	premium
海上保险单	marine policy	定值保险单	valued policy
不定值保险单	unvalued policy	预约保险单	open policy
告知义务	duty of disclosure	保证	warranty
明示保证	express warranty	默示保证	implied warranty
施救费用	sue and labour	赔偿限度	measurement of indemnity
连续损失	successive loss	推定全损	constructive total loss
部分损失	partial loss	实际全损	actual total loss
全损	total loss	委付	abandonment
除外责任	exclusions	主险	principal risks
附加险	additional risks	代位求偿权	right of subrogation
战争险	war risks	保险期间	duration of insurance
罢工险	strike risks	列明危险	perils insured against
免赔额	deductible	延伸条款	“extended cover” clause
保赔保险	P&I insurance	互保协会	Mutual Indemnity Club

【思考题】

1. 海上保险与一般商业保险有何区别？
2. 海上保险包括哪些险种？
3. 海上保险合同具有哪些特点？
4. 如何签订、解除和转让海上保险合同？

5. 海上保险合同当事人有哪些权利和义务？
6. 海上保险合同的主要条款有哪些？
7. 阐述保险标的损失的含义和分类。
8. 海上保险中代位求偿权的概念和特点是什么？
9. 委付的适用条件有哪些？

【推荐阅读文献】

1. 姚磊:《保险法中的代位求偿制度研究》,吉林大学出版社 2017 年版
2. 王海明:《船舶保险》,首都经济贸易大学出版社 2017 年版
3. 初北平:海上保险的最大诚信:制度内涵与立法表达,载《法学研究》2018 年第 3 期
4. 郑睿:英国海上保险保证制度改革评析,载《中国海商法研究》2016 年第 2 期
5. 张金蕾、潘秀华:中国海上保险法律制度修改的再审视——以《2015 年英国保险法》为背景,载《中国海商法研究》2015 年第 4 期
6. 金晓峰:海上保险代位求偿诉讼时效起算之特例研究,载《中国海商法研究》2014 年第 2 期
7. 郑睿:论海上保险中被保险人告知义务之界限,载《中国海商法研究》2014 年第 2 期

扩展阅读资料

船员不适格构成船舶不适航,属除外责任[①]

自 2014 年起,陈某某为其所有的"宁高鹏 3368"轮连续四年向中国人民财产保险股份有限公司高淳支公司(以下简称人保高淳支公司)投保沿海内河船舶一切险,中国人民财产保险股份有限公司南京分公司(以下简称人保南京分公司)根据陈某某的投保签发保险单,收取保险费并开具保险费发票。其中 2015 年的保险单载明被保险人为陈某某,投保险别为沿海内河船舶一切险。保险条件及特别约定部分第九条载明:附加船东对船员责任险,投保三人,每人保额 10 万,并列明了三名船员的姓名和公民身份号码。第十条载明:除以上特别约定外,其他条件严格按照《中国人民财产保险股份有限公司沿海内河船舶保险条款(2009 版)》执行。该保险条款第三条第一款规定,由于船舶不适航、不适拖(包括船舶技术状态、配员、装载等,拖船的拖带行为引起的被拖船舶的损失、责任和费用,非拖轮的拖带行为所引起的一切损失、责任和费用)所造成的损失、责任及费用,保险人不负责赔偿。2016 年 3 月 13 日,"宁高鹏 3368"轮在运输过程中,触碰位于长江中的中海油岳阳油库码头,造成趸船及钢引桥移位。事发时在船船员三人,均无适任证书。岳阳海事局认定该轮当班驾驶员未持有《内河船舶船员适任证书》,违规驾驶船舶,操作不当是造成事故的直接原因,该轮对上述事故负全部责任。陈某某就事故损失向人保高淳支公司提出保险理赔。人保南京分公司认为,船员操作不当是导致发生触

① 陈某某与中国人民财产保险股份有限公司高淳支公司等通海水域保险合同纠纷案,节选自 2018 年全国海事审判典型案例:【一审案号】(2018)津 72 民初 53 号;【二审案号】(2018)津民终 392 号。

碰的直接原因，且船员没有适任证书、船舶未达最低配员，船舶不适航属于除外责任，故有权拒绝赔偿。陈某某遂起诉人保南京分公司、人保高淳支公司及中国人民财产保险股份有限公司。

天津海事法院一审认为，在航运实践中，船员取得适任证书是预防船舶驾驶操作不当、确保船舶安全的重要举措。根据海事行政部门的认定，船员操作不当是造成事故的直接原因。当班船员未持有《内河船舶船员适任证书》违规驾驶船舶是诱使该行为最主要的实质上的原因，故应认定当班驾驶员未持有《内河船舶船员适任证书》违规驾驶船舶对事故发生具有直接的因果关系，涉案船舶未配备适任船员，构成船舶不适航。根据《中国人民财产保险股份有限公司沿海内河船舶保险条款（2009版）》第三条第一款，因船舶不适航造成的损失，保险人不负赔偿责任。故一审法院判决驳回陈某某的诉讼请求。当事人不服一审判决提起上诉，天津市高级人民法院维持一审判决。

长期以来，很多从事内河货物运输的企业、个人为降低经营成本，雇佣不持有适任证书的船员或不按最低配员标准配备船员，给内河航行安全造成了严重隐患，损害了内河航运经济健康有序的发展。2016年，最高人民法院出台《关于为长江经济带发展提供司法服务和保障的意见》，提出要引导各类市场主体展开有序良性竞争，指引港口、航运、造船企业切实增强安全意识、质量意识，为平安黄金水道建设提供有力司法支撑。在该案审理中，人民法院依法认定涉案船舶未配备持有适任证书的船员属于船舶不适航，在船舶不适航与保险事故有因果关系的情况下，依照保险条款免除保险人的赔偿责任。该案对于强化内河航行安全意识，促进内河航运经济高质量发展具有积极意义。

保险合同的承保范围和除外责任①

2011年5月25日，曲某某与中国大地财产保险股份有限公司石岛支公司（以下简称大地保险石岛支公司）就“鲁荣渔1813”“鲁荣渔1814”船订立两份保险合同。两份合同均约定险别为《中国大地财产保险股份有限责任格式远洋渔船保险条款》综合险，渔船保险价值428.57万元，保险金额300万元。涉案保险条款第2条（责任范围）载明：该保险分全损险和综合险，其中综合险承保以下3项原因造成被保险渔船的全部或部分损失以及该3项原因所引起的救助费用等6项责任和费用：（1）暴风雨、台风、雷电、流冰、地震、海啸、洪水、火山爆发、搁浅、触礁、沉没、碰撞、失火、锅炉或其他设备爆炸、油管破裂等自然灾害和意外事故；（2）船壳和机器的潜在缺陷；（3）船长、大副、船员、引水员或修船人员的疏忽。涉案保险条款第三条（除外责任）载明：保险人对所列8项损失、费用和责任不负责赔偿，其中第1项、第2项分别为：由于被保险渔船不具备适航条件所造成的损失；由于船东及其代表的疏忽，船东及其代表和船长的故意行为造成的损失。大地保险石岛支公司未提供证据证明其在订立保险合同时向曲某某明确说明保险条款

① 曲某某诉中国大地财产保险股份有限公司威海中心支公司、中国大地财产保险股份有限公司石岛支公司海上保险合同纠纷案：【一审案号】(2016)青海法商初字第240号；【二审案号】(2016)鲁民终1542号；【再审案号】(2017)最高法民再413号。

中除外责任条款和保险单上的特别约定。两艘渔船于 2011 年 6 月 1 日后在山东省荣成市烟墩角北港渔码头进行维修保养。2011 年 6 月 25 日，曲某某为避台风同部分船员试图单靠“鲁荣渔 1814”船动力将两船(“鲁荣渔 1813”主机已吊出船舱维修)驾驶至南码头，后在途中因舵机失灵，在台风大浪作用下，两船搁浅导致报废。

青岛海事法院一审认为，涉案船舶在避台风过程中全损，该原因属于保险合同约定的保险赔偿范围，判决大地保险石岛支公司给付曲某某保险赔偿款 600 万元及利息；中国大地财产保险股份有限公司威海中心支公司(以下简称大地保险威海支公司)对赔偿款承担补充给付责任。曲某某、大地保险威海支公司、大地保险石岛支公司均不服一审判决，提出上诉。

山东省高级人民法院二审认为，本案所涉事故，先有船舶所有人的疏忽，后有台风的影响，缺乏任何一个原因，事故均不会发生，直接、有效、起决定作用的原因难以确定，故大地保险威海支公司、大地保险石岛支公司应按照 50% 的比例，向曲某某支付保险金。二审判决大地保险石岛支公司给付曲某某保险赔偿款 300 万元及利息，大地保险威海支公司承担补充给付责任。曲某某不服二审判决，向最高人民法院申请再审。

最高人民法院再审认为，涉案事故系由台风、船东的疏忽、船长和船员的疏忽三个原因共同造成，其中台风是主要原因。涉案保险条款已明确约定船东疏忽不属其列明的承保范围。由于保险人未根据保险法第十七条第二款规定就免除保险人责任条款向曲某某明确说明，案涉除外责任条款不生效。案涉船舶在港内移泊不属于海商法第二百四十四条第一款第一项规定的“船舶开航”，大地保险石岛支公司根据该条规定主张免除保险赔偿责任缺乏事实依据。在造成涉案事故的三个原因中，台风与船长船员的疏忽属于承保风险，而船东的疏忽为非承保风险。在保险事故系由承保风险和非承保风险共同作用而发生的情况下，根据各项风险(原因)对事故发生的影响程度，法院酌定大地保险石岛支公司对涉案事故承担 75% 的保险赔偿责任。最高人民法院再审判决大地保险石岛支公司给付曲某某保险赔偿款 450 万元及其利息，大地保险威海支公司承担补充给付责任。

本案是一起典型的船舶保险合同纠纷案。该案再审判决在审理思路与实体规则适用方面均发挥了指导作用，主要体现在以下几个方面：一是保险赔偿责任的认定涉及的基本问题包括合同总体上的效力、事故原因、保险承保范围、除外责任、因果关系构成等，该案再审判决明确了有关基本问题的论证层次。二是关于多因一果的损害赔偿的处理，我国法律并没有规定保险赔偿的“近因原则”，从《最高人民法院关于适用〈中华人民共和国保险法〉若干问题的解释(三)》第 25 条规定人身保险中按相应比例确定赔付的原则看，我国保险司法实践正在倾向采纳国际上逐步发展的比例因果关系理论，该案再审判决遵循了这一司法动向。三是该案再审判决明确了海商法第 244 条中“开航”的含义。

指导性案例

海南丰海粮油工业有限公司诉中国人民财产保险股份有限公司海南省分公司海上货物运输保险合同纠纷案

（最高人民法院审判委员会讨论通过 2015 年 4 月 15 日发布）

【裁判要点】海上货物运输保险合同中的“一切险”，除包括平安险和水渍险的各项责任外，还包括被保险货物在运输途中由于外来原因所致的全部或部分损失。在被保险人不存在故意或者过失的情况下，由于相关保险合同中除外责任条款所列明情形之外的其他原因，造成被保险货物损失的，可以认定属于导致被保险货物损失的“外来原因”，保险人应当承担运输途中由该外来原因所致的一切损失。

【相关法条】《中华人民共和国保险法》第 30 条

【基本案情】

1995 年 11 月 28 日，海南丰海粮油工业有限公司（以下简称丰海公司）在中国人民财产保险股份有限公司海南省分公司（以下简称海南人保）投保了由印度尼西亚籍“哈卡”轮（HAGAAG）所运载的自印度尼西亚杜迈港至中国洋浦港的 4 999.85 吨桶装棕榈油，投保险别为一切险，货价为 3 574 892.75 美元，保险金额为 3 951 258 美元，保险费为 18 966 美元。投保后，丰海公司依约向海南人保支付了保险费，海南人保向丰海公司发出了起运通知，签发了海洋货物运输保险单，并将海洋货物运输保险条款附于保单之后。根据保险条款规定，一切险的承保范围除包括平安险和水渍险的各项责任外，海南人保还“负责被保险货物在运输途中由于外来原因所致的全部或部分损失”。该条款还规定了 5 项除外责任。上述投保货物是由丰海公司以 CNF 价格向新加坡丰益私人有限公司（以下简称丰益公司）购买的。根据买卖合同约定，发货人丰益公司与船东代理梁国际代理有限公司（以下简称梁国际）签订一份租约。该租约约定由“哈卡”轮将丰海公司投保的货物 5 000 吨棕榈油运至中国洋浦港，将另 1 000 吨棕榈油运往香港。

1995 年 11 月 29 日，“哈卡”轮的期租船人、该批货物的实际承运人印度尼西亚 PT.SAMUDERA INDRA 公司（以下简称 PSI 公司）签发了编号为 DM/YPU/1490/95 的已装船提单。该提单载明船舶为“哈卡”轮，装货港为印度尼西亚杜迈港，卸货港为中国洋浦港，货物唛头为 BATCH NO.80211/95，装货数量为 4 999.85 吨，清洁、运费已付。据查，发货人丰益公司将运费支付给梁国际，梁国际已将运费支付给 PSI 公司。1995 年 12 月 14 日，丰海公司向其开证银行付款赎单，取得了上述投保货物的全套（3 份）正本提单。1995 年 11 月 23 日至 29 日，“哈卡”轮在杜迈港装载 31623 桶、净重 5999.82 吨四海牌棕榈油启航后，由于“哈卡”轮船东印度尼西亚 PT.PERUSAHAAN PELAYARANBAHTERA BINTANG SELATAN 公司（以下简称 BBS 公司）与该轮的期租船人 PSI 公司之间因船舶租金发生纠纷，“哈卡”轮中止了提单约定的航程并对外封锁了该轮的动态情况。

为避免投保货物的损失，丰益公司、丰海公司、海南人保多次派代表参加“哈卡”轮船东与期租船人之间的协商，但由于船东以未收到租金为由不肯透露“哈卡”轮行踪，多方会谈未果。此后，丰益公司、丰海公司通过多种渠道交涉并多方查找“哈卡”轮行踪，海南人保亦通过其驻外机构协助查找“哈卡”轮。直至1996年4月，“哈卡”轮走私至中国汕尾被我海警查获。根据广州市人民检察院穗检刑免字（1996）64号《免予起诉决定书》的认定，1996年1月至3月，“哈卡”轮船长埃里斯·伦巴克根据BBS公司指令，指挥船员将其中11 325桶、2 100多吨棕榈油转载到属同一船公司的“依瓦那”和“萨拉哈”货船上运走销售，又让船员将船名“哈卡”轮涂改为“伊莉莎2”号（ELIZA Ⅱ）。1996年4月，更改为“伊莉莎2”号的货船载剩余货物20 298桶棕榈油走私至中国汕尾，4月16日被我海警查获。上述20 298桶棕榈油已被广东省检察机关作为走私货物没收上缴国库。1996年6月6日丰海公司向海南人保递交索赔报告书，8月20日丰海公司再次向海南人保提出书面索赔申请，海南人保明确表示拒赔。丰海公司遂诉至海口海事法院。

丰海公司是海南丰源贸易发展有限公司和新加坡海源国际有限公司于1995年8月14日开办的中外合资经营企业。该公司成立后，就与海南人保建立了业务关系。1995年10月1日至同年11月28日（本案保险单签发前）就发生了4笔进口棕榈油保险业务，其中3笔投保的险别为一切险，另1笔为“一切险附加战争险”。该4笔保险均发生索赔，其中有因为一切险范围内的货物短少、破漏发生的赔付。

【裁判结果】

海口海事法院于1996年12月25日作出（1996）海商初字第096号民事判决：一、海南人保应赔偿丰海公司保险价值损失3 593 858.75美元；二、驳回丰海公司的其他诉讼请求。宣判后，海南人保提出上诉。海南省高级人民法院于1997年10月27日作出（1997）琼经终字第44号民事判决：撤销一审判决，驳回丰海公司的诉讼请求。丰海公司向最高人民法院申请再审。最高人民法院于2003年8月11日以（2003）民四监字第35号民事裁定，决定对本案进行提审，并于2004年7月13日作出（2003）民四提字第5号民事判决：一、撤销海南省高级人民法院（1997）琼经终字第44号民事判决；二、维持海口海事法院（1996）海商初字第096号民事判决。

【裁判理由】

最高人民法院认为：本案为国际海上货物运输保险合同纠纷，被保险人、保险货物的目的港等均在中华人民共和国境内，原审以中华人民共和国法律作为解决本案纠纷的准据法正确，双方当事人亦无异议。

丰海公司与海南人保之间订立的保险合同合法有效，双方的权利义务应受保险单及所附保险条款的约束。本案保险标的已经发生实际全损，对此发货人丰益公司没有过错，亦无证据证明被保险人丰海公司存在故意或过失。保险标的的损失是由于“哈卡”轮船东BBS公司与期租船人之间的租金纠纷，将船载货物运走销售和走私行为造成的。本案争议的焦点在于如何理解涉案保险条款中一切险的责任范围。

二审审理中，海南省高级人民法院认为，根据保险单所附的保险条款和保险行业惯例，一切险的责任范围包括平安险、水渍险和普通附加险（即偷窃提货不着险、淡水雨淋险、短量险、沾污险、渗漏险、碰损破碎险、串味险、受潮受热险、钩损险、包装破损险和锈损险),中国人民银行《关于〈海洋运输货物保险“一切险”条款解释的请示〉的复函》亦作了相同的明确规定。可见,丰海公司投保货物的损失不属于一切险的责任范围。此外,鉴于海南人保与丰海公司有长期的保险业务关系,在本案纠纷发生前,双方曾多次签订保险合同,并且海南人保还作过一切险范围内的赔付,所以丰海公司对本案保险合同的主要内容、免责条款及一切险的责任范围应该是清楚的,故认定一审判决适用法律错误。

根据涉案“海洋运输货物保险条款”的规定,一切险除了包括平安险、水渍险的各项责任外,还负责被保险货物在运输过程中由于各种外来原因所造成的损失。同时保险条款中还明确列明了五种除外责任,即:① 被保险人的故意行为或过失所造成的损失;② 属于发货人责任所引起的损失;③ 在保险责任开始前,被保险货物已存在的品质不良或数量短差所造成的损失;④ 被保险货物的自然损耗、本质缺陷、特性以及市价跌落、运输迟延所引起的损失;⑤ 本公司海洋运输货物战争险条款和货物运输罢工险条款规定的责任范围和除外责任。从上述保险条款的规定看,海洋运输货物保险条款中的一切险条款具有如下特点。

(1)一切险并非列明风险,而是非列明风险。在海洋运输货物保险条款中,平安险、水渍险为列明的风险,而一切险则为平安险、水渍险再加上未列明的运输途中由于外来原因造成的保险标的的损失。

(2)保险标的的损失必须是外来原因造成的。被保险人在向保险人要求保险赔偿时,必须证明保险标的的损失是因为运输途中外来原因引起的。外来原因可以是自然原因,亦可以是人为的意外事故。但是一切险承保的风险具有不确定性,要求是不能确定的、意外的、无法列举的承保风险。对于那些预期的、确定的、正常的危险,则不属于外来原因的责任范围。

(3)外来原因应当限于运输途中发生的,排除了运输发生以前和运输结束后发生的事故。只要被保险人证明损失并非因其自身原因,而是由于运输途中的意外事故造成的,保险人就应当承担保险赔偿责任。

根据保险法的规定,保险合同中规定有关于保险人责任免除条款的,保险人在订立合同时应当向投保人明确说明,未明确说明的,该条款仍然不能产生效力。据此,保险条款中列明的除外责任虽然不在保险人赔偿之列,但是应当以签订保险合同时,保险人已将除外责任条款明确告知被保险人为前提。否则,该除外责任条款不能约束被保险人。

关于中国人民银行的复函意见。在保监委成立之前,中国人民银行系保险行业的行政主管机关。1997 年 5 月 1 日,中国人民银行致中国人民保险公司《关于〈海洋运输货物保险“一切险”条款解释的请示〉的复函》中,认为一切险承保的范围是平安险、水渍险及被保险货物在运输途中由于外来原因所致的全部或部分损失。并且进一步提出:外来原因仅指偷窃、提货不着、淡水雨淋等。1998 年 11 月 27 日,中国人民银行在对《中保财产保险有限公司关于海洋运输货物保险条款解释》的复函中,再次明确一切险的责任范围包括平安险、水渍险及被保险货物在运输途中由于外来原因所致的全部或部分损失。其中外来原因所致的全部或部分损失是指 11 种一般附加险。鉴于中国人民银行的上述复函不是法律法规,亦不属于行政规章。根据《中华人民共和国立法法》的规定,国务院各部、委员会、中国人民银行、国家审计署以及具有行政管理职能的直属机构,可以根据法律和国务院的行政法规、决定、命令，在本部门的权限范围内，制定规章；部门规章规定的事项应当属于执行法律或者国务院的行政法规、决定、命令的事项。因此，保险条款亦不在职能部门有权制定的规章范围之内，故中国人民银行对保险条款的解释不能作为约束被保险人的依据。另外，中国人民银行关于一切险的复函属于对保险合同条款的解释。而对于平等主体之间签订的保险合同，依法只有人民法院和仲裁机构才有权作出约束当事人的解释。为此，上述复函不能约束被保险人。要使该复函所做解释成为约束被保险人的合同条款，只能是将其作为保险合同的内容附在保险单中。之所以产生中国人民保险公司向主管机关请示一切险的责任范围，主管机关对此作出答复，恰恰说明对于一切险的理解存在争议。而依据保险法第 31 条的规定，对于保险合同的条款，保险人与投保人、被保险人或者受益人有争议时，人民法院或者仲裁机关应当作有利于被保险人和受益人的解释。作为行业主管机关作出对本行业有利的解释，不能适用于非本行业的合同当事人。

综上，应认定本案保险事故属一切险的责任范围。二审法院认为丰海公司投保货物的损失不属一切险的责任范围错误，应予纠正。丰海公司的再审申请理由依据充分，应予支持。

第十四章　海事诉讼时效

学习目标

通过本章学习，充分认识诉讼时效极强的法律规定性，系统掌握诉讼时效的基本原理、概念和特点；准确掌握诉讼时效起算、中断的法律后果；正确运用诉讼时效的法律规定，有效保护海事请求权人的实体权利。

第一节　诉讼时效概述

一、诉讼时效的概念

诉讼时效（limitation period for claims），是指权利人在法定期间内，未向义务人行使权利，其胜诉权不受法律保护的法律制度。

诉讼时效与除斥期间不同。除斥期间（scheduled period），是指法定权利经过了存续期间而归于消灭的时间。二者的区别在于：诉讼时效具备法定事由可以中止、中断、延长。除斥期间则是不变期间，一旦形成则不可变动；诉讼时效消灭的是胜诉权并不消灭权利本身，除斥期间一旦届满，程序和实体权利本身都消灭；诉讼时效期间的起算以权利人能够行使权利时起算，除斥期间是从权利形成时起算。例如，我国《海商法》第257条规定“有关航次租船合同的请求权，时效期间为二年。”这是诉讼时效规定。《海商法》第29条规定，具有船舶优先权的海事请求，自优先权产生之日起满一年不行使的归于消灭。该一年期限应属于除斥期间，不适用中止、中断和延长。

二、诉讼时效的法律后果

诉讼时效的法律后果体现在如下两个方面。

（1）权利人丧失胜诉权。权利人在法定期间届满前没有向义务人行使权利的，则丧失请求法院依据诉讼程序法强制义务人履行义务的权利。这表明权利人超过诉讼时效的法律后果是在法律程序上丧失了胜诉权（right to win），虽然权利人在实体上的民事权利尚未丧失，但由于诉讼时效期间届满后，义务人对权利人产生了诉讼时效的抗辩权

(right to defence),即使权利人向法院起诉,也很难胜诉。因此,诉讼时效制度客观上产生了与权利人利益相反的法律后果,属于强制性的法律规范,如果没有诉讼时效的中止、中断、延长等法定事由,当事人不得协议变更诉讼时效。

(2)当事人自愿履行的,不受诉讼时效限制。权利人超过诉讼时效后,消灭的是胜诉权,但并不当然消灭实体权利本身。我国《民法总则》第 192 条规定:"诉讼时效期间届满的,义务人可以提出不履行义务的抗辩。诉讼时效期间届满后,义务人同意履行的,不得以诉讼时效期间届满为由抗辩;义务人已自愿履行的,不得请求返还。"《民法总则》第 193 条明确规定:"人民法院不得主动适用诉讼时效的规定。"也就是说,诉讼中当事人在诉讼中未提出诉讼时效抗辩的,法院不主动释明。义务人对诉讼时效的抗辩权应在一审期间提出,在二审期间提出的,法院不予支持,除非基于新的证据能够证明权利人的请求权已过诉讼时效期间。

三、诉讼时效的种类

诉讼时效分为普通诉讼时效、特别诉讼时效和最长保护时效。普通诉讼时效具有一般的适用性,在法律没有另外规定的情况下,当事人的诉讼时效均适用普通的诉讼时效。我国《民法总则》第 188 条规定:"向人民法院请求保护民事权利的诉讼时效期间为三年。法律另有规定的,依照其规定。"特别诉讼时效是法律明确规定该时效只适用于特定的民事法律关系,优先适用于普通诉讼时效规定。我国《海商法》有关时效的规定属于"法律另有规定的,依照其规定"的特别诉讼时效范畴。最长保护时效是指权利人在普通的诉讼时效期间内,不知道或不应知道权利被侵害的,在 20 年内才知道或应当知道后主张权利的,其请求权受到法律保护。超过 20 年的,没有法院决定延长特殊情况的,其胜诉权不再受法律保护。上述三种诉讼时效的法律规定是明确的,权利人丧失任何种情况的,都将丧失胜诉权。

四、诉讼时效期间的起算

诉讼时效期间的起算是指诉讼时效期间开始的日期。该日期的当日不计入,从次日开始起算诉讼期间。如果时效期间届满的最后一日为法定节假日,则最后一个节假日的次日工作日为时效届满日。

我国《民法总则》第 188 条第 2 款规定:"诉讼时效期间自权利人知道或者应当知道权利受到损害以及义务人之日起计算。法律另有规定的,依照其规定。但是自权利受到损害之日起超过二十年的,人民法院不予保护;有特殊情况的,人民法院可以根据权利人的申请决定延长。"

最高人民法院《诉讼时效规定》对一些特定法律事实的诉讼时效起算时间作了具体规定。其中对债的诉讼时效起算规定:当事人约定同一债务分期履行的,诉讼时效期间从最后一期履行期限届满之日起计算。未约定履行期限的合同,依照《合同法》第 61 条、第 62 条的规定,可以确定履行期限的,诉讼时效期间从履行期限届满之日起计算;不能确定履行期限的,诉讼时效期间从债权人要求债务人履行义务的宽限期届满之日起计算,但债务人在债权人第一次向其主张权利之时明确表示不履行义务的,诉讼时效期间从债务人明确表示不履行义务之日起计算。

第二节 海事诉讼时效

海事诉讼时效是指海事请求权人对自己的权利经过了法定的期间,未向义务人行使权利,而使胜诉权归于消灭的制度。我国《海商法》在第十三章对海事诉讼时效作了专门规定。《海商法》作为民法的特别法,其诉讼时效的规定优先于《民法通则》及《民法总则》的适用,《海商法》中没有规定的适用《民法通则》和《民法总则》诉讼时效的一般规定。最高人民法院有关诉讼时效问题的解释、批复等对法院审理诉讼时效案件具有重要的指导作用。

一、海上货物运输合同请求权时效

(一)因海上货物运输合同纠纷而直接引起的海事请求的诉讼时效

按照海商法的划分方式,海上货物运输合同包括班轮运输和航次租船运输。班轮运输的合同证明是海运提单,故又被称为提单运输。根据我国《海商法》第 257 条第 1 款规定:"就海上货物运输向承运人要求赔偿的请求权,时效期间为一年,自承运人交付或者应当交付货物之日起计算。"本条规定看似仅对货方起诉承运人的时效期间。承运人起诉货方则不受该诉讼时效的限制。为此,最高人民法院在 1997 年 7 月 11 日所作的一个批复中对此作出明确的说明:承运人向托运人、收货人、提单持有人要求赔偿的请求权时效也是一年。

沿海、内河货物运输虽然不属于《海商法》第四章的调整范围,但鉴于此种运输而引起的争议也是海事法院的管辖范围,因此最高人民法院在 2001 年 5 月 21 日所作的《关于如何确定沿海、内河货物运输货物赔偿请求权时效期间问题的批复》中将托运人、收货人就沿海、内河货物运输合同向承运人要求赔偿的请求权,或者承运人就沿海、内河货物运输向托运人、收货人要求赔偿的请求权,时效期间为一年,自承运人交付或者应当交付货物之日起计算。

关于航次租船合同,虽然也属于海上货物运输合同的一种,但世界各国海商法对此种运输方式的干预程度远不及班轮运输严格,契约自由原则在航次租船合同的诉讼时效方面体现得更为充分。航次租船合同是约束出租人与承租人租船关系的合同,我国《海商法》第 92 条至第 101 条对航次租船合同作了特别规定,该规定的内容属于航次租船合同的主要内容,有关该合同项下的请求权,如合同订立、解除、货损货差等租船合同纠纷的诉讼时效为两年,自知道或者应当知道权利被侵害之日起计算。该时效规定也适用于沿海航次租船合同。

(二)追偿时效

追偿权是基于特定法律关系形成的债权债务关系,在相对债务人履行了特定债务后,在法律规定的追偿时效内,该相对债务人再以债权人的身份向下一应履行债务的债务人行使追偿的权利。该规定的立法目的是公平保护追偿人的权利,给追偿人以一般债权人同样合理的时效保护。我国《海商法》第257条第1款是有关追偿时效的规定:“……在时效期间内或者时效期间届满后,被认定为负有责任的人向第三人提起追偿请求的,时效期间为九十日,自追偿请求人解决原赔偿请求之日起或者收到受理对其本人提起诉讼的法院的起诉状副本之日起计算。”

该规定在司法实践中的理解不尽相同,其中主要的是有关90天追偿时效的起算问题。根据该法条,有人主张追偿请求人的追偿时效在和解的情况下,以解决原赔偿请求之日起算,在诉讼情况下,追偿人的追偿时效应在前一诉讼提起后90天行使。也有人主张追偿人追偿时效的起算时间应根据当事人达成和解协议或法院判决、仲裁裁决等有效法律文书或以实际履行/承担/支付了赔偿款项之日起为90天追偿日的起算日。

对此,2003年11月12日最高人民法院在(2002)民四他字第21号给辽宁省高级人民法院(大连中远国际货运有限公司追偿案,其中直接涉及追偿时效起算问题)的复函中,针对《海商法》第257条第1款90天追偿时效的计算问题,解释“原赔偿请求若是通过法院诉讼解决的,则追偿请求人向第三人追偿时效的起算点应当自追偿请求人收到法院认定其承担赔偿责任的生效判决之日起计算”。最高人民法院的上述复函很大程度上解决了司法实践中对海商法有关90天追偿时效规定的不同理解。但在具体追偿案件中,如果追偿人拿到了生效的法院判决,但实际并没有履行生效判决的,该追偿时效应自提起追偿诉讼后中断,实体审判程序应中止,而应在追偿人实际履行了赔偿责任后方进入审理程序。此外,在追偿人收到生效法律文书后,没有按期履行生效法律文书的,追偿人向责任人又追偿该逾期部分利息或迟延履行金的,不应被法院支持。因为追偿人有义务自觉履行生效法律文书,不履行的法律后果不应转嫁到被追偿人一方。这样才能有效公正地保护追偿人与被追偿人双方的合法权益。

实例研究

百得塑业诉海天货运海上货物运输合同无单放货纠纷案

原告百得公司起诉称:原告根据客户上海素美贸易有限公司(以下简称素美公司)的指示,将3 840套,计29.652立方米的水果托盘运到被告宁波新华指定的宁波港报关装船出运到韩国釜山,货值为12 749美元。因被告无单放货,给原告造成经济损失,为此原告请求法院判令两被告赔偿损失12 749美元。

被告上海新华和宁波新华答辩称:一、原告是内贸合同的代理人,故其与两被告之间不是海上货物运输合同关系,也不会有外贸合同下的损失,因此原告是不适格的诉讼主体;二、即使原告与两被告之间成立了海上货物运输合同关系,原告至今也未提供提单;三、原告的起诉已超过了诉讼时效。

法院根据双方当事人的陈述及法院确认的有效证据,认定下列事实:2006年11月2日,原告与素美公司签订合同,约定素美公司向原告订购一批压克力托盘。2006年11月23日,原告委托被告上海新华将货物运往韩国,宁波新华作为承运人上海新华的代理人向原告签发了提单。货物出运后,原告一直未能收到货款,故提起本案诉讼。庭审中,对货物的去向,两被告表示不清楚。

法院认为:原告系提单载明的托运人,且实施了将货物交运的行为,因此原告与作为承运人的被告上海新华之间建立了海上货物运输合同关系，该合同关系是双方真实意思表示，应确认有效。因此，当承运人对货物失去控制时，原告凭提单提起本案诉讼，于法有据，被告关于原告不是本案适格主体的抗辩，法院不予采信。

被告宁波新华系上海新华的代理人，其行为的法律后果应由上海新华承担，故本案中无论原告是否受到损失，宁波新华均不承担民事责任。

依照《中华人民共和国海商法》第257条第一款的规定，就海上货物运输向承运人要求赔偿的请求权，时效期间为一年，自承运人交付或者应当交付货物之日起计算，据此，原告应及时向上海新华要求赔偿。但本案货物于2006年11月23日装船出运，二、三天后即可抵达韩国目的港，原告却于2008年7月23日才提起本案诉讼。同时，依照《中华人民共和国海商法》第267条第1款的规定，时效因请求人提起诉讼，提交仲裁或者被请求人同意履行义务而中断，本案原告未能证明上海新华曾同意履行义务，故本案也不存在时效中断的事由。因此，两被告抗辩本案诉讼已过诉讼时效理由充分，法院予以支持。

法院依照《中华人民共和国民法通则》第63条第2款、《中华人民共和国海商法》第257条第1款、第267条第1款的规定，判决驳回原告台州市黄岩百得塑业有限公司的诉讼请求。

二、海上旅客运输请求权时效

我国《海商法》第258条规定："就海上旅客运输向承运人要求赔偿的请求权，时效期间为二年，分别依照下列规定计算：① 有关旅客人身伤害的请求权，自旅客离船或者应当离船之日起计算；② 有关旅客死亡的请求权，发生在运送期间的，自旅客应当离船之日起计算；因运送期间内的伤害而导致旅客离船后死亡的，自旅客死亡之日起计算，但是此期限自离船之日起不得超过三年；③ 有关行李灭失或者损坏的请求权，自旅客离船或者应当离船之日起计算。"

三、船舶租用、救助、保险合同请求权时效

（一）船舶租用合同诉讼时效

船舶租用合同包括定期租船合同和光船租赁合同，凡属因船舶租用合同产生的纠纷，如定期租船中的租金、停租、油水消耗等纠纷或光租项下的租金、船舶交接中的油水、船舶适航性等问题的请求权均受2年诉讼时效的约束。根据我国《海商法》第259条规定，有关船舶租用合同的请求权，时效期间为2年，自知道或者应当知道权利被侵害之日起计算。

（二）海难救助合同诉讼时效

根据我国《海商法》第262条的规定，海难救助合同诉讼时效期间为2年，自救助作业终止之日起计算。海难救助报酬属于典型的共同海损项目，二者紧密联系，但在时效上却不同，共同海损诉讼时效为1年。如果一次海难事故结束后，有关救助报酬请求在

两年内提起诉讼，但争议解决后要进行共同海损分摊时，有关共同海损分摊请求权的诉讼时效却已过。

（三）海上保险合同诉讼时效

根据我国《海商法》第 264 条的规定，依据海上保险合同向保险人要求保险赔偿的请求权，时效期间为 2 年，自保险事故发生之日起计算。虽然时效期间与普通财产保险的时效期间相同，但区别在于起算点不同，后者在知道或者应当知道保险事故发生之日起计算。

有关保险人取得代位求偿权后的诉讼时效，按照所代位的被保险人与责任人之间的法律关系确定诉讼时效期间。如果是海上货物运输法律关系，则诉讼时效应依据海上货物运输法律关系所规定的诉讼时效确定。

四、海上拖航合同、共同海损分摊请求权时效

（一）海上拖航合同诉讼时效

海上拖航从性质上类似于海上货物运输，因此其实行的是一种短期时效。根据我国《海商法》260 条的规定，因海上拖航而因引起的请求权，时效期间为 1 年，自知道或者应当知道权利被侵害之日起计算。

（二）共同海损分摊请求权诉讼时效

我国《海商法》规定的共同海损分摊的请求权，时效期间为 1 年，自理算结束之日起计算。2004 年《约克－安特卫普规则》对诉讼时效分几种情况作出时效规定，但因其民间规则的性质，其诉讼时效的规定是否有效则取决于合同所适用的法律的规定。

五、船舶碰撞诉讼时效

我国《海商法》第 261 条规定："有关船舶碰撞的请求权，时效期间为二年，自碰撞事故发生之日起计算；本法第 169 条第 3 款规定的追偿请求权，时效期间为一年，自当事人连带支付损害赔偿之日起计算。"据此，关于船舶碰撞的诉讼时效分为两种情况：一是适用于财产损害赔偿的诉讼时效，即时效期间为两年，自碰撞事故发生之日起计算；二是适用于人身伤亡赔偿的连带追偿时效。因互有过失碰撞造成第三人人身伤亡的，碰撞双方应对人身伤亡承担连带责任。一船连带支付的赔偿超过自身责任比例的，有权向其他有过失的船舶追偿。该追偿请求权的时效期间为一年，自当事人连带支付损害赔偿之日起计算。

六、船舶油污损害诉讼时效

海商法的诉讼时效期间相对民法诉讼时效是一种特别诉讼时效规定，一般诉讼时效期间比较短。但油污诉讼时效期间在海商法中规定是较长的，这是因为油污造成的潜在侵害时间比较长，短时间内不易被发现，若规定较短的诉讼时效期间不利于公平有效地保护油污受害人。因此，我国《海商法》第 265 条规定："有关船舶发生油污损害的请求权，时效期间为三年，自损害发生之日起计算；但是，在任何情况下时效期间不得超过从造成损害的事故发生之日起六年。"显然该规定属于特别时效期间规定，不适用《民法总

则》20年的最长时效规定。

第三节　诉讼时效中止和中断

一、诉讼时效中止

诉讼时效中止(suspension),是指在诉讼时效期间内的特定时间段,发生了不可抗力或其他障碍,阻碍了权利人正常行使请求权的客观事由,而暂时停止时效期间的继续计算,待该客观原因消失后继续计算时效期间的制度。其意义在于使权利人的权利受到时效制度的公平保护。

我国《海商法》第266条规定:"在时效期间的最后六个月内,因不可抗力或者其他障碍不能行使请求权的,时效中止。自中止时效的原因消除之日起,时效期间继续计算。"该规定与《民法总则》第194条的规定基本相同。《诉讼时效规定》对"其他障碍"的时效中止情况做了界定,其中将权利人被义务人或者其他人控制无法主张权利的情况规定为"其他障碍"并构成时效中止。而依《鹿特丹规则》第63条之规定:"第六十二条规定的时效期不得中止或中断,但被索赔人可以在时效期内的任何时间,通过向索赔人声明而延长该时效期。该时效期可以经再次声明或多次声明进一步延长",时效却不可中止和中断,但可以延长。

诉讼时效中止的时间发生在时效期间的最后6个月内。如果该案件的诉讼时效是2年,在1年零6个月内发生了时效中止的客观事由,不构成时效中止的法定理由。

诉讼时效中止的原因是在法定的时效期间内发生了不可抗力或其他障碍的客观情况。不可抗力是指人力不能预见、不能避免并不能克服的客观情况,如自然灾害如台风、海啸、地震、战争等。其他障碍是指权利人在时效特定的时间段,发生了主观意愿以外的事件,致使请求权无法行使。对此,《民法总则》第194条规定了诉讼中止的五种情况适用于海商法的诉讼时效中止情况。即在诉讼时效期间的最后6个月内,因下列障碍,不能行使请求权的,诉讼时效中止:① 不可抗力;② 无民事行为能力人或者限制民事行为能力人没有法定代理人,或者法定代理人死亡、丧失民事行为能力、丧失代理权;③ 继承开始后未确定继承人或者遗产管理人;④ 权利人被义务人或者其他人控制;⑤ 其他导致权利人不能行使请求权的障碍。自中止时效的原因消除之日起满6个月,诉讼时效期间届满。显然,客观原因是发生诉讼时效中止的基本要素,因当事人主观原因造成的则不得中止时效。如货损当事人以向商检局申请残检为由,主张时效中止则不能成立。时效中止的法律后果是暂停计算诉讼时效期间,待中止原因消除后,时效期间继续计算。

二、诉讼时效中断

时效中断(discontinuity),是指在诉讼时效的计算中,因发生了法定事由使已经过的时效期间统归消灭,诉讼时效期间从该法定事由发生时起中断,诉讼时效期间重新开始计算的法律制度。《海商法》中的时效中断有比《民法通则》和《民法总则》更严格的规定,对权利人正确有效行使诉权具有重要的意义。

（一）时效中断与时效中止的区别

时效中断的事由一旦发生即产生时效重新计算的法律后果。《民法总则》第195条规定“诉讼时效中断，从中断、有关程序终结时起，诉讼时效期间重新计算”。与诉讼时效中止的不同是，诉讼时效中断的事由是因权利人行使权利的法定事由引起，而时效中止是由权利人意志以外的不可抗力或其他障碍的客观原因引起。二者依据不同的法定事由发生，其诉讼时效期间的起算点截然不同。

（二）海商法时效中断的特别规定

《民法总则》第195条规定了诉讼时效中断的四种情况：① 权利人向义务人提出履行请求；② 义务人同意履行义务；③ 权利人提起诉讼或者申请仲裁；④ 与提起诉讼或者申请仲裁具有同等效力的其他情形。我国《海商法》第267条规定：“时效因请求人提起诉讼、提交仲裁或者被请求人同意履行义务而中断。但是，请求人撤回起诉、撤回仲裁或者起诉被裁定驳回的，时效不中断。请求人申请扣船的，时效自申请扣船之日起中断。自中断时起，时效期间重新计算。”根据上述规定，海事请求人应特别注意的是，海事诉讼时效中断有比《民法总则》更严格的规定，同时也要注意《民法总则》及最高人民法院一些有关时效中断解释的特别规定，同样适用于海事法律关系。

（1）海事诉讼时效中断以义务人同意履行义务为前提。《民法总则》中的时效中断，以一方当事人能够证明向义务人提出要求的意思表示就构成时效中断的法定理由。该意思表示应该是明确的、能够被义务人知晓并证明的主张。显然民法中时效中断的法定事由规定得较宽，而《海商法》则规定一定要有义务人同意履行义务才构成时效的中断。即当事人一方仅仅向义务人提出要求不构成法定时效的中断，必须有证据证明义务人明确表示或承诺履行该义务。

（2）海事请求权人撤诉、诉讼被驳回，时效期间不中断。但在普通的民商诉讼案件中，起诉被驳回或撤诉的，只要该请求已送达给了义务人，则视为权利人向义务人提出了履行请求，应构成时效的中断。在海事诉讼中，诉讼时效因海事请求人提起诉讼、仲裁或扣船（arrest of ship）而中断。

（3）《海商法》中的时效中断次数不受限制。因义务人同意履行义务而时效中断后，义务人再次同意履行义务的，可以认定为该诉讼时效再次中断。

实例研究

江门市浩银贸易有限公司与联泰物流海上货物运输合同纠纷案①

2014年9月至10月间，江门市浩银贸易有限公司（以下简称浩银公司）向阿多恩时装有限公司（以下简称阿多恩公司）出售一批女裤。按照阿多恩公司的指示，浩银公司委托联泰物流（Union Logistics，Inc）将涉案货物自广东省深圳市盐田港运至美国加利福尼亚长滩港。联泰物流安排运输后，授权其代理人广州升扬国际货运代理有限公司（以下简称升扬公司）向浩银公司签发了全套正本提单，载明托运人为浩银公司，承运人为联泰物流。2014年12月26日，涉案货物装船起运。2015年1月16日，涉案货物由联泰物

① 【案号】（2016）粤72民初311号。

流在目的港美国长滩交付于阿多恩公司。而浩银公司仍持有全套正本提单。2015 年 10 月 21 日，浩银公司以升扬公司为被告提起诉讼，法院审理后认为，升扬公司为联泰物流的签单代理人，并非涉案运输承运人，遂判决驳回浩银公司的诉讼请求。2016 年 2 月 24 日，浩银公司以联泰物流为被告提起诉讼，请求联泰物流赔偿其遭受的货物损失及利息。经公约送达，联泰物流到庭应诉，对无正本提单交付货物事实予以确认，但辩称浩银公司对其的起诉已超过海商法规定的一年诉讼时效，且本案不存在诉讼时效中止、中断的法定情形，请求法院依法驳回浩银公司诉讼请求。

法院认为，本案诉讼时效中断应适用海商法第 267 条的规定。该条规定“提起诉讼”可中断诉讼时效，但并未明确规定“提起诉讼”涵盖的具体情形，应适用其他法律、法规或司法解释的规定进行界定。根据《最高人民法院关于审理民事案件适用诉讼时效制度若干问题的规定》第 13 条以及《最高人民法院关于贯彻执行〈中华人民共和国民法通则〉若干问题的意见（试行）》第 173 条第 2 款“权利人向债务保证人、债务人的代理人或者财产代管人主张权利的，可以认定诉讼时效中断”的规定，浩银公司于 2015 年 10 月 21 日以升扬公司为被告提起诉讼的行为可以认定为与提起诉讼具有同等诉讼时效中断效力的事项，该行为应被视为海商法第 267 条第 1 款规定的“提起诉讼”，即本案诉讼时效期间于 2015 年 10 月 21 日构成中断并重新开始计算。浩银公司于 2016 年 2 月 24 日提起诉讼，并未超过法定诉讼时效期间。联泰物流作为承运人，无正本提单交付货物，违反承运人法定义务，构成违约。该违约行为致使浩银公司丧失货物控制权，无法收回货款，联泰物流应赔偿损失。一审判决后，双方当事人均未上诉。

该案对于处理《海商法》与一般民事法律诉讼时效制度的关系具有参考价值。我国《海商法》作为民法的特别法，规定了有别于一般民事法律的特殊诉讼时效制度。在涉及《海商法》调整的权利义务关系时，应优先适用《海商法》的相关规定。在《海商法》没有明确规定时，应适用民法通则等一般民事法律规定。《海商法》第 267 条第 1 款虽然规定了请求人提起诉讼方能中断诉讼时效，但该法并未明确规定“提起诉讼”的具体情形，此时应适用《民法通则》等法律及相关司法解释予以界定。

【中英文对照表】

中文术语	英文术语
诉讼时效	limitation period for claims
除斥期间	scheduled period
时效中止	suspension
时效中断	discontinuity
驳　回	reject
扣　船	arrest of vessel
时效牵连保护	implicated in protecion

【思考题】

1. 民法与海商法中有关时效中断的规定有什么不同?

2. 诉讼时效的法律后果体现在哪些方面?

3. 如何理解我国《海商法》第257条的追偿时效的起算点?

【案例分析】

在甲乙两船碰撞案件中,造成甲方船员二人死亡,船载货物损失80万元;乙船财产损失60万元。海事局海事报告认定两船责任比例相当。事故发生后三个月时,甲船死亡船员家属及甲船货方均对甲方船东向海事法院提起诉讼。诉讼案件发生超过二年时,两权利人发现甲方支付能力有限,又向法院起诉乙方船东主张赔偿权利。

(1)死亡船员家属是否有权对乙方船东提起诉讼?为什么?

(2)货方是否有权向乙方船东提起诉讼?

(3)甲方船员家属在不同时间对甲方船东和乙方船东的诉讼是否享有船舶优先权?

【推荐阅读文献】

1. 向明华:中国海事诉讼时效制度的国际接轨与本土化的冲突及其解决,载《政治与法律》2019年第9期

2. 胡正良、孙思琪:论《民法总则》对《海商法》修改之影响,载《中国海商法研究》2018年第1期

3. 张鹏飞、孙士强:《诉讼时效规定》对海事诉讼时效中断的适用,载《上海海事大学学报》2013年第2期

4. 严凌振:从一起二审改判案谈海事诉讼中的时效中断,载《中国海商法年刊》2008年刊

第十五章　涉外海事关系的法律适用

学习目标

海事国际私法的历史源远流长，法律适用制度颇具特色，涉及的领域极为广泛，加强对海事国际私法及其相关领域的研究，将极大地丰富国际私法的理论研究，推动国际私法的研究向多层面、高层次发展。

通过本章学习，掌握涉外海事法律适用规范的调整对象及基本理论；重点学习涉外海事关系法律适用原则；运用涉外海事关系法律规范，准确认定涉外海事案件的准据法。

第一节　涉外海事法律适用概述

一、涉外海事法律适用规范的调整对象

涉外海事法律适用规范是一国为解决涉外海事法律冲突，专门调整涉外海事关系的法律规范总称。涉外海事法律适用规范是以海上运输关系和船舶关系为调整对象，以海事冲突规范和实体规范为主要规范，并包括海事诉讼和仲裁程序规范，以解决海事法律冲突为中心任务的一门法律学科，它是国际私法的独立分支学科。具有涉外海事关系是指海事主体、客体或法律事实之一具有涉外因素的权利义务关系。涉外海事关系是涉外海事法律适用规范调整的核心内容。

涉外海事关系表现为海商法所调整的各种海事法律关系，如具有涉外因素的船舶物权关系、船员关系、海上国际货物运输合同关系、租船关系、旅客运输关系、船舶碰撞等海事侵权关系、共同海损、船舶责任限制、海上保险等各种海事法律关系。

二、涉外海事法律适用规范的特点

（一）涉外海事法律适用规范统一化的趋势

在过去的几十年里，海事实体法以及各国海事审判均出现了国际统一化的趋势。具体表现为：随着海运公约的大量出现，统一实体法规范在海商法律中占据主导性地位；而国际民间组织制定的一些规章制度及标准合同文本的大量使用，使海商法有了较大的国

际统一性，从而使主要适用这类实体法的海事审判也随之国际化、统一化。尽管根据主权原则，一国司法机关不可能适用外国程序法，目前也没有统一的程序方面的国际公约，但是当某一种程序规范业已成为世界上大多数国家所采用并经证明为行之有效时，则有关国家可通过主权行为修订其程序法或制定新法律，将这种程序规范纳入本国程序法范畴，从而与涉外审判的世界潮流融合。

（二）处理国际海事争议的准据法具有特殊性

海上运输活动涉及船舶以及相关的法律关系。从事活动的当事人发生海事争议时，可以选择相关的海事法进行调整。被当事人选用的准据法的不少海事法律规范都是由航海技术规范演变过来的，因此具有较强的专业性和技术性。例如，船舶规范、载重线核定规则、船舶安全标准、检验方式、适航条件、航行规则、避碰规则、拖航方式、船舶碰撞损害赔偿的计算方式、油污的监测标准和损害的确定方式、海难赔偿的责任限额、船舶抵押权和优先权的设定和行使等，涉及大量的技术性规范，这是国际私法其他领域所没有的特征。

由于海事国际私法具有较强的专业性和技术性，及其所调整的法律关系的特殊性，一些国际私法中约定俗成的冲突规范无法适用于海事国际私法的一些领域，并且难以按惯常的法律观念对某些法律关系进行分类和定性。例如，船舶拟人化的处理，船舶所有权的取得、转让、消灭等，都必须办理登记。在法律适用方面，海事国际私法也有别于国际私法中常用的物之所在地法、财产所有人属人法等常用的系属公式，而通常以船舶的船旗国法作为准据法。总之，海事国际私法的历史源远流长，法律适用制度颇具特色，涉及的领域极为广泛，加强对海事国际私法及其相关领域的研究，将极大地丰富国际私法的理论研究，推动国际私法的研究向多层面、高层次发展。

三、涉外海事关系法律适用的基本原则

涉外海事关系具有不同于一般涉外民事法律关系的特殊性。传统的国际私法规则不能完全适用于涉外海事关系，而必须借助于一系列特殊的冲突原则和规则。以下将结合国际冲突立法和国内立法、司法实践对海事冲突领域的法律适用理论和原则进行阐述：

（一）国际条约优先原则

在海事关系法律适用领域，强调国际条约优先原则，并且主张国际海事法律关系中应当选择和适用与海事国际公约最接近的法律。当一国所缔结或参加的某一国际条约与国内法所规定的内容相抵触时，优先适用国际条约的原则为各国所普遍接受，并反映在国内立法中。我国《海商法》第 268 条规定，我国缔结或参加的国际条约和《海商法》有不同规定的，适用国际条约的规定，但我国声明保留的条款除外。该规定体现了我国法院在解决涉外海事关系的法律适用时，对于我国已参加的国际条约采取优先适用的原则，并且条约必须信守已成为国际法的基本准则。不仅如此，在海事法律适用的司法实务中，当事人选择的准据法涉及的国际条约尚未对我国生效的，根据《涉外法律适用法解释（一）》第 9 条的规定，法院可以根据该国际条约的内容确定当事人之间的权利义

务，但违反中华人民共和国社会公共利益或中华人民共和国法律、行政法规强制性规定的除外。对具体案件的法律适用规定是否应适用某国法或国际条约，当事人应负有举证责任。

（二）国际惯例补充原则

目前，涉及航运方面的国际公约在某些领域还存在空白，因此国际惯例往往起到重要甚至是不可或缺的作用。例如，著名的《约克－安特卫普规则》作为一个民间的国际航运惯例，在共同海损理算的问题上成为一些国家共同遵守的规则，避免了由于各国法律对于共同海损规定的不同而产生的法律冲突。根据我国《海商法》第 268 条第 2 款的规定，我国法律和我国缔结或者参加的国际条约没有规定的，可以适用国际惯例。国际惯例被我国视为法律渊源，对于解决涉外海事关系的法律适用具有重要的补充性作用。

（三）意思自治和最密切联系原则

意思自治原则历来是解决合同关系的重要原则，也是解决海事关系法律适用的重要原则。对于当事人协议选择的准据法通常被各国普遍接受和重视，进而也深入到非合同关系的海事侵权、共同海损、责任限制等法律关系中。这些非合同法律关系虽然开始并不存在合同关系，但在案件处理过程中当事人之间“在一审法庭辩论终结前”协议选择的准据法，若不违反法律规定的，法院通常会尊重当事人的意思自治，甚至最终以协议的方式解决双方的争议。

最密切联系原则普遍适用在合同关系中，指当事人在合同中没有选择所适用的准据法时，适用与合同有最密切联系国家的法律。我国《海商法》第 269 条对此做了明确规定。该原则体现了当事人在对合同关系的法律适用没有选择或协议时，适用与合同有最密切联系国家的法律，也是对意思自治原则的补充原则。最密切联系是指特定的法律关系与特定国家法律之间的密切联系，最密切联系的法律是指与该法律事实存在密切联系的法律。在适用最密切联系原则确定准据法时，应当考虑以下因素：合同的订立地、船舶及当事人的国籍、仲裁或管辖地点、标的物所在地或被扣押地等，在同时考查以上有关因素的基础上，选择适用那个与合同有最密切联系的国家的法律，任何单一因素都不具有决定性。但是，合同当事人的意思自治也要受到具有强制性的法律和习惯的限制。

（四）司法管辖对等原则

主权与平等互利原则是国际法的普遍原则，适用国际社会任何领域的交往活动。在处理涉外海事案件中，对等原则也常常被引入到一国的司法管辖问题上。其实质是在于国家在相互尊重司法主权独立的基础上对外国法院判例的承认。

（五）公共秩序保留原则

公共秩序保留（reservation of public order）是指一国法院审理涉外案件，依据自己的冲突规范需要适用某外国法（包括国际惯例）时，该外国法的内容与内国的重大利益、基本道德或法律基本原则相抵触而拒绝适用该外国法的保留制度。公共秩序保留制度作为调整涉外海事法律关系的原则，在解决涉外海事关系的法律适用时也被各国法律或国际公约普遍接受。根据《海商法》第 276 条规定，适用外国法律或者国际惯例，不得违背中华人民共和国的社会公共利益。同样地，违反我国法律强制性规定的准据法不得适用。

第二节　涉外海事关系法律适用的内容

一、海商合同的法律适用

我国《海商法》第269条规定："合同当事人可以选择合同适用的法律，法律另有规定的除外。合同当事人没有选择的，适用与合同有最密切联系的国家的法律。"该条是关于国际海事合同的法律适用的规定。该条规定与《民法通则》第145条的规定大致相同。依照该条的规定，当事人在合同中可以选择合同所适用的准据法，调整合同的订立、变更、解除以及合同的内容与效力等问题。如果当事人没有作出明示的选择，则适用与合同最密切联系的国家的法律。

这里的海商合同主要包括海上货物和旅客运输合同、租船合同、海上拖航合同和海上保险合同等。出于国家利益和公共秩序的考虑，有些海商合同不受或不完全受《海商法》调整，如船舶代理合同、船员劳务合同和船舶建造、买卖、修理合同等。在此情况下，应当适用我国其他民事法律、法规或将其同本法一并适用。该条所讲的当事人选择合同适用的法律，包括我国法律和外国法律。当事人必须经过协商一致，作出明示的选择。

释义

Bills of Lading and the Conflict of Laws

1）Single principles or concepts

Both the common law and the civil law traditionally relied on rules of thumb based on single principles or single concepts, in order to determine what law governed the contract of carriage evidenced by the bill of lading or similar document of title. Among these single-contact rules were: the law of the flag, the *lex loci contractus*（the law of the place where the contract of carriage was concluded）or the *lex loci solutionis*（the law of the place where that contract was performed）. Later, the intention of the parties（express or implied）became a major factor in ascertaining the law to which their carriage contract should be subjected. Eventually, the common law also applied the "closest and most real connection" test, in order to identify the "proper law" of the bill of lading contract, which involved a consideration of all the factors or contacts relating to the bill of lading contract and the parties to it.

2）The Hague, Hague/Visby and Hamburg Rules-mandatory rules

International maritime law conventions on the carriage of goods enacted "mandatory rules"（rules from which the parties to the contract of carriage were not free to derogate even by express agreement）governing the law applicable to the bill of lading as a contract. For example, the Hague Rules 1924, at art. 10, made the Rules applicable to all contracts of carriage under bills of lading issued in a Contracting State, while art. 3（8）prohibited any contract relieving or lessening the carrier's liability under the contract otherwise than as permitted by the Rules. Unfortunately, however, where the bill of lading contained no "clause paramount" expressly invoking the Rules, some courts failed to recognize the Rules as compulsorily applicable to the underlying contract of carriage, although most judges properly understood their imperative character, with or without a clause paramount.

The Hague/Visby Rules 1968/1979, at art. 10 require Contracting States to give the force of law to the Rules. By art. 10, the Rules apply wherever the bill of lading is issued in a Contracting State, as well as where the shipment is from a port in such a State or where the bill of lading incorporates the Rules by reference. Art. 3(8) remains unchanged from the Hague Rules. The mandatory nature of the Hague/Visby Rules in respect of bill of lading contracts is thus beyond question, the "clause paramount" no longer being required to make the Rules compulsory.

The Hamburg Rules 1978, by virtue of art. 2, apply compulsorily to all contracts of carriage by sea (not merely to bills of lading and similar documents of title). Their application, like that of U. S. COGSA 1936, however, is both inwards to ports in Contracting States (art. 2(1)(b)), as well as outwards from such ports (art. 2(1)(a)). Such application, while being unacceptable in a national statute (such as COGSAS 1936), is acceptable in an international convention. The Multimodal Convention 1980 is similar to the Hamburg Rules, applying wherever the multimodal transport operator takes delivery of the goods in a Contracting State or delivers them in such a State (art. 2 (a) and (b)).

3) The Rome Convention 1980 and bills of lading

The Rome Convention 1980, which provides uniform conflict rules for contractual obligations in all European Union countries, generally makes a contract subject to the law expressly chosen by the parties or the choice of which is demonstrated with reasonable certainty by the terms of the contract or the circumstances of the case (art. 3(1)). Failing such choice, the law applicable is rebuttably deemed to be that with which the contract is most closely connected (art. 4(1)). A contract of carriage of goods is rebuttably deemed to be most closely connected with the country in which, at the time the contract is concluded, the carrier has his principal place of business, if that country is also the country in which the place of loading or the place of discharge or the principal place of business of the consignor is situated (art. 4(5)). But the law of another country may displace that *prima facie* applicable law if it appears from the circumstances as a whole that the contract is more closely connected with that other country (art. 4(5)).

In most European States, however, the Rome Convention 1980 is of limited importance in determining the law governing bill of lading contracts, because most European countries are parties to either the Hague or Hague/Visby Rules, which override the Rome Convention, as provided by art. 21 of the Convention itself.

二、船舶物权的法律适用

（一）船舶所有权的法律适用

各国海商法及国际公约普遍对船舶所有权实行登记制。即权利人对船舶所有权（ownership of ship）的取得、转让、变更必须进行登记，没有登记的不得对抗第三人。只有进行登记的船舶，其权利才能有效地对抗第三人和受登记国法律的保护。尽管船舶到处航行，但在法律适用上是按照不动产来对待的。不动产物权适用不动产所在地法。船舶与船旗联系最密切，船旗代表该船舶的国籍所属，因此各国普遍将船舶所有权的法律适用规定为船旗国法。我国《海商法》第 270 条也明确规定船舶所有权的取得、转让和消灭，适用船旗国法律。

（二）船舶抵押权的法律适用

船舶抵押权是以船舶为客体为债权人所设定的担保物权，该权利的设定同船舶所有权的取得一样，需要在船舶登记国登记才可以生效。由于权利人对抵押权的实现与船舶本身有着密不可分的联系，所以船旗国法律一直被各国普遍承认是调整船舶抵押权的准据法。《海商法》第 271 条规定，船舶抵押权适用船旗国法律。船舶在光船租赁以前或者光船租赁期间设立船舶抵押权的，适用原船舶登记国的法律。此外，建造中船舶所设立的抵押权适用物之所在地法，建造后的船舶所有人已登记获得船舶所有权的，附着在该船上的抵押权亦应受船旗国法调整，除非双方有合同约定。

案例

The Ioanmis Daskalelis

On 20 December 1961 the vessel *Ioannis Daskalelis* was mortgaged to the defendants. In March 1963 the plaintiffs rendered necessary repairs to the vessel at New York, but the sum due to them was not paid. In June 1964 the vessel was sold, and the question arose whether the plaintiffs' claim in respect of the repairs had priority over the defendants' mortgage.

Held: that the plaintiffs' claim for necessary repairs gave rise to a maritime lien in the USA and in that country would have taken precedence over the mortgage, but in Canada a claim for necessary repairs did not entitle the claimant to such a maritime lien under the law in Canadian Admiralty Courts. The necessary repairs furnished by the plaintiffs in New York gave rise to a maritime lien enforceable against the defendants in Canada. The question whether the lien took precedence over the mortgage must be determined according to the law of Canada, i. e. the *lex fori*, and accordingly the lien did have priority.

（三）船舶优先权的法律适用

《海商法》第 272 条规定，船舶优先权适用受理案件的法院在地法律。该条规定仅适用于法院审理船舶优先权案件的情况，以法院受理此种案件为确定准据法的前提。该条规定的准据法的调整范围包括船舶优先权的标的，船舶优先权的产生、转让和消灭，船舶优先权的项目及其受偿顺序等。船舶优先权的法律适用问题较为复杂，从各国实践看，并不存在一个被普遍接受的冲突规范，其中最主要的两个观点是适用船旗国法和适用法院地法。

Conflict of Maritime Lien Laws

Because of different ranking of maritime liens by different jurisdictions，conflict of lien laws may arise. The conflicts of law rules of many countries subject the recognition of foreign maritime liens to the law of the ship's flag or registry. Other jurisdictions recognize and rank foreign liens according to the law of the forum，as if they were purely "procedural" remedies. It is preferable to consider maritime liens and claims as substantive rights with their own proper law rather than as procedures. Otherwise the law of the forum will apply，which only results in forum shopping.

三、海事侵权的法律适用

《海商法》第273条规定，船舶碰撞的损害赔偿，适用侵权行为地法律。船舶在公海上发生碰撞的损害赔偿，适用受理案件的法院所在地法律。同一国籍的船舶，不论碰撞发生于何地，碰撞船舶之间的损害赔偿适用船旗国法律。换句话说，船舶碰撞原则上适用侵权行为地法律。但是，如果碰撞发生在公海，则适用受理案件法院所在地法律；碰撞船舶属于同一国籍的，则适用船旗国法律。

四、共同海损的法律适用

《海商法》第274条规定，共同海损理算适用理算地法律。该条是关于共同海损理算的法律适用的规定。由于各国政治、经济制度以及航运政策的不同，各国在共同海损的性质、范围以及金额的确定等方面存在着很大的区别，因此共同海损的法律冲突也层出不穷。从各国立法、学说及司法实践看，在共同海损的法律适用方面，主要采用当事人协议选择的法律、理算地法、受理案件法院所在地法律等。我国《海商法》第203条规定：“共同海损理算，适用合同约定的理算规则；合同未约定的，适用本章的规定。”国际海运合同中适用最广泛的共同海损理算规则是《约克－安特卫普规则》。《海商 法》第274条规定，共同海损理算，适用理算地法律。这一共同海损理算的法律适用条款虽然也讲的是理算，但应做广义的解释，即包括了共同海损行为成立所适用的法律。

我国《民事诉讼法》第32条规定，因共同海损提起的诉讼，由船舶最先到达地、共同海损理算地或者航程终止地的人民法院管辖。《海事诉讼特别程序法》作了同样规定。从程序上来看，调整共同海损的诉讼管辖并不局限于共同海损理算地。当诉讼发生在理算地以外的法院时，如果合同对共同海损理算规则有约定的，从约定的准据法，没有约定的，很大程度上是在法院地进行理算，其对共同海损是否最后分摊的主张和抗辩也会以理算地为连结点使法院地法获得了适用。当根据合同约定共损理算适用异地理算规则时，对整个共同海损案件审理的法律适用也常常适用的是法院地法而不是共同海损规则的理算地法，法院并不把共同海损的理算和对共同海损案件的审理作为同一事实而适用同一法律。①

五、海事赔偿责任限制的法律适用

《海商法》第275条规定，海事赔偿责任限制，适用受理案件的法院所在地法律。由于各国在海事赔偿责任限制的适用船舶、适用主体、适用条件等方面的规定差异很大，再加上相关公约也不统一，该领域的法律冲突大量存在。在各国的国内立法和司法实践中，对于海事赔偿责任限制的法律适用，主要有两种做法：一种是将海难事故与责任限制的法律适用以同一个准据法调整，另一种是将海损事故与责任限制分开适用不同的准据法。

（一）适用同一准据法

如果责任是因侵权行为产生，对于该责任就应适用侵权行为的准据法；如果责任是因违反合同义务产生，则适用调整合同关系的准据法。它将责任限制视为一种责任形式，通过这种形式确定责任的大小。这一原则的理论依据是民法中代理行为原则和从属关系原则，即把船长和其他受雇人的行为同船舶所有人自身的行为视为同一，因此不论作为债权产生原因的契约的效果，还是侵权行为的责任问题，一概适用债务关系本身的准据法。

（二）分别适用不同的准据法

无论责任是因侵权行为产生，还是因违反合同义务产，原则上它们的准据法都不影响责任限制的准据法的确定，后者的法律适用完全独立。

我国《海商法》第275条规定，海事赔偿责任限制，适用受理案件的法院所在地法律。因此，我国对责任限制案件的法律适用即是采用二元论的做法。但在司法实践中，由于重大海难事故的侵权行为地与法院地许多时候是竞合的，所以海事赔偿责任限制法律适用案件在处理上适用同一准据法的情况也较多。

Global Limitation of Liability and Conflict of Laws

1) *Jurisdiction and forum non conveniens*

Conflicts of law in respect of shipowners' limitation of liability arise because of the different international and national regimes of limitation, particularly with the ancient American regime of 1851 of abandonment. Generally, at least in the United States, the right to limit is deemed substantive and foreign law is recognized, while the calculation of the fund is deemed procedural, or of the *lex fori*. *Forum non conveniens* should be applied in many cases to send the suit to the jurisdiction with the closest and most real connection to the casualty and the limitation. In the United States, the "public" and "private", interest factors developed

① 司玉琢主编：《海商法》（第四版），法律出版社，2018年版，第393页。

by the U. S. Supreme Court generally apply to *forum non conveniens* decisions in maritime matters.

In the United Kingdom, under the 1976 Convention, courts are also beginning to stay proceedings, on *forum non conveniens* grounds, in order to allow the liability and limitation proceedings to be tried in their "natural forum", even if the foreign country concerned is not a 1976 Limitation Convention State, Where the foreign country is another European Union State, the Brussels Convention 1968 and the Lugano Convention 1988 apply, The liability and limitation proceedings are "related proceedings" within the meaning of art. 22 of both Conventions. The court seized of the liability suit may also hear the limitation proceedings under art. 6A, and the other court has the discretion to stay the limitation proceedings, in order to avoid the risk of contradictory decisions.

2) *Applicable law*

United States law distinguishes the right to limit from the calculation and distribution of the fund, as pointed out above. Under the limitation conventions, the calculation and distribution of the fund are governed by the *lex fori*, as "procedural" questions, at least under the 1957 and 1976 Conventions. The right to limit under the 1976 Convention has also been held in England to be "procedural" and of the forum. This view is reinforced by art. 15 (1) of the 1976 Convention, which, but for a few narrow exceptions, provides that the Convention shall apply "whenever any person referred to in Article 1 seeks to limit his liability before the Court of a State Party..." This provision is an example of an "obligatory forum court statute", a mandatory rule which imposes the 1976 system of limitation whenever limitation proceedings are taken in a country party to that regime.

Where the limitation action is taken in a country party to another limitation regime, but liability proceedings arising out of the same casualty are taken in England, some English decisions have treated the 1976 Convention as compulsorily applicable to the defendant's right to limit and the limitation amount, on ground of "English public policy" or because the Convention was seen as setting an international standard of substantial justice. The Court of Appeal, however, has held that the 1976 Convention is not a matter of English public policy nor "an internationally sanctioned and objective view of where substantial justice" lies, and has stayed the English liability action, thus facilitating the more closely connected foreign forum to determine the limitation issue in the appropriate foreign court under the limitation law applicable there.

In considering the law properly applicable to limitation of liability for maritime claims, it would be well for courts to recognize that cases in which limitation issues so often arise (for example, ship collisions), may present multiple legal problems for resolution, not all of which are necessarily best governed by a single law. The possibly applicable laws, include: a) the law of responsibility between the ships; b) the law of damages, including pure economic loss; c) the law of contract between passengers on one ship and that ship; d) the law between the cargo on one ship and that ship; e) the law applicable between cargo and passengers on one ship and the other ship; f) the law of the right to limit liability of each shipowner; g) the law of the calculation of the limitation fund of each ship; and h) the law of the distribution of the limitation fund, including the law governing marshalling. This fact points up the need for a consistent methodology to adjudicate choice of law problems, rather than any automatic reliance on only one or two choice of law rules of thumb.

3) Recognition of foreign limitation decrees

The limitation conventions do not provide expressly for the international recognition of limitation decrees. But in most cases, limitation claimants who have established a limitation fund in country A may claim credit in its distribution for amounts they have paid to liability claimants in country B, up to the amount which could have been claimed by those claimants against the fund in country A. International conventions and national laws on the recognition and enforcement of foreign judgments would seem to apply in limitation as in other civil matters.

【重要术语中英文对照】

中文术语	英文术语
冲突规范	Conflict of law
海事实体规范	Maritime Substantive rules
海事程序规范	Maritime procedural rules
海事适用法	Maritime law of application
准据法	Lex causae
区际私法	Private interregional law
公共秩序保留	Reservation of public order
船旗国法	Law of the flag
侵权行为地法	*Lex loci delicti*
物之所在地法	*Lex rei sitae/lex situs*
择地行诉	Forum shopping
一元论	Monism
二元论	Dualism

【思考题】

1. 海事法律适用规则与一般冲突规则的主要区别。
2. 涉外海事关系法律适用的基本原则。
3. 我国《海商法》对涉外船舶碰撞的法律适用的规定。

【推荐阅读文献】

1. 陈宪民主编《新编海商法教程》，北京大学出版社 2011 年版

2. 傅廷中：《海商法论》，法律出版社 2007 年版

3. WILLIAM TETLEY，INTERNATIONAL MARITIME AND ADMIRALTY LAW，EDITIONS YVON BLAIS，2002

扩展阅读资料

Collision and Conflict of Laws[①]

In England，collisions on the High Seas are normally governed by the "general maritime law as administered in England" (i. e. English Admiralty law)，which in effect means the Collision Convention 1910，as incorporated into United Kingdom law by the *Maritime Conventions Act*，1911. A corresponding solution prevails in most Commonwealth countries，including Canada. Collisions occurring in the inland or territorial waters of a foreign State would be subject to the *lex loci delicti* conflict rule enacted by the United Kingdom's *Private International Law (Miscellaneous Provisions) Act 1995*，since the coming into force of that statute on November 1，1996，although collisions before that date would continue to be subject to the "double actionability rule"，which that statute repealed and replaced. English law would usually apply to ship collisions in English waters，even involving foreign vessels.

In France and the United States，in High Seas collisions，the law of the flag governs if the colliding ships are of the same flag，and (at least in France) the Collision Convention 1910 applies if both flag States are party to the Convention. Where ships of different flags collide on the High Seas，France and the United States apply their respective *lex fori*. Collisions in foreign inland or territorial waters are subject to the *lex loci delicti*. Collisions in domestic waters，even where foreign vessels are implicated，are usually subject to the law of the forum，which is also the *lex loci delicti* in such cases.

扩展阅读资料

Chartering and Conflicts of Law

As with other conflicts of maritime law，conflicts relating to charterparties were traditionally treated by national conflict of law rules，and subject to "single concepts or principles" such as the law of the flag.

1) Chartering-choice of law

Over time，in both national laws and international conventions on conflicts of law，other choice-of-law factors，such as the place of contracting or the place of performance of the charter，as well as the intention of the parties (express or implied)，came to have an influence in identifying the applicable law. Other factors relied upon included the law which gave

① William Tetley, International Maritime and Admiralty Law, Editions Yvon Blais, 2002, pp.263–265.

"business efficacy" to the contract or the law by which certain provisions of the charter were valid, where those same provisions were invalid under a competing law (the "presumption of validity" rule). Gradually, the principle of the closest and most real connection came to be applied more regularly in identifying the proper law of the charterparty.

2) Chartering-choice of jurisdiction and choice of law

Today, many standard-form charterparty contracts contain jurisdiction or arbitration clauses, which not only specify the forum in which disputes arising under the agreement are to be decided, but which also specify the law applicable to the contract itself. Where there is no express choice of law in the contract, however, most decisions in relation to the law governing charterparties are made by contact analysis, in order to determine the law most closely connected with the parties and their transaction.

3) Rome Convention 1980

In the European Union, choice of law in chartering is governed by the uniform conflict of contract law rules established by the Rome Convention 1980. These rules give precedence to the express choice of the parties or to their implied choice as "demonstrated with reasonable certainty by the terms of the contract and the circumstances of the case" (art. 3 (1). Failing such a choice, the contract is rebuttably presumed to be governed by the law of the country with which it is most closely connected (art. 4 (1)). That law, in turn, is rebuttably presumed to be the law of the country where, when the contract is concluded, the party who is to effect the performance characteristic of it has his habitual residence or central administration (art. 4 (2)).

4) Rome Convention 1980-voyage charterparties

If the contract is entered into in the course of that party's trade or profession, the applicable law is rebuttably presumed to be that of the country of his principal place of business or (where the contract is to be performed through a place of business other than the principal place of business) the law of the country of that other place of business (art. 4 (2)).

In the case of voyage charterparties (which are assimilated to contracts for the carriage of goods by sea), a special rebuttable presumption subjects the charter to the law of the country of the principal place of business of the carrier, if that place is also the place of loading or discharge of the goods or of the principal place of business of the consignor (i. e. the shipper) (art. 4 (4)).

By "escape hatch" provisions, however, all of the foregoing presumptions may be disregarded, "if it appears from the circumstances as a whole that the contract is more closely connected with the law of another country", which law then applies (art. 4 (5)).

Marine Insurance and the Conflict of Laws

There is no uniform solution to the problem of choice of law in respect of marine insurance and reinsurance. There are a number of contacts, or connecting factors, which courts have used to determine the proper law of such contracts, including: a) the law expressly chosen by the contracting parties; b) the *lex loci contractus* (law of the place of contracting) or *lex loci solutionis* (law of the place of performance of the contract); c) the law of the country where the insurer carries on its business or (where it does so in two or more countries) the law of the country in which its head office is situated; d) the law of the insurance market with reference to which the contract was made; e) the "place of machinery" or "centre of gravity" of the policy (i. e. the place where the whole process of formation of the contract occurs); and f) the place of the policy-holder's residence or central administration. The forms and language of the contract, the location of the risk, jurisdiction or arbitration clauses in the policy or a "follow London" or "New York suable" clause, have also been invoked to assist judges indeciding what law to apply to a particular insurance policy. The rebuttable conflicts of law presumption that the contract is subject to the rules of the legal system under which it is valid, rather thanthose of a legal system which regards it as illegal (an application of the *Latin maximut res magis ualeat quam pereat*), has also been employed in the quest for the proper law.

The Rome Convention 1980 on the Law Applicable to Contractual Obligations, establishing uniform conflicts rules for contract law in all Member States of the European Union, does not apply tomarine insurance risks located in the E. U., although it does apply to such risks outside the E. U., as well as to reinsurance everywhere (art. 1 (4)). Under the Convention and the national legislation giving it the force of law, express or implied choice are the first two guidepoststo the applicable law (art. 3 (1)). Absent any such choice, the policy is rebuttably presumed to be governed by the law with which the partywhose performance is characteristic of the contract has its central administration or (where the contract is entered into in the course of that party's trade or profession, its principal place of business (art. 4 (2)). In practice, therefore, English marine insurance law would usually be applicable under policies underwritten in England. With respect to marine insurance risks in the E. U., the Third E. U. Council Directive on direct insurance other than life insurance generally leaves the parties free to select any law they wish in respect of "large risks", including most marine insurance risks.

Neither is there a consistent approach to choice of law in respect of direct action. In the United States, where the problem has been addressed most often, there is a dichotomy in the federal courts, particularly between the Fifth and Eleventh Circuits, on the one hand, which seem to apply the law of the state where a marine insurancecontract is issued and delivered and, on the other, the remaining circuits, which tend to apply the law of the state having the most significant nexus with the insurance contract in question.